松山高吉（84歳、1930年）

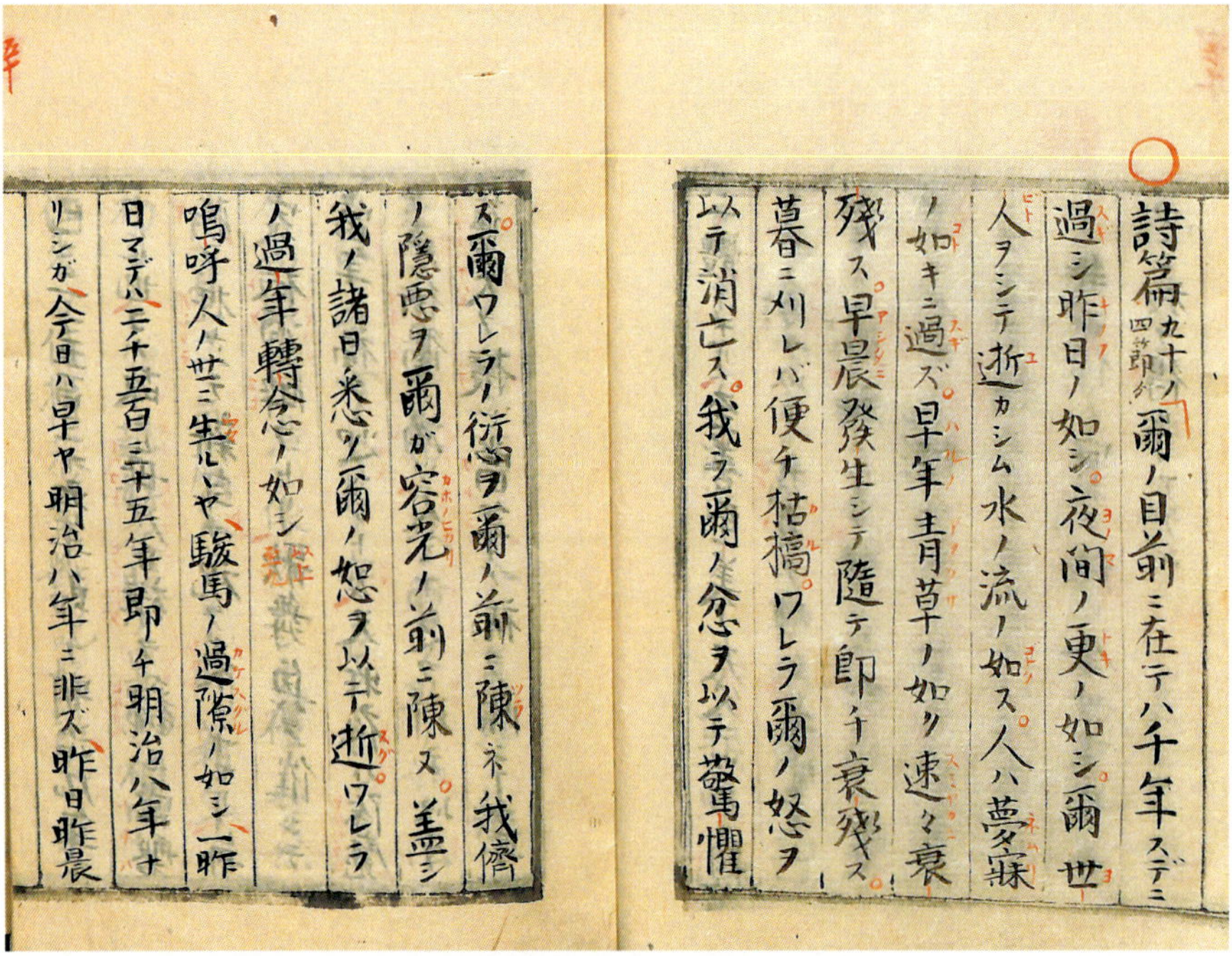
詩篇九十ノ四節ヨリ「爾ノ目前ニ在テハ千年スデニ過シ昨日ノ如シ。夜間ノ更ノ如シ。爾世人ヲシテ逝カシム水ノ流ノ如ス。人ハ夢寐ノ如キニ過ズ。早年青草ノ如ク速ク衰残ス。早晨發生シテ随テ即チ衰残ス。暮ニ刈レバ便チ枯槁。ワレラ爾ノ怒ヲ以テ消亡ス。我ラ爾ノ忿ヲ以テ驚懼ス。爾ワレラノ愆ヲ爾ノ前ニ陳ネ我儕ノ隠悪ヲ爾ガ容光ノ前ニ陳ス。蓋シ我ノ諸日悉ク爾ノ怒ヲ以テ逝ク。ワレラノ過年轉念ノ如シ。

嗚呼人ノ世ニ生ルヤ駿馬ノ過隙ノ如シ。一昨日マデハ二千五百三十五年即チ明治八年ナリシガ今日ハ早ヤ明治八年ニ非ズ。昨日昨晨

無題　五十葉目（本書40～41頁）

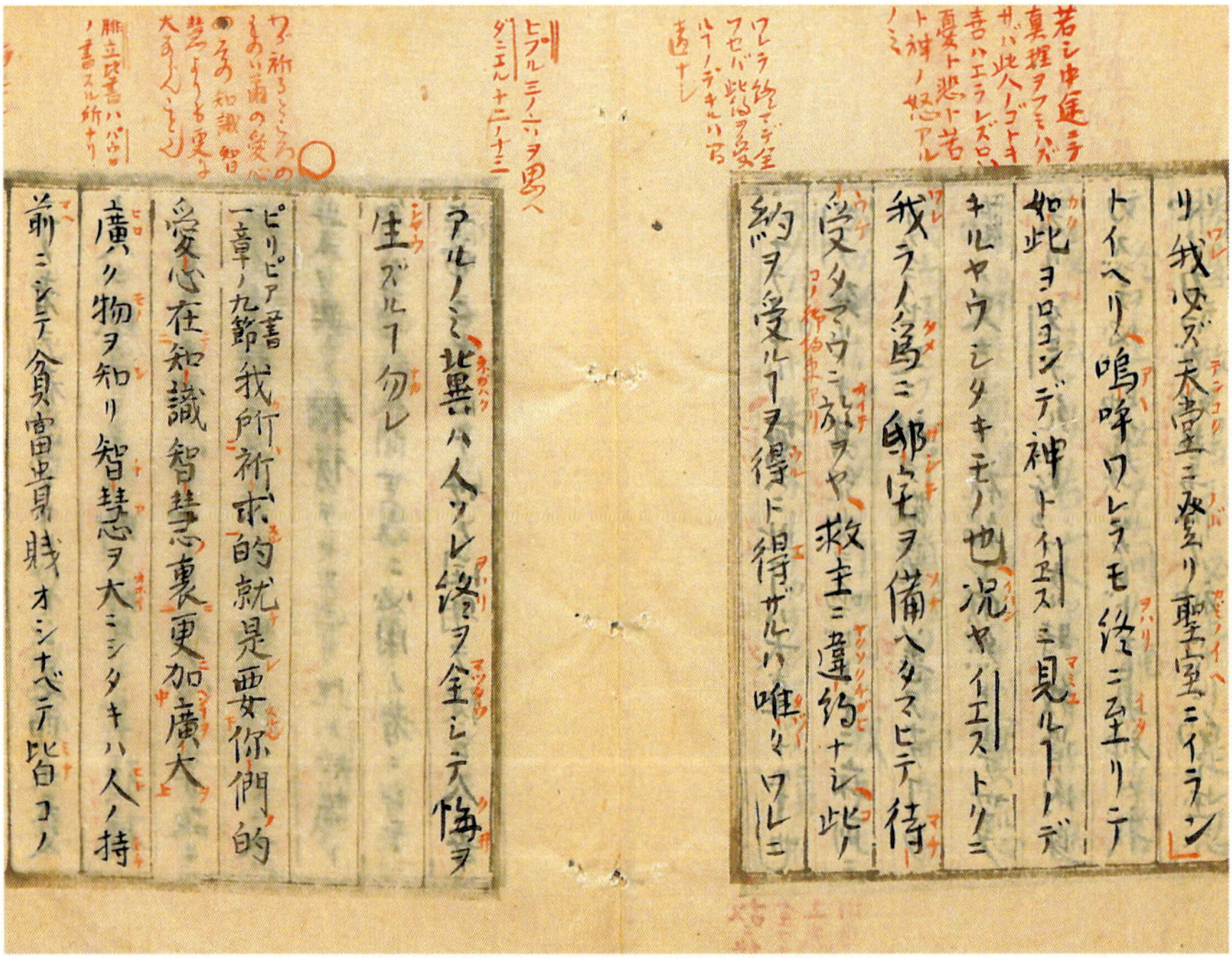
リ我必ズ天堂ニ登リ聖室ニイランと」トイヘリ。嗚呼ワレラモ終ニ至リテ如此ヨロコンデ神トイエスニ見ルノデキルヤウシタキモノ也。況ヤイエストクニ我ラノ為ニ郷宅ヲ備ヘタマヒテ待受タマフニ於ヲヤ。救主ニ違約ナシ。此ノ約ヲ受ルコトヲ得ト得ザルハ唯タワレニアルノミ。此異ハ人ソレ終ヲ全シテ悔ヲ生ザルコト勿レ。

ピリピア書一章ノ九節我所祈求的就是要你們的愛心在知識智慧裏更加廣大

廣ク物ヲ知リ智慧ヲ大ニシタキハ人ノ持前ニシテ貧富貴賤オシナベテ皆コノ

無題　百三十七葉目（本書80～81頁）

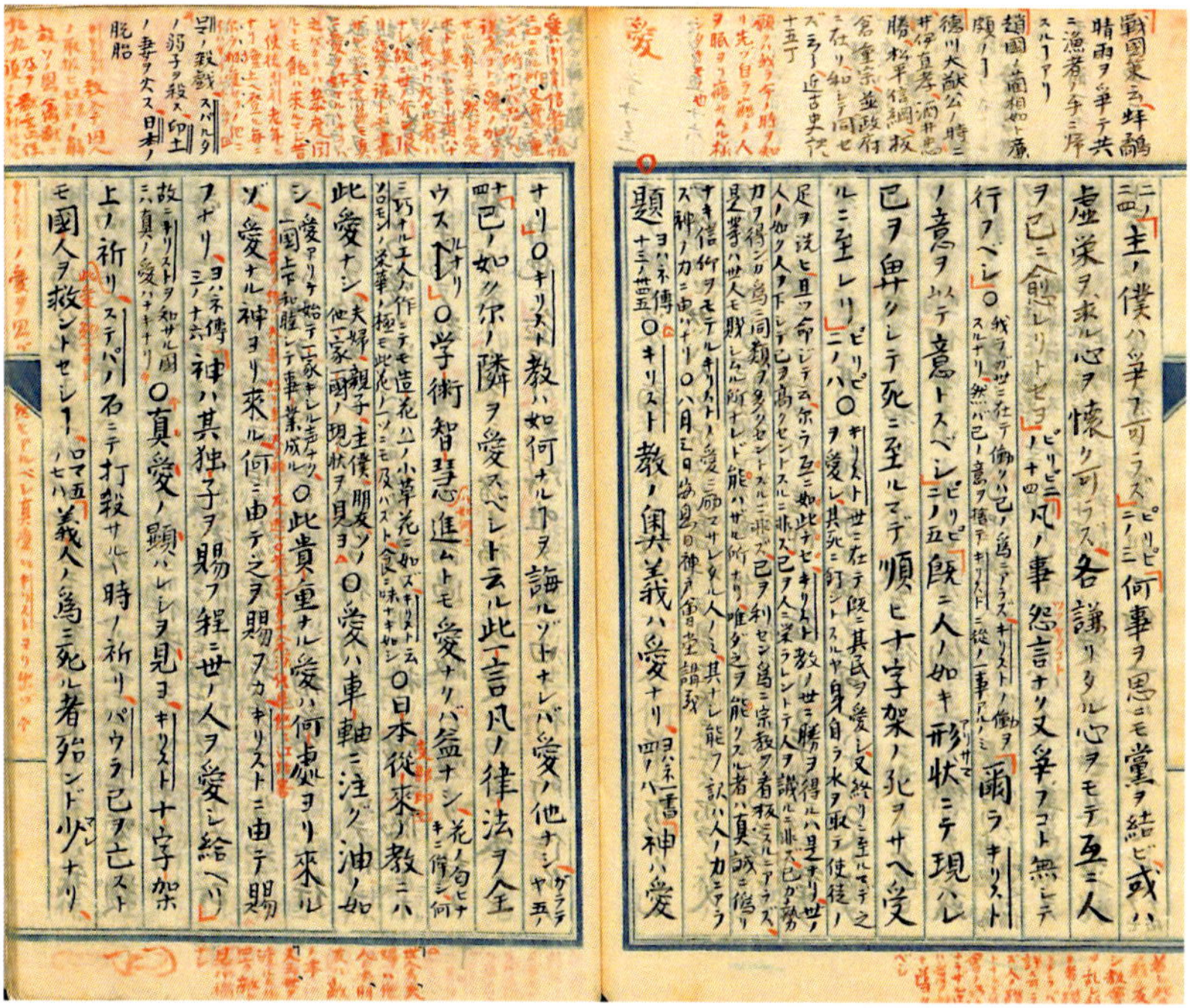

聖書講義並演説　五葉目（本書141～142頁）

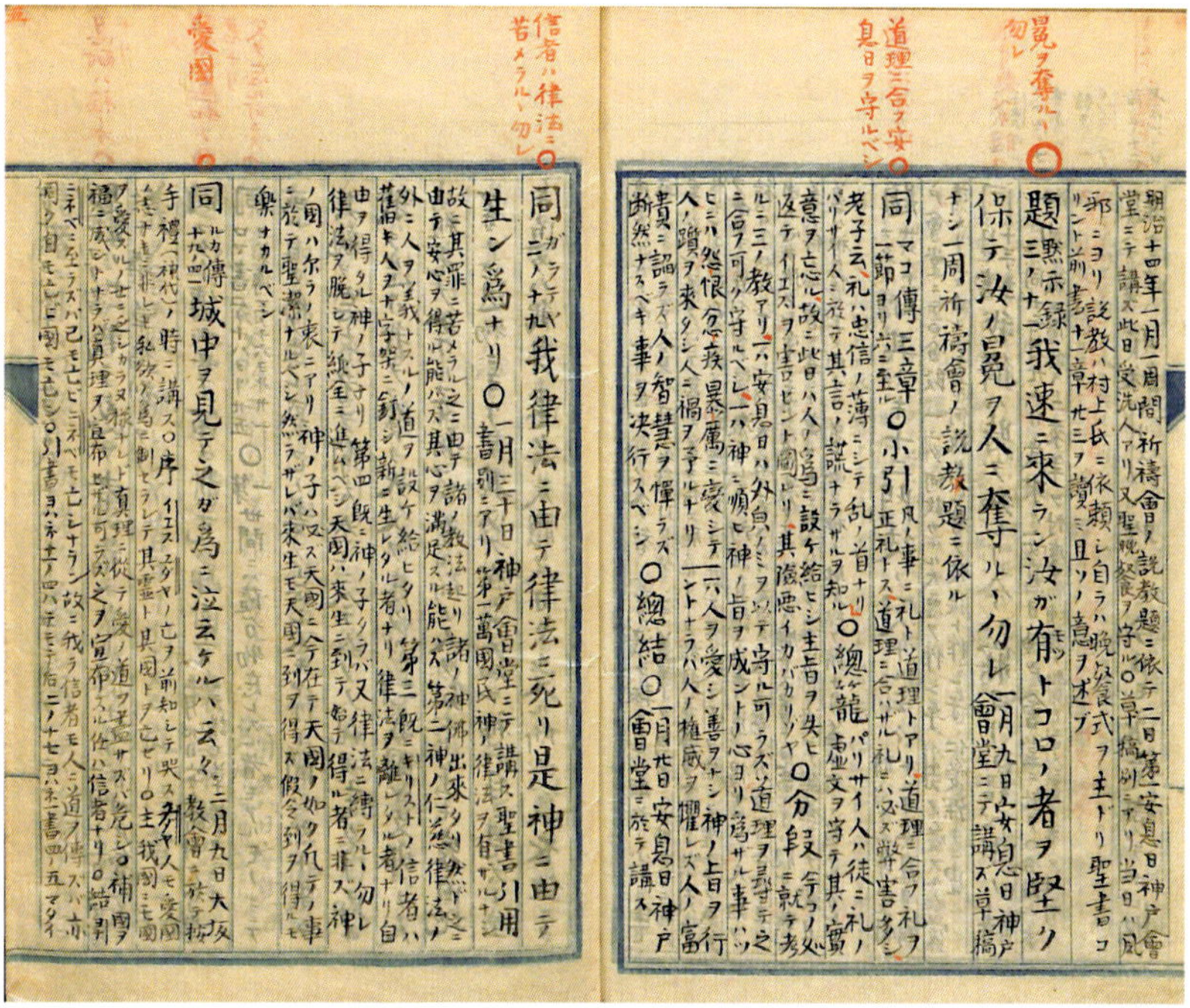

聖書講義並演説　九十九葉目（本書250～252頁）

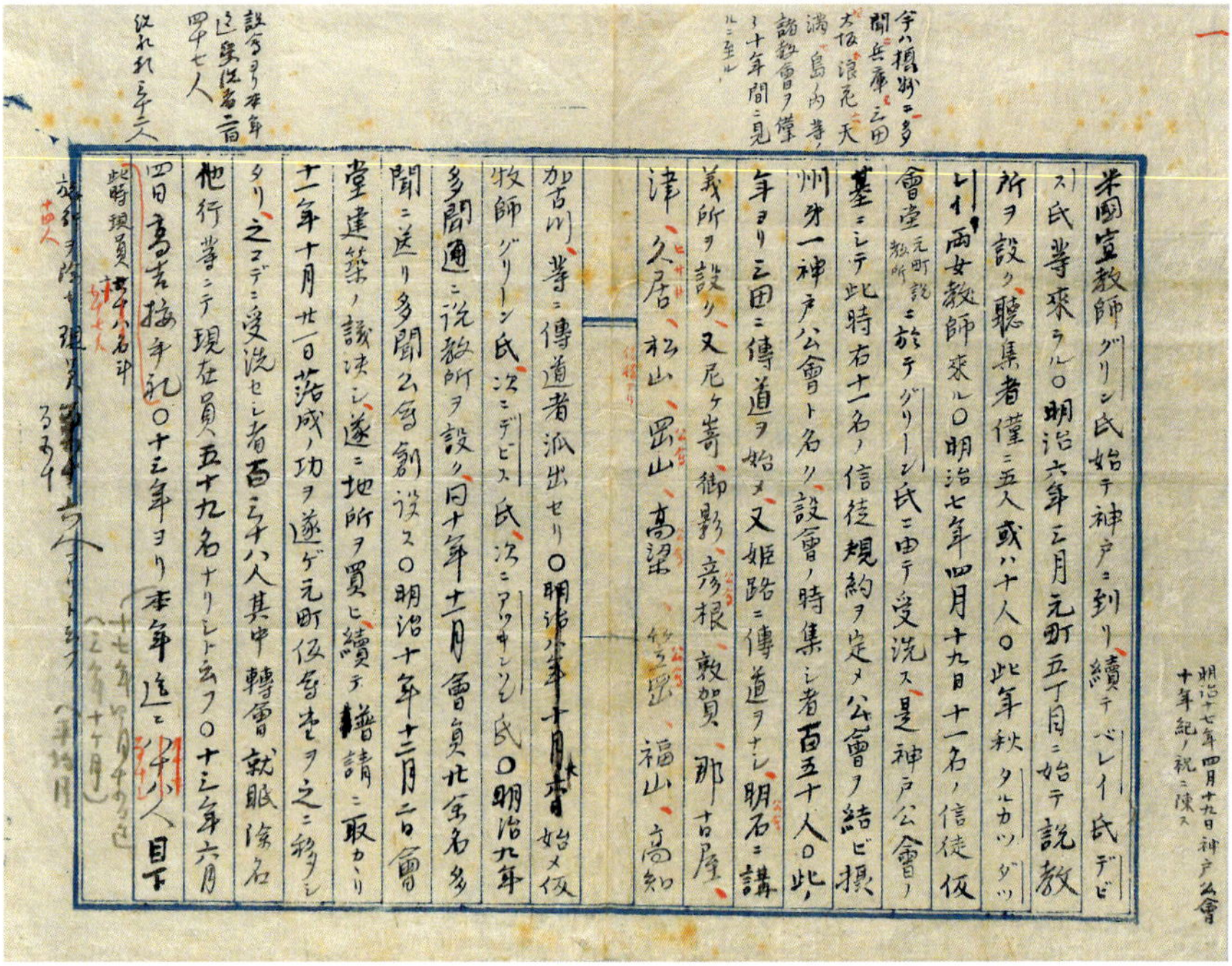
米國宣教師グリン氏始テ神戸ニ到リ續テベレイ氏デビス氏等來ラル○明治六年三月元町五丁目ニ始テ説教所ヲ設ク聽集者僅ニ五人或ハ十人○此年秋タルカツダッレイ両女教師來ル○明治七年四月十九日十一名ノ信徒仮會堂(元町説教所)ニ於テグリーン氏ニ由テ受洗ス是神戸公會ノ基ニシテ此時右十一名ノ信徒規約ヲ定メ公會ヲ結ビ摂州第一神戸公會ト名ク設會ノ時集ムル者百五十人○此年ヨリ三田ニ傳道ヲ始メ又姫路ニ傳道ヲナシ明石ニ講義所ヲ設ク又尼ヶ崎御影彦根敦賀那古屋津久居松山岡山高梁笠岡福山高知加古川等ニ傳道者派出セリ○明治八年十月始メ仮牧師グリーン氏次ニデビス氏次ニアッキンソン氏○明治九年多聞通ニ説教所ヲ設ク同十年十一月會員北出名多聞ニ送リ多聞公會創設ス○明治十年十二月舌會堂建築ノ議決シ遂ニ地所ヲ買ヒ續テ譜請ニ取カカリ十一年十月廿一日落成ノ功ヲ遂ゲ元町仮會堂ヲ之ニ移シタリ之マデニ受洗セシ者百三十八人其中轉會就眠除名他行等ニテ現在員ハ五十九名ナリシトゾ○十三年六月四日高吉按手礼○十三年ヨリ本年迄ニ

説教用原稿　一葉目（本書314頁参照）

第3回日本全国基督教信徒大親睦会幹部（1883年5月）
松山高吉は前列左より3人目

松山高吉史料選集

第一巻

松山高吉史料選集編集委員会 編

かんよう出版

『松山高吉史料選集』刊行にあたって

松山高吉（一八四七～一九三五）は、明治期、日本のキリスト教受容時代にもっとも重要な役割を果たした人物の一人である。とりわけ、幕末期に国学を学んだ彼が、禁教を解かれたばかりのキリスト教を受け容れたことは、歴史的にみても大きな意義をもっている。松山高吉こそは、日本における宗教思想史の転換期にあって、国学とキリスト教という異なる世界観の出会いの中心に立った人物、すなわち大変革の時代の証人なのである。

彼は神戸でプロテスタント宣教師に出合いキリスト教に帰依した。その後、日本のプロテスタントの初期の代表的な教派のひとつである組合教会の指導者として活動した。日本基督伝道会社や同志社大学の設立、運営において活躍しながら、同時に、教派連合で宣教師たちと協力して日本語翻訳聖書の刊行や讃美歌の編纂においても中心的な役割を果たした。また、牧会活動と教育、説教、講演などにも格別な情熱をみせ活動している。

しかし彼はその後、専門教役者として所属していた組合教会を離れ、聖公会に移籍する。そしてそれ以降、つまり彼の生涯の後半においては、聖公会の一信徒として活動するのである。この時代のクリスチャンのなかでも独特の履歴をもつ人物ということができる。

その松山は、生涯にわたってかなりの分量の説教、講演、講義録、和漢の詩歌、日記、メモなどを残している。しかしながら、中途での移籍が影響してのことであろうか、それらは今日まで歴史史料として活用されることもなく、また史料集として出版される機会も得なかった。

数年前、日本キリスト教団信濃町教会の研究助成を得て、松山健作氏と京都大学キリスト教学研究室の研究者たちによって、松山家が保管する遺稿資料をスキャンする作業がおこなわれた。それが本史料選集刊行のきっかけであり、第一歩である。その後二〇一七年に、彼らの仕事は明治学院大学キリスト教研究所の研究プロジェクト「明治時代のキリスト教資料研究プロジェクト」に発展的に継承されることとなった。そこにおいては本研究所所員の嶋田彩司教授の大きな働きがあった。また、本プロジェクトには、スキャニングに取り組んだ研究者たちが協力研究員として参加し、さらには関東地域のキリスト教研究者、日本文学研究者も加わることとなり、やがてそれが松山高吉史料選集編集委員会にまで成長することになった。埋もれていた史料を発掘した研究者たちに敬意を表し、原稿の整理と解読にもてる力を傾注した嶋田教授をはじめとするすべての原稿執筆者の努力を讃えたい。

全体を一瞥すると、そこには日本キリスト教史研究、宣教師研究、初期の日本キリスト教指導者研究、聖書翻訳や讃美歌編纂に関わる研究および国学史や近代文学史など広範囲に活用が可能な貴重な史料がふくまれているようである。本史料選集の刊行を後援する者として、所収史料が諸分野の研究者に活用されることにより、本史料選集が日本近代の人文学研究の伸展に資するものとなることを願ってやまない。

さいごになるが、史料の使用と本史料選集の出版を快諾してくださった松山龍二氏および松山家の皆様に深甚の謝意を表したい。また、本選集の刊行にあたり編集の諸事務にあたられたかんよう出版の社主松山献氏および松山美津子氏にも御礼を申し上げる。

二〇一九年三月

明治学院大学教授　キリスト教研究所長　徐正敏

松山高吉史料選集　第一巻

目次

凡例

一、本選集は、松山家に現在保管されている松山高吉の自筆原稿等のうち、史料価値の高いものを中心として翻刻した。全篇全冊の翻字を原則としたが、内容を吟味し一部を抄出した場合もある。

二、本選集は分野別に編集した。ただし、その分類は便宜的なものであり、他分野にまたがる史料価値を含む場合も多い。

三、翻刻にあたっては、原本記述内容の忠実な活字化を原則とした。ただし、通読の便を考慮して、次のような校訂を施した。

1 漢字は原則として通行字体とした。ただし、異体字のうち通行字体に該当するものがない場合はこれを残した。また、合略仮名「𬼂、ヿ」等については「こと、コト」等と翻字した。なお、一部著作において、引用箇所や筆者自身の見せ消ちによる訂正等に史料価値があると判断される場合には、可能な限り忠実に原本の表記を再現した。

2 原則として、行移り、丁移りは記載せず、内容的にひとまとまりとなったものを連続して編集した。

3 カタカナについて、「ハ」「ニ」等がひらがな文に混在するときはひらがな表記とした。

4 句読点は原則として原本のままとした。原本によって墨筆、朱筆等の二種以上がある場合には、それが松山高吉自身の付点であり、その作業時期が比較的近接するときには区別しなかった。

5　フリガナは原本のままとした。二種以上がある場合には上記4と同様に扱った。

6　原本の上欄、下欄に松山自身の書入れがある場合には、本文の当該箇所に全文を翻刻した。ただし、文字数の都合で余白が足りない場合、当該箇所に番号を記載し、同一見開頁内に脚注形式で掲出した。

7　漢文の読み下しは、松山が施した訓点等に従うことを旨とした。

8　畳字（反復記号）については、仮名一字の場合は「ゝ」または「ヽ」、漢字一字は「々」、二字以上の場合は「〳〵」または「〴〵」に統一した。

9　明らかな誤字、衍字については校訂者の判断であらためた。仮名遣いの誤りについては当時の慣用として原文のままとした。誤字、脱字等で、筆者の書記意図が不明な場合には〈ママ〉と表記して原文のままとした。

10　原本の破損等により判読不能な場合には、予想される該当字数を□□で示した。

四、解題については簡潔を旨として記した。ただし当該著作等について信頼すべき解説等が可能な場合には、これを用いた。執筆は記名の個人の責任においておこなったが、一部について編集責任者が補筆した。

五、年表記は、本文については原文のまま年号を用いる。解題等については、年号と西暦の併記を原則とした。

無題

課目

○馬可伝　一章十四十五　約翰幽囚後、耶蘇至㆓加利々㆒伝㆓上帝国福音㆒、云期已近矣、上帝国邇矣、宜㆔悔改信㆓福音㆒、

救主道ヲ宣《ノリ》ハジメ給フニ悔改ト信トヲ先ヅ示シ給ヘリ。悔改ハ救ノ道ニ入ノ門ナリ。故ニ我ラ切要ニ図ベク緩ニスベカラザル者也。サキニ預言ニ応《カナヒ》テ洗礼ノ約翰イデ、基督ノ前駆ヲセシトキモ首《ムネ》ト悔改ヲ民ニ示セリ　馬太三ノ二云、約翰至在㆓猶太野㆒宣言曰尓宜㆓悔改㆒蓋天国邇矣　以テ民ニ救ヲ得サセンコトヲセシ也』。モシ人悔アラタメズバ福音ヲ信ズルニ由ナシ。福音ヲ信ゼザレバ救ヲ得ルニ由ナシ。世ニ救ハレンコトヲ不欲《ネガハザル》モノハアラジ。永福ヲ望マザル者アルベカラズ。サレド悔改ヲ図モノスクナシ。悔改ヲ欲セズシテ真福ヲ願フハ。恰モ酔ヲ悪ンテ酒ヲ禁ゼサルガ如シ』孟子云、今悪㆓死亡㆒而楽㆓不仁㆒是猶タ㆓悪㆑酔而強㆑酒　世人ミナ罪アリ。惟ソノ罪ヲ暁ルト。サトラザルトノミ。大闢云、我罪溢㆓於我ガ首㆒又如㆔重負乃チ重㆓於我所㆑可㆑任之負㆒兮　詩三十八ノ四　モシ聖霊ノ光一《ヒト》タビ其心ヲ照サバ裏面ノ汚穢ニ堪《タユ》ベカラズ。斯ノ如ヲ罪ヲシルノ人トイフ。是天国ヲ得《ウル》ノ人ナリ。耶蘇云、病ナキ者ハ医ヲ需ズ、乃チ病ヲ覚モノ之ヲ需ム。斯《カ》クテ誠ニ悔改スル人ハ。当世ノ刑罰ヲ怕《オソ》ル、ニ因ニ非ズ。世人ノ譏笑ヲ怕ル、ニ因ニ非ズ。亦《マタ》ダニ将来ノ悪報ヲ怕ル、ノミナラズ。其ノ改悔スル故ハ神ノ恩恵ノ深ヲ感ズレバナリ　乃チ是天父ツネニ我ヲ養ヒ。我ヲ保佑シ。我ヲ生《ウム》ニ良知ノ性ヲ賜テ我ガ心ヲ警覚セシメ。又耶蘇ヲ差《ツカハシ》テ代テ我罪ノ報ヲ受ケ我ヲ救テ永苦ヨリ出サシメ給フコト。又我ガ罪孽ニ因テ耶蘇スデニ許多ノ苦難ヲ受タマヒシコトヲ知テ。其ノ鴻恩

日光ノサ、ザル時ハ塵ホコリ室ニ満アルト雖モ見エザル也モシ日光一度ソノ室内ヲ照サバ無数ノ塵ホコリ眼ロヲタチフサグベシ

ヲ思テ之ヲ敬愛シ。又一ツニハ己《オノレ》ノ分ヲ尽アタハザルヲ悟リ神ノ助ヲ乞フノ念生ズレバナリ　且ツ神ワレニ賜ニ五倫ヲ以テス若シ我《ワレ》罪ヲ倫常中ノ人ニ得ルガゴトキハ。即チ罪ヲ神ニ獲也。神ワレニ賜ニ一身ヲ以テス。モシ我《ワレ》愧ヲ一身内ノ事ニナスガ若《ゴト》キハ即チ罪ヲ神ニウル也。神ワレニ賜ニ年月ヲ以テス。然ニ我宴安ニ耽リ自棄ヲ甘ンズルトキハ　ワレ之ヲムダニ過シ肉体ヲ欲ノ為ニ時日ヲ送ルトキハ。是マタ罪ヲ神ニウル也。神ワレニ賜ニオ力ヲ以テス。而テ我《ワレ》名利ヲ遂《オフ》テ真理ヲ明ニスルコトヲ不知《シラズ》。コレ亦罪ヲ神ニ獲也。コノ故ニ己《オノレ》ノ罪ノ逭ルベキ無ヲ悟リ。神ノ公シテ私ナキヲ念テ。之ヲ敬畏ス。之ニ因テ畏ト愛ト交モ至ル。之ニ因テ悔改スル也』。サテ其ノ悔改ハ僅ニ作事ノ非《ヒ》ニアルノミナラズ。内ソノ心ニ居ルノ悪ヲ勘ヘリ。蓋シ事ハ人ノ為ニ共ニ見ラル。心ハ神ノ為ニ独リ見ラル、也。吾イマダ人ヲ殺サズト雖モ人ノ災ヲ幸ニシ。人ノ有ヲ妬ムト。一切人ヲ悪ミ。人ヲ恨ノ念一心ニ介《ヤド》ラバ。其ノ悪ハ人ヲ殺スト等シ。約翰一書云　三ノ十五　凡ソ其ノ兄弟ヲ憎ムハ、即チ人ヲ殺コトヲ為《ナス》モノ也。故ニ誠ノ悔改ハ外ソノ身ヲ検ベ。内ソノ心ヲ勘ヘザルナシ。暫時カクノ如キニアラズ。乃チ常々《ツネ〳〵》此《カク》ノ如クシテ亦敢テ再ビ自己ノ嗜欲ニ依《ヨラ》ザルコトヲ要ス』。耶穌ノリタマハク　馬太五ノ三四六　虚心ナル者ハ福ナリ、其国ハ天国ナレバ也、哀慟スル者ハ福ナリ、其マサニ慰ヲ受ントスレバ也、又、飢渇義ヲ慕フモノハ福ナリ、其将ニ飽コトヲ得ントスレバ也。人ミヅカラ飽《アケ》リトスル勿レ。虚心ニシテ天父ニ充《ミテ》ラレンコトヲ求ムベシ。自ラ欺テ病ナシトスル勿レ。早ク救主ニ医《イヤ》サレンコトヲ願ベシ』。路加福音云、一《ヒト》リノ罪人悔ヒ改《アラタメ》ナバ天ニ在テハ、其

支那ニテモ孔子云罪ヲ天ニ獲レバ祈ル所ナシト

過テ改ニ憚コト勿レ

ヒブル三ノ十三〇なんぢらの中たれ一人罪のあざむきに由てかたくなにならざるやう今日とともなふる中に日々互に相すゝめよ

喜ビ悔改ニオヨバザル九十九ノ義人ヨリモ勝レリ。嗚呼天父ノ恩愛ノ深キコト何ヲ以テカ之ニ比《タグフ》ベケン。吾人モト慈悲ノ天父ニ敬事《ウヤマヒツカウルコトヲ》セズ。反テ其鴻恩ヲ藐視セリ。天父ニ於テワレラ本《モト》仇敵タリ。斯テ天父ソノ人ヲ悪《ニク》ミ給ハズ。ソノ罪ヲ悪ミ給ヘリ。世俗ミナシラン善悪終ニ報《ムクヒ》アリト　倭姫ノ命詔云、咎アル者ハ黄泉国ニ往ク、咎ナキ者ハ常世ノ国ニカヘル　至公至義ノ天父ワレラガ罪ヲ弁ゼント欲ス。又ワレラヲ世人ヲ救ハント欲シ。神子耶蘇ヲ凡間《ヨノナカ》ニ臨マセ。我ニ代テ罪報ヲ受ケ禍ヲ[1]変テ福トナシ。天上ノ永福ヲ我等罪人ニ得セシメ給ヘリ』。保羅雅典人ニ勧テ云、今神天下万国ノ人ニ命《メイジ》テ皆宜ク悔改スベシト　使徒行伝十七ノ三十　耶穌猶太人ニ勧タマハク。尓ラ若シ悔改セザレハ亦皆カナラズ亡《ホロ(バ)》ン　路加十三ノ三節五節　人々宜ク悔改ヲ早《ハヤ》クスベシ断《キム》ベシ。自ラ其ノ過ヲ知テ悪ヲタノミ悛《アラタメ》ザルコト勿レ。明ニ其非ヲ悟テ畏難決セザルコト勿レ。人生世上数十寒暑ニ過ズ。因循ミヅカラ甘ンジテ今日亦明日トスゴスコト勿レ。命《イノチ》ニ至テ稍延《ヤヽノ》ビズ期《トキ》イタラバ改ントシテ改《アラタム》ベクナク。悔《クユ》トイヘドモ及バズ。人々救主ノ召《メシ》アラバ即時ニ改悔命ニソムカデ救門ニ入ルベシ。誠ノ悔改ヲセバ終ニ多益ヲ獲《エ》ン。聖霊ツネニ臨ミ之ヲシテ虔誠ニ祈祷シ。恒ニ儆醒シ。恒ニ謙恭ナラシムル也。且ツ神ノ前ニ在テ己ノ罪ニ因リ自ラ傷ム也。罪ニ因テ自ラ傷トイヘドモ而テ旧悪スデニ革除スベキトキハ必ズ自ラ真楽ヲ得《ウ》。必ズ自《オノヅカ》ラ多福ヲ　ウルナリ。コノ故ニ悔改ハ福ヲ得

1　サレバ今ハナンヂラ悔改ベキノ時ナリ其時イタレルナリ救ハ近ヅキタリ　ヒブル書三ノ七〇尓ラ若シ今日《ケフ》その声を聞かば野にありて主を試みたる日その怒を引し時の如く尓ら心をかたくなにする勿れ

ノ初メ救ヲ受ルノ門ナリ、然シテ其ノ悔改ノ起ルヤ神ヲ愛シ神ヲ畏ル、ヨリ起ルナリ依テ愛敬ハ悔改ヲ立ルノ本。
悔改ハ信ヲ得ルノ門。信ハ救ヲウルノ基万善ノ源ナリ人々先ツ宜ク初ニ悔改ヲナスベシ悔改ヨリシテ種々ノ喜ビ
色々ノ福ヒ是マデ知《シラ》ザル所ノ楽ヲ得ナリ故ニ此ノ悔改ハ人ニ於テ最モ大切ナルコトトオモハル　求《モト》ムル者也。
之ヲ要スルニ人神ヲ愛シ神ヲ畏ル、コト悔改ヲ立ルノ本也。以テ内チソノ心ヲ勘ヘ悔改ノ功ヲ密
ニシ。時ニ及テスミヤカニ決シ。悔改ノ志ヲ堅シ。以テ栄《エイ》ヲ神ニ帰ベシ

○羅馬書　一章十七節　蓋シ神之公義在レ此而顕、由レ信進レ信如レ所レ録云ク義者必由レ信而得レ生此《コレ》ノ字　明十十二ノ十一夜
ハ福音ヲ指セリ。神ノ人ヲ救ヒ給フ道ハ福音聖書ニ著明ナリ。福音ノ他ニ救道アルコトナシ。人
自《ミヅカ》ラ己《オノレ》ノ功ヲ恃ミ義ト称ヘ妄ニ救ハルベシトスルハ自ヲ欺ク者ト云ベシ　知ラデ言ハ惑ノ甚シキ者ト
云ベシ。世人誰カ罪ナカラン。大闢云詩ノ十四耶和華自レ天府ニ視人之嗣一欲レ見乙或有下明ニ於智一而
求レ神者上否甲兮、咸乃背逆皆入ニ於汚一無ニ為レ善者一、其一モ亦無レ有兮。カクノ如《ゴト》クナラバ自ラ罪
ノ重負《オモニ》アリ。人モ亦罪ノ重負アリ。吾ミヅカラヲ救コト能ハザルハ勿論。人亦ワレヲ救フ者天下
ニ誰《タ》レ一人《ヒトリ》アルコトナシ。共ニ獄裏《ロウノウチ》ノ罪人ナリ。罪人カタミニ救ハントスルトモ能《アタ》ハジ。惟《タダ》ワレ
1 ラ世人ニ賜ヒシ所ノ救者耶穌アリテ吾人沈淪ノ苦ヲ転ジ永生ノ楽ニ入《イル》コトヲ得サセ給フノミ。是《コレ》
2 公義鴻慈ノ天父ノ全智ナリ。嗚呼世人オモハザランヤ。嗚呼世人感謝セザランヤ。於此真神ノ公
義厳然トアラハレ。我ラガ罪マサシク基督ノ十字架上ニアリ。目ヲ挙レバ現今《イマ》コ、ニアリ。眼《メ》フ

藹然

今マデハ罪ノ重負ニ圧セラレ首ヲ挙ルコト能ハザリシモ救主ノ贖功ニ因テ天日ヲ見ウル也

行ヲ正直ニスルモ信ナクバ能ハザルナリ

サガリテ視《ミル》ニシノビズ。身フルヒ声オノ、キテ恐怖《オソレ》ニ任ザルナリ。於此マタ　サレド又深ク思ヘバコレニヨリテ真神ノ鴻慈油然トシテアラハレ。我ラガ罪悪クリストノ贖功ニ頼テ去リ。重負《オモニ》ヲオロシテ汗《アセ》ヲ拭フガ如ク。現今《イマ》コ、ニ天国ノ栄耀《ヒカリ》ヲ目撃スルコトヲ得《ウ》。即チクリストノ復生《ヨミガヘリ》ワレラガ永生ノ証ヲナシ。我等ラガ胸《ムネ》ヲナデ、此《コノ》罪人ニ安慰ヲ給ヘバ手ノ舞ヒ足ノマヒ欣喜ニ任ザルナリ。耶穌ノタマヒケルハ尓曹《ナンヂラ》心ニ毋レ憂コト尓曹信レ神亦宜レ信レ我、我ガ父之家ハ多ニ第宅《ザシキ》一非レ然者則我必ズ已ニ告レ尓、我レ往テ為レ尓備ニ一所一ヲ云々　約翰伝十四ノ一二　深《フカイ》カナ耶穌ノ恩愛大《オホイ》ナル哉天父ノ慈[3]悲。世人ソレ魔鬼ノ誘惑《マドハシ》ニヨリ自《ミヅカ》ラヲ昧《クラマ》シ神ノ慈悲ト救主ノ恩愛ニ背《ソム》クコト勿レ。但シ如此《カク》説キ[4]タツテ最モ切要《ダイジ》ナル者ハ信ノ一字ナリ。題ニ読シトコロ由レ信而得レ生。今マタ引《ヒケ》ル耶蘇ノ聖言ニ信レ神宜レ信レ我。楽ヲ受《ウクル》モ信、慰ヲ得《ウル》モ信、永生ヲ得モ信ナリ。サレバ信ハ救ノ本タル也。信ナクバ喩ヘ福音ノシタガフベキト其《ソノ》真理ナルトヲ知トイヘドモ断テ救《スクヒ》ハ得ベカラザル也。カクノ如《ゴトキ》ハ種々《イロ〳〵》ノ馳走《ゴチソウ》ヲ連《ツラ》ネタル筵席《オザシキ》ヲヱガキタル画図《エマキ》ノゴトシ。食《クラ》ハヾ美ナルベク口《クチ》ヲ楽《タノシ》マシムルニ足ント思ヘド是ヲ以テ腹《ハラ》ヲ充《ミタ》スコトアタハズ。是ニ因テ口ヲ楽マシムルコト能ザルベシ　左伝云、

礼楽記云油然生矣　註云新ニ生メ好兒

或ハ利ヲ好ム人或酒ヲタシ(ママ)ム人或ハ遊ヲ好ム人或ハ役人或ハ商人

併シ此ラノ迷惑ヲ脱シ正路窄門ニ進マシムルモノ信ナリ

1　使徒行伝四ノ十二此外別無救蓋天下人間更無賜他名俾我儕可由之得救也

2　今マデハ鏡ナクシテ面郭一面ニ墨汚シテアリシモ知ラサリシナリ今此福音ノ鏡ヲ以照サバ悉ク其醜ヲアラハス也

3　悪魔ハ角フリ立テ我ハ尓ガ大敵ゾトヨビ来レバ亦力ヲモ尽シテ拒グベケレドモ彼ハ中々利口ダカラ我ラガ好ニ投ジテ遂ニ迷途ニサソヒ陥スナリ

4　於此マタ大事ナルコトガ一ツアル其ハ只一字ノ信ノ字ナリ

此ノ信ナキヨリシテ人ツヒニ楽境ニ達スルコトアタハズ中道ニシテ廃スルモノ多シ慨然ノ至リト云ベシ

信ハ国之宝也民之所レ庇《オホフ》也○淮南子云、人先信レ而後ニ求レ能　故ニ信ハ人ノ必ズ少《カク》ベカラザル者ナリ。
希伯来《ヒブル》書云、無レ信則不レ能レ見レ悦ニ於神一　十一ノ六節　夫《ソレ》ワレラ得《エ》タキモノハ信ナリ。サレド得
信ナクバ神ノ心ニ叶フコト能ハザレバ也
易キモノ、得難モノハ信ナル也。或ハ人ミヅカラ許《ユル》シ妄ニ矜詡《ホコリ》ワレハ神ヲシレリ、救主ヲシレリ、
正道ノ純備ヲ美トス、且ツ此《コレ》ヲ明ニシテ已《スデ》ニ教ニ入テ教会ノ科条《キソク》ヲ守レリ、信徳ワレニ勝《マサル》モノナ
カルベシトス。若レ斯人ハ彼《カ》ノ麦中ノ稗ナルノミ。嗚呼危《アヤウ》イカナ如レ此人。耶穌イハズヤ虚心者《ヘリクダルモノハ》
1 福矣、以ニ天国乃其国一也、哀慟者福矣以ニ其将レ受レ慰也。今実信ヲイハン、神ノ誠ニ天父タルヲ
信ジ、其旨《ムネ》ニシタガヒ、少ク其怒ニフル、コト無ヲ要ス。耶穌ノ誠ニ救主タルヲ信ジ、其功ヲ頼
ミイサ、カ其恵ヲ忘レザルコトヲ要ス。聖霊ノ誠ニ能ク感化シテ其心革《カエル》ヲ信ジ、敢テ自ラ其功ニ
居《オラ》ズ、且ツ我心柔弱ニシテ善ヲ行フコト能ハズ、深ク自愛ストイヘドモ愆尤《ツミトガ》ツヒニ一身ニ叢《ムラガ》ルヲ
信ズ、死後霊魂《タマシヒ》ナガク存《ノコッ》テ滅《ホロ》ビズ、審判維厳ニシテ禍福ミナ人ノ自ラ召《マネク》トコロナルヲ信ジ、其心
2 ヲ専ニシテ懈コトナク、其心ヲ一ニシテ他岐《ヨコミチ》セザル如レ此ノ人ハ其心ニ実《ジツ》道ノ信ズベキノ據アル
3 ヲ亦自ラ見《ミル》ベシ。耶穌ノ道ハモト吾心固有《コヽロニウマレツキ》ノ良《マコト》ト相符《アハ》ザルナシ、道ト心ト合フ、斯心ト道ト契フ、
4 此ヒトツノ徴《シルシ》ナリ。保羅云、聖霊ワレラノ霊ト自《オノヅカ》ラ我儕神ノ子タルヲ証ス　羅馬書八ノ十六節。人
ヨハネ伝ニ葡萄樹ノ譬アリ十五章
イマダ信心アラザルトキハ耶穌ト遠《トホ》ザカリ既《スデ》ニ信心アルトキハ耶穌ト相連《アヒツラナ》ル。故ニ未ダ信心アラ
ザルトキハ死セルガ如シ既ニ信心アリテ後チ生ヲ得《ウ》ル也。耶穌ハ生《イノチ》ノ本タルノミ。彼《カレ》ト相連ル
所以《ユヘン》ノモノハタヾ信徳ナリ。エペソ書云　三章十七　使下基督ヲシテ縁ニ尓信一而居中尓ノ心上。人ハタ

シテ耶穌ト相連《アヒツラナ》レバ事《コト》ミナ耶穌ト相通ゼザルナシ。凡ソ耶穌ノ所有ハ即チ我所有、ワガ所有ハ即[5]チ耶穌ノ所有タリ。耶穌躬《ミ》正道ヲ履《フム》ハ猶《ナホ》ワガ正道ヲ履ガゴトシ。耶穌身ニ酷罰《ツヨキバチ》ヲ受《ウク》ルハ猶ワガ酷罰ヲ受ルガゴトキ也。カツ耶穌死ヨリ復生《イキルコトヲ》ス、我《ワレ》マタ死ヨリ復生スルナリ。但シ吾人ノ罪ハ耶穌ニ帰シ、其ヲシテ罪報ノ重刑ヲウケシム。則チ耶穌ノ道義我ニ帰シテ我ヲシテ永生ノ大福ヲウケ[6]シメ給フ也。コレ咸《ミナ》アラハレテ福音ニアレバ此《コレ》ヲ信ズレバ得《エ》、信ゼザレバ失《ウシナフ》ナリ。人ノ道ヲ信ズルノ心ハ猶《ナホ》永生ノ種ノゴトシ、能《ヨ》ク善果ヲ結ブモノ也。スベテ人ノ徳ニ進《スヽン》デ益《エキ》ヲウル者《モノ》、コノ信。ヲ以テ本トセザルナシ。而《シカシ》テ終《ツイ》ニ栄ヲ発シテ滋長ス。故ニ義者《ギヲトナフルモノ》由㆓於信㆒ ロマ、三ノ二八、ガラタ二ノ十六、称㆓神子㆒者由㆓於信㆒ ガラタ三ノ廿六、能ク克レ己ニ能ク勝レ世者由㆓於信㆒ 約翰一書五章ノ四 致㆓人之聖善㆒者由㆓於信㆒ 使徒行伝廿六ノ十八、誠《マコト》ナル哉タダ信福《サイハヒ》ヲウク、是《コレ》衆善ノ所帰《アツマルトコロ》ナル也。保羅 コリンタ後書十三ノ五節 ニ云《イヘ》ルコトアリ、尓宜ク㆓自省㆒果テ居㆓於信㆒否、尓宜シ㆓自ラ試㆒、尓自ラ不レ知乎即チ尓若シ不レ為レ見レ棄者耶穌基督在㆓尓中㆒矣。ソレ人々《ヒトヽヽ》ミヅカラ其身ヲ省《カヘリム》ベシ。信。ニ誠ト偽トアリ。自ラ欺テ偽信ニ居《ヲル》コトナカレ。若シ信ノ果《ハタシ》テ誠ナルトキハ永生ヲ得テ実《ミ》ヲ結コ

禰義者

1 已ニ充テリト思ハゞ受ルニ由ナシ自ラ不足ナルヲシラバ神コレニ満ヲアタヘ玉ヘリ　我ミヅカラノ罪ヲ悔ナゲカバ前ニモ云ル如クワガ胸ヲ撫テ救主慰ヲアタヘ玉ヘリ　論語云子以四教文行忠信
2 他視スルト死地ニ堕ル霍亀ノ奇話アリ
3 於此ミツカラ実信ノ徴(ママ)アカラカ也
4 真誠ニ信ヲ得タル人ハ天父ノ恩ニ感シ神ヲシタフコト孝子ガ慈母ニ於ルガ如シ
5 信ナキ者ハ耶穌ノ死ヲ見ルコト更ニ関係ナキガ如シ故ニ亦復生ニモ関係ナキナリ
6 耶蘇郷村ニ到リ天国ヲ宜ツタヘ奇跡ヲ行フト雖モ人コレヲ信ゼザレバ急速ニ舟ニ乗テ去レリ

ト繁《シゲ》ク自《オノヅカ》ラ明徴アリ。且ツ悔改ノ心アリ　ルカ十三ノ三云、尓若不㆓悔改㆒亦皆必亡　純全ノ行アリ、仁愛ノ意アリ、果《ハタシ》テ此心アレバ内《ウチ》ミヅカラ其証ヲアラハシ、人マタ共ニ其外象ノ顕呈ヲ見《ミル》ベシ。若シ小《スコシ》クナリトモ誠信アルモノ者《ハ》ミズカラ満仮セズシテ愈《イヨ〳〵》ソノ信ヲ増益センコトヲ思ヘリ。使徒ムカシ主《シュ》ニイツテ云《イハク》、使㆓我信《シテ》益〻篤㆒　ルカ十七ノ五。ワレラ之《コレ》ニ法《イツト》リ効《ナラ》ハザランヤ。神ハヨク人ノ信ヲ益《マ》セリ。神マタ人ノ誠求ヲ楽《タノシミ》タマヘリ。願ハ世人心ヲ尽シ、力ヲ竭シ、敬虔祈求シテ此《コノ》無窮ノ益《エキ》ヲエンコトヲ、亜孟

○馬太伝廿二章自卅七至四十節、耶蘇曰ク当㆔一㆑心一㆑性一㆑意愛主タル尓之上帝㆒、此誡之首而大者、其ノ次ハ愛㆑人如㆑己亦猶㆑是、二者乃律法先知之綱領也　ルカ十ノ廿七　マコ十二ノ三十ヨリ三十一

天国ハ口ニアラズ行ニアルナリ

往古《イニシヘ》ユダヤノ学者タチ真神ノ誡ヲ喋々弁論シ。先知者ノ教ヘナドヲ頻ニ説《トキ》チラシタレドモ皆コノ最モ切要ナル愛テフモノヲ欠《カキ》タリ。故ニ口ニ真神ヲ尊敬シ、ソノ諸誡ヲツネニ論弁スルトイヘドモ終ニソノ真意ヲサトルコトアタハズ。且ツ真神ノ旨《ミムネ》ニタガフコトノミ多カリシカバ怒ニ怒ヲヒキ厳罰ヲウクルニイタリシ也。サテ此《コヽ》ニテパリサイ人ノサドガヒ人《ヒト》ガ弁服サレシヲ見テ。コノ問ヲナセシハユダヤ人ラ、マヘカタヨリ律法《オキテ》ノ諸条ヲワカチ大小トナシ其中イヅレ首要タル紛論決セザリシ也。アルヒハ祭祀ノ条ト云、アルヒハ損割ノ条トユ(ママ)ヒ、或ハ洗滌ノ規ヲ重《オモ》シト云モノアリテ一《イツ》ニ帰スルコトアタハズ。此故ニコノ問ヲナシ此《コ》ノ難題ヲ以テ実ハ耶蘇ノ識見ヲ試ミ、且ツ

イヅレノ人ノカ敵トナサセントノ譎計ナリ。コレミナ彼《カレ》ラ大切ナル愛○ノ字ノ義ヲウシナヘルヨリ自暴自棄ニワ(ママ)シリ。私欲ヲホシイマ、ニシ徒《イタヅラ》ニ外貌《ミエ》ヲノミ飾リ、ソノ真理ヲ尋求《モトムルコトヲ》セントスルノ心ナシ。コレニ因テ次第ニ天良ヲクラマシ終《ツヒ》ニ天父ノ大慈悲救世ノ鴻恩ニサヘソムキ奉《マツ》ルニイタレリ。但シ救主降世ノ間ネンゴロニ説諭《トキサト》シ玉ヘド或ハ土外《トグワイ》ニオキ或ハ聞《キヒ》テサトラズ、或ハ暁得《サトリ》テ　度外

猶《ナホ》シタガハズ。遂《ツヒ》ニソノ霊《タマシヒ》ヲホロボシ、遂ニソノ国ヲマデ失《ウシナフ》ニイタル。嗚呼ナゲクベク、悲《カナシム》ベキ

9　戒

ノコト也。コレ全クユダヤ人ノミ、シカルニアラズ今カレラガ亡《ホロビ》ヲミルハ即チ我ラノ鑑誡《ミセシメ》ナリ徒《イタヅラ》ニカレガ為《タメ》ニノミ歎《ナゲク》ベカラズ徒ニカレガ為《タメ》ニノミ悲ベカラズ。吾人《オタガヘニ》ミヅカラノ為ニナゲキ、カナシムベキコト也。昔シ救主ニガリラヤ人《ビト》ノ血ヲピラト其祭祀《ソナヘモノ》ニマゼシコトヲ告《ツグ》ル者アリシニ、答テ尓コノガリラヤ人ハ此害ヲ受《ウク》ルヲ以テ衆《オホクノ》ガリラヤ人ニ較《クラ》ブレバ罪尤《モト》モ重《オモ》シトオモフカ。我ナ

1　尽心尽性云々愛尓之神　申命記六ノ五
2　尓宜愛尓隣如己　利未十九ノ十八
3　ロマ十三ノ九　奸淫する勿れ殺す勿れ云々 此他なほ誡あるとも己を愛する如く尓の隣を愛すべしといへる言の中にこもれり
4　ガラタ五ノ十四　全律法一言以蔽之曰愛隣如己
5　テモテ前一ノ五　誡命之大略乃愛也
6　口ニ称美シ貌ニ尊敬シ
7　マタ十五ノ七ト八○偽善者よイザヤはよく尓について預言せり○この民は口にて我にちかづき唇にて我を敬へどもその心はわれに遠ざかり人の戒を教となして徒に我を拝せりと
8　ヨハネ書三ノ十八、我ら愛するに言と舌とを持て相愛することなく行と真とをもてすべし
9　ロカ廿三ノ廿七ヨリ云　有多婦哭而哀之耶穌顧之曰耶路撒冷女乎毋為我哭当為己乃尓子哭蓋日将至人必曰未孕者未産之胎未哺之乳福矣当時人将対山曰圧我対陵曰掩我

ンヂニ告ン尓ラ悔改ズバ亦ミナ必ズ亡《ホロ》ビン　ロカ十三章、三、五　噫焉《アア》オソレザランヤ、早ク自《ミヅカラ》ヲ省《カヘリミ》ザランヤ。吾人《ワレラ》マサシクユダヤ人トコトナリ、此《コヽ》ニ耶穌ノ示《シメ》シ玉《タマ》フ如《ゴト》ク心ヲ一ニシ、命ヲ竭シ、思ヲ専《モツパ》ラニシテ慈悲ノ天父ヲ愛スルカ、自己《オノレ》ノ身ヲ愛スル如ク人ヲ愛スルカ。若シシカラザレバ我《ワレ》ラモ亦《マタ》救ハルベカラザル也。ソレ神ハ尽善尽美至聖至能恵《メグミ》アマネカラザルナシ、徳ソナハラザルナシ、吾人固有《ワレラウマレツキ》ノ良《コヽロ》ヲ揆ラバイカンゾ敬ニ因テ愛ヲ生《ショウ》ゼザルベケンヤ。又神ハ造化ノ大主宰タリ天地万物コト〱クソノ創造《ツクリハジメ》シタマフ所ニシテ万国人民悉《コト〲》ク治理《オサメ》ラル宇宙《テンチ》大イナリト雖モ主宰惟一、時日久《ヒサ》シキト雖モ主宰カハルコトナシ如レ此ノ至尊イカデ尊ニ因テ愛ヲ生ゼザルベケンヤ。我《ワ》ガ身《ミ》スナハチ神ノ為ニ造《ツク》ラル我ガ霊マタ神ノ賦《サツケ》タマフ所、サラバ神ハ我《ワレ》ヲ生《ウム》ノ天父ナリ。且ツ万物ヲ生《ツク》リ我《ワレ》ラガ用《イリヨウ》ニ供《ソナ》ヘタマヘリ、然《シカラ》バ又我《マタワレ》ヲ養《ヤシナフ》ノ天父ナリ。聖書ヲクダシ我ラガ心ヲ牖《ヒラキ》タマヘバ又我ヲ教《ヲシ》ユルノ天父ナリ。サラバ親《シタシミ》テ愛ヲ用《モチ》ヰザランヤ。我ラ各《オノ》〱々罪孽アリ、サレド天父ワレヲ以テ不肖《ヤクニタヽズ》トナシテ棄《ステ(ママ)》テズ反《カヘツ》テ耶穌ヲ賜《タマヒ》テ我ラノ罪ヲ贖ヒ吾人《ワレラ》ノ霊《タマシヒ》ヲ救《スク》ヘリ。コ[1]レ此《コノ》鴻恩イカデ感恩ニ因テ其愛ヲ用ヰザランヤ。然レバ人々神ヲ愛スルノ心ヨロシク天ノ高ガ如ク、海ノ深キガ如クスベシ。如斯《カク》テ人ヨク神ヲ愛スルトキハ則チ神ノ人ヲ愛スルノ心ニ體《ナラ》ヘバ自《オノヅカ》ラ人ヲ愛セザルナシ　約翰一書云、神以レ愛為レ心、四ノ八　ヨハネ云《イヘ》ルコトアリ　第一書四章七ト八、我儕宜二彼此相愛一蓋シ愛乃由レ神凡ソ愛者由レ神而生ズ且ツ識レ神也不レ愛者ハ不レ識レ神、蓋シ神ハ乃愛也。又云　同章二十　人若シ言ヒ二我愛一レ神而憾二其兄弟一是謊者不レ愛二已《スデニ》見之兄弟一サヘ何テ能ク愛二未レ見之神[1]。カクノ如ク神ヲ愛スルト人ヲ愛スルト理本《モト》アイ因レリ、情ニ致アルコトナシ。故ニ真実《シンジツ》神ヲ愛スル者ニ人ヲ愛セザル者ハアラジ。神ヲ愛セズシテ人ヲ愛スルト云《イフ》ハ真実《マコト》ノ愛ニハアラズ惟《タヾ》偽善ノミ咸《ミナ》コレ名ノ為《タメ》、利ノ為シバラク善《ゼン》ヲ飾リ誉ヲ世間ニトラントスルニスギズ。己《オノレ》ニ益《エキ》ナク、又人ニ益ナシ。誰《タレ》カ知《シラ》ン人アザムクベシト雖モ、天父イカデ欺《アザムク》ベカラザルヲ。嗚呼世ノ人ヨ自己《オノレ》ヲアザムキ、又人ヲ欺コト勿レ。アマツサヘ神ヲ欺ントス。嗚呼愚ナル哉、無知ナル哉。ソレ神ハ在《イマサ》ザル所ナク知ザル所ナク能ザル所ナク至公至義イカデ神ノ賞賜ヲ哄騙スルヲ得ンヤ。世ノ罪ト過トハ神ニ事《ツカ》ヘザルヨリ出《イ》ズ。人ノ罪悪神ニツカヘザルヨリ大イナルハナシ。世ノ禍害兄弟ヲ愛《アイセ(ママ)》サヾルヨリ起《オコ》ラザルハナシ。人ヲ愛ルノ分ヲ尽ントスル者ハ必ズ先ヅ神ヲ愛スルヨリ始マレリ。神ヲ愛シ兄弟ヲ愛スルハ吾人《ワレラ》ノ分内《スベキハヅ》ノ事ナル也。カクテ人ハ二類ニ分《ワカ》ル一《イツ》ハ信者一ハ不信者、シカレドモ愛ハ信不信ヲ分《ワカ》ツコトナシ、只ソノ愛《アイ》スル所以《アイシカタ》ハオナジカラザル也。ソノ不信ノ衆人《モロビト》ヲ愛スルヤ、其肉体ヲ以テイヘバ我ト皆兄弟タリ、律法ヲ以テイヘバ我ト皆罪人ニ属ス、其オノ〳〵永生至宝ノ霊魂ヲ以テイヘバ我ト皆真神ノ子民タル也。愛セザレト云《イフ》ト雖モ、イカデ愛セザルヲ得ンヤ。信者ニ至テハ言《コト》ヲマタズ自《オノヅカ》ラ相愛スルノ他《ホカ》ナニコトカアラン。其人《ソノヒト》トモニ耶穌ニ属

1　ルカ十ノ廿五ヨリ廿九迄○一ノ教法師アリ起テ彼ヲ試イヒケルハ師ヨ我ナニヲ為バ永生ヲ得ベキヤ耶穌イヒケルハ律法ニ録サレシハ何ゾ如何ニ読カ答テイヒケルハ尓心ヲ尽シ云々主ナル尓ノ神ヲ愛スベシ又己ノ如ク隣ヲ愛ス可シ耶穌イヒケルハ尓ノ答ヘ然リ是ヲ行ハヾ生ベシ

スルニ因リ我ラ、ミナ耶穌ノ伎体《シソク》タル也、世間タレカ其手ヲ悪ミ、其足ヲ悪ム者アランヤ。聖霊ソノ身ニ居《ヲル》ニ因テスナハチ真神ノ殿タル也、イカデ私《ワタクシ》ニコレヲ汚《ケガス》ベケンヤ、相共ニ相愛シ、相共ニ助テ、聖殿ヲ全潔ナラシメンコトヲ希望スベシ。夫耶穌ハ仁愛ヲ以テ心トナス人神ヲ愛サバ亦耶穌ヲ愛スベシ、耶穌ヲ愛サバ自《オノヅ》カラ耶穌ニ肖《ニル》ベシ、耶穌ニ肖《ニ》バ則チ内ニ愛心アリ外ニ善行アリ。愛ノ徳タルヤ極テ大ナリ、信望ニ越《コヘ》テ重《オモ》キモノハ愛ナリ。故ポール哥林多前書十三章ニ懇々トキ示《シメ》セリ　自一至八云、我雖四能ク言三諸人之方言ト及二天使之言一而無レ愛則如二鳴レ銅響レ鈸、我雖下有二預言之能一明三諸奥義与二諸知識一且ツ有二諸信一致中能移上レ山而無レ愛則無レ為我雖下罄二凡所レ有以濟上レ貧雖二損レ身就レ焚而無レ愛則不レ為二我益一愛乃寛忍乃慈悲愛不二妒忌一不二自誇一不二驕傲一不レ行二非礼一不レ図二己利一不二軽怒一不レ念レ悪不レ喜二於不義一而喜二於真凡一事容凡事信凡事望凡事耐愛永不レ堕然預言将ニレ廃方言将レ息知識将レ廃　其ノ意甚ダ廣ク其ノ旨甚
1 ダ美ナリ。惟《タダ》人ノ罪アルヲ憐ミ代テ誠求ヲナシ、人ノ不善ヲ憫ミ反テ忠告ヲ進ム、是シバラク情ヲ矯《タム》ルニアラズ楽テ之ヲ行ヒ、自ラ其心ノ安ズル所ニシタガフノミ。沈淪者《ホロビノモノ》ヨリコレヲ見《ミ》バ能《アタ》フ
2 トコロニアラズ、救ヲ得タル者ヨリ之ヲ見バ難《カタ》キ所ニアラズ、但シ人コレヲ行ニアラズ耶穌ツネニ我ト共ニアルガ故ナリ。人ソレ信ニヰテ耶穌トトモニヲルベシ、人ソレ耶穌ノ愛ニナラフテ神ニ悦《ヨロコ》バル、コトヲ要スベシ。人信ニヲラザレバ耶穌ト連《ツラナ》ルコトアタハズ、人耶穌ニ連ナラザレバ愛ヲ存ズルコト能ハズ、愛ヲ存ゼザレバ神ニ悦バル、コト能ハズ、神ニ悦《ヨロコビ》ヲ得ザレハ事《コト》ミナ廃セリ。サレバ信ハ本タリ、徳ハ幹ナリ、其ノ余ハ枝葉タリ。カクテ仁愛ハ信心ノ結ブ所ノ永生ノ実

1 大事因縁　雑纂二ノ十三

2 斎荘公ノ臣陳不后崔杼ガ逆ヲ誅荘公ヲ祓セシ時ニ恐死ス

也。ペテロイヘリ、愛ハヨク多罪ヲ掩フ前書四ノ八　ア、至重ナルカナ愛、々《アイ》ハ諸徳ニコトナリ霊《タマシヒ》ト永ク存シ日ニ増シ月ニ益ス、譬バ江河ノ如シ愈久《イヨ〳〵ヒサシ》フシテ愈フカシ、今ノ愛心ハ爝火ノゴトシ、其ノ氣アツカラズ、其ノ光アキラカナラズ、死後ニ至《イタツ》テ火ハジメテ燃ヘ光焔《ヒカリ》赫赫《ピカ〳〵》大陽ノ東ニ
3 在ガ如シ。神ト天使ト衆人ニオヨベリ。故ニ愛ハ生死ノ隔《ヘダテ》ナク須臾《シバラク》モ吾身ヲハナル可ラザルモノ也。余《ホカ》ノ諸徳ハ生前アレド死スレバ衣服ノ身ヲ脱スルガ如シ。吾人《ワレラ》ナガク堕《オチ》ザル愛ヲネガフベシ、
4 死後ソノ愛ヲ大ニセントオモハヾ先ツ生前ソノ愛ニ習フベシ、生前ソノ愛ニ習《ナラ》ハザレバ死後カナラズ神ノ国ニ入《イル》コト能ハザル也。ユヘニ明日ヲ待《マタ》ズ今ソレ各人《オノ〳〵》神ヲ愛スルノ心ヲ生ゼヨ、次ニ兄弟ヲ愛スルノ事ヲツトメヨ。然《シカ》シテ兄弟ヨ相共ニ生前平和ノ楽ヲウケ、死後永生ノ楽ヲウケンコトヲ切望ス。勤メヨヤ兄弟、愛ヲ求《モトメ》ンコトヲ勤《ツトメ》ザランヤ

○路可伝　十章自三八至末節、衆行ク時耶穌入二一郷一有レ婦名ハ馬太《マルタ》迎レ之入二其家一、其姉妹名ハ馬利亜《マリア》

1　所羅門云愚人作悪視之若戯義者為善自有真楽
2　馬太伝五章云尓聞有言以目償目以歯償歯惟我語尓毋敵悪○又云尓聞有言尓必愛尓隣憾尓敵惟我語尓敵尓者愛之詛尓者祝之憾尓者善視之虐遇尓迫害尓者尓為之祈祷
3　指南云悔改在生前至於既死則其心已潔罪悪不生何須悔改霊已得救事已獲成無尚信心天福既享夙願已慰何庸仰望
4　耶穌云マタ五尓若携礼物於壇在彼憶尓兄弟与尓有隙則留尓礼物於壇前而往先与兄弟相和然後来献尓礼物

1 坐二耶蘇足下一聴二其ノ道一、馬太以二供事多一ヲ心紛就二耶蘇一曰主ヨ我姉妹遺レ我独事《タラカス》尓不レ為レ意乎
宜二命レ彼助レ我、耶蘇答レ之曰馬太乎々々尓以二多端一思慮自擾ル、然トモ所レ需者一而已馬利亜已
択二善業一終ニ不レ能二由レ彼奪レ之也　凡ソ世ノ中ヲミワタセバ東ニ奔リ西ニ走リシバラクモ休《ヤスム》トキナ
2 キガ如シ。是ナニユエナルゾ福ヲ得ンガ為ナリ。然リ吾モマタ福ハ欲《ホツ》セザルナシ。人モ吾モ咸《コト〴〵》ク
天附《カミノサヅケシ》ノ至重ナル喜怒哀懼愛悪欲ノ七情アレバサルベキコト也。福ヲ得テ喜ビ、福ヲ失《ウシナ》フテ哀ミ、

我ヲ害スル者トハ悪魔ナドノ所行ヲ云

禍ノキタランコトヲ懼レ、我ヲ害スルモノヲ怒リ、善ヲ愛シ、不善ヲ悪ミ、サイハヒノ来《キタ》ランヲ
欲《ホツ》シ、禍ノマヌカレンコトヲ欲スル、此等ミナ七情ノ動《ウゴ》クトコロニシテ、コレヲ去《サラ》ントスルトモ
人ソレ能《アタ》ハンヤ。浮図ノ流コレヲ去ントシテ反テ増長ス　能《アタ》ハザルハ宜《ウベ》ナリ。至上者ノ賜物《タマモノ》、コレニ
ヨリテ人幸福ヲモキタラシ、楽ヲモマシ、天父ノ栄ヲモアラハスベク、亦虔誠ノ心ヲモキタラシ、
信望ノ徳ヲモ備ルニ至ル、善良至用ノ具ニシテ、慈悲ノ天父ノ世ノ人ヲ救ハントノ善意ナルモノ
ヲ、誰カコノ慈悲物ヲ我ラヨリ奪去ルコトヲ得ン。サテ悪魔モコレヲ奪フコトハ能《アタ》ハザルヲトク
3 シリ。反《カヘツ》テソレニツイテ人ヲ誘惑シ善良至用ノ具ヲ汚悪無用ノ具ノ如クナスニ至レリ。コノ具ノ
至用タルユヘハ、先ヅ善ヲ喜ビ、不義ヲ怒リ、同類ノ罪悪ヲ哀ミ、天父ノ義怒ヲ懼レ、天父ノ鴻
4 慈ヲ敬愛シ、悪ヲ悪《ニク》ミ、至善至美至愛至潔全智全能ノ天父ト共ナランコトヲ欲《ホツ》シ、其ノ善其ノ美
其ノ愛其ノ潔ニ効《ナラ》ハンコトヲ欲シ、終ニソノ救ヲウケンコトヲ望ムコレ也。シカルニ今ヤミナ之《コレ》
5 ニ反《ハン》セリ。コノ故ニマタ福ノ真偽ヲモ容易ニシリガタキニ至レリ。夫真福ハ永遠不滅ナリ。偽福

6

ハ一朝ノ炯ノ如シ、アサゲ《朝飯》タク炯トミシハ今ハハヤ、タヾ青空ニ影ダニモナシ。嗚呼世人ノ慕《シタ》フ福モカクノ如キモノ也。古今《イニシヘヨリ》ソノ例《タメシ》アゲテ算《カゾ》ヘガタシト雖モサトルモノナシ。古今《ココン》ナド云マデ、ナク、今コ、デ我身《ワガミ》ヲ顧《カヘリミ》レバ物心《モノココロ》ノツキ初《ソメ》シヨリ今日《コンニチ》マデノコトヲ徴シテアラハナルベシ。人ノ今サイハヒト思コトハ極テ禍ヲキタラスノ原《モトヰ》ナルベシ。人々コ、ロシヅカニ省《カヘリミ》バ悟《サト》ルトコロアラン。酒ヤ色、金ヤ衣ト其ノ欲ハ数《カズ》モカギリモアラネドモ真実吾人ノ心ヲヨロコバシ、心ヲ楽シマスルモノニ非ズ。サラバ真実ワレラヲ喜《ヨロコ》バセ楽マスルモノハ何物ナルゾ、天父ノ賜ハル所ノ福コレ也。コレヲ真福トハ云ナリ。コレ所謂マリアガ択ビトリタルモノ也。人ソレコノ真福ヲヱヨ、此《コレ》ヨリホカニ福テフモノ有コトナカルベシ。故ニ耶穌ノタマハク需《モトムル》トコロノモノハ惟《タダ》一《イ》ツノミト。

酔狂ノ醒時クユルモノ、如シ

1 一郷ベタニヤヲ云ナルベシ約翰伝十一ヲ互見スベシ此マリアハ耶穌ニ至貴ノ（ナルタ）ノ香膏ヲ注ギタル熱信ノ婦ナリ約翰伝十二ヲ見ルベシ

マルタ マリアハ耶穌ニ復活サレタルベタニヤノラサロノ兄弟ナリ約翰伝十一ヲ見ルベシ

2 天道溯原云。身材止一。百体攸分。霊魂惟一。諸才可論。才分両端。一曰霊才。一曰心才。云々霊才覚悟記思像○心才欲情好悪是非之心○情ハ四ツ愛悪怨憐

3 悪魔七情ヲ人ニ誤用セシムルコト譬ヘバ不善ヲ喜ビ兄弟ヲ暴怒シ嗜欲ノ逐ザルヲ哀ミ天父ニ近クヲ懼レ不義ヲ愛シ真理ヲ悪ミ朝暮私欲ヲホシイマヽニセンコトヲ欲スルノミ

4 天父ノ義怒ヲ懼ルルト天父ニ近クコトヲ懼ル丶トハ相似テ雲泥ノタガヒアリ義怒ヲ懼ルルハ孝子ノ父ニ仕ユルガ如シ近ツクコトヲ得ザルハ蕩子ノ父ニ遇フコトヲ厭フガゴトシ

5 秀吉ノ辞世云露とおきつゆと消ぬる身なるかななにはのことは夢の世の中

6 我朝ニテハ清盛ノ如キ其貴其福タレカ之ヲ羨マザランヤ豈ハカランヤ福原ノ憂ヒアラントハ○西洋ニテモ三世ナボレオンノ如キ其英雄不世出ナリシモイカデハカラン其身ロンドンニ客死セントハ

神ノ美ハ鏡ノ如シ人コレニ向ヘバ己ノ醜ヲサトリ自ラ美タランコトヲ望ム也

神国ノ福ト人世ノ福ト其軽重大小アニ啻天淵ノ隔ノミナランヤ

大闘王嘗テ云《イヘ》ルコトアリ　詩二七篇ノ四節、我有二一事一曽求二於耶和華一我仍欲レ求レ之、即使下我ヲシテ
有レ生之諸日居二於耶和華之室一得上レ瞻二耶和華之美一。ワレラモ恒《ツネ》ニ祈禱シ、ネガハネバナラヌハ
此《コノ》事ナリ。人々イマ《今》神ヲミルコトヲ好マズ、神ノ美ニナラフコトヲヨロコバズ。如斯《カク》テノチ《後》神ノ
1 永生ニ入《イリ》ソノ楽ヲ受ントスルハ少《スコ》シ怪ムベキコト也。其《ソ》ハ福ヲコノメド好マザル也、禍ヲニクメ
2 3 ド好ム也。東京ヘユカント思ヒテ西ニ行キ、西京ヘ行ント思テ東スルガ如シ。悟ザル哉オモハザ
ル哉ソノ惑ヒ。今日ノ事ヲ以テモオモヒミヨ、人一事《ヒトツノコト》ヲナサント思ヘバ工風ニ工風ヲコラシ力《チカラ》
4 ニ力ヲ竭シ、ソレデサヘ世ノ中ノコトハ思フマ、ニハナラヌガチナルモノ也。マシテヤ永遠ノ幸
福ヲエンコトニ於《オイテ》ヲヤ。軽忽《ユルガセ》ニシテ得ベケンヤ。悪魔ノ言《コトバ》ニマドハサレ、嗜欲ノ雲ニオフハレテ
5 天良ヲクラマシ、此ノ真福ヲアヤマルコト忽レ。思《オモヒ》ミヨ我ラ孜々《シシ》勤労スルハ何《ナニ》ノ為《タメ》ゾヤ、タゞ生。
ト福トヲ得《ウル》ガタメノミ。サラバ生涯《ショウガイ》汲々トシテ一朝コレヲ失《ウシ》ナハゞイカンセン、後クユルトモ益
ナシ。思ハザルベケンヤ。故ニ耶穌ノタマハク　馬太伝人世界中ヲ利スルトモ若シソノ生命ヲ失
ナハゞ何ノ益アランヤ。実ニワレラ慎《ツヽシマ》ネバナラヌコト也。サレド魔鬼ノ同類ハ反テコレヲ笑フベ
シ。亦神ニ親マザルモノハドウシテモサトリ得ザル也。其《ソ》ハ我《ワガ》ツネニ親《シタシ》ムトコロノ他《ホカ》ソノ心ハ知
ラレザレバ也。コレヲ悟《サト》ラザレバ終ニ亡《ホロビ》ニイタルベシ。昔シ救主ユダヤニ道ヲ説《トキ》玉ヒシトキ欲《ヨク》フ
カキ「パリサイ」人ワラヒシコトアリ、笑《ワラフ》テ己《オノ》レ全《マツト》フシタリシヤ。然ラズ、幾年《イクトシ》ヲ経《ヘ》ザル二国《クニ》モ
6 民《タミ》モ亡《ホロボ》サル、ニイタレリ。サラバ人々魔鬼ノ助《タスケ》ヲ頼《タノム》コト勿レ。タゞ此《コ》ノ真福ヲヱラルベキ実《ミ》ヲ結《ムス》

ベルヤ否《イナヤ》ヲ常々《ツネ〴〵》カヘリミルコト肝要ナル也ソノ実《ミ》トハ何《ナニ》ヲイフゾ。真福ヲ得《ウ》ルト得《エ》ザルトハ何《イカ》ナ
7 ル証《アカシ》ヲ以《モッ》テシルベキヤ。サレバ以弗所《エペジア》ノ書云　一章十三十四、尓曹既聞二真道一即救レ尓之福音、亦
在二基督一而獲二嗣業一、且ッ尓既信ズ亦在レ之而見三印スルニ以二所レ許之聖霊一、即我儕レ獲業之質也。
加拉太《ガラタ》ノ書云　五章廿二廿三、惟聖霊所レ結之果《ミ》、乃仁愛喜楽和平恒忍慈悲良善忠信温柔撙節。コレ
8 ラノ言《コトバ》ニ依《ヨリ》テ照シミバ自《オノヅカ》ラ真福ヲ得ベキノ実《ミ》イカン、真福ヲ得《ウ》ルノ証《アカシ》モ亦《マタ》判然タル也。人々イタ
ヅラニ消日スルナカレ早クマリアノ如ク、タヾ一《ヒト》ツノ需《モトム》ベキ善業《ダイジナモノ》ヲ択ビ永ク幸福ヲ受《ウク》ベキコト也

○路加伝　八章自四至九、おほくの人々《ひと〴〵》諸邑《まち〳〵》よりいでゝ耶穌のもとに集《あつまり》けれバ譬をもていへるは。種まくもの種をまかんとていでたり。播《まけ》るとき路旁《みちのほとり》におちし種あり。ふみつけられ。かつ天空《そら》の鳥これをくらへり一』又石上《いはのうえ》におちし種あり。はえいでゝ槁《かれ》たり。これ潤なきが故なり二』また棘中《いばらのなか》に

下ノ譬馬太十三章三節ヨリ九節ニ至

1 使徒八章ピリッポガサマリアヘ伝道セシトキ巫者シモンガ金ヲ献テペテロニ聖霊ヲカハント求テ大ニシカラル
2 報知新聞ニ過日大火事ノトキ数寄屋町ノ砂糖屋某ハ土蔵ヘ火ノ入シヲ見テ身ヲ亡ストモ土蔵ヲ救タイト云タリ　雑報第五十号
3 ヨハネ伝八章三十一三十二云汝らもし我道に居らば誠に我でし也亦真理を識べし真理は汝を自由にすべし
4 天父ノ慈悲ノ恩賜老少貴賤貧富ヲヱラビタマハザルナリ余嘗テ経済書ヲ見シニ空気ヲ論ゼシモノアリ或ハ金ト銕トヲ論ゼルモノアリ之ニヨリテ慈悲天父ノワレラニ賜ハル救道ノコトニ感イタレリ
5 七一雑報四人ノ女ノ話一人ハ人ノ誉ヲ求テ衣類髪飾ヲ要ス一人ハ金ヲ貪リ一人ハ食ヲ貪リ一人ハ神ノ誉ヲ求メタリ
6 救主ノ助ハ我ラヲ善ニ導キ天国ニイタラセント也　魔鬼ノ助ハ我ラヲ悪ニ導キ陰府ニオトシイレント也
7 一本云尓曹聞真理救尓之福音信基督逐得所応許之聖神相印
8 或ル下婢信者トナリテ授洗セリ後或人授洗セシ功イカント問ケレバ答テ上鋪《ウハシキ》ノ下ノ塵ヲ掃フヤウナリタリト云リ

おち種あり。いばらもともにそだちてこれを蔽《ふさ》げり』[三] また沃壌《よきち》におち種あり。生《はえ》いでて実《ミ》を
むすべること百倍せり』[四] 是《こ》をいひをはりて呼《よば》はりけるは。耳ありてきこゆるものはきくべし。
サテ物ノ道理ヲキ、ワケ善《ヨキ》ト悪《アシキ》トヲキキワケル耳アリテ此《コノ》救ノ道ノキコユルモノハオキ、ナサレ。
先《マツ》コノ世ノ中ニ我ヲナヤマシ吾《ワガ》ダイジナ霊魂《タマシヒ》ヲ亡《ホロボス》モノ、多コト。ソノ數《カズ》カゾヘツクサレズ」。カ
ク云《ユ》ハヾ我ヲ悩《ナヤマ》スモノトハ何《ナニ》ナラン、吾《ワガ》タマシヒヲ亡《ホロボス》モノトハ何ノコトヲ言《イフ》ナルカト疑べシ。
或《アルヒト》ハ狐狸《キツネタヌキ》ノ人ニデモトリツキ悩スコトカトユヒ。或ハ生霊《イキリヨウ》カ死霊デモ人ニトリツクコトカトオ
モヒ。或ハ貧乏《ビンボウ》ノコトナランナド、、オモヒ〳〵ニ頸《クビ》ヲカシゲテ考《カンガヘ》ナサルメレド然《サル》モノニハ非ズ
其ノ我ヲ悩シ我霊ヲ苦メルモノトハ此《コノ》ナニ《何》ヨリ彼《カ》ヨリオソロシキモノ、今《イマ》コ、ニテモ各位《ゴメイメイ》ノ
カラダ《体》ニイツデモ忍《シノビ》コンデヲルヲ其《ソレ》ヘハスコシモ気ノ附《ツカ》ヌ人ガ多《オホヒ》。世ノ中ニ狐ガツクノ、狸ガダ
マスノ生霊《イキリヨウ》ダノ死霊《シリヨウ》ダノト云《イフ》モノハ漢印土西洋《カラテンヂクセイヨウ》マデサガストモ決《ケツシ》テアルモノデハゴザリマセン。
1
此悉《コレミナ》モノゴトノ道理ヲシラズ。真理《マコトノ神ノミチ》ヲワキマエ《弁》ザルヨリシテ其ノ虚ニツケコマレ悪魔ノ誘惑ニ
アザムカレ。神ノ賜《タマモノ》ナル天良ヲ真暗《マツクラ》ニセシ故ニ、カ、ル者ハミナ自己《ジブン》デコシラヘイダセル也」。
今コ、ニ我《ワガ》イフトコロハ。世事ノ憧擾《ミダレ》目ニ見エテ我心ヲ惑ス者。内ヨリ出ル私欲ノ馳鶩《ハセマワリ》。魔鬼ノ
誘惑《マドハシ》コレ也。微細《コマカ》ニイハヾ我《ワレ》ヲ阻《サマタゲ》、ワレヲ害《ソコナフ》モノカギリナシトイヘドモ此《コ》ノ三《ミツ》ガスベテノ大綱《モト》デ
アル故コレデ余《ホカ》ハイハズトモ足《タリ》マスルカラ此《コレ》ヲ譬《タトヘ》テ右《ミギ》タネマキノ事ヲ以テヲシヘ《教》タマハレル也」。
第一《ハジメ》ノ喩《タトヘ》ノ釋《ココロ》ハ、コノタトヘヲイヒ玉ヘルアトニ 十一十二 種は神の道《ことば》なり。路のほとりにお

ちしは聴しのち悪魔のために其心より道《ことば》をとらえしものなり。かれ《悪魔》は人の信《しんじ》てすくはれんことを恐れり」かれトハ悪魔ヲサシテイヘル也。ソノ悪魔ナルモノ吾人《ワレラ》ノ目《メ》ニコソ見エネ。抑モ人間ノ首祖アタムノ時ヨリシテ世々ヲ経テ今日ニイタル迄カレガ誘惑ニカ、ラザル者一人《ヒトリ》トシテアルコトナシ。サレバコソ天父《カミ》モ聖旨《ミコヽロ》ヲイタメサセラレ、聖子《オンコ》クリストヲシテ極大ノ苦辱ニアハシメ玉ヘル也。コレ誰《タガ》タメナルゾ、吾人《ワレラ》ガ罪ノタメナラズヤ。其ノ惑ニカ、リ罪ヲ犯セバナリ。人コレヲシラザルガ故ニ神ノ恵ノ極大ナルヲモ又シラズ。神ノ恵ヲシラザルガ故ニ又神ニ親《シタシミ》ソ《其》ヲ敬[2]愛スルノ心モ起ラズ。終ニ至善至愛全智全能ノ天父ヲハナレ。至穢至悪ノ魔鬼ニチカヅキ即チソノ奴隷トナレリ。故ニ動作《ハタラキ》ミナ悪魔ノ心ニ叶《カナ》フベキコト也。神ノ聖旨《オンコヽロ》ニ叶フトコロヲセザル也。[3]即チ吾目《ワガメ》喜視スルトコロノ者ハ不義ノ事。ワガ耳喜聴スルトコロノ者ハ非理ノ言。吾手《ワガテ》ナストコロ或《アルヒ》ハ悪習ニシテ正務ニアラズ。吾足ノ行トコロ或ハ邪径ニシテ坦途ニアラズ。如斯ワレラ悪魔

1　此ノ種々ノ怪物ヲ造イデセルモ故ナキニアラズ己ニ罪ト云モノアレバ也罪ナクバ懼ナシ懼ナクバ如斯マドヒハ出ベキワケナシ譬ハヾ賊ヲセシモノハ己ガ履音ヲ巡査トオモヒ人ヲ殺セシ者ハ白地ノ湯衣ヲ幽霊ト見ルガ如シ　○劇場ノ幽霊ヲ見テモ知ラルベシ幽霊ニ（ウラメシヤ）トイヒテ出ヌハナシ然レバ人ニ怨ヲ結ズバ幽霊ハイヅベキヤウナカラン

2　聖書ノ如キ己ヲ救フ善書ハ多ノ人ミナ見コトヲキラフ却テ人ノ思ミダシ人ノ心ヲ惑ス人情本ヤ（オバケ）ノ本ナドヲ好ミ見ルナリ○昔シ武田信玄ガ論語ヲ見テ頭痛ノ書ダト云テ地ニ擲ステ《（ママ）》コトアリキ　我ガ耳キク所モ同ジコトナリ昔ノ人モイヒシ如ク忠言ハ耳ニナカフ」トモアリテ神ノ御恵ノ人ノ幸トナリ人ノ霊ヲ救ヒ其心ヲ安ゼシムル為ニナル言《コトバ》ハ聴コトヲ好ヌ人多シ却テ人ヲ益々迷ニミチビキ人ヲ悪ニ誘フモノヲ喜テ聞ナリ

3　我手我足ミナ働トコロハ神ノ心ニ叶フ働ニ非ズ多クハ彼《カノ》アシキコトヲ見ンガ為メ聞ンガ為メ私欲ヲ従ニセンガ為ニテ人ヲ益シ人ヲ愛スル為ニ働コト多クハマレナリ

1 ノ役《ツカハレモノ》トナル。此報賞《ホウビ》ハナニゾヤ死ナリ。ロマ七章ノ十六節 或《アルヒ》ハ罪のしもべとならば死におよび、
2 或は順のしもべとならば義におよぶ也。又 同廿一 尓等《〈ナンジラ》今はづる所《トコロ》のことを行し、その時なにの
果《ミ》を得《エ》たりしや、此等《コレラ》ノコトノ終《ハテ》ハ死ナリ。悪魔ノ望《ノゾミ》ハタヾ人ヲ死ニオトシイレン、死ニオトシ
入ントノ他《ホカ》ナシ。故ニ人ノ悔改ノ心ヲ生ジ、救主ニ依頼シソ《其》ヲ信ジ救ハレンコト恒ニ恐《オソ》ル、ナリ。
五節十二節 コレガ為《タメ》ニ奮力《ツトメ》テワレラノ心ヲ剛愎《オシツヨク》ニシ悪ニ膠固《ニカワノゴトクカタマリ》イサ、カ善ニ向ノ志ナカラシム。因テ道
ヲ聴テ悟《サト》ラズ。恰《アダカ》モ種ノ路旁《ミチノホトリ》ノ硬地《カタチ》ニ落テ根ヲ発セザル如キ也。聴テ心ニ留《トメ》ザレバ悪魔機《オリ》ニ乗《ノリ》テ
コレヲ惑《マドハ》セリ。恰モ路旁ノ種ノコサズ《不余》鳥ノ食《クラヒ》ツクスガ如キ也。コレ我《ワレ》ヲ悩シ、我ラガ霊魂ヲ亡ス
六節 モノ、一也」。又第二第三 石上ノ種棘中ノ種 モ起ル処《トコロ》ハミナ悪魔ノ誘惑ニモトヅク也。石上《いはのうへ》ノ種
3 ハ根ナク実ナク、ウキタル信也。福音ノ道ヲキ、テ其コトバノ理ニ合《アヒ》。従来《コレマデ》キ、来《キタリ》シモノト雲泥
ノチガヒニテ新奇耳《ミヽ》ヲオドロカシ是《コレ》ゾ人間スクヒヲ得《ウ》ルノ道。順服《シタガフ》テ益《エキ》アリ行《オコナフ》テ真楽ヲウクベシ
4 トオモヒ欽喜《ヨロコビ》テ、コノ教ヲウケントスレドモ実信ナキガ故ニソノヨロコビ暫《シバラク》ノミ。悪魔モシ人ニ
ヨツテ之《コレ》ヲアザケリ、之ヲ悪《ニク》ミ、イサ、カ之ガ為《タメ》ニナヤマシキコト ウルサキコトガ アレバ遂《ツヒ》ニ
五節十三節 道ニ背《ソム》キ又従前ノ魔鬼ノ奴トナルモノ也。コレ恰モ石上《いはのうへ》ノ種スミヤカニ萌芽《メバヘ》スレドモ日ニ曝《サラサ》レテ
忽《タチマチ》カル、ガ如シ。世ノ中ニカ、ル人ノ多キゾアハレナル。イカニ浅《アサ》ハカナル心ナラズヤ心ヲ潜テ
オモヒミヨ、世人ミナ神ノ心ニカナフ善カツ潔モノナラバ我ソシラレテ忍《シノビ》ガタキ所アリ。モシ世
人ミナ悪魔ニ属《ゾク》スル不善不潔ノモノナラバ之ニアザケラレテ少《スコシ》ク心内ヤスンズル所アラン。之ニ

耶蘇ノタマハク。尓らたゞ天国をねがへよ其他の尓らに無てかなはぬものは尓らが願はざるさきに天父之をあたへたまへり

5 因テ我《ワガ》キヨメラレシコトノシラルレバ也」七節。棘中《イバラノナカ》ノ種ハ私欲ノタメニ役《エキ》セラレ、道《ミチ》ヲキクトイヘドモ衣食ノ慮《オモンパカリ》ヤ貨財《タカラ》ノ貧心イバラノ如ク生長シ、ツヒニ天良ノ明ヲ蔽《オホヒ》カクシ福音ノ実《ミ》ヲ結 七節 十四節 コトアタハザルヲ譬シナリ如此ノ人モ世ニ最多キハ歎ベキコト也、誠ニアハレムベキノコト也。保羅　提摩太前六章九十節　云、好レ利為万二悪根一有二慕レ之者一則背二於道一以二多苦一自刺ス。伝道書五ノ十　云、以レ金為レ宝者、金不レ足三以テ満スニ其心一、惟貨是好ム者貨不レ足以テ充ニ其欲一、此亦属二於虚一而已。カクイハヾ人亦誤認シテ、カノ仏家ヤ老荘学ヤナドノヤウニオモフ《思》人モアラン。誤

6 認スルコトナカレ、前日真福ノ講義ニモマウセシ如ク。モト七情ハスツベキモノニ非ズ。又捨《ステ》ン

1　ロマ六ノ十六云、尓らおのれを誰《タレ》に献《サヽゲ》したがふとも其したがふ所の僕たるをしらざるか

2　徒然草四十一段ニ五月五日賀茂ノ競馬ヲ見ニ行木ノマタニ睡リテオチントシテハ目ヲサマシヲリ　シヲ見テ笑ヒ兼好ノ為ニ反テ感ヲオコセシ談アリ

3　昔シ救主ノ御在世ノ時モ其ノ御教ト其行ヒ玉ヘル慈悲ノ御ワザニ驚キ或ハ（イスラエル）ノ神ヲアガメ或ハ大ナル預言者ワレラノ中ニ出デタトイヒ或ハ此ハイカナル新シキ教ゾヤト口々ニイヒケルガ其中スクハレシ者ハ僅ナリシ

4　約翰十二ノ四十三。人ノ己ヲ栄ヲ喜コト神ノ己ヲ栄ヨリスグル也

5　人ソレ善ニ心ヲ固フスベシ悪ニハ宜ク弱ナルベシ義ニハ男ヲ振テ進ベシ不義ニハ首ヲオサヘテ退ベシ

6　愚ナル人ハ金銀ノミニテ福ハ得ラル、者ト思ヘドモ然ラズ実ニ伝道書ニアル如クトテモ其《ソレ》ノミニテ己ノ心ヲ満足サスルコトハ出来ヌモノナリ其ハ金銭ハ人ヲ救フコトナケレバナリ〇此金銭ト云モノ〈喜怒哀懼愛悪欲〉ハ善人ガ善用スレバ人ヲ救ヒ世ヲ益スル好キコトニモ随分ニ功ヲアラハスモノナレド只々私欲ヨリ出テ之ヲノミ慕ヒ好マバ之ガ為ニ人ヲ救ヒ世ヲ益スルノ功ナキノミナラズ人ニモ禍ヲ与ヘ己ヲモ害シ己ノ霊ヲモ亡ニ至ルモノナリ惟ニソレノミナラズ保羅サンノ云シ如ク恒ニ之ガ為ニ苦ミ多キモノナリ然ルニ己ノ福ヲウケ心ニ安楽ヲウケ永世ノ救ヲ受ベキ此ノ道ヲ之ガ為ニスツルトハ実ニ愚ナルコトナリ斯《カヽ》ル人ハ恰《テウ》ド水ニ溺シトキ其ノ衣類ヤ帯《モチ》ルトコロノ金銭等ノ重《オモ》ミノアルモノヲ捨《ステ》レバ助カルベキ命ヲ之ヲ惜テ生モ其ノ財ヲモ合テ捨ニ異ナラズ一両年前ニ支那人ガ当港ニテ（ハシケ）舟ノクツカヘリシトキ落テ帯シ所ノ二百円ヲオシミテ遂ニ生ヲ失タルコトアリ即チ此ノ類ト同ジコトナリ愚モ亦タ甚シ全体

トスルトモ得ジ。此《コノ》貨財ヲコノムモ右七情ノ中ノ欲。テフ一ツノモノナレバ随分大切ナルモノ也。コノ物アレバコソ人間世界ハタチユキ、次第ニ開化ニモ進《スヽミ》ユキ、人ミナ天賜ノ幸福ヲ十分ニ受《ウクル》コトモデキ、之ニ因テ又神ノ大恵ヲモシルコトデゴザル。故ニ吾人《ワレラ》ソノ付与《アタヘ》ラレタル智力ヲ竭シ、或ハ政律、或ハ教化、或ハ貿易、或ハ機工、或ハ医術、メイ〱得《エ》タルトコロニ因テ世ヲ益シイヨ〱天ノ恵ノ大ナルト、天慈ノ栄ヲ顕《アラハ》サネバナリマセン。テサロニア後書三ノ自六至十二　人若シ有下不二肯テ操作一者上則不レ得レ食、我聞ク尓ノ中有二妄行者一全ク不二操作一専ラ務二外事一、如レ此者我以二我儕之主耶穌基督一命レ之勤レ之宜三ク安然操作而食二其己ノ糧一。マタ十三　云、兄弟乎行テ善無レ倦トイヒテ止《トメ》マシタガ何《ナニ》ヲナスニモ働《ハタラク》ニモコノ十三節ノ句ノ意《コヽロ》ヲ以テスルガ切要ナルコトデゴザル。人ヒトリ天ノ理ニタガヒ面壁《ダルマサマノヤウニ》九年黙坐月日ヲ送ルベケンヤ。操作ハワレラノナスベキコトナリ。然《シカレ》トモコレガ為《タメ》ニ道ヲアヤマリ、貨財ノ為ニ至重ナル霊魂ヲ亡《ホロボス》ハ愚《オロカ》ナルコトノ極ナリ、惑ノ甚《ハナハダ》シキト云ベシ。世ニカヽル人ホドカナシム物ミナ動テソノ用ヲナシ、ソノ栄ヲアラハスモノ也。ベキハナシ」。貨財ハナニモノナルゾ、惟《タダ》ワガ肉身ヲ養ノミ、養トハ云モノ、貨財ニワレヲ養フノ権《ケン》ナシ之ヲ用《モチ》ヰテ其用ヲ達スルノミ。殊《コト》ニ吾人《ワレラ》ハ貨財ノ為ニ造《ツク》ラレタルニ非ズ、吾人《ワレラ》ガタメニ貨財ハツクラレシニアラズヤ。サラバ之《コレ》ガタメニ心ヲ乱スコト勿レ、之ガタメニ身ヲナヤマスコト勿レ、之ガタメニ霊魂ヲ亡スコト勿レ。人タル者コレラノ事グラヰハ解《ワカル》ベキハズナレド兎角ニ迷惑《マドヒ》シヤスキハコレ也。古今イク人カ之《コレ》ガタメニ身ヲヤブリ、道ヲウシナヒ、魔鬼ノ阱《オトシアナ》ニオチ

即チ各位ヲ今宵コノ処ニ導ルモ聖霊ナンジラヲ此ラノ惑ヨリ救ヒ真ノ福ヲ得サセントノ神ノ恵ナルベシ

八節　十五節

イリシゾ、慎《ツヽシマ》ザルベケンヤ。サレド嗚呼《アヽ》天父ノ慈悲フカヒ哉、天父ノ恩愛オホイナル哉、カヽル惑誘《マドハシ》ノ世ニオホク吾人《ワレラ》ノ悩イカバカリナル此《コ》ヲ救ントテ聖霊《セイレイ》ヲ以テワレラヲ導キ、コノ辱《カタジケ》ナキ福音ヲキカセ、耶穌ニ頼《ヨリ》テ身ヲキヨメ、重荷《オモニ》ヲオロセシコ、チシテ霊魂ノ救ヲ得《ウル》ノミカ、今日スデニ各々モ道ヲ信タマハヾ前件クサ〲ノ悩ヲノケ、真楽ヲ得《ウ》ルコトノデキルハイカニアリガタキコトナラズヤ。此《コノ》大ナル神ノ恵ニ背《ソム》キ奉《マツ》リ慈悲ノ天父ノ聖意《オンコヽロ》ヲ痛《イタメ》タテマツリ悪魔ノ喜《ヨロコビ》ヲトル勿レ。道ハ一日モノバ《延》スコト勿レ。兼好ガ云《イヒ》シコトニモ　徒草四十九段、老来《オイキタリ》て始《ハジメ》て道を行《ギヤウ》ぜんと待こと勿れ、古《フル》キ墳《ハカ》おほくはこれ少年の人也、はからざるに病をうけて、忽に此世をさらんとする時にこそ初てすきぬる方《カタ》のあやまれる事はしらるなれ、過《アヤマリ》といふは他《ホカ》のことにあらず、速《スミヤカ》にすべきことをゆるくし、ゆるくすべきことを急《イソ》ぎて過《スギ》にしことのくやしき也、其《ソノ》とき悔《クユル》ともかひあらんや』実《ジツ》ニカクコソ思ハルレ。各位《ミナサマ》悪魔ノ為ニ心ヲウカサレズニ暫《シバラ》ク天父ノ力《オンチカラ》ヲ黙願シ、聖霊ノ導化ヲネガヒ、静ニオモヒ玉《タマ》ハヾ悟《サトル》トコロアルベシ。吾人《ワレラ》ガネガフトコロハ耶穌ノ償《アガナヒ》ノ功ニヨリ、コレマデノ罪汚ヲキヨメ、耶穌トハ一体トナリ、至善至美ノ天父ニツネニ親《シタシ》ミ、ソノ力《チカラ》ヲ以テ我身《ワガミ》ヲ煩シ、我霊ヲ亡スモノニ勝《カチ》、神ノ善、神ノ美、耶穌ノ愛ニナラヒ奉《マツ》リ。憶《オモヒ》ハヅルトコロナク、言《コトバ》イタムトコロナク、行《オコナヒ》クユルトコロナクバ次第ニツンデ幾百倍ノ実《ミ》ヲ結《ムス》ビ今世来世ノ楽コ、ニ於テ得《ウ》ルコトアラン

○詩篇　九十ノ四節ヨリ「尓ノ目前ニ在テハ千年スデニ過《スギ》シ昨日《キノフ》ノ如シ。夜間《ヨノマ》ノ更《トキ》ノ如シ。尓世人《ヨビト》ヲシテ逝《ユ》カシム水ノ流ノ如《ゴトク》ス。人ハ夢寐《ネムリ》ノ如《ゴト》キニ過《スギ》ズ。早年青草《ハルノアオクサ》ノ如ク速々《スミヤカニ》衰殘ス。早晨《アシタニ》発生シテ隨テ即チ衰殘ス。暮ニ刈レバ便チ枯槁《カル》。ワレラ尓ノ怒ヲ以テ消亡ス。我ラ尓ノ忿ヲ以テ驚懼ス。尓ワレラノ愆ヲ尓ノ前ニ陳《ツラ》ネ我儕ノ隠悪ヲ尓ガ容光《カホノヒカリ》ノ前ニ陳ヌ。盖シ我ノ諸日悉ク尓ノ怒ヲ以テ逝《スグ》。ワレラノ過年転念ノ如シ　以上至九

鳴呼人ノ世ニ生《ウマ》ル、ヤ、駿馬ノ過隙《カケスグル》ノ如シ、一昨日マデハ、二千五百三十五年即チ明治八年ナリシガ、今日ハ早ヤ明治八年ニ非ズ、昨日昨晨已ニ二千五百三十六年即チ明治九年トナレル也、コノ故ニ毎戸日旗ヲ翻《イヘゴトヒノマルハダヒルガヘ》シ常磐樹《トキハキ》ヲ押立《オシタテ》テ新年ヲ祝フ表《シルシ》ヲナセリ、毎家椒酒《トソ》ニ酔ヲトリ、歌舞興ヲ催シテ当年ノ福ヲ迎ヘントス、又昨夜ハ除魔《ヤクハラヒ》ノ声街衢《マチマチ》ニ満《ミ》ツ、人ミナ之ヲ引テ以テ旧災《ノコルハザハヒ》ヲ攘《ハラ》ヒ当年《コトシ》ノ禍ヲ除ンコトヲ要スル也、ア、何《ナニ》ノ心ゾヤ、人ミナ真理ヲ離レ其向《ムカ》フトコロヲ不知《シラザル》ガ故ニ暫《シバラク》ク斯《カク》ノ如キ法《コト》ヲ設《マウ》ケ良心ノ責《セメ》ヲ安《ヤス》ンゼントセシノミ、今尚風俗《ナラハシ》相沿ヒ依然トシテ禮ノ如ク然リ、一月一日ハ毎歳入《イル》トコロノ門新年ノ初日タレバ早起好衣服《ハヤオキヨキキモノ》ヲ穿《ウガ》チ相与ニ往来シ作揖恭喜対説好話スルハ交際上ノ一ツ務ニシテ礼ニ合テ可ナラザルニ非ズ、然ドモ世人迎歳ノ風俗オホクハ無益有害ノコトニシテ空ク光陰ヲ廃シ銭財《タカラ》ヲ過《ツイヤ》用シ却テ人心ヲ傷害シ徳ヲ助ノ有ナキ也、イヅレノ日タリトモ一日《イチニチ》ノ中一《ヒト》セコンド」ノ徒《イタヅラ》ニ捨《スツ》ベキナシト雖モ、就中要《カナメ》年ノ首ニアリ、故ニ云「一日ノ計ハ晨ニアリ、一年ノ計ハ春ニアリ、一生ノ計ハ勤ニアリ、一家ノ計ハ身ニアリト』人必ズ

歳首ニ於テ預メ万事ノ計ヲセザルベカラズ、然ルヲ世人コノ切要《ダイジ》ノ日ニ於テ徒ニ飲食饕餮ヲ事トシ、己レ何タルヲ知ラザルガ如シ、恰モ主ヲ失《ウシナヒ》シ犬《イヌ》ノ魚肆《サカナマチ》ニ入《イリ》テ求《モト》ムベキ主ヲ忘レ其腥ヲ嗅デマス〳〵魚肆ニ迷フテ出《イヅ》ル所ヲ知ラザルガ如シ、嗚呼ソレ人ヨ、ハヤク此日《コノヒ》ニ於テ猛省セザルベケンヤ、聖書ニ云　ロマ十三ノ十一節　われらは時《トキ》をしれり、今は寐《ネムリ》より寤《サム》べきのとき也、そは信仰の初《ハシメ》より更《サラ》にわれらの救はちかし十二夜すでに央《フケ》て日ちかづけり、故にわれら暗昧《クラキ》の行《オコナヒ》をすてゝ光明《ヒカリ》の甲《ヨロヒ》をきるべし十三行を端正《タダシク》して白晝《ヒル》あゆむごとくすべし、貪食酔酒《タンショクスイシュ》また奸淫好色また争闘嫉妬にあゆむことなかれ十四ただ尓ら主耶穌キリストを衣《キ》よ、肉体の欲を行《オコナ》はんが為《タメ》にその備《ソナヘ》をなすことなかれ』と人其《ソ》レ時《トキ》ヲ知《シル》ベシ、昔《ムカシ》ハ我《ワレ》ラ未《イマ》ダ真理ノ光ヲ見《ミル》ニ由《ヨシ》ナク天父ノ鴻恩ヲシラザリシト雖《イヘド》モ今スデニ真理ノ光コ、ニアリ、我ラ救ヲ得《ウ》ルノ時イタレリ、宜ク貪　食　酔酒《ショクヲムサボリサケニヱウ》ノコトヲ罷《ヤ》メ、暗昧《クラキ》ノ行《オコナヒ》ヲステ、慈悲ノ天父ヨリ我主耶穌ヨリ賜《タマハ》レル真理コノ光明ノ甲《ヨロヒ》ヲ身ニ固《カタ》メ心ヲ潔《キヨク》シ志ヲ確《カタ》ウシ、旧夢《ムカシノイメ》ヲ醒《サマ》マシテ此《コ》ノ新年ト共ニ自己ノ霊魂《タマシヒ》ヲ新《アラタ》ニシ、今年今日今時ヨリ再《フタタ》ビ暗昧《クラキ》ニアユムコトナク、光明ノ神全恩ノ主、至愛ノ耶穌ヲ倣《ナラ》ヒ心ヲ尽シテ善ヲ為《ナ》シ神ノ悦《ヨロコビ》ヲ得《エ》救主耶穌ノ救ヲ受《ウク》ルコトヲ要スベシ、是欠《カク》ベカラザル切要事《タイセツナコト》ナリ、コノ切要事ニツキテ亦勤《ツトム》ベキ要　務《ダイジナツトメ》アリ、先第《マツ》一ニ各人《オノ〳〵》ミヅカラ去歳《キヨネン》ノ多罪ヲ追思明察スベキコト也、人ミナ一日《イチニチ》ノ間《アヒダ》ニ於テ尚《ナホ》多罪多過アリ、況《マシテ》ヤ一年ノ間ニ於テヲヤ、若《モ》シ細心自察セザレバ勝数《カゾヘルコト》スベカラザル罪アリト雖モ亦必ズ之ヲシラズ、我ラ前日前年ノ罪過ヲ忘《ワスル》ルト雖《イヘド》モ真神ハ忘記《ワスル、コト》セザルナリ、我ラ若シ悔改セズバ後日ニ至リテ必ズ悔ル時イタラン、其時《ソノ》ニ及テ悔テ益ナシ、人ソレ周年《イチネンジウ》ノ罪ヲ省《カヘリミ》テ赦《ユルシ》ヲ求メザランヤ、我ラ此《カク》ノ如《ゴト》ク自ラ察スルトキハ神必ズ我ヲシテ謙遜ナラシメ愈《イヨ〱》　謹《ツヽシム》慎《コヽロ》ヲ加ヘタマヘリ、第ニハ真神ノ我ヲ養《ヤシナ》ヒ、我ヲ保チ、我身我霊我家我国ヲ照顧シ玉ヒシ恩祐《メグミ》ヲ感謝スベシ、真神ノ一日ノ間ニ於テ我ラ人類ニ施ストコロ尚無数タリ、況ヤ一年ノ間ニ於テヲヤ、或《アルヒ》ハ人《ヒト》一年ノ間ニ幾種《イロ〱》ノ艱難ヲ受《ウ》ク、然レドモ我《ワガ》受シ所ノ諸好ノ数ニ比《ナラ》バンヤ、且ツ我《ワガ》艱難ハ都《スベ》テ自ノ罪ノ招来《マネク》トコロタリ、然《シカ》シテ我受《ウクル》トコロノ諸好ハ我ノ功労《ハタラキ》ノ堪《タユ》ル所ナラザル也、我ラ豈《アニ》真神ノ大恩ヲ讃謝セザル可《ベケ》ンヤ、人真神ノ大恩恵ヲ知ザレバ何《イカ》デ自己《ジブン》ノ罪ヲ知ンヤ、罪ヲシラズバ何デ耶蘇ヲ信頼《シンジタノミ》スルコトヲセンヤ、耶蘇ヲ信頼セザレバ何《イカ》デ禍《ワザハヒ》ヲ免《マヌカ》レ福《サヒハイ》ヲ得《ウ》ルコトアランヤ、世人椒酒《トソ》除魔《ヤクハラヒ》ヲモテ禍ヲ去《サ》リ福ヲ来《キタ》ラセントスルハ豈迷惑《アニマドヒ》ノ甚シキ者ナラズヤ、願ハ各人《オノ〱》無用ヲ捨《ステ》テ有用ニ就《ツケ》ヨ、以上述《ノブ》ルトコロノ謝恩悔罪、ハタ心ヲ潔シ善行ヲ励《ハゲ》ミ主ノ栄ヲ顕サンコトヲ歳首《トシノハジメ》ニ於テ固《カタ》ク望《ノソ》ム是《コレ》ミナ真神ノ悦《ヨロコ》ブトコロ人ノ勤《ツトム》ムベキ切要ノコト也、願ハ人ミナ如此《カクノゴトク》バ百端《イロ〱》ノ有害変《カハリ》ンジテ有益トナリ、真神ワレラヲ照顧シタマフ父ノ子ニ於ルガ如シ、今年今日今時ヨリシテ離世ノ日ニ至ルマデ真《マコト》ノ喜真ノ楽ヲ得《ウル》ニイタラン、如此バ実《ジツ》ニ祝《イハ》フベキノ新年楽《タノシム》ベキノ時イタレリト云ベシ、嗚呼カクノ如クバ亦悦《ヨロコ》バシカラズヤ

○教会ハ真理ノ光ノアル所ニシテ我儕ノ如キ救主ノ宝血ヲ以テ潔《キヨメ》ラレタル信徒ハ其光ノ「ホヤ」ノ

如シ、明《アカリ》ヲウケテ黒暗ヲ照シ、衆庶ノ方向ヲ定メ、迷路ヲ脱セシメ、正路ヲ示シテ救門《スクヒノカド》ニ入ラシムルノ重任ヲ負《オホ》ヘル者也、故ニ耶穌ノタマハク「尓ラハ世ノ光ナリ、山上ニ建《タツ》ル邑《マチ》ハ必ズ隠ルヽコト能ハズ。又云ク「尓ラノ光ヲ人ノ前ニ照シ其ヲシテ尓ラノ善行ヲ見テ栄ヲ天ニアル父ニ帰サシムベシ　馬太五ノ十四ト十六　然《シカ》レバ我儕信徒ハ重任ヲ負ヘル者ニ非ヤ、亦我ラ斯ノ如キ任ヲ此罪人ノ身トシテ負《オホ》ハセラルヽハ欣喜ノ至リナラズヤ、何《ナン》ノ栄カコレニ過《スギ》ン、世ニ在テハ人ノ光、天国ニ到ラバ神ノ嗣子《ヨツギ》、アヽ何《ナン》ノ福ゾ、救主ノ宝血ニ未《イマ》ダ潔《キヨメ》ラレザル世俗ノ絶《タツ》テ能《アタ》ハザル所ナリ、嗚呼我ラハ何《ナン》ノ福ゾ、実ニ感謝ニ勝《タヘ》ザル也、我ラ何《ナニ》ヲ以テカ此ノ鴻恩ニ酬イン、我ラガ微躯サラニ報ズ可《ベキ》ナシ、惟《タダ》誠敬ノ志ヲ竭《ツクシ》テ之《コレ》ガ感謝ヲナス耳《ノミ》、然レドモ徒《イタヅラ》ニ感謝ノ辞ヲ陳ネ口舌ヲ以テ天父ニ近キ心コレニ離レナバ自ラ祈祷ヲナシテ其祈祷ノ内、已《スデ》ニ神ヲ慢スルノ重罪ヲ犯シ、十誡三条ノ大罪人トナレルヲモ知ザルアル可シ、恐ベキコトニ非ズヤ、故ニ我ラ感謝ニ応ズルノ勤ヲ亦竭サヾル可ラズ保羅　ロマ十二ノ一節　兄弟よ我神の諸《モロ〳〵》の慈悲《メグミ》をもて尓らに勧む、その身を神の心に叶ふ聖活《キヨキイケル》そなへものとなして神に献《ササゲ》よ、是なすべきの祭《マツリ》なり』此《コ》ノ神ノ聖意《ミコヽロ》ニ叶フ所ノモノハ何《ナニ》ゾヤ、即チ前ニ述《ノブ》ルトコロノ任ヲ全ウスル是也、コノ真理ノ光ヲ大ニシ、暗黒ヲ変ジテ光明ノ世トスルコト也、クリストノ聖城ヲ山上ニ堅立《カタクタテ》シ、迷途ノ惑衆ノ望ヲ得セシムルコト是也、何《イカ》ニシテカ此ノ聖城ヲ山上ニ建立シ魏々層々ト雲漠ニカヾヤカセシメンヤ、是ヲ要スルニ、我儕相互ニ信仰ノ弱キヲ負《オホ》ヒ、クリストノ一体ニ連リ、或ハ手或ハ足或ハ目或ハ口トナリ、其受ルトコロノ力ヲ竭シ共ニ目的ヲクリストノ聖城ニツケ、己ガ内ニ備ヲナスコトナク、益々敬虔ノ心ヲ固シ、福音ノ道理ヲ明ニシ、肉ト魔トニ由ル誤謬ノ除《ノゾ》カンコトナリ、何《イカ》ニシテカ此ノ暗黒ヲ光明ナラシメンヤ、夫《ソレ》コノ「ランプ」ノ「ホヤ」ヲ視ヨ、若シ此ノ「ホヤ」フスボリテ黒カランニハ其汚《ケガレ》光ノ碍害《（ママ）》ヲナシテ此ノ全室ヲ了明ナラシムコト能ハズ、我儕モ尚カクノ如シ、一点ノ汚穢ヲ身ニ得バ何《イカ》テ光明ノ光ヲ受テ他ニ伝ルコトヲ得ンヤ、若シ聖霊ニソ、ガレテ全潔ヲ得バ以テ黒暗ヲ照テ光明タラシムルニ足ル、然リドモ是等ミナ我良心《ワガホンシン》ネガフト雖《イヘド》、嗚呼歎ズベキ吾身カナ恒ニ肉ノ中ニ一法ノアルアツテ我ヲ俘《トリコ》ニス、雖然神ハ能ハザルナシ智全カラザルナシ、我ラ宜ク心ヲ尽シ性ヲ尽シ智ヲ尽シテ、我ラノ父即チ我主耶穌クリストノ父ナル神、世界万物ノ主宰ノ神ニ懇祈誠求スベシ、依テ以テ我ラノ重任ヲ全ウスルヲ得バ、亦悦バシカラズヤ、ポーロ　エペソノ書ニ云ルコトアリ「願ハ耶穌クリストニ因テ栄光、教会ニ帰《キシ》テ世々曁《ツク》ルコトナカレ」ト我ラモ亦同《オナジ》ク願フトコロナラズヤ

○

我愛《ワガアイ》するところの兄弟よ、なんぢ貞固《タマシクカタウ》して揺《ウゴ》かざるべし、恒《ツネ》に主《シユ》の工《コト》を務《ツトメ》よ、主につかふることは徒　労《イタヅラノイタヅキ》ならざるを知《シレ》り　前コリンタ十五ノ五八

吾人《ワレラ》タガヒニ既往《マヘカタ》ヲ回顧《カヘリミ》ナバ全身粟《アハ》ヲ生《シヨウ》ズルニイタルナルベシ。心ニオモフコト身ニ行《オコナフ》コト口《クチ》イフコト咸光明《ミナヒカリ》ノ道ニアラズ黒暗《クラキ》ノ途ニシテ罪汚《ツミケガレ》イタラザル所ナク。罪ノタメニ大慈至愛ノ天父ヲ

サヘ見《ミ》タテマツルコト能《アタ》ハザリシ也　ワレ今カクイハヾ、未ダ信ニイラザル人、此ヲ聴キ、我ラハ更ニ竊
セシコトナシ、火附ヲセシコトナシ、人ヲ殺セシコトナシ、神ノ罰ヲ受ベキ者ニアラズ、耶穌ノ信者ハイカナレ
バ打ソロフテ皆罪人ナリシナラント訝《イブカ》ラン、嗚呼イタマシイ哉クラキニ居テ暗ヲサトラズ、臭気ノ中ニアリテ臭
[1] ヲシラザル人ヨ、天下ニ人ヒトリトシテ罪ナキモノアランヤ、此故ニ大闢ノ詩ニ云十四ノ三　咸《コトゴトク》乃背逆皆ナ入ニ於
汚ニ無ニ為レ善者一其一亦無レ有兮、トイヘリ、人自《ミヅカ》ラ罪ナシト云ハ己ヲ欺キ人ヲ欺ノミ、罪尤モ大ナリ、尓シラズヤ
大闢ガ詩ニマタ云九ノ十七悪者必退ニ於陰府一忘レ神之列邦皆如レ是兮　然《シカ》レドモ天父ノ恩愛ハ深《フカ》イ哉。ワレ
ラガ如《ゴト》キ罪人ヲシテ　ロマ書三ノ廿四　クリスト耶穌ノ贖《アガナヒ》ニヨリ神ノ恩《メグミ》ニヨリテ功《イサヲシ》ナクシテ義《ギ》ヲ称《トナフ》
[2] ルコトヲ得《エ》セシメ玉ヘリワレラ此《コ》ノ義ヲ称《トナフ》ルコトヲ得《エ》タル今日ナニヲ為《ナス》ベキカ。宜ク義《ギ》ノ道ヲア
ユムベシ。然《シカラ》ザレバ貎《カタチ》ハ耶穌ノ門徒ニシテ其ノ罪ハ不信者ニマサルベシ。ユダヤノ民ハ神ノ撰民《エラミビト》
ニシテ其譴罰ヲウケシ尤モ大ナリシヲ思ヘ。如此《カクノゴトキ》人ハ何ゾ「パリサイ」「サドガイ」ノ割礼ヲ以
誇《ホコリ》シ人ト異《コト》ナランヤ。義ノ道トハ何《ナニ》ヲイフカ。天父ノ旨《ミコヽロ》ニシタガヒ。天父ノ工《ワザ》ヲツトムル是《コレ》ナリ。

1　大学云、小人間居シテ為ニ不善一ヲ無レ所レ不レ至見ニ君子一而后厭然揜ニ其不善一ヲ而著ニ其善一人之視レ己如レ見ニ其ノ肺肝一然レバ則何ノ益カアラン矣
2　ルカ六ノ四六　○尓ら我ことを行はずして何ぞわれを主よ主よと称るや
マタ七ノ廿一　○我を呼て主よ主よといふもの悉く天国に入にあらず之に入るものは我天に在す父の旨にしたがふもの也
ホセア八ノ二　○イスラエル我ヲ呼デ云ントス我ガ神ヨ我儕ハ尓ヲ識レリト然テ已ニ善事ヲ棄ツ敵将ニ之ヲ追ントス
ヤコブ一ノ廿二　○尓宜行道不第タ聞レ之以テ自ラ欺也夫レ聞レ道而不レ行レ之者ハ猶三人観ニ本来之面ヲ於鏡一蓋其観之而往ク遂シ忘レ其ノ為ニ何若一矣惟シ人若観ニ夫ノ自主之全備ノ律法一而居レ之云々此ノ人ハ於ニ其ノ所一行レ必ズ獲レ福矣

マタ六ノ廿四○なんぢら神と貨財に兼つかふること能はず

世説徳行上

ヨハネ二ノ十五○此世

死不欺心　西稗雑纂

天父ノ工《ワザ》トハ伝道ナルカ。我ラ一切ヲステ、伝道ニ従事《ツカヘ》スベキカ。是《コレ》ヲ主ノ務ヲ尽《ツクス》ト云ベキカ。

然《シカ》リ信者ハ一切ヲステ、伝道ニ従事スベシ。カクテ我《ワガ》イフ一切ハ或ハ商或ハ農或ハ工或ハ官。ソ
1 ノ本業ヲスツルコトヲ云ニ非ズ。肉ニ属スル所ノ一切ノ情欲ヲイフ也　前コリンタ七ノ二十二云、人
見レ召時居ニ《ルモ》於何等一宜レ守ニ其ノ分一　人ヤ、モスレバ飲食ノ嗜ニ由テ主ニハナレ。貧貶ノ故ヲ以テ道ヲ
ワスレ。富貴ノ為ニ信仰ヲ失フ等アリ。如此《カヽル》サ、タル肉ニ属スルモノ、為ニ蹟《ツマヅキ》テ救主ノ慈悲ヲ空《ムナシウ》
2 シ。天父ノ大恩ヲ忘レ。已《スデ》ニ天ニマデ挙《アゲ》ラレタル我《ワレ》ラ又陰府《ヂゴク》ノ永苦ヲ受《ウケ》ンコトヲ恐《オソ》ル。コノ故ニ
コレラノ一切ハ捨ザルベカラズ。宜ク貧賤ニ居《ヰ》テハ貧賤ニ素シ。富貴ニヲリテハ富貴ニ素シ。凡
3 ソ事《コト》ソノ分ヲ守リ矩《ノリ》ヲコユルコトナク人ヲ煩スコトナク　己ソノ分ニ安ンズレバ怨ナシ、人ニ頼ルガ故
ニ怨ヲ結デ兄弟ヲ怒ルノ罪ヲ起ス　諸ノ辛苦ニタヘ確乎不抜《カタクウゴカザル》ノ志ヲ抱キ身ニ救主ヲ衣《キ》テ天国ノ永楽城
4 ヲ望ミ進《スヽマ》ンコトヲ願ベキニアラズヤ。ポーロ曽《カツ》テイヘル言《コト》アリ　ロマ八ノ三五　キリストの愛《アイ》より
我《ワレラ》をはならせ（ママ）んものは誰《タレ》ぞや、患難《ナヤミ》なるか辛苦《クルシミ》か迫害《セメ》か飢餓《ウエ》か裸裎《ハダカ》か危険《アヤウキ》か刀剣《ツルギ》なるか』信者ハ
5 ソレ如此《カクノゴトク》ナルベキニアラズヤ。如此《カクノゴトク》ナラズバ何《イカ》デカ救主ノ徒《デシ》ト称《トナフ》ルヲ得《エ》ン。亦ナンゾ天国ノ永楽
ヲ受ルヲ得《ウ》ベケンヤ。又ワガ云《イフ》伝道ハ　ロマ八章ノ三十五　如此ノ人ヲ一切ヲステ、主ニ順フ人ト云ベシ
亦カクシテ主ノ道ノ証ヲナス之ヲ主ノ工ニ働ク人ト云フベシ故ニ我イフ伝道トハ専ニ　牧師教師ノ任ヲノミイ
フニ非ズ。或ハ農或ハ商或ハ工《シヨクニン》スベテ一般ノ信者ノ神ノ栄ヲ顕《アラハ》スヲ云《イフ》ナリ。何《イカ》ニトナレバ教会
ニ立《タチ》テ真理ヲ説《トク》モ道ヲ伝ルノ人ナリ或ハ商或ハ工或農或ハ官オノ〳〵其業ヲ正シ品行《タマシウ》ヲ厳《カタク》シ人ト

ルカハ医　パウロハ造幕師　アクラモ同業ナリシ　イエスノ門徒ニハ兵隊ノ長モアリ審判官モアリ方伯モアリ呉服屋モアリキ

禽獣ナホ飽コトヲ知ル人モシ欲ノ為ニ身霊ヲ亡サバ多獣ニモ及ザルナリ

6 交テ神ノ愛ヲアラハシ汚濁《ケガレ》ノ中ニアリテ汚ニシヨミズ能《ヨ》ク世ノ光トナリ不言《イハザル》ノ中ニ人ヲシテ栄ヲ
7 天父ニ帰セシムル此《コレ》スナハチ道ヲ伝ルナレバ也。カクノ如ク人々ソノ天ノ附与シタマフ所ノ量《ハカリ》ニ
8 シタガヒ其分ヲ守リ其分ヲ尽シテ主ニツカフル是乃チ真ニ主ニツカフル者ニシテ　己ガオニサカフ
テ事ヲナセバ必ズ過《アヤマチ》ヲ生ズ、即チ主命ニ逆ヘバ也、罪ニアラズヤ　神ノ悦ヲ得ル必セリ。是等《コレラ》ノ労《ホネオリ》ノマタ
9 徒労《ムダ》ニ属セザルヲ我ラハ知《シレ》リ。聖書ニ云　ロマ六ノ二一　なんぢら今《いま》はづるところのことを行《オコナ》ひし
その時《トキ》なにの果《ミ》をえたりしや、これらのことの終《ハテ》は死《死》なり、されど今《イマ》罪よりゆるされて神の僕《シモベ》と

仲仕人ハトバニテ溺児ヲスクフ後マタ伝六章ノ初なんぢら人に見せん為に己の義を云々ノ句ヲ以テ答

1 ヨハネ一ノ十五　○此世あるひは此世にあるものを愛するなかれ人もし此世を愛せば父をあいするの愛その衷にあるなし
2 マタ六ノ三三　○尓ら先ヅ神国とその義とを求よ然ばこれらのものはみな尓らに加へらるべし
ルカ十九ノ三十　○神の国の為に家あるひは父母あるひは兄弟あるひは妻あるひは子をすつる者は今世にて幾倍をうけ来世には永生をうけざるものなし
3 閔仲叔含レヒ菽《マメ》ヲ飲レ水世称二節士一老病家貧不レ能レ得レ肉ヲ日ニ買二猪一片一ヲ屠者或ハ不レ肯ハ与ヲ安邑令聞レ之勅レメ吏ニ常ニ給焉《セシム》仲叔怪問其故歎メ曰閔仲叔豈以二口腹一累二安邑一邪遂ニ去客レ沛
4 ヒブル六ノ十二　○かの信仰と忍耐をもて約束を嗣るものに効はんことをわれら願へり
5 舟ヨリ堕シ者ニ網ヲ下シテ之ヲ持タシメ引テ救フコトヲナセリ此網ヲハナサバ遂ニ救ハル、コトヲ得ザル也コノ網ヲ取ト不取トハタヾ我ニアル耳
6 一千八百五十三年八月九日ノ午后「イルリノイス」州「チカゴ」ノ町ニ住居シタル「コンドイベルソン」ト云「ノルウエー」人ノ子供ガ牛ヲ引テ牧場ニユクトキ或小川ノハタニテ一組ノ悪童ノ為ニ盗ナカレノ十誡ノ言ヲ確守シテ殺サレシコトアリ　七一第一号
7 実ニ真実ノ心アリテ神ノ大慈ニ感セシ人ナラバ何ニ他人ガス、ムルトモ神ノ工ヲセズニハイラレザルナリ
8 ヨハネ一書四ノ十　○われら神を愛するにあらず神われらを愛し我らの罪のためにその子を遣して挽回祭物とせり
9 晋ノ豫譲ノ故事　初ニ晋ノ范仲行氏《ハンチウコウシ》ニ仕フ智伯ハンチウコウシヲ滅ニ及デ亦タ智伯ニ仕フ智伯ガ趙襄子ヲ伐トキニ趙襄子韓魏ト謀テ智伯ヲ滅シ其地ヲ三分ニス此時豫譲ノガレテ山中ニ隠レ嘆息シテ云ク嗟々士ハ己ヲ知ル者ノ為ニ死シ女ハ己ヲ悦ス者ノ為ニ容ツクル我必ズ智伯ノ為ニ讎ヲ報ント

1 なりたれば聖潔《キヨキ》にいたるの果《ミ》をえたり、且その終《ハテ》はかぎりなき命《イノチ》なり』人ソレ再ビ罪ノ僕トナリ
2 テ罪ノ工《ワザ》ヲナスナカレ。宜ク神ノ僕トナリテ神ノ工《ワザ》ヲナスベキナリ。神必ズ報《ムクユ》ルニ永生ヲ以テス
3 ベシ。ア、夫ヨロコバシカラズヤ。呼々ソレ神ニツカフルノ徒労《イタヅラ》ナラザルヲシレ

○凡そ責《セメ》、せめにある時は楽をなさずして憂をなす、後には乃ち公義平康の果《ミ》を凡そこれに由て練
達するものに結《ムスブ》なり　ヒブル十二ノ十一

往古来今《イニシヘヨリコノカタ》コノ人間世界ニ艱難辛苦ノ絶《タユ》ルコトトテハナク貴モ賤モ老タルモ若モ富モ貧モ女モ男
モ歓楽ノコトハ甚《イト》スケナキモノ也。富ヲ得タルト思ヘバ愛子ヲウシナヒ或ハ妻ニ死ナレ或ハ病ニ
4 苦メラル、アリ。子ニモ不足ナシ病ノ患モ無《ナキ》カト思ヘバ失望《オモハクチガヒ》ノコト多ク或ハ商売ニ利ヲ失ヒ或
ハ人ニ損ヲカケラレ或ハ産業ニハナレナドスル等ノコト起リ。今日ノ喜悦ハ明日ノ憂トナリ朝ノ
楽ハ夕《ユフ》ノ苦トナレリ。然《サレ》バコソ仏法ナドデハ此《コ》ノ世ヲ厭ヒ娑婆《シャバ》ト称《トナ》ヘ濁世ト称ヘテ一向《ヒタスラ》ニ人ノ交
ヲモ絶《タ》チ愛スル子ヲモ可愛《カワイイ》妻ヲモ捨ルヲ以テ成仏　仏ノ道ヲ得タリ　トハセル也。サレド奈何《イカ》ニモ
ダユルトモ人トナリテ此ノ世《ヨ》ニ生《ウマレ》タラン者ハコノ世ト離《ハナ》ル、コトハデキズ。可愛子《カワイヽコ》ヲワスレント
スルトモ人情ハ神ノ人ニ附与シタマウモノナレバアダチガ原《ハラ》ノ鬼婆々カ三庄太夫ノヤウナ者ナラ
バ知《シラ》ヌコト決シテ能《アタ》ハヌコトナリ　石川五右衛門ノ如キ者ト雖モ子ヲ思フ心ハ深カリシ也　仮令深山《ミヤマ》ニイ
5 リテ人ト交ラズ坐禅寂静ヲツトムルトモ人間モチマヘノ情欲ハ消《ケシ》ガタク防《フセ》ガントスレバ益々モエ

タチテ水ヲ漲ルゴトクナリ。然《シカレ》バ此ノ世ヲ捨ント欲《ホッス》トモ能《アタ》ハヌモノニシテ亦コノ世ニアリテハ艱難辛苦モ脱《ノガレ》ガタキモノナルベシ。如此《カク》テコノ艱難辛苦ハ豈《アニ》人情ノ楽トコロナランヤ。孔子モ曾テ「貧賤は人ノ悪《ニクム》トコロナリトイヘル也。ワレラ信者モ乃チ之ヲ楽《タノシミ》トハセザル所ナレドモ凡《スベ》テノ世ノ人トハ大ニ異ナル所アリ。大ニ喜ベキ所アリ。大ニ徳ヲ得ルトコロアリ「ヒブル十二ノ六云、主は必ずその愛する所のものを責《セム》、かつ其納《ウクル》ところの子を扑《ウツ》なり」トアレバ也。コノ故ニ凡ソ世[6]ニアル艱難《カンナン》辛苦ハ信者ノ為ニハ益ナラザルナク悉ミナ真正ノ歓楽ヲ得セシメントノ神ノ慈悲ナラ

1　ヒブル十三ノ五　○我なんぢを去ず更になんぢを棄じといひ玉ひたればなりされば我ら毅然して云べし主われを助るものなれば恐なし人われに何をかなさんと

2　詩百〇三篇ノ十三ヨリ云　主宰ハ主ヲ畏ル、ノ人ヲ憫恤ス猶父ノ己ノ子ヲ恤ガ如シ夫レ人ノ日紀ハ草ノ如シ其盛ナル野花ノ如シ即チ風吹テ滅ブ且ツ其本処マタ之ヲ識ラズ但シ神ノ約ヲ守ル者拝ニ記念シテ主ノ諸誡ヲ行フ者ハ即チ主ヲ敬畏スル者ハ主宰コレヲ待スルニ慈悲ヲ以シ永遠ヨリ永遠ニ至ル又主ノ公義ハ廻テ子孫ニ及ブナリ

3　ヨハネ伝十四ノ一ヨリ尓ラ心ニ憂ルコト勿レ当ニ神ヲ信ジ我ヲ信ズベシ我父ノ家ハ宅第多シ云々

4　此ノ艱難辛苦ハ原ト人ノ罪ヨリ出ルモノナレバ実ハ自ラ招クトコロノ者ナリ故ニ其原由ヲ知テ早ク此ヲ去ノ法ヲ用ヰズバ今世ノミナラズ来世マデモ免ガタシ然ルヲ仏道ノ如ク強チニ此世ヲ厭ステントスルハ能ハザルノミナラズ却テ罪ヲ増セリ之ヲ譬バ病ニカ、リタル者ヒタスラニ病ヲ厭トイヘドモ其病ノ原因ヲタヅネ其ニ適スル良薬ヲ用ヰザルガ如シ病ノ癒ザルノミナラズ却テ苦痛ヲ益ニイタラン

5　昔シ英国ノ豪富ナル者百方力ヲ竭テ世ノ煩シキヲ絶ントスレドモ得ズ之ニヨリテ思ヘラク一ソ世ノ百事万端ヲ見ズ山ニ在テ身ヲ静ニセバ此ノ煩悩ハ止ムベシトテ其ヨリ山ニ茅屋ヲ結ビ独居シ或ハ一周或ハ二周間ゴトニ家僕ニパントヲ菜ヲハコバセタリシガ或時僕ノ来コト少クオクレ水タヘケレバ自ラ瓶ヲ提ゲ渓川ノ水ヲ扱ニ行シガ瓶タフレテ川ニ落シ故トリテ川傍ニオキシニ亦アヤマリテ川中ヘ倒ケレバムット怒ヲ生ジ瓶ヲ川中ニ投テ毀タリ如此テ悟リケルハ奈何ニ深山ニ閑居スルトモ情欲ハ押ヘルコト能ズ是ヲ正スハ別ニ法アルノミ身ノ居場所ニハ係ヌコトナリトテ元ノ家ニ帰リ住ルトゾ

6　悪人ノ責ヲ受ルハ僕ガ其主ノ鞭撻ヲ蒙ルガ如シ恂々懼アルノミ。善人ノ責ヲ受ルヤ子ソノ父ノ譴責ヲ蒙ルガ如シ恠々益ヲウルニアルノミ犬ニ愛悪ノ同カラザルアル也

官話　我遭苦難與我有益

ザルナシ。夫レ逸楽ニヨリテ危難ヲワスレ恵ニナレテ恩ニ反《ソム》クハ人ノ恒《ツネ》ナリ　世ノ人ノ天父ノ鴻
慈ヲ得ナガラ之ニ敬事スルヲ欲セズ、飲食虚栄ノ為ニ霊魂ノ永苦ニ陥ヲ知ラズ　ルカ十五章　十二ヨリ　ナ
ル　季子《ヲト、ムスコ》ノコトヲ思ヘ　父ヨリ産業《シンタイ》ヲ受テ其豊ナリシ時ハ他国ニアリテ父ノ恩ヲ思ハズ放蕩ニ耗《ツカ》ヒハタシ父
ノ国ヲ思ノ心ナク、飢饉ノ年ニ当リ艱辛ニ遇テ始テ父ヲ思リ殊《コト》ニ信者ト雖モ功《コウ》イマダ全《マツタ》カラズ私《ワタクシ》イマダ
浄《キヨ》マラザレバ　凡ソ世ノ不信者ノ如ニハアラズトモ　天父督責ヲ以テ子ドモラニ加ヘ益々其操ヲ励マ
サシメ愈々其修ヲ砥《ミガ》カシメ玉ヘリ「ダビデ云詩ノ百十九ノ七一七二我昔受レ苦我以為レ善ト致三我習二
尓之律一兮尓ガ口之法《ヨシヘ》我以為レ善宝二於金銀千々一兮」コノ故ニ善人ノ責ヲ受ルハ良薬ノ如シ。良
薬ヨク諸ノ難疾ヲ瘳ス慈責ヨク諸ノ過失ヲ改メシム。上帝ハ善人ノ父タリ行ヒ正ニ帰セズ旨《コヽロ》モシ
道ニ合《カナハ》ザルヲ見タマヘバ必ズ艱難ヲ以テ悴励シ愈々悪ヲ去リ愈々善ヲナサシメ大益ヲ賜《タマフ》ナリ。此
ノ益《エキ》タルヤ世ノ功名富寿ナドノ僅々ノ者ニアラズ咸《ミナ》身心性命ノ学ニ係リ真正永福ヲ得《ウ》ルニアル也。
1 コレニ由テ思ヘバ何《ナン》ゾ此《コ》ノ世ヲ厭ヒ此ノ世ヲ娑婆ノ濁世ノト称ヘテ棄《スツル》コトヲスベケンヤ。況《イハン》ヤ此
ノ世トイヘドモ神ノ賜《タマ》ハレルモノニシテ神万物ヲ備ヘ吾人《ワレラ》ニ供シ吾人ヲシテ万物ノ長タラシムル
ニ於テヲヤ。未《イマ》ダ真理ヲシラザル人ハ神ノ吾人《ワレラ》ガ為《タメ》ニソナヘ玉ヘルモノニ孳々汲々トシテ仕《ツカ》ヘ生
ヲ安《ヤス》ンズルコトヲ知ズ反《カヘリ》テ之ヲ与《アタ》ヘタマウ所ノ天父ノ愛ニ離ル、ニ至ルガ故ニ其ノ真楽ノアル所
ヲ遂ニ得《エ》ザルノミ　万物ソナハルト雖モタヾ人ノ肉ニ於テ暫ク満足スルノミ、良心ヲ悦バシムルニ足ザレバ也、
良心ノ望ハ真理ノ光ヲ仰ニアレバ之ヲ得《エ》テ始テ安キヲ覚ルナリ、譬ハヾ旅ニアル人ソノ父ノ家ニ帰ランコトヲ欲

テ途ニ美観遊戯ノ眼目ヲ悦バシムルモノアルトモ之ガ為ニ満足シテ父ノ家ニ帰ヲ欲セザルモノ無ガゴトシ　我等
信者ハ幸ニ聖霊ノ感動ニヨリ耶穌ノ代贖ノ功ニヨリ　代贖ノコトナクバ罪ニヨリテ天父ノ栄光ヲ欲ト雖
2 モ遂ニ望コトヲ得ザル也　既ニ天父ノ容光ヲ見奉コトヲ得《エ》マコトノ歓楽ノ場ヲ望コトヲ得タレバ肉体ニオイテ仮令艱難辛苦アルトモ良心ツネニ喜楽ヲイダケリ。此ノ喜楽タルヤ今世来世ツネニ亡《ホロビ》ザルモノ也。コノ故ニ凡ソ世人ノ艱難辛苦トイフモノハ信者ニアリテハ益々望ヲ固ウシ益々歓喜ヲ大ニスルモノニ非ズヤ。之ヲ風ト樹トニタトヘン、不信ノ人ハ其根カタカラザレハ風ノ為ニ倒サレ雨ノ為ニ壊《ヤブ》ラル。信者ハ其根カタウシテ條風イタリテ枝葉萌シ、時雨クタリテ根株シゲレリ。尓衆ソレ勉ンヤ

○この福音ははやくよりその預言者たちに託《ヨリ》て聖書に応許《チカヒ》たまひたるものにて其子われらの主耶穌　明十九三十夜
3 基督をさして示《シメ》せり。彼は肉体によればダビデの裔《スヱ》より生《ウマ》れ。聖善の霊性によれば復生《ヨミガヘリ》しことに
4 よりて顕明《アキラカ》に神の子たるをあらはせり　ロマ書一章自二至四節

---

1 此ノ世ハ後ノ限ナキ楽ヲ受ベキ善果ヲ結ブ種ヲマク畑ナリ。農人ガ春夏ニ労苦シテ秋ノ果ヲ収テヨロコビヲ得ルガ如シ農人ノ望ハ秋ニアルノミ春夏ニ於テモシ労セズバ何デカ秋ノ望アランヤ。信者モ亦カクノ如シ

2 ルカ十八ノ二九耶穌かれらにいひけるは誠に尓らに告ん凡そ神の国の為に家あるひは父母あるひは兄弟あるひは妻あるひは子女を捨るものは三十今世にて幾倍をうけ来世には永生を受ざるものなし

3 大闕ハ周昭王ノ時ニ生ル。耶穌ハ乃チ其二十八代ノ孫タリ○昭王ハ神武帝ノ紀元前ニ当レリ

4 詩百卅二ノ十一云。耶和華曾以㆓真実㆒誓於大闕云々誓云我将㆘以㆓尓身之実㆒置㆗之於尓ノ位㆖兮

我《ワレ》ラガ講《トク》トコロ尓《ナンヂ》ラガ聴《キク》トコロノ者ヲ福音《フクイン》ト、ナフルハ何《イカ》ナル故カ、尓ラガ知《シル》ゴトク文字《モジ》ヲトカ
バ福《フク》ハサイハヒ音《イン》ハオトヅレ也コレヲ平易《ヒラタ》クイヘバ目出度便《タヨリ》ト云コトナリ、其ノ目出度便ト云ユ
ヱンハ吾人　々《ワレラニンゲン》間ミナ罪汚ノ為ニ今世ニテモ苦ヲ受ケ来世ニテモ永死ノ痛苦ヲ免《マヌカ》レガタキ者《モノ》ナル
1 ニ之《コレ》ヲ救ノ法ヲ設《マウ》ケ今世来世トモ永生歓楽ヲ蒙ラセントテ之ニ進《スヽム》ノ道ヲ示《シメ》シ玉フ大慈悲ノ天父ノ
御便《オンタヨ》リナレバ也、誠ニ我ラ人類ノ福音ニアラズヤ　コノ故ニダビデモ喜テ』世ニモ随分サイハヒノ
2 音《オトヅ》レ嘉《ヨロコビ》ノ便《タヨリ》ヲ時トシテハ聞モノニテ或《アルヒ》ハ孫ガ産《ウマ》レタトカ或ハ此度《コンド》ノ商法《アキナヒ》ハ利潤《マウケ》ガアリシトカ或立
身出世ヲセシトカ或ハ人ニ誉《ホマレ》ヲ得《エ》タルトカ云類《タグヒ》ノコトモ多ケレド共《トモ》ニ一時《イチジ》ノ喜《ヨロコビ》ニテヤガテ憂《ウレヒ》ガ後《アト》
3 ヘツメカケル也、其《ソ》ハ孫ガ産テ喜《ヨロコ》ビタルト思《オモ》ヘバ倅《ムスコ》ガ死ニ、今千円《イマセンリヤウ》ノ利《マウケ》ヲ得《エ》シカト思ヘバ之《コレ》ニ陪《バイ》
マシ幾千円ノ損《ソン》ヲ招キ、昨日立身セシト思ヘバ今日ハ却テ大ナル禍トナリ、此処《ココ》ニ誉《ホマレ》ヲ得《ウ》レバ
彼処《カシコ》ニ非謗《ヒハウ》セラル、ガ如《ゴト》キ、今喋　々《ヤカマシク》弁ゼズトモ世ノ中ヲ一目《ミワタ》セバ瞭然タリ、然《サ》レバ何《イカ》デカ之《コレ》ヲ
真《マコト》ノ福音トハ云ベキ、総《スベ》テ世ニアリテ我《ワガ》目我《ワガ》耳ヲ喜《ヨロコ》バシムル者ハ悉《コトゴト》ク虚栄《ムナシキサカエ》ニ属セザルハナシ実《ジツ》
4 ニ一朝《ヒトアサ》ノ烟ノ如ク昨夕《ユウベ》ノ夢ノ如キノミ』、此ノ故ニ真ノ福音ハ我《ワガ》救主ノ御父世界万物ヲ創造シ我
ラ人類ヲ深ク愛《イツクシミ》タマフ独一《タダヒトリ》永生ノ真神ヨリ来ルトコロノ慈悲ノ御言《オンコトバ》ヨリ他《ホカ》ニアラザル也、其御言
5 ハ即チコノ福音ノ救者ハ即チ耶蘇キリスト独《ヒトリ》アルノミ、往古《イニシヘ》ヨリユダヤ国歴代ノ諸預言者ミナ聖
霊ノ感ヲ受テ述《ノブ》ルトコロノ者ハ弥賽亜《ミサヤ》　耶蘇キリスト　ノコトニ係ラザルハナシ、旧約書ノ献祭ノ
例ト其ノ余ノ成規《キソク》スベテ将来《ノチホドノ》救主ノ事ヲ指セリ、抑モアラビヤノ曠野ニアリテモゼスガ銅蛇ヲ挙《アゲ》

6 シコトヨリシテ西奈山《シナイ》ニテ十誡ヲ伝《ツタ》ヘタル等即チ後《ノチ》肉軀ヲ成《ナ》シテ吾人《ワレラ》ノ罪ニ代《カハ》リ十字架ニ釘セラ
7 レ玉フベキヲ顕《アラハ》セリ』、カクテ救主エスノ御事《オンコト》ヲアラハサントセバ中々《ナカ〳〵》我ラガ如《ゴト》キ小《チイサ》キ心穢《キタナ》キ口《クチ》
8 ヲ以テ斟言《ハカリイフ》コトハ叶《カナ》ハザレドモ惟々《タダ〳〵》ワレラガ信《シン》ズベク喜《ヨロコブ》ベク慰《ナグサム》ベク楽《タノシム》ベキモノハ彼《カレ》ガ復生《ヨミガヘリ》ニアリ、
耶穌モシ復生《ヨミガヘリ》セズバ何《ナニ》ヲモテ神ノ子タルヲ証センヤ、何ヲ楽《タノシ》ンデ之《コレ》ヲ頼《タノマ》ントスル歟、何《ナニ》ヲモテカ
我《ワガ》心ヲ慰ルコトヲ得《エ》ン、於此《コヽニオイテ》ワレラガ望《ノゾミ》ハ絶《タユ》ベケレバ亦神ノ慈光《メグミヒカリ》ヲ所詮《シヨセン》視ルコトヲ得ズ比々《トモニ〳〵》相ヒ 9
10 キイテ悪魔ノ術中ニ陥《オチイ》リ遂《ツヒ》ニ永死ノ域《サカヒ》ヲ出ルコト能《アタ》ハザルベシ「要所　然トモ幸ニ耶穌キリスト

---

1 詩十六ノ十一云。尓将㆘以㆓生命之道㆒教㆖㆑我在㆓尓前㆒有㆓充満之喜㆒在㆓尓右㆒有テ㆓懽楽㆒兮迄ル㆓於永遠㆒

2 世ノ中モ年中憂ノコトバカリト云ニモアラズ面白トカ（ウレシキ）トカ云コトモアリハアレドモ何レモ誠トノ福トハイハレザルナリ

3 史記韓非伝ニ。衛ノ弥子瑕《ビシカ》ハ君ノ車ニノリ、桃ノ余リヲ君ニマイラセシガ后《ノ》チ寵愛オトロヘテ此ノ二事大ナル罪ナリトテ誅セラル、又楊妃《ヤウキヒ》ガ如キモ終ニ馬嵬《バクハイ》ノ鬼トナレリ、国忠モ亦然リ韓退之送㆓李愿㆒序云、其ノ前ニ誉アランヨリハ其ノ後ニ毀《ソシリ》ナカランニイヅレ云々

4 此ノ世ノ福ハ夢中ニ馳走ニ預ルガ如シ山海ノ珍味美酒美肴ヲ以テ腹ヲ満セタルガ如シト雖モ夢サメレバ依然朽腹堪ベカラズ　サレバトテ人ニ生レテハ各々其分ヲ尽サネバナラズ只其事ヲナスニ神ニ付ケバ安然魔ニ付ケバ永死

5 吾始祖アダム罪ヲ犯シ罰セラレシトキ已ニ救主ノ許アリシ○創世記三ノ十五ニ云、尓ノ裔与㆓婦ノ裔㆒為㆑仇婦ノ裔将㆑撃㆓尓首ヲ㆒コノ尓ハ蛇ヲ指テ言玉ヘリ蛇ハ即魔鬼ナルナリ、婦裔ハ即耶蘇ヲ指ル也

6 埃及ヲ出ル記ニモ見エタル逾越節ノ起リナル羊ヲ殺シテ其血ヲ門ニヌリテ生ノ救ハレシコト

7 ユダヤノミナラズ我皇国ヲ初メ万国ニ往古ヨリ伝ルトコロノ祭ノ例ヤ或ハ古伝ニ自ラ将来救主ノ証トナルベキ多シ

8 此故ニ今題ニトリシロマ書ニモアル如ク神ハ真ノ救主ヲ人間ニ降サントテ其事ヲ古ヨリ聖人ノ口《クチ》ニヨリテ人間ニ沙汰シタマヒタリ　実ニカヽル慥ナル救主ナレバ信ズベカラズト云トモ何デ信ゼザルヲ得ンヤ

9 此復生ノコトニ付テハ生意気ノ人ハ真実ニ自己ノ罪ヲ考ヘズ亦神ノコトヲ思ハザルニ依リ疑ベケレドモ能ク思考セバ之ナカル可ラザル也

10 モゼス銅蛇。民数記廿一章ノ九　ヨハネ伝四章五見スベシ　ダニエル九ノ廿四○始完㆑悪畢㆑罪贖㆑愆又携㆓永遠之義㆒

創世記廿二ノ十七。尓裔将レ獲二其敵之門一
信仰ノ如ク命ヲ失ヒ給ヘリ

ハ往古ヨリノ預言《ヨゲン》ニ応《カナヒ》テ死《シ》シテ三日目《ミツカメ》ニ復生《ヨミガヘリ》タマヘリ、之《コレ》ニ因テ神ノ誓ノ虚忘《ソラゴト》ナラザルヲ知《シ》リ又
耶穌キリストノ如《ゴト》ク我《ワレ》ラモ復生《ヨミガヘリ》シテ永《ナガ》ク天父ノ栄光ノ中ニ住《スム》コトヲ得《ウ》ベキヲ信《シン》ジ、耶穌ニ因《ヨリ》テ諸
罪ハ滅シ悪魔ノ羈伴《ホダ》ヲ脱得《ノガレウ》ルコトヲ信ゼリ』、又キリストハ深《フカ》ク我ラヲ愛《アイ》シテ此等《コレラ》ノコトヲ悉《コト〳〵》ク
己《オノレ》ノ功ニヨリテ我ラニ成就《ジヤウジユ》セシメ玉《タマ》フヲ信ゼリ、其《ソ》ハイザヤ云　四十章十一節　其将ス下如二牧者一而
養ハント中其群《ムレ》ヲ上其将下以レ臂而集メレ羔攜中之於懐ニ上乳哺之牝羊《メヒツジ》其将二善導レ之』ト預《カネ》テ預言ノアルアレバ亦
何《ナニ》ヲカ疑《ウタガ》ハン、又耶穌ノ詔《ノタマ》ヘルコトニ約翰伝十章十一我《ワレ》ハ乃チ善牧者也善牧者ハ為レ羊《ヒツジ》ノ損《スツ》レ命ヲ、又馬
太十一ノ廿八　尓凡労苦負重レ者就《キタレ》レ我ニ々将レ賜《アタヘント》二尓ニ安一ヲ「要所ソレ救主ノ我ラヲ愛《アイシ》タマフコト此《カク》
ノ如《ゴト》ク深《フカ》シ天父ノ我ラヲ憐《アハレミ》タマフコト如斯《カクノゴトク》大ナリ、我ラコノ福ノ音《サイハイオトヅレ》ヲ聞《キ》キ目《メ》心ノ耶穌ノ復生《ヨミガヘリ》ヲ
見《ミ》テ尚《ナホ》コレヲ信《シン》ゼス之《コレ》ヲ喜《ヨロコ》バズ之ヲ捨《ステ》ンヤ、仮令《タトヒ》人コレヲ捨ロトス、ムルトモ心《コヽロ》アラン者一度《ヒトタビ》コ
1 ノ福音《フクイン》ヲ聞《キク》コトヲ得《エ》バイカデ信《シン》ゼザルベケンヤ、何《イカ》デ喜バザルベケンヤ、何《イカ》デ神《カミ》ト耶穌《イエス》トヲ愛《アイ》セ
ザルベケンヤ』、然《シカレ》トモ我ラハ罪ノ腹《ハラ》ニ生《ウマ》レ罪悪ノ中《ウチ》ニ住《ス》ミ汚穢《ケガレ》ノコトニ慣《ナ》レ遠《トヲ》ク天父ノ光ヨリ
離《ハナレ》タル者ナルガ故ニ是非トモ旧《モト》ノ心死《シ》シテ新《アラタ》ニ甦《ヨミガヘラ》ズバ如此《カヽ》ル大慈悲ヲモ見《ミ》アタハザル也、コノ
2 慈悲ノ光ヲ見アタハザレバ所詮永苦ハ免《マヌカレ》ザルナリ所詮天国ノ楽《タノシミ》ヲ見《ミル》コト得《エ》ザル也、コノ故ニ耶穌
ニコデモニ答《コタヘ》テ。我《ワレ》誠実告ケンレ尓ニ人非二更生《ヨミガヘリ》ニ一必ズ不レ能レ見二神之国一トノタマヘリ　ヨハネ伝三章三
我《ワレ》ラ幸ニ此《コ》ノ福音ニ逢《ア》フコトヲ得《エ》キリストノ復生《ヨミガヘリ》ヲ見《ミ》タレバ亦《マタ》我ラモ　其ゴトク復生ランコトヲ冀フ
ベシ　重生《ヨミガヘリ》ヲ冀《ネゴ》フベシ、耶穌ハ復生《ヨミガヘリ》タマフニヨリテ今《イマ》至上者ノ右ニ坐《ザ》シテ大栄大能ヲアラハセリ、

是《コレ》天父ノ大慈コレヲシテ直《タダチ》ニ信《シン》ヲ與《アタヘ》テ永生ヲ得《エ》サセント也、サレバ耶穌既ニ復生《ヨミガヘリ》レリ我ラモ亦《マタ》必ズ如此コレニ頼《ヨリ》テ復生《ヨミガヘリ》リ如此カレガ功《コウ》ニ頼《ヨリ》テ大栄大権ヲ受《ウク》ルヲ信ゼリ、人々畢生ネガフベキハ此《コ》ノ事《コト》ナリ、約翰十四十四尓託二我名一所レ求無レ論二何者一我必行レ之十五尓若愛レ我当レ守二我誡一則我将レ求レ父而彼《カレ》必ズ別ニ以二保恵師一賜レ尓使二其ヲシテ永偕レ尓居一即チ真理之聖霊世不レ能レ接レ之以二其不レ見レ之且不レ識レ之也惟尓識レ之也。○エペジアニ章一節ヨリ神曽甦下尓素死二於罪与レ慾之中一者上ナルヲ蓋尓昔所レ行循二斯世之俗一従二在空乗権之君一即今行下於不二信従者一之霊上昔我儕亦在二其中一而習行ス循ヒ二我肉身之慾一成《ナス》二肉身及心之欲一ヲ且ッ循カハヾ二本性一ニ為二服レ怒之子一如二他人一然リ但シ富有二矜恤之神一縁下其所レ愛二我儕一之大愛上乃以下我曽死二於慾中一者上而甦二我儕一偕二基督一蓋尓之得レ救乃由レ恩耳

○ペテロ前書二章十六十七　尓雖レ得二自由一勿下以二尓之自由一而隠上レ悪之如二神之僕一。宣下敬二衆人一愛二
明十九九夜

明十九九夜
諸兄弟一畏レ神尊上レ王焉』　串珠云。云々然勿以此衆機為悪乃服役於上帝　世ノ人ハオシナベテ罪悪ノ為《タメ》ニ

1　人々コノ福音ト云ルコトノ宜シカラザルコトヲ知レ亦福音ノ証拠ヲ探リテ救主ヲ信ゼヨ此ノ福音ノ他ニ救主ヲ得ントスルトモ無ルベシ』（若シ長講ニナラバ此デ止）

2　ヨハネ四。ニコデモ謂レ之曰人既ニ老ュ何ッ得二更生一豈ニ重ビ入二母腹一而生シ乎○同五　耶穌答テ曰人非下由二水及霊而生上則不レ能レ入二神之国一由レ肉而生者肉也由レ霊而生者霊也○同七　風任レ意而吹ク尓聞二其声一不レ知其ノ何ヨリ来何ヘ往一凡由二聖霊一而生者亦如是

‖マタ伝ナル貧者ハ福ナリ亦ナゲク者ハ福ナリ

1 ツカハレ死《シ》ノハタラキヲナセリ。誠ニアハレムベク嘆《カナシム》ベキコト也。サレドモ今《イマ》ハ慣習《ナレコ》トナリテ自《ミヅカ》
2 ラ其《ソノ》コトヲモ知《シラ》ザルガ如ク又《マタ》サホド苦《クル》シキトモ思《オモ》ハズ然《サ》ホド懼《オソ》ロシイトモ思ハヌヤウニ見《ミ》ユル也。
コレハ丁度《テウド》カノ徴役人ガ初《ハジメ》ニハ苦《クル》シイ懼《オソロ》シイト思ヒテ鉄鎖《テツグサリ》デツナガレヲルコトヲ早《ハヤ》ク免《マヌカレ》ント願《ネガヒ》
モシツレドモ終《ツヒ》ニハ人目《ヒトメ》ヲサヘ愧《ハヅ》ル色モウセ面部《カオ》ヲツ、ミシ手拭《テヌグヒ》ヲモ取《トリ》ハナチテ衢頭《チマタ》ヲ往来シ人
3 間ノ恒《ツネ》ノ如《ゴトク》ニオモヒナスヨリ重《カサネ》テ罪ヲ犯ヲモ何《ナニ》トモ思ハヌ気《キ》ニナリ亦《マタ》モ〳〵ト犯シツ、遂《ツヒ》ニ「ゾ
ックリ」ト首ヲハネラレテ一身ニ利足《リソク》ガツイテ二ツノ体《カラダ》トナルヲ懼《オソレ》ヌヤウナモノ也《ナリ》』。今各自《オノ〳〵》モ
己《オノレ》ニ立帰リテ篤《トク》ノ心ト相談シテミラレヨ誰《タレ》モ良心《ホンシン》ハ善《ヨキ》ト義《タヾシキ》ヲ好マヌモノハアラネドモ何日《イツ》モ罪悪
ノ方ニウチマカサレ終《シマヒ》ニハ慣習《ナレコ》トナリ悪《アク》ヲ悪トモ思ハヌヤウニ立《タチ》イタリ道《ミチ》ナラヌコトヲシツ、モ
人目《ヒトメ》ヲ愧《ハヅ》ル色モナク遂《ツヒ》ニ一身両断ヨリモ猶《ナホ》タヘガタキ永生ノ痛苦ヲ受ルコトヲサエ懼《オソロ》シトモ哀《カナシ》ト
モ思ハヌヤウナリユクナリ。然《サレ》ドモ神《カミ》ノ愛《アイ》ヲ蒙《カフム》リ救者耶蘇ノ御贖ヲ受タルモノハ何《ナニ》ノ幸カ聖霊ノ
助《タスケ》ニヨリテ心ノ目ヲヒラカレ彼《カ》ノ罪悪ノ懼《オソル》ベキコトト又《マタ》オノレガ身ニ大ナル罪ノ重荷ヲ負《オヘ》ルコト
トヲ明ニ知《シル》コトヲ得《エ》。マタ如何《イカ》ニシテモ悪魔ニツナガレタル鎖《クサリ》ヲオノガ力《チカラ》ニハ斫離《キリハナサ》レヌコトナド
マデ悟コトヲナサセ給《タマ》ヒシガ故《ユエ》ニ終《ツヒ》ニ救者ヲ求《モトム》ル心モ生ジ。今カクノ如《ゴト》く皆《ミナ》々モ救ノ御言《オンコトバ》ヲオ
4 キ、キナサル、ヤウニナリシコソ悦《ヨロコバ》シキコト也』。コノ我《ワレ》ラヲ鉄鏈《テツクサリ》ノヤウナ強《ツヨ》キ悪ノ　頑固貧心残
忍詐欺　縄《ナハ》ニテ結《クビ》リ明《アケ》テモ暮《クレ》テモ死ノ働ヲノミサセラル、魔鬼ノ手《テ》ヨリ離《ハナ》ラセラル、コトヲ為《シ》テ
5 下《クダ》サル者《モノ》ハダヾ耶蘇キリスト一人ナリ。此故ニ使徒行伝四ノ十二ニ云。舎レ此別無二救主一蓋天下

今ノ信者ノ幸ナルコトニハ

是スデニ悪魔ニトリコニサレ自由ヲ失ヘル者ナリ　ホ|ーラ云わが願ところのもの我これを行はず云々

耶蘇ハ己ガ宝血ヲ以テワレラヲ罪ヨリ買モドシ給タリ

6 人間更無㆘錫㆓他名㆒可《カラシムル》㆓以得㆑救者㆖ 実《ジツ》ニシカラン広《ヒロ》ク世界《セカイ》ヲ見《ミ》ワタシテ古今ヲ考ルニ一人《イチニン》ヒトリトシテ我《ワレ》ラ人間ノ為《タメ》ニ大ナル苦辱ヲウケ十字架ニ上《ノボ》リテ贖《アガナヒ》ヲシタリシ者《モノ》ヲ見《ミ》ズ。惟々《タヾ》神ノ預《カネ》テ人間ニ世ノ始ヨリ以来シバ〳〵約束シタマヘル御言《オンコトバ》ニ叶《カナ》ヒテ千八百余年前ニユダ国ニ降生シタマヒタル耶蘇アルノミ。是《コレ》ニ頼《ヨリ》テ初《ハジメ》テ悪ノ僕《シモベ》タルヲ免《マヌカ》レ自由ノ身《ミ》トナルコトヲ得《ウル》ナリ』。7 然《シカリ》ト雖《イヘド》モ8 コノ時《トキ》ニ当《アタリ》テマス〳〵戒心儆醒セザレバ又《マタ》再ビ罪悪ノ俘《トリコ》トナリ前《マヘ》ヨリモ一層《イッソウ》罪ノ刻縛ヲ受《ウクル》ニ至コトアルナルベシ。ルカ十一章二四ヨリ聖言ヲ思フベシ云。悪鬼《アクキ》人ヨリ出《イデ》テ旱地《カワキタルトコロ》をめぐり安《ヤスキ》を求《モトム》れども得《エ》ずしていひけるは我《ワガ》いでし家にかへらん。既に来《キタ》ればはきゝよまり修飾《カザレル》を見《ミ》。遂にゆき

---

1 支那人云人事ヲ尽シテ天命ヲ俟ツ

2 後漢書云広陵思王荊ノ伝 秋霜となるとも檻羊となる事なかれ○注ニ秋霜ハ物ヲ粛殺ス檻羊ハ制ヲ人ニ受ク

3 ロマ書六ノ十九 尓ら其肢体を献て汚と悪の僕となり悪ニいたりし如く。今又その肢体を献て義の僕となり聖潔にいたるべし○同七ノ四しかれば我兄弟よ尓らもキリストの身により律法について殺されしもの也云々又五○われら肉にありしとき律法によれる罪の欲われらの肢体にはたらきて死の為に果をむすべり 又十四 ○されど我ハ肉なるものにして罪の下にうまれたり 十五 そは我おこなふ所のものは我もこれを是とせずわが願ところのもの我これを行はずわが悪《ニクム》ところのもの我これをなせばなり

4 今マデ種々ノ教アリシト雖モ我ラヲ罪悪ヨリ救ヒイダシ潔所ニ立セタルモノナシ

5 以賽亜四十五ノ二十三云○地之四極望余以獲救我乃上帝我外無他

6 口ニテ救ト云トモ彼ノ負債ヲ償ニハ其金ヲ出シテクレデハ役ニタヽザルナリ

7 悪魔ノ規則ハ我ヲ死シ神ノ規則ハ我ヲ生ス

8 天地間ニアルモノ何一ツトシテ規則ナキモノトテハナシ其規則ニ随バコソ其物各モ安然ナリ 其レ関係スル所ノ者モ皆安穏ナリ若シ其ノ規則ミダシタランニハ自他トモニ全キコト能ハズ人間ニ於テハ尚シカラン 政府アルモ是ナリ 悪ヲナスヲ自由ト思ベカラズ自由ニハアラズ良心ヲ束縛セラレタルモノト云ベシ 我儘悪行ノ郷ニハ自由ノ住ザルモノナリ

1　是ヲ全フスルハ甚ムツカシイ也　其工夫ハタヾハ信ノ一ツアルノミ

て己《オノレ》より尚《ナホ》あしき七《ナヽツ》の悪鬼をたづさへいりて此処《コヽ》に居《スマヘ》ば。その人の後《ノチ》のありさまは前《マヘ》より尚《ナホ》あしかるべし。サレド人信仰《シンカウ》サヘ多少アラバ此《コ》ノ恐《オソレ》ニカヽルマジ。耶蘇ノヽタマヒシ聖言ニモ。若《モ》シ人芥種《カラシタネ》ホドノ信《シン》アラバ此《コノ》山ニ命《メイジ》テ彼《カシコ》ニ移《ウツ》レトイフモ移《ウツ》ルベシ。且《カツ》ナンヂ能《アタ》ハザル所ナシ』トアリ。亦《マタ》ヨハネ一書　五ノ四〇　ニモ云凡《オヨ》そ神によりて生《ウマル》る者《モノ》は世に勝《カツ》。それ世に勝の徳ハ即ち我らの信《シン》なり』トモアルガ如ク。イサヽカタリトモ内《ウチ》ニ信仰アラバ終《ツヒ》ニ成長シテ悪魔ノ強敵ニモ勝《カ》チトゲ死《シ》ノ淵ヲ脱シ生《イノチ》ノ域《トコロ》ニ進ミ真正《ホントウ》ノ自由ヲ得《エ》タル神ノ僕トナリ心モハレ〲ト恒《ツネ》ニ天父ト耶
2　蘇ノ慰ヲ受ケ今世来世ノ楽ヲ得《ウ》ベシ』。既ニ救ヒヲ得タル信者ヨ自由ヲ得《エ》タル今《イマ》コレヲミチビク
3　ニ信仰ヲ以テシ神ハ僕タルノ名ニ反《タガハ》ザルヤウセヨ。又イマダ全ク鉄ノ鏈ヲハナレザル人ヨ早ク天　悪魔ノ束縛
父ノ大慈悲ニ感ジ其タマモノナル救者耶蘇ニ頼《ヨリ》テカノ懼《オソル》ベキ罪悪ノ鏈ヨリ離《ハナ》レ真正ノ自由ノ身トナリテ死地　シニ至ル苦ミノ場　ヲノガレテ永生ノ地ニ楽《タノシン》デ世《ヨ》ヲオクラレヨ

○前ノ安息日ニペテロ前書二章十六十七ナル尓雖レ得二自由一勿下以二尓之自由一而隠上レ悪乃如二神之僕一。宣下敬二衆人一愛《アイ》二諸兄弟一畏上レ神」云々ト云語《コトバ》ニツイテ説《トキ》タレド自由ノコトニツイテノ談《ハナシ》ノミニテ　明十十十七夜　『衆人ヲ敬シ。諸兄弟ヲ愛《アイ》シ。神ヲ畏ルベシ。ト云コトニマデ及《オヨ》バザリキ。此故ニ今コノ『衆人ヲ敬シ諸兄弟ヲ愛《アイ》シ神ヲ畏ルベシ。ト云コレヲ説明セントス。扨《サテ》マヘノ安息日ニモ呉々《クレ〲》マヲセシ如ク人ハ自由ヲ得《エ》ザルホド苦《クルシ》キコトハナキ也。トコロガ多《オホ》クノ人々《ヒト〲》ミナ罪悪ノ為《タメ》ニクビラレ

日々《ヒビ》〱罪ノ怒隷《シモベ》トナリテ悪ノ働ニノミ惟々《タヾ》〱孳々汲々トシテ果《ハツ》ルナリ。コノ故ニ真実コヽロニ喜《ヨロ》楽《コビ》ヲ抱テ。死シテモ悔《クイ》ナキト云人ハ甚ダ稀ナルナリ。此ハ真理《マコトノミチ》ヲ知《シラ》ヌカラノコトナリ。何《ナン》トアハレナ者デハアルマイカ。ドヲゾ人タルモノハ牛馬トハチガヒ貴《タフト》キ者ナレバ彼《カ》ノ牛馬ガ人間ニ鼻《ハナ》ヲウガタレ口《クチ》ニクツワヲハメラレ牽《ヒキ》マハサルヽヤウニ。魔鬼ノ為《タメ》ニ罪ト云《イフ》オソロシキ太《フト》キ綱《ツナ》デクビ 絆羈 ラレ悪《アク》ト云イヤナ枯《ホダ》サレテ苦《クルシメ》ラレタク無《ナイ》モノデス。ダガ毎々《マイ〱》申ストホリ已《スデ》ニ陥《オチイ》リタル罪ノ深坑《フカキアナ》ニアル人間ナレバ互ニ救フコトモナラズ又《マタ》ミヅカラ救《スクフ》フコトモナラヌ也。我国《ワガフルサト》ノ在《ザイ》ニテハ冬ニナルト猪熊《シヽクマ》ヲトルタメニ阱《オトシアナ》ヲ設《マウ》ケマスルガ。折々《オリ〱》村方《ムラカタ》ノ畜犬《カヒイヌ》ガソノ中ヘ堕《オチ》テ上《アガ》ラントシテハオチ上《アガ》ラントシテハ堕《オチ》ツヒニ勢《セイ》ヲキツテ死《シヌ》コトガアリマス。サア畜生《チクシャウ》ナドデモ妙ナモノデ友ヲ救《スクヒ》タキ心ノアルモノト見エテ。先年スナハチ我《ワガ》フルサトノ在《ザイ》ナル山ノ坊ト云村ニテ例《レイ》ノ猪熊《シヽクマ》ヲトルタメニ設《マウ》ケタル阱《オトシアナ》ヘ一疋《イッピキ》ノ犬《イヌ》ガオチタリシヲ友《トモ》ノ犬ガコレヲ救《スク》ハントヤ思ケン。彼《カ》ノ坑《アナ》ニ向テ吠《ホヘ》ツヽグル〱回《マワツ》テアリシガ遂《ツヒ》ニ中《ナカ》ヘトビコミ二疋シテキャン〱云《イフ》テ坑上《アナウヘ》ヘ出ント飛ンデハ堕《オ》チ汗《アセ》ヲ流《ナガシ》シ苦《クル》シゲニテシマイニハ声モオトロヘ。タヾフゥ〱ト云テ二疋トモ坑ノ中ニ四足ヲダラリト

4 荘子秋水篇云。何謂天。何謂人。曰牛馬四足アル。是謂レ天落ニ馬首一穿ニ牛鼻一是謂レ人

1 モシ此道理ヲ忘テ我儘ヲホシイマヽニセバ其悪一層マサルナリ

2 ガラタ五ノ廿九属ニ基督一者已以ニ肉与レ情及欲一釘ニ於十字架一我儕、若以ニ聖霊一而活則宜下以ニ聖霊一而行勿レ尚ニ虚栄一勿ニ相激怒一母ニ相妒忌一

3 タマ十二ノ十九〇彼不競不喧不聞其声於衢己傷之葦其不折之燃余之麻其不熄之

4 孔子云。朝ニ道ヲ聞キ夕ニ死ストモ可ナリ

馬太十五ノ十四云 もしめくらが瞽者を手びきせば二人ともに溝におつべし○ルカ六ノ三九ニモ見ユ

邪教ノ救者ナドノ如ク木彫石造ノ口ニ言コト能ハズ足アリテ行コト能ザル者トハ雲壌ノ異アリ詩ノ百十五篇四節ヨリヲ可見

箴言廿三ノ十七云尓必母嫉罪人尤宣恒畏耶和華

出《ダ》シテアリキ。其中村《ソノウチ》ノ若イ者ラ縄ニテツリアゲ水ナド吹《フキ》カケ、レバ一疋ハシバラクシテ生《イキ》タレド一疋ハ終死《ツヒニシ》セリ。チョヲド人間モ此《コノ》ヤウナモノニテ所詮他ノ救《スクヒ》ガナクテハ救ヲ得《ウル》コトハナラヌ也。人間同類ノ他《ホカ》ヨリ来ルモノナラデハ亦《マタ》之ヲ救コトガ出来《デキ》ヌハズ也。ソレ故ニ我《ワレ》ラ人間ヲ救ヒ得《ウ》ルモノハ即チ至愛至慈ノ上帝ヨリ降《クダ》シタマハリシ其《ソノ》オン子《コ》エス一人《ヒトリ》ナリ『希伯来四ノ十四云。我等既ニ有二大祭司長一即神之子耶蘇已ニ昇リシ二於天一者云々。我之祭司ノ長ハ非下不レ能レ体二恤我之弱情一者上乃已レ凡ソ事被二試誘一一ニ如シ二我等ノ一惟〳〵無レ罪耳。トモアリマシテ此《コノ》エス　クリストノコトハ世ノ中ノ大将軍ガ城《オシロ》ノ上《ウヘ》カラ指揮《サシヅ》シテ士卒《ヘイタイ》ヲ働ラカセルウヤウナワケデハナク自己《オノレ》サキニ立《タチ》テ我《ワレ》ラ人間ノ恒ニ苦《クルシム》トコロノ事《コト》ハノコラズ御身ニ受《ウケ》アソバサレ実行ヲ遂《トゲ》テ自分デ瀬踏《セブミ》ヲシテ大《オホイ》ナヤミ甚《ハナハダ》シキ苦ノ場ニ至レバ自《ミヅカ》ラ之ニ代リ而《シカ》シテ我ラ人間ヲバ惟々《タヾ〳〵》安《ヤス》キ方ニノミ導キテ難行苦行ナク義《ギ》トセラル、ヤウ為《シ》テクダサル、也。コノ故ニ馬太伝十一章　廿八ヨリ至三十　ニモ救主エスノ仰《オホセ》ラレタル聖言ニ。凡ソ苦労《ナンギ》シテ重《オモキ》ヲ負フ者ハ我ニキタレ我ナンヂニ安ヲアタヘン。又云ワガ軛《クビキ》ハ易ク我負《ニモツ》ハ軽シ』トノタマヘリ。実ニアリガタキコトデゴザル。各位《オノ〳〵ガタ》モ早ク罪悪ノ重《オモ》キ負《ニモツ》ヲ脱《オロ》シ魔鬼ノ苦キ軛ヲハナレ耶蘇ノ安《ヤス》キ軛ヲオモチナサレ。又軽キ負《ニモツ》ヲオショイナサレ　此ノ負《ニモツ》ハ神ノ慈悲ヨリ出タル義ト云永生ヲウベキノ品ナリ。悪魔ノ負《ニモツ》ハ之ニ引キ替ヘ永苦ニシヅムベキ罪ト云負也　扨コノ耶蘇ガ負《ニモツ》ト軛《クビキ》ハイカナルモノゾヤ。惟々《タヾ〳〵》神ヲ畏《オソ》ル、ト　罪人ノ神ヲ畏ル、ハ其ノ厳罰ヲ恐テ恒ニ恂々タルナリ心ニ安ナシ信者ノ神ヲ畏ル、ハ大ニ之ト異ナレリ。孝子ノ父ヲ畏ル、如キノミ　兄弟ヲ愛スルトニアルノミ。耶蘇ノタマヘルコトアリ　馬太廿二ノ三七ヨリ三九　尓必ズ心ヲ尽シ性ヲ尽シ意ヲ尽シテ主タル尓ノ神ヲ愛《アイ》スベシ。其次ハ隣ヲ愛《アイ》スルコト己ガ如クスベシ。是レ全律法ト預言者ト悉クコ、ニ繋《カヽ》ル』人モシ神アルコトヲ知《シラ》ズ神ヲ畏《オソ》ル、コトヲ知《シラ》ズバ其ノ動作《スルコトナスコト》ヨロシキヲ得《エ》ズ。鞠躬尽力善ヲナサントスルトモ終《ツヒ》ニヤブレテ全《マット》ウシ遂《トグル》コトナシ。ソハ各自《オノオノ》コ、ロニ善ヲ進《スヽ》メ悪ヲ戒《コラス》ノ天法アリトイエドモ是《コレ》ヲ命《メイ》ズル主《シュ》ヲワスルレバ也。イマ試ニ思ヘ政府律法ヲイダス。政府アルヲ知《シ》ラバ各《オノ〳〵》ヨク之ヲ守ラン。サレド政府モシツブレテ其《ソ》ノ主《ツカサド》ルモノナクバ。律法ナホ高札ニ掲《カヽ》ゲアルト雖モ誰《タレ》カ之ヲ能《ヨク》マモルベキ。コノ故ニ人々神ヲ知《シリ》テ初テ心律オコナハルベシ。心律オコナハレテ初テ恐懼ヲマヌガルベシ。又神ヲ知《シラ》バ初テ兄弟ヲ愛スル心生《コヽロショウ》ズベシ。其ハ神ハタヾ人ヲ愛シ人ヲ恵《メグ》ミ人ヲ救フノ他《ホカ》ナケレバ也。コノ故ニ神ヲ知《シル》ト言《イッ》テ人ヲ愛《アイ》セザルハ謊言《イツハリ》ニシテ実《ジッ》ハ神ヲシラザル者ナリ。ヨハネ一書四ノ七ニ云、愛ハ乃チ由リスレ神凡ソ愛ハ者由レ神ニ而生ズ且識レ神也不レ愛者ハ不レ識レ神蓋シ神乃チ愛也。サレド兎角ニ神ハ知《シリ》ガタキモノ也。神ト人トハ離《ハナル》ベカラザルモノニシテ人《ヒト》コレヲ離《ハナレ》ントスルトモ得《エ》ザルモノナルガ尚《ナ》ホ人ノ神ヲ知《シラ》ザル者《モノ》オホキハ何《ナ》ンゾヤ。惟《タヾ》ソレ神ヲ知《シル》[1]ベキモノハ。ワガ霊《タマシヒ》ニシテ肉体コレヲ見《ミ》アタハザレバ也。人成長スルニ随テ諸欲情モ亦《マタ》多クイヅルモノナレバ此欲情ノ為《タメ》ニ本心ヲ蔽《オホハ》レ。本心イヅレヘカ出奔《シュッホン》スルガ故《ユエ》ニ今《イマ》ワガ身ニアルモノハ欲

人々又己ガ霊ヲモ見アタハズ

1　試ニ孩提ヲ見ヨ　更ニ他ノ欲情ナキガ故ニ只シタフ所ハ我母ナリ。然ドモ成長スルニ随ヒ諸欲モ加ハリ終ニハ父母ノ恩ヲワスレ却テ慈悲ノ父母ヲ邪魔ニスルサヘイデクルコトアリ

情罪悪ノミ。是《コ》レ人ノ慈悲ノ天父ヲワスル、所以ナリ。コ、ニ於テ至高至清全能全智ノ神アルヲ
知《シラ》ザルヨリシテ妄《ミダリ》ニ傲《オゴ》謾《リ》尊大《タカブル》ノ心ヲ生ジ。強《アナガチ》ニ人ヲ見《ミ》クダシ人ヲアナドルニ至《イタ》ルナリ。コレ愛心
ニハナレ暴行ニス、ム原因ナル也　コノ弊ヤ。己ガ為人ノ為国ノ為メ悉クミナ諸事万端ニ於テ患害ヲ来《キタ》ラス
モノ也。マヅ近ク一身上ノコトニ取リテイハヾ人芸能ヲ学ブニモ何《ナニ》ヲスルニモ世ニ名人達士ガアレバコソ励ンテ
彼ガ如クナリタイトカ。彼ヨリモ益《マサ》リタイトカ思フ心モ生ズル者ナリ。若《モシ》コレ無ハ自《オノヅカ》ラ下流ニ居テ甘ンジテ自《ミヅカ》ラ
ノミ至レリト思フモノナリ。我国ナドノコトニ取テモ思ヒミヨ未ダ西洋アルコトヲ知ザル前ニハイカヾナリシヤ
1 我《ワレ》ラ今《イマ》退キテ己ガコトヲ思ヒミヨ。何《ナン》ノホコルベキトコロアルヤ。何ノ貴《タフト》キモノナルゾ。人間ミ
ナ已《スデ》ニ身ツミノ深坑《フカキアナ》ニ堕タルモノナルヲヤ。虎《トラ》ダ大狼《オホカミ》ダ猪《シヽ》ダ熊《クマ》ダト云《イツ》タトコロガ阱《オトシアナ》ニ一度《イチド》オチシ
カラニハ鼠《ネヅミ》ニモオトルナラズヤ。惟《タヾ》コノ人間世界デ貴ノ尊《タフトキタットイ》ノト云タトコロガ一連托手トモノ罪人。
至高ノ神ヨリ見《ミ》ソナハセラレンニハ。アハレ囚獄中ノ尊貴ヲアラソフモノ、如シ。羅馬帝ヅェヲ
ドシユス云。ワレハ上帝ノ子タルヲ以テ栄貴トナス。教会ノ僚タルヲ以テ栄貴トナスナリ。一国
ノ主タルヲ以テ栄貴トハナサヾルナリ』イヘル哉コノ言味《コトアヂハ》ヒアル哉コノ言《コト》。ヨク〳〵オモヒミラ
レヨ。且マタ我ラモハヤ深坑中《フカキアナノウチ》ノ罪人ナラバ共《トモ》ニ痛苦ニタヘヌ一類ナラズヤ。コノコトヲ思《オモ》ハバ
2 貴ノ尊ノ富ノ貧《タフトキタットイカネガアルマヅシキ》ノト云ベキカハ。同病アヒ憐《アハレム》ノ情ヲ発セネバナラヌ筈《ハヅ》ナリ。相ヒ互ニ相ヒ憐ミ
相愛シ我モ人モ共《トモ》ニコノ深坑ヲ脱シ。惟《タヾ》一人ノ救主エスニ頼ランコトヲ勧《スヽメ》アハヾ必ズ救ヲ得テ永
ク喜楽《ヨロコビ》ヲウクベキモノ也。コノ故ニ惟々《タヾ〳〵》冀フトコロノコトハ各位《オノ〳〵カタ》神ヲ畏レ。諸兄弟ヲ愛シタマ

ハンコトゾカシ

○尓視三物屑在二尓兄弟之目一而不レ覚三梁木在二己之目一何耶。尓豈ニ語二兄弟一曰ンヤ容三セト我出二ヲ物屑旅尓目一而有三梁木在二己之目一也。尓偽善者乎先出二梁木於己目一則尓可レ明レ見ユ三以出二スコト物屑於尓兄弟之目一矣　マタ七章自三至五

此ハ路加六章四十一ニモ見エテアリマスガユダヤ人ノ祭司ヤ「パリサイ」人ノ兎角オノレガ罪《ツミ》過《アヤマチ》ハ見《ミエ》ズシテ惟《タ》ダ他人《ヒト》ヲノミ責《セム》ルガ故《ユエ》ニソレヲオシカリナサレタル耶蘇ノ聖言《オンコトバ》ナリ。併《シカ》シ此《コレ》ハ「パリサイ」ノ人《ヒト》ヤ当時《ソノコロ》ノ祭司《サイシ》ノミデハナク。今《イマ》モ矢張《ヤハリ》コノ「パリサイ」人《ビト》ヤ祭司ガ何処《ドコ》ノ国《クニ》ニモ多《オホ》イコトデ。自己《オノレ》ガ梁木《ウツハリ》ノヤウ大《オホ》キナ罪《ツミ》ヤ過《アヤマチ》ヲ負《シヨヒ》ナガラ其《ソレ》ハ小許《チット》モ見《ミ》エズ自《オイラ》ハ義《タマシ》キモノダ私《オイラ》ハ正直《ショウジキ》ナモノダ私《オイラ》ハ生《ウマレ》テカラ悪《アク》トイフコトヲ為《シ》テミタコトガナイナド、済《スマ》セタ面《カホ》ヲシテ。サア少許《スコシ》ノ過《アヤマチ》チョイトシタ塵《チリ》ホドノコトデモ他人《ヒト》ノハ能《ヨク》ミスカシテ彼《カ》レ此《コ》レト申《マヲシ》マスモノデゴザルガ。マ

1　ロマ書三ノ二三二四云　人みなすでに罪をおかせば神よりさかえを受るに足ず惟キリスト耶蘇ノ贖によりて神の恩をうけ功なくして義とせらる、なり

2　今開花トヨバル、米国ノ昔ノコトヲ思ヘ　今ヲ去ルコト二百五十年斗前英民ソノ地ノ苛政ニ苦ミ自ラ本国ヲ辞シ北米利加《アメリカ》ノ地ナルマサチヲセツトノプリマウスニ来リシトキハ即チ千六百二十年十二月二十二日ナリ其数百一名ニシテ千辛万苦ヲ嘗テ風雪ノ中ニ上陸シ海岸ノ石上ニ足ヲ止メシ其時ハ神ヲ敬シ人ヲ愛スルノ外ニ余念ナカリシガ爾后コノ志ヲ次テ千七百七十年代ニ至リ遂ニ独立ヲ興シ今ノ開明ニ至リシナリ若コノ時ニ神ヲ敬セズ人ヲ愛セズ各自分離シタランニハ何デ今日ノ米国ヲ見ルニ至ランヤ

1

アヨク物《モノ》ノ道理《ドウリ》ヲカンガヘテ見《ミ》ラル、ガヨイ全体軽《ゼンタイカロ》イノ重《オモ》イノ長《ナガ》イ短《ミジカ》イナド云《イフ》コトハミナ彼《カレ》ト此《コレ》ト比較《クラベ》テノ上《ウヘ》デイフコトデ只《タヾ》ヒトツノミヲ指《サシ》テハ言《イハ》レヌコトナリ。今《イマ》コノ善《ゼン》ノ悪《アク》ノ　ヨイノアシイノ　ト云《イフ》コトモコレト同《オナジ》コトデ先《マヅ》人《ヒト》ノコトヲ論《ロン》ズルニハ、サキニ己《オノ》ガコトヲ計《ハカツ》テ然《シカ》シテ後《ノチ》ハジメテ真実《ホントウ》ニ善《ヨ》キ悪《アシ》イ、コトモワカル道理《ドウリ》ナリ。然《シカ》ルニ己《オノ》ガコトハ捨《ステ》オイテ向《ムカ》フバカリヲ見《ミ》テ論《ロン》ズルコトハ益《ヤク》ニタ、ヌコトデ悪《アシイ》ト云モ善《ヨイ》ト云モ皆《ミ》ナ真実《ホントウ》デハナイ。其《ソ》レ故《ユヱ》ニマア〳〵人《ヒト》ノ目《メ》ノ塵《チリ》ヲトラントスルヨリハ自己《オノレ》ガ目《メ》ノ梁木《ウツバリ》ヲハヤクトルヤウセネバナラヌナリ。サテ自己《オノレ》ノ梁木ヲトラントオモヒテ能々《ヨク〳〵》オノガコトニ眼《マナコ》ヲツケテ見《ミ》ルト中々《ナカ〳〵》人《ヒト》ノ目ノ塵《チリ》ドコロカ自己《ジブン》ニアルハ、マチット大《オホ》キクテ取《トツ》テモ〳〵取《トリ》ツクサレヌ程《ホド》ユヱ。ドウシテモ人《ヒト》ノコトヲイハントスルト己《オノレ》ノ悪《アク》ノ目方《メカタ》ガヨホド増《マサ》ル者ニテ却《カヘツ》テ向《ムカ》フノ罪《ツミ》ガカロクナルコト故《ユヱ》サヤウナコトハ遂《ツヒ》ニ罷《ヤメ》ニナリテ、ソレヨリハ現在我身《ゲンザイワガミ》ノ罪《ツミ》ノ重荷《オモニ》ヲ下《オロ》スヤウ工風《クフウ》ヲシタクナル者《モノ》ナリ。カヤウナ心ガ起《オコ》リ己《オノ》ガ罪《ツミ》ノ重荷ニ目《メ》ノツキシ人《ヒト》ハ実《ジツ》ニ幸《サイハヒ》ナル人ナリ。耶蘇ガ仰《オホ》セラレシ御言《オンコトバ》ニモ　虚　心《コ、ロノマヅシキ》モノハ福《サイハヒ》ナリ、天国ハ乃チ其国ナレバナリ。又云、哀慟《カナシム》モノハ福ナリ其人ハ慰ヲ受ントスレバ也　マタ五ノ三ト四　此《コレ》ミナ自己《オノレ》ヲ省《カヘリミ》オノガ弱力《ヨワキチカラ》ソノ本分ヲ尽《ツク》スアタハズ背上《セナカ》ニ大《オホイ》ナル罪ノ覆《オホハ》リアルコトヲ悟《サト》リ所詮一己《ショセンイッコ》ノ力《チカラ》ニテハ自《ミヅカ》ラ自《ミヅカラ》ノ体《カラダ》ヲ動《ウゴカ》スコトアタハザルヲ知《シ》リ、若《モシ》コノ儘《マ、》ニテアラバトテモ憂苦《ウレヒクルシミ》ノ免《マヌカレ》ザルヲ知《シリ》、アホ《仰》ヒデ天父ノ助ヲ乞《コフ》ノ念慮《オモヒ》ノオコレル人ノ福《サイハヒ》ナルヲ宣給《ノタマウ》ナリ。人《ヒト》ヤ、モスレバ此《コ》ノ好《コノ》マシキ柔順《ヤハラカ》ナル心ヲ誤認シテ怯懦《オクビョウ》トシ卑屈《フケンシキ》イヤシトス。嗚呼アヤマルモ亦《マタ》甚シイ哉。怯懦卑屈《オクビョウイヤシキ》ナド云フ

[2] 類ノモノハ最モ厭《キラ》フベキモノニシテ此《コレ》ミナ彼《カ》ノ不謙遜《フケンソン》ナル剛愎《カタクナ》ニ属スルモノ也。視《ミ》ヨ古《イニシヘ》ヨリ自《ミヅカ》ラ
ヲ責《セム》ルコトヲ知《シラ》ズ妄《ミダリ》ニ人《ヒト》ヲカロンジ自《ミヅカ》ヲ驕慢《タカブル》コトヲナセシ者《モノ》ニ艱難辛苦ニ耐ヘ忍ビ志操ヲ全《マッタフ》セ
[3] シコトノ有《アル》ヤ否《イナ》。カノユダヤノ祭司マタ「パリサイ」人「サドカイ」人ナド共《トモ》ニ傲慢不遜《タカブリヒトヲイヤシムコト》コ
ノ上《ウヘ》モナキ者《モノ》ドモニテアリシガ其《ソ》ノ怯懦卑屈ナリシモ又甚《ハナハダ》シカリシ也。ソハ耶蘇ノ宣教《ミチヲツタヘ》アソバサ
レタリシ時節《ジセツ》ニモ彼《カレ》ラガ何《ナン》ノ彼《カノ》トサマタゲントナシタル其行為《シウチ》ヲミルトヨクワカルコトデゴザル。
[4] コレニ引《ヒキ》カヘ耶蘇ノ門徒《デシ》ノ行為《オコナヒ》ヲミヨ、公明盛大ニシテチットモ隠《カクレ》タル所ナク、其《ソ》ノ志《コヽロザシ》ノ向《ムカフ》ト
[5] コロ威武《井ブ》モ屈《クツ》スルコト能《アタ》ハズ水火《ミヅヤヒ》モ之《コレ》ヲ溺《オボラ》シ之《コレ》ヲ焼《ヤク》コトアタハザリキ。此忍耐不秡ノ美徳ハイヅ
コヨリ来《キタ》ルカ。其《ソノ》モト惟《タ》ダ悔過謙遜ニ出《イヅ》ツノミ。誠ナル哉。耶蘇ノ宣給《ノタマヘ》ル「心ノ貧キ者ハ福ナリ」
[6] ト実《ジッ》ニ人《ヒト》オノレノ不足《タラザル》ヲシリ謙遜心《ヘリクダル》アリテ始テ全智全能の天父ニ号泣シテ救ヲ求ルナリ。求ルガ
故ニ天父ワガ足《タラ》ザルヲ助《タス》ケ聖霊ヲ以テ益々《マスく》ワガ志《コヽロザシ》ヲ励《ハゲ》マシム。又《マタ》救主ヨク我霊《ワガタマシヒ》ヲ慰《ナグサ》メ我《ワレ》ヲシ

1　ロマ二ノ一云。この故に凡そ人を議るところの人よ尓いひのがるべきなし。尓人を議は正しく自己の罪を定るなり。そは議るところの尓も同じくこれを行へばなり

2　平宗盛ガコト 小野九太夫ナドノコトヲ以テモ知ラルベシ。今ノ世ノ演劇ヲミヨ顔ヲ真赤ニシタル強ゲノガイツデモ弱ク。ヤサシゲナル弱サウナノガイツデモ強キ也

3　ルカ十八ノ十節ヨリ 税吏ト（パリサイ）人ト殿ニノボリ祈祷シタルコトヲ思ヘ

4　安井息軒ガ弁妄ニ云。其言膚浅本不レ足レ弁然雖々之氓為三其所二誑惑一者至レ死不二敢変一是乱之本也

5　イエス云なんじら憂ること勿れわれすでに世にかてり

6　加拉太五ノ廿二云○惟聖霊所レ結之果乃仁愛喜楽和平恒忍慈悲良善忠信温柔撙節

テ益々《マス〳〵》信ト望ト愛トヲ起《オコサ》シメ玉フ。此《コ》ノ三ツノ鏈《クサリ》ヲモテ耶蘇ト我《ワレ》トノ間《アヒダ》ヲツナギ恒《ツネ》ニハナル、コ
1 トナカラシムレバ慰《ナグサメ》ト喜《ヨロコビ》トハ耶蘇コレヲ我《ワレ》ニアタヘ我《ワガ》艱難辛苦ハ耶蘇コレヲ我《ワレ》ニ代《カハリ》テ負《オヒ》タマヘバ
人《ヒト》ノナシアタハザル所《トコロ》ワレ之《コレ》ヲヨクナシアタフ也。コレニ因《ヨリ》テ終《オハリ》ニイタル迄《マデ》ヨク私欲ノ剛敵ニ勝《カチ》
2 テ悪魔ノ誘惑ニ陥《オチ》イラズ天父ノ耶蘇ニ頼《ヨツ》テ我《ワレ》ラニ許《ユル》シタマフトコロノ永福ヲ得《ウル》ニ至《イタ》ルナリ。此《コレ》ラ
3 ミナ自己《オノレ》ノ目《メ》ニ梁木《ウツバリ》ヲモチナガラ兄弟ノ目ニアル塵《チリ》ヲトラントスルトモガラノ所詮得《エ》ラル、所ニ
アラザル也。人々《ヒト〳〵》ヨ益《エキ》ナキコトニ人《ヒト》ノ目《メ》ノ塵《チリ》ヲサガサンヨリ早《ハヤ》ク謙遜《ヘリクダリ》ノ心ヲモテ自《ミヅカラし》ヲ省《カヘリミ》ソノモ
ツ所ノ梁木ヲトリ己《オノレ》マヅ清浄潔白ノ身《ミ》トナリ、慈悲ノ天父ノ御面《オンカホ》ヲ見奉リ救主耶蘇ノ恵《メグミ》ノ袖《オンソデ》ニス
ガリ楽《タノシ》ンデ真理ノ公道《マコトノスヂアキラカナルミチ》ヲアユミ今世来世永《ナガ》ク真《マコト》ノ楽《タノシミ》ヲ得《エ》タマハンコトヲ祈望《ネゴフコトヲ》ス

○神の謊《イツハル》ことあたはざるこの二件《フタツ》のかはりなきことは。前《マヘ》に立《タツ》ところの望《ノゾミ》をとらんとて怒《イカリ》りをのがれたるわれらを慰《ナグサメ》んがためなり　ヒブル書六章十八「此ノ謊《イツハル》コト能《アタ》ハザル二件《フタツ》ノ変《カハリ》ナキ事《コト》ハ神ノ信者ニ許《ユルシ》タマフ所《トコロ》ノ約束ト矢《チカヒ》タマフ所ノ誓《チカヒ》トヲ云《イフ》ナリ　前ノ十三ヨリ十七節ニ至ルマデアブラハンノコトヲ引証シタリ　約束ハ創世《ヨノハジメ》ヨリ人間ニユルシタマフ福《サイハヒ》ヲイフニテ此《コ》ノ福ハ即チ我儕ニ賜《タマ》フ救者ノコト也、誓《チカヒ》トハ其《ソ》ノ救者ノコトヲ堅《カタ》ク誓《チカヒ》タマフヲ云ナリ、謊《イツハル》コト能ハザルトイヘルハ神ノ言《コトバ》ハ固《モト》ヨリ誓《チカヒ》ヲマタズ無欺ナルト雖《イヘ》ド人ノ信ヲ堅シ孤疑(ママ)スルトコロノ勿《ナカラ》シメンガ為ニ約束ノ上ニ亦タ誓ヲ立テタマヘリ、此故ニ謊コト能ハザルトハイヘル也、ソノ誓《チカヒ》タマヒシコトハ　イザヤ四十五ノ廿

三云我以レ己而誓此言已出二於義口一而必不レ反、云、衆膝必各曲二於我一衆舌必誓云憤恨之者悉啓レ羞　創世記廿二ノ十五十六十七ニアブラハンニ誓《チカヒ》タマヘルコトアリ　耶和華之使復自レ天召二亜伯拉罕一日耶和華云、尓不レ惜下以二独子一捨上レ我因二尓行レ是我故指レ己而誓、我必祝二福於尓一必増二尓後裔一其多如二天日生一如二海隅之沙一尓裔将レ獲二其敵之門一云々　云縁下尓遵二我命一天下万国将下由二尓裔一獲上レ福ハタシテ此ノ誓《チカヒ》ノ如《ゴト》クアブラハンニ成就セシノミナラズ、今日ワレラモ亦《マタ》コノ福ヲ眼前ニ見《ミ》ルコトヲ獲《エ》タルニ非《アラ》ズヤ、実《ジツ》ハ古《イニシヘ》ノ信者ニ比スレバ今日《コンニチ》ノ信者ノ幸ナルコトハ幾許《イクバク》ゾヤ、視《ミ》ヨヤアブラハン神ノ許《ユルシ》ヲ蒙《カフム》リ故土《フルサト》

[4] ヲ離《ハナレ》シ時《トキ》ハ年已《トシスデ》ニ七十有五ソノ後二十四年ヲ歴《ヘ》テナホ子《コ》ナシ百歳ニシテ初テ以撒《イサク》ヲ生ミ許ノ一《ウ》《ユルシ》《ヒトツ》ヲ

[5] 漸《ヤウヤク》クニ得《エ》タリ、以撒《イサク》ヲ生テ後チ《ノ》尺寸《スコシ》ノ地ナカリキ、然《シカレ》ドモ既ニ此《コ》ノ子《コ》ヲ得《エ》テ益々《マスマス》許《ユルシ》タマフ所ヲ信ジ我裔《ワガスエ》カナラズ繁衍《ハンエン》セント」迦南《カナン》ノ地《チ》カナラズ我業《ワガモノ》タラント」弥賽亜《ミサヤ》カナラズ我裔《ワガシソン》ヨリ出《イデ》ント」皆《ミ》ナ信ジテ之《コレ》ヲ待《マタ》ザルナク、惟々《タヾ》恒忍《シノン》テ望《ノゾミ》ヲトラントシタリキ、然《サレ》ド今《イマ》ノ人《ヒト》ノ幸《サイハヒ》ナルコトハ旧約ノトキハ証文ヲ信ジテ后来《コウライ》ニ正金ヲ得《エ》ルアルコトヲ望タルモノ也、今ワレラガ新約ノ救ハ已ニ証文ハ期限ニ

1　ホーロ云ロマ五ノ三　われら彼により信仰によりて今をる所の恩に入ことを得かつ神の栄を望てよろこびをなす只これのみならず患難にもよろこびをなせり

2　加拉太六ノ一云。兄弟よ若し人たま〳〵過あらば尓ら霊に感ぜし者は宜く謙遜の心をもて之を規正すべし且みづからを顧よ恐らくは尓もまた誘惑せられん

3　彼得前三ノ四云。温柔恬静之霊此在神前為至宝

4　創世記十二章五節一同十七章十六節ニ同廿一章五節三

5　ヨハネ伝八ノ五六ヨリ云〇尓祖亜伯拉罕甚欲レ見二我之日一彼且見レ之而喜猶太人謂レ之曰尓年尚不レ及二五十一而尓見二亜伯拉罕一乎耶蘇謂レ之曰我誠実告レ尓未レ有二亜伯拉罕一之先我已在矣衆取レ石欲撃レ之耶蘇避而出レ殿通二行於衆中一如レ是而去

ヒブル六ノ廿。
前駆之耶蘇為二我儕一先入二是ノ処一

当リ引替《ヒキカヘ》ラレ正金ヲ備ヘタルヲ目ニ見テ之《コレ》ヲ信ジ之ニ因テ望ヲ達スルコトヲ得《ウル》也　目《メ》スデニ聖約ノ成就シタルヲ見《ミ》、望《ノゾム》トコロハ未《イマ》ダ見《ミ》ザルヲ望《ノゾム》ニ非《アラ》ズ、已ニ見《ミ》タルヲ望ムナリ、耶蘇ワレラノ前駆《サキガケ》ヲシタマヘレバ我儕ニ先立《サキダチ》テ天路ヲ開《ヒラ》キ預《カネ》テ天堂ヲ備《ソナ》ヘタマヒタリシニヨリ　ヒブル同章二十　我《ワレ》ラハ惟《タヾ》〳〵ソノ後《ウシロ》ニツイテ耶蘇ニ離《ハナ》レズ進《スヽ》マバ望《ノゾミ》ヲ失《ヒッ》スルノ憂《ウレヒ》ハナキ也、故《ユエ》ニコノ望《ノゾミ》ハ恰モ我《ワレ》ラガ前《マヘ》ニ立《タチ》タルガ如《ゴト》シ、如此《カク》アキラカニ眼前ニ立《タツ》ル福《サイハヒ》ノ望《ノゾミ》ヲトラズバ、人間ベツニ神ノ譴怒《イカリ》ヲ逃《ノガル》ルノ路《ミチ》ナカルベシ、「此処《コヽ》ニ避《ノガル》トイフ言《コトバ》ノアルハ乃《スナハ》チユダ国ノ古例《イニシヘノレイ》ヲ引《ヒキ》テ譬《タトヘ》シモノナリ、約書亜《ジョシュア》記廿章ノ二節ヨリ六節ニ至ルマデニ逃避《ノガレ》之城《シロ》ノコトアルナリ　四ヨリ云、凡逃テ往二此城之一一者立二於城門ノ間一訴二其事一使二此城長老ノ耳聞一レ之長老必納レ之入レ城予二之一所一致二其得一レ居二於斯ノ民ノ中一ニ若シ報レ血之仇者追レ之則長老不レ可下以二殺レ人者一付中於其手上縁下其向未レ怨二其鄰一乃悞撃上レ之也　誤《アヤマッ》テ人ヲ殺《コロ》セシ者ハ此《コ》ノ城《シロ》ニ入《イレ》バ生命《イノチ》ヲ全《マッタウ》スルコトヲ得《ウ》ルナリ、然《シカレ》ドモ此《コ》ノ城《シロ》ニ入《イラ》ラズバ仇者《アタビト》ノ怒《イカリ》ヲ避《サケ》テ恐《オソラ》クハ生命ヲ全《マッタ》ウシアタハザルナリ、夫《ソレ》コノ城《シロ》ノアリシハ旧約ノ時《トキ》ニ仁政ニシテ乃《スナハ》チ真神ジョシアニ命ジテ造《ツク》ラシメ玉《タマ》ヘル所ナリ、実《ジツ》ニ旧約ノ時ノ人コノ城アリシニヨリテ生命《イノチ》ヲ全《マッタウ》セシ者幾許《モノイクバク》ゾヤ、然《シカリ》トイヘドモ此《コレ》ナホ今日《コンニチ》ワレラガ神ノ怒ヲ逃《ノガレ》テ入《イル》トコロノ救《スクヒ》ノ城ノ模《カタ》ノミ、此故《コノユエ》ニ当時《ソノコロ》コノ城《シロ》ニイリシ者《モノ》スクハル、コトヲ得《エ》タルモ尚《ナホ》肉体ノ生命《イノチ》ニ過《スギ》ズ、亦《マタ》ソノ中《ウチ》ニイルト雖《イヘド》モ常人《アタリマヘノヒト》ト同《オナジ》ク自由ニクラスコトヲ得《エ》ズ他《ホカ》ノ人《ヒト》ヨリハ多少《ドレホドカ》ノ不自由ト労働《ホネオリ》トヲアタヘラル、也、加之《シカノミナラズ》モシ全《マッタ》ク誤リテ殺《コロ》シタルニ非《アラ》ズシテ怨《ウラミ》ニヨリテ殺《コロ》害シタルナラバ此城《コノシロ》ノ門《モン》ニイタルト雖《イヘド》モ生命ヲ全ウスルコトハ得《エ》ザルナリ、直《スグ》ニ罰《バツ》ヲ受《ウク》ルコトナリ、是《コレ》マタ当然ノコトナリ、如何《イカ》ニ仁恵《メグミ》ノ政府トイヘドモ正《マサ》シク其罪《ソノツミ》アルヲ赦《ユルサ》バ宜《ヨロシ》カラザルナル也、我国ニテ昔シ旧幕ノコロ上州ナル一月寺ト云コモサウ寺ノ境内へ足ヲ踏込バ大罪人ト云トモ其寺ニ在《アル》ウチハ手ヲ附ルコト叶《カナ》ハザリシナド云ルコトヲ聞タリシカド此ハ宜《ヨロシキ》トコロニ非《アラザ》ルベシ　然《シカリ》、シカラバ我《ワレ》ラモ皆罰《ミナバツ》ハノガレガタキ也、ソハ誰一人《タレヒトリ》コ、ニ真神ノ前《マヘ》ニ罪《ツミ》ヲ犯《ヲカ》サヾルモノ非《アラザ》ルベケレバナリ、人皆キレイラシキ顔ヲシテ罪ナド、云コトハ夢ニモ知ラザル風ヲシテ、マジメニ構《カマヘ》テ居《オル》トイヘドモ此《コ》ハタヾ暫ク人目ヲ蔽フノミ、神ハ見タマハザル所ナシ、知タマハザル所ナシ、我《ワガ》身体ト霊魂ヲ造タマヒシ神ナレバ我《ワガ》心中ヲモ悉《コトゴトク》ミナ明察シタマウナリ、如何《イカン》ゾ真神ノ目ヲ暗マスコトヲ得ンヤ、人ソレ思ベシ　然《シカリ》ト雖《イヘド》モ我《ワレ》ラガ為《タメ》ニ今《イマ》マウケタマフ所ノ新約ノ此《コ》ノ救《スクヒ》ノ城《シロ》ハ彼《カ》ノ旧約ノ逃避《ノガレ》ノ城トハ大《オホイ》ニ異《コト》ナル所アリテ已《スデ》ニ贖罪《ツミノアガナヒ》ノ功《イサヲシ》ヲ其ノ門前ニ積《ツミ》テ如何《イカ》ナル大罪モナホ逃《ノガ》ルベキ路《ミチ》ヲ開《ヒラ》キ永世ウゴカザル基《モトヒ》アル城ニイタラシメ玉フ也　ヒブル十一章十節ヲ見ベシ　エリミア云　哀歌三ノ廿二　我們尚不レ至滅没一乃因三主的恩典主的慈悲猶未二窮尽一云々主的誠実極二其広大一　ジツニ主《シュ》ノ恩《オン》オモフベシ、我《ワレ》ラガ逃避《ノガル》ベキ救《スクヒ》ノ城《シロ》ハ人《ヒト》ノ手《テ》ニテ造《ツク》リシモノニ非《アラ》ズ即チ神ノ築《キヅキ》タマフ所ナリ、神ノ造《ツクリ》タマフ所ナリ、耶蘇基督コレ也、コノ故《ユヱ》ニ我等《ワレラ》罪ノ為《タメ》ニ受《ウク》ベキ罪《ツミ》ヲ避《サ》ケ神ノ怒《イカリ》ヲ逃《ノガ》レ、天国ノ栄《サカエ》ト永生《カギリナキイノチ》ノ楽トヲ得《エ》ントスル欲《ホッ》サバ我《ワレ》ラガ為《タメ》ニ逃避《ノガレ》ノ城ナル耶蘇ニイタルベシ、宜《ヨロシ》ク速《スミヤカ》ニ悔罪《ツミヲクイ》耶蘇ヲ信《シン》ジ天譴《テンノバチ》ヲ逃《ノガ》ルベシ、一《ヒト》ミニウト」ヲ待《マツ》ベカラズ、神ノ怒《イカリ》イマニモ来《クル》カモ計《ハカル》ベカラズ　マタ廿四云如挪亜之日人子之臨亦夕然リ　詩篇二十七ノ十三大闢云、我已二信三必在二生命之地一而視二主宰之恩一否則已亡ン矣

○ヨハネ伝五章廿四　我誠告レ尓《ナンヂラ》ニ　聴テ二我ガ言一ヲ而信セバ二遣レ我者一ヲ得テ二永生一ヲ而不レ定メレ罪ニ乃出テレ死ヲ入ルレ生ニ　明治十十十四夜

也

コノ句《ク》ハ耶蘇ノユダヤ人ニ告《ツゲ》タマヒタル聖言《オンコトバ》ニテ「我誠ニ尓等ニ《ワレマコトナンヂラ》告《ツゲ》ン」トノタマヘル此《コ》ノ誠トイフ御言《オンコトバ》ニ心ヲ注《ツケ》ネバナラヌコトナリ。聖書《セイショ》中ニ屢々《シバ〳〵》エスノノタマヘル御言《オンコトバ》ニ見《ミ》エテアリマスガ皆《ミナ》切要ノコトヲ告ゲタマウ処ニアリ。此処《コノトコロ》モ最モ大切ナル場処《バショ》ナリ。ソハ今世来世《コノヨノチノヨ》永遠無窮《カギリナクツキザル》ノ安楽《タノシミ》ノ門ニ入《イル》ト。永遠無窮ノ苦難《クルシミ》ノ門ニ向フトノ一大事ノ境《サカヒ》ナレバナリ。マヅ此《コ》ノ「誠ニ尓ニ告ン」ト宣給《ノタマヒ》タル以所《ユヘン》ハ兎角《トカク》ニ世ノ人ハ己《オノ》ガ私欲ニ合フコトハ悦《ヨロコビ》テ聞《キク》コトヲ好《コノメ》ド其心ニカナハヌ語《ハナシ》ハ為《タメ》ニナル大事ナコトトイヘドモ聞《キク》コトヲキラフモノ也。仮令《タトヒ》キ、テモ既ニ私欲ガマジルガ故ニ善《ヨキ》トコロハ心ニ留《トマ》ラズ。只《タヾ》カスバカリガ留《トヾマ》リテ慈悲ノ御教《オンヲシヘ》ガ却テ悪念嫉妬我謾ヲ増《マシ》ツヒニ身《ミ》モ霊《タマシヒ》モ亡《ホロボ》スモノナレバ人ノ心ヲ留耳《トメミ、》ヲカタムケテ真理ヲ受《ウケ》ンコトヲ要シタマヘバ。カクハ別段ニノタマヒタルモノ也。コノ故ニ尓等《アナタガタ》モ心ヲ留真実《トヾメシンジツ》ヲ以テ此《コ》ノ天父ノ慈悲ノ御言ヲオキ、ナサレ。今エスガ此処ヘキタリ誠ニ尓ラニ告ント真実ニ我等罪人ヲアハレミ忠告シタマフナルヲ若《モ》シ聞《キ、》イレズバ又ユダヤ人ノ轍ヲ踏《フミ》テ亡《ホロボサ》ルベシ。今夜ニモ亡《ホロボ》サル、カモ知《シル》ベカラズ。今《イマ》コノ処ヘ集《アツマリ》トモニ此ノ天父ノ慈悲ノ聖言《オンコトバ》ヲ聞《キク》コトノデキル今夜今時ガ即チ救ヲ得《ウル》ノ好機会《ヨキヲリ》ト云ベキナリ。殊《コト》ニ今晩イエスノ教《ヲシヘ》タマフトコロハ死ヲ出テ生ニ入ノ法ナリ。最モ大切ナルコトガラニ非ズヤ。我等人間トモドモニ朝夕《アシタユフベ》ニ孳々汲々トシテ働ハナニノ為ゾヤ。只《タヾ》コノ生命《イノチ》ヲ愛スルガ故ナラズヤ。然《シカル》ニ働《ハタラキ》々タイセツナル霊魂《タマシヒ》ノ生《イノチ》ヲウシナハヾ実《ジツ》ニ口惜《クリオシキ》イタリナラズヤ。世《ヨ》ニハカヽル人ノ多《オホキ》コソ不憫《フビン》ナレ　路加十二章十六ヨリノ譬ヲ玩味セヨ

「人《ヒト》モシ全世界《セカイヂュウ》ヲ利《リ》スルトモ自己《ミヅカラ》ヲウシナヒ自己《ミヅカラ》ホロビナバ何《ナニ》ノ益《エキ》アランヤ」ルカ九ノ廿五　ト耶蘇ノ仰《オホ》セラレタルモ尤《ウベ》ナラズヤ。世ノ人《ヒト》ミナ己《オノレ》ハ生《イキ》テヲルツモリナレド実《ジツ》ハ死シタルモノナリ。皆《ミナ》悪魔ニカハレタル者《モノ》ナリ人々得《ウ》トコロノ財《ザイ》ハスベテ悪魔ヨリオクル不義《フギ》ノ財ナルナリ。此故ニコレヲ形状シテ譬《タト》ハヾ割烹店《リョウリヤ》ニヤシナハル、鶩《アヒル》ノゴトシ。日々《ヒビ》泥土《ドロ》ノ中《ウチ》ニ生活シ自《ミヅカ》ラ自得《ジトク》ノ貌《カタチ》ヲナシ揚々《イヽキニナリ》餌《ヱ》ヲヒロツテ飽マデ食《クラツ》テ楽《タノシム》トイヘドモ其食《クラフ》トコロノ与《アタヘ》ラル、餌《ヱ》ハ己《オノ》ガ生《イノチ》ヲ買《カハ》ル、値《アタヒ》ノミ。彼《カレ》ガ揚々自得ノ貌ヲナシテ泥中《ドロノウチ》ニ楽《タノシミ》アルハ其愚ニシテ明日オノガ肉ノ鍋中《ナベノウチ》ニ烹《ニ》ラレンコトヲ知《シラ》ザルニ因《ヨル》ノミ。夫人《ソレヒト》ハ万物ノ長ニシテ本《モト》ヨリ鳥獣ト類ヲ同《オナジ》ウセズ。各《オノ〳〵》天父ヨリ附与《アタヘ》ラレタル良心ヲモツガ故ニ。泥《ドロ》ノ如キ悪ノ中ニ生活シ生命《イノチ》ノ値《アタヒ》ナル不義ノ財ヲ楽トハイヘド聊《イサヽ》カ正邪ヲ分別《フンベツ》スルノ明《アカリ》アリ。善《ゼン》ノ悦《ヨロコブ》ベク悪ノ畏《オソル》ベキヲ知《シル》ノ智《チエ》アリ。然《シカリ》トイヘドモ人性ヒトタビ壊《ヤブレ》シヨリ尓来《コノカタ》人ミナ邪《ヨコシマ》ヲ知《シリ》テ之《コレ》ヲ禁《フセグ》コトアタハズ。善《ゼン》ヲ知《シッ》テ之ヲ行《オコナフ》コトアタハズ、於此《コヽニオイテ》シバシバ天律ヲ犯シ天父《カミ》ノ怒《イカリ》ツネニ頭上《アタマノウヘ》ニアルヲ。良心ヨク之ヲ知其解脱《シリソノノガレ》ノ方《ハウ》ヲ求《モトム》ルトイヘドモ知覚《サトル》ニヨシナシ。此ニ於テ人々《ヒトビト》アルヒハ活発《イキタル》ノ天《カミ》ヲ理《リ》ナリト云ヒ。或ハ木彫泥塑《モクゾウイシボトケ》ヲ造リテ暫《シバラ》ク心ヲ慰《ナクサメ》ントス。是《コレ》クサ〳〵ノ異端邪宗ノ起リタル原因ナリ。然《シカリ》トイヘドモ素《モト》ヨリ天父ノ示《シメシ》タマフ救道ニアラザレバ遂ニ罪悪ノ牢屋《ロウヤ》ヲイヅルコトアタハズ。コノ故ニ人ノ品《クラヰ》ハ物《モノ》ヨリ貴《タフトシ》トイヘドモ人《ヒト》ノ禍《ワサワヒ》ハ物ヨリ重《オモ》ク。身ハ

ロマ七章廿二ヨリ五マデ

飽暖《アタヽカ》トイヘドモ其心ハ足《タラ》ザル所アリ。身ニ危険《アヤウキ》トコロナシト雖モ其心ハ戦争スル所アリ。以《ヨッ》テ身
ツネニ疾病《ヤマヒ》オホキニ至《イタ》レリ。物ノ安然無恙ニシカズ。心ツネニ憂慮オホシ物ノ坦然《タヒラカニ》自ラ楽ムニ
シカザルガ如クナリタリ。実《ジツ》ニ憐《アハレム》ベキノ至《イタリ》ナラズヤ然《シカリ》トイヘドモ天父ナホ我等ガゴトキ罪人ヲス
テ玉ハズ天ヨリ此憐《コノアハレ》ナル状《ジョウ》ヲゴランナサレテ聖子《オンコ》イエスヲ人間ニ降《クダ》シタマハリテ躬《ミ》ミヅカラ我等
ノ受ベキノ刑罰ヲ受サセラレ。如此《カク》テ救ノ道ヲ開《ヒラ》キ人ノ世ニアリテ尽《ツクス》ベキノ本分。身後《ノチノヨ》ノ禍福。
マタ救罪ノ恩典ヲアキラカニ示《シメシ》タマヘリ。故ニ我等イエスノ言《オンコトバ》ヲ聴《キ》キ之ヲ信ジテ始テ前条ニノ
ベタル所ノ諸 難《モロ〳〵ノナヤミ》ヲ脱《ノガル》ルコトヲ得《エ》。ハジメテ心ニ慰ヲ受《ウ》ケ。諸々《モロ〳〵》ノ迷惑《マヨヒ》ヲ出《イデ》。心豁然《コヽロサツパリ》トシテ恰モ
1 深霧中ニ路ヲ失シ初テ清風ニ吹ハラハレ天陽ノ光ヲ得《エ》テ大道ニイデタルガ如クナルベシ。此《コヽ》ニ於
2 テイヨ〳〵天父ノ大慈悲ヲ知覚《サトル》コトアルベシ。天父ノ恩慈ニ反《ソムキ》テ。之ヲ信ズベカラズト云トモ天
父ヲ愛スルノ愛ハ混々《ヤマズ》ソノ心中ヨリ泉ノ如クワキイデ、止《トヾム》ベカラザルナリ。此ノ故ニ今ハ我首《ワガカウベ》ニ
アルモノハ天父ノ怒ニハアラデ天父ノ悦《ヨロコビ》ト其恩恵《メグミ》ナリ。故ニ人イエスノ言《コトバ》ヲ聴《キヽ》テ之ヲ信ゼバ必ズ
彼《カレ》ヲツカハシタル者《モノ》スナハチ天父ヲモ信ズベシ。天父ヲ信ジ天父ニ順服セバ必ズ生命ヲ保全《マッタウ》シ永
遠無窮ノ歓楽ヲ得《ウ》ベシ。詩篇廿七ノ十三ニ云。我已ニ信三必在二生命之地一而視二主宰之恩一否則己
亡矣。コノ生命ノ地ハ即チイエスナルベシ。人イエスニ頼テ罪ノ贖《アガナヒ》ヲ受ザレバ死ヲ脱スルニ由ナ
シ。故ニ生命ヲウルハイエスニヨラザルヲ得ズ。イエスニ頼《ヨリ》テ初テ生命ノ道ヲ得《エ》コレニ因テ始テ
天父ノ大恩ヲ視ルコトヲ得ル也。コノ大恩ニ感ジテ罪ヲ厭フノ念オコルナリ。生路ニ進ムコトヲ

得《ウル》ナリ。コノ故ニ尓等《アナタガタ》イエスヲ信ジ之ヲ遣《ツカハ》セシ天父ヲ信ジ来世今世永遠ノ罰ヲマヌカレ永生ヲ得タマハンコトヲ祈望ス

明十九九朝

○ヨハネ伝三章ノ十七　上帝遣レテ子臨レシメシハ世ニ非二以罪レ世乃救レ世

天地万物ヲ創造《ツクリ》タマヒシ上帝《アマツカミ》ノ原始《ハジメ》コノ人類《ニンゲン》ノ始祖《センゾ》ヲ造《ツク》リタマヒシトキハ罪《ツミ》ナク汚《ケガレ》ナク平和《ヤスラカ》ト喜楽《ヨロコビ》ヲ以テ之《コレ》ニ与《アタ》ヘ玉ヒシニ因リ憂苦《ウレヒ》ト云モノヲモ知《シル》コトナカリシガ彼《カレ》ラ魔鬼ノ誘惑《マドハシ》ニカヽリ一度天命《ヒトタビカミノメイ》ヲ犯《ヲカ》セシヨリ終《ツヒ》ニ真神ノ怒ヲ畏《オソ》レ自《ミヅカ》ラ逃匿《ニゲカクレ》テ神ニ遠《トホザ》カリ恩《メグミ》ニ離《ハナ》レタリ。此《コレ》ヨリシテ平和ト喜楽ヲ失《ウシ》ナヒ憂愁困苦ニ陥《オチ》イレリ。然《シカ》シテ其《ソノ》子孫世々《ヨヽ》今日ニ至《イタ》ルマデ皆《ミナ》ソノ悪癖《アク》ノ汚質《ケガレタルシツ》ヲ受《ウケ》ツタヘ同《オナ》ジク真神ノ前《マヘ》ヲ憚《ハヾカ》リ其ノ恩ニハナルヽガ故《ユヘ》ニ成長スルニ随ヒ日〱《イチニチ》一日ヨリ罪悪ヲオコナヒ日一日ヨリ憂愁困苦ヲマシ平和喜楽ハ地ヲ払《ハラ》フニイタレリ。然《サレ》ドモ人ミナ全《マッタ》ク真神ノ怒《イカリ》ヲ畏《オソレ》ザルニ非ズ憂愁困苦ヲ好《コノム》ニアラズ平和喜楽ヲ求《モトメ》ザルニハアラザル也。タヾ其ノ道ヲ得ザルノミ。嗚呼イカニセン我《ワガ》良心ツネニ真神ノ怒ヲ避《サケ》ントスレドモ能《アタ》ハズ憂愁困苦ヲ免《マヌカレ》ント思《オモヘ》ド能《アタ》ハズ平和喜

1 深霧ハ魔鬼ノ誘惑○清風ハ聖霊○太陽ハ耶蘇○大道ハ真理
2 キリストノ愛ヨリ我等ヲ離ラセン者ハ誰ナルカ患難ナルカ苦ミカ迫害カ飢餓カ刀剣ナルカ○ロマ八ノ三五
3 神ト人ノ間ニ罪ノ南蛮鉄ノ如キ屏ガ出来テ自ラ其道ヲ得コト能ハザルナリ○
4 和漢共往古ハ天帝ヲシル世降ルニシタガヒ理失ハレ偶像マセリ

1 楽ヲ求ントスレドモ来《キタ》ラズ。此故《コノユエ》ニ世ノ人アルヒハ真神ヲ無《ナキ》モノトシ天《テン》ハ唯理《タマリ》ノミナド云《イヒ》テ暫《シバラ》ク 2
3 気休《キヤスメ》ヲスルモノアリ。然《シカレ》ド矢張《ヤハリ》ツマリハ無益《ムエキ》ニ帰《キ》シ望《ノゾミ》ヲ達《タツ》スルコトアタハズ望ヲ達スルコト能《アタ》ハ 5
4 ザルノミナラズ天譴《カミノイカリ》ヲイヨ〱増加スルニ至ル。ソハ已《ステ》ニ羅馬書一章二十ニモ云ル如ク「それ人
の見ることを得ざる神の永能《カギリナキチカラ》とその神性《カミナルコト》とは世《ヨ》の始《ハジメ》よりこのかた造《ツク》られたるものによりて暁得《サトリエ》
てあきらかに見《ミ》るべし此故に人々《ヒトビト》推諉《イヒノガル》べきやうなし」トアレバナリ。或《アルヒ》ハ仏《ホトケ》ノ名号《ミヨウゴウ》ヲトナヘ懺悔《センゲ》
トテ罪《ツミ》ヲイヒアラハシ罪生寂滅《ザイシヨウシクメツ》トテ頭上《カシラ》ニ香《カウ》ヲタキ仏縁《ブツエン》ニ入《イル》トテ受戒血脈《ジユカイケツミヤク》ヲウケナド種々雑多《ザッタ》ナ
6 ルコトヲスルト雖モ更《サラ》ニソノ甲斐《カヒ》ナク罪ハ依然トシテ良心ヲナヤマシ防《フセ》ガントスレバスル程《ホド》妄行
7 悪念イヤマサリ恰《アダカ》モサイノ川原ニテ小児ニガ石ヲツム如ク　水ヲセカントスレバ水マス〱激スルガ如
シ却テソノ水勢ハナハダシ　重《ツマ》ントスレバ悪鬼《オニ》キタリテ之《コレ》ヲ傾《クツ》シ生涯《イツシヨウ》和平喜楽ノ門ニイルコト能《アタ》ハザ
8 ル也。ソハ是《コレ》ミナ其《ソノ》マツル所《トコロ》ノ偶像ハ自己《オノレ》ガ情欲ニカタドリテ造《ツクリ》タルモノニシテ素《モト》ヨリ人霊ヲ救
9 フノ権ヲ有《モタ》ザルモノナレバ也。イカデ如此モノニ因テ救ヲ得コトアランヤ。却《カヘツ》テ之《コレ》ニ因テ汚穢ヲ
マスノミ。或《アルヒト》ハ八百万《ヤホヨロズ》ノ神ヲ祭リ身祓《ミソギ》ヲシテ身心ヲ清《キヨ》メ福《サイハヒ》ヲ得《エ》高天原ニイタラント思《オモフ》モノアリ。
10 然《サレ》ドモ此《コ》ノ八百万ノ神《カミ》ヲ見《ミル》ニ或《アルヒ》ハ悪ヲ行ヒテ放逐《ハウチク》サレシアリ或《アルヒ》ハ嫉ミ疑ヒテ人ニ怒ヲオコサシメ
タルアリ或《アルヒ》ハ色情ニオボレシバ〱奸淫ヲオコナヘルアリ。昔《ムカシ》ハカクノ如《ゴト》キ罪人ニシテ今日《コンニチ》ワレ
ラヲ救フノ理アルマジト思《オモ》ハル。却テ之《コレ》ニ頼《ヨ》ラバ我《ワレ》ラヲ同《オナジ》ク悪行ニ導《ミチビ》クノ前導者トモナルベケン
歟ト思ハル、也。サラバ我等ナニ、ヨリテカ此《コ》ノ罪汚ヲ除キ憂愁困苦ヲ去《サ》リ平和喜楽ヲ求《モト》メ今世

大国学者ナル宣長スラ云人ハ死ホド悲シキ者ハナシ其ハ死セバ兎ニ角ニ夜見ノ国ヘ行ネバナラネバナリ

来世ノ真福ヲ得ンヤ何《ナニ》ニヨリテカ真神ノ怒ヲ、サメンヤ西《ニシ》ヤ東北《ヒガシキタ》ヤ南《ミナミ》トサハゲドモ何《ナニ》ノ甲斐《カヒ》モナシ唯々《タヾ》罪ニ罪ヲ重《カサ》ヌルノミ。噫々《アヽ》困苦《ナヤメ》ル人《ヒト》ナル哉《カナ》。サレバ我ラハ手寄ベキ所ナキモノ也サレドイマ此《コ》ヨハネ伝三章ノ句《ク》ヲ得《エ》テ始《ハジメ》テ歓喜《ヨロコビ》ニ任《タヘ》ザルベシ。嗚呼《アア》フカイ哉神ノ慈悲。大ナル哉神ノ愛。人々《ヒトヾヽ》ソレ思《オモ》ハザランヤ。我等ハモト如此ノ罪人ニシテ日々《ヒヾ》慈悲ノ天父ノ前《マヘ》ニ罪ヲ犯《ヲカ》セルモノ也。イマ已《スデ》ニ自《ミヅカ》ラ神ニ遠《トホザカ》リ其ノ恩ヲ捨シモノ也。マタ救ヲ得ベキモノニ非ズ。誰《タレ》アリテ我《ワレ》ヲ救ノモノナシ。自然沈淪《ホロビ》ハ免《マヌカ》レザルモノ也。シカルニ神ハ尚《ナホ》ステ玉《タマ》ハズ。如此《カク》タヾ独《ヒトリ》ノ聖子イエスヲ世《ヨ》ニ

---

1 ヒューム英人此人モ大学者ニテアリシガ平生神ヲ信ゼザリシ人ナリ其死ヌル時ハ大勇張ニテ死ネリナド評判アリシガ此人ヲ看病セシ婦人ニ或人々舟中ニテ遇ヒ此事ヲ問シニ憂愁ノスガタニテ（ランプ）ノ火ノキユルサヘサムシク思ハレタルヨシ

2 我ガ朝ニテモ智者学者僧俗ミナ信ズル所アリキ　正成重成道真等ノ如シ

3 ペイン米人此人名聞アリシ学者ナリ　耶蘇ヲ信ゼザリシ人ナリ　或時舟中ニテ難風ニ遇ヒ突然祈祷ヲ始メタリ

4 ボルテール仏人此人経済精神政事等ノ諸課ニ通タル大学者ナリ　臨終ノ時ニ医ニ向テ六ヶ月命ヲ延サレンコトヲ乞ヘリ医答テ六日モ保障シガタシト云彼大ニ叫ンデ我ハ神ト人トニ捨ラレシトイヘリ

5 昔ノ医者ト今ノ医者子供ノ教育ト成人ニ対タル教ノ異ル也

6 仏ヲ奉ズル人ノ品行マタ仏ノ行ナハレタル我日本今日マデノ景状イカナル功徳ヲ与ヘシカ知了スベシ

7 此ノ世ニアリテ罪ヲ滅ジ良心ニ安ヲ愛ズバ来世イカデ福ヲ得ンヤ今世ニテ罪苦ノ多キハ即チ来世ニテ憂苦ヲ蒙ルノ徴《シルシ》ナリ今世来世ハ写真ノ如シ今世ニテ罪ヲ犯シ来世福ヲウクルノ理万々ナシ

8 おいは稲荷鼠小僧ノ墓ナドノ流行セシヲ以テ知ベシ

9 大祓ノ詞○天下四方ノ国尓波罪止云布罪波不在止科戸之風乃天之八重雲乎吹放事之如久朝之御霧夕之御霧乎朝風夕風乃吹掃フ事之如久云々遣レル罪波不在止祓給比清メ給事乎云々

10 我朝ノ古書古例ヲ強ニ謗笑スルハ未ダ至ラザルナリ大ニ救道ニ関係ノアルコトト思ハル只憂フル所ハ今日ノ学者先生ガ古書古例ヲ守ルアリサマハ丁度ユダヤ人ガ旧約ト古例ヲ墨守セシ如キアリサマナラント思ハル、ナリ

義人云々句 ハバクヽ二章ノ四節ロマ一章ノ十七節

降シ玉ヘリ。然《シカ》シテ罪《ツミ》シタマフニハ非ズ救《スク》ヒタマハン為《タメ》ナリ。此《コ》ノ神ノ聖言ヲキカバ何《イカ》ニヨロコバシカラズヤ。此《コ》ノ救主ニヨリテコソ初《ハジメ》テ罪汚ヲキヨムベケレ。初テ憂愁困苦モ除《ノゾ》カルヽ也。初テ平和喜楽モキタルナリ。信ゼヨヤ人々《ヒト〳〵》「義人ハ信《シン》ニヨリテ救ヲ得」トハ此《コ》ノイエス クリストヲ指《サセ》ルモノナリ　ヨハネ信ノ人ニ云フノミニ非ズ名ハ信者ト雖モ信ノ務ヲセヌ人ハ即チ信者ニハ非ズ偽信成バ死信ト云ベキナリ其人ニ益ナシ真ノ信ヲ得テ救ハルベシ不信ノ人ハ猶サラノコト他ニヨルベキナシ早ク信ズベテ（ママ）福ヲ得ベシ

マタ十ノ廿二
マタ十三ノ十三
ダニエル十二ノ十二十三云
俟待而至二旅一千三百三十五日一者其人斯有レ福矣。第尓可二往而俟一ル終蓋尓将レ得レ安且ッ於諸日之末一将レ立二於尓ニ分一ヲ業矣

○　馬太伝二十四ノ十二十三　不法《フハウ》みつるによりておほくの人の愛情《アイジャウ》ひやゝかなるべし。されど終《オハリ》まで
1　忍《シノブ》ものは救《スク》はるゝことを得《エ》ん

明十二十六ノ夜二百十二番ニテ

講義ノ前ニ同廿七章ノ首ヨリ十節マデヲ素読ス　即チユダ　イエスノ死ニ定ラレシヲ悔テ自縊セシ所ノ条

サテ世《ヨ》ノ中《ナカ》ノ事《コト》ナニ、カ、ワラズ兎角《トカク》ニ始《ハジメ》ハ易《ヤスキ》キモノナルガ終《ヲハリ》ヲ全《マツタ》フスルコトハ至《イタツ》テ難《カタイ》モノ也、マヅ書生《ショセイ》ガ始《ハジ》メ故園《フルサト》ヲ出《イヅ》ルトキニハ「男子 志《コヽロザシ》ヲ立《タテ》テ郷関ヲ出《イ》ヅ、学《ガク》モシ成ズバ家《イヘ》ニ帰《カヘ》ラズ」ナド唱《トナヘ》テ何《イカ》ニモ勇《イサマ》シゲニテ恰《チョウ》ド司馬相如ガ昇僊橋ヲ渡《ワタリ》シトキ橋柱ニ「我《ワレ》大車肥馬ニ乗《ノラ》ズバ再ビ此ノ橋ヲ渡ラズ」ト書付《カキツケ》タリシヤウナ有様《アリサマ》ニテ自《ミヅカ》ラモ意気揚々《イキヤウ〳〵》トシテ其ノ国ヲイデ父母 愛《カワユキ》 子《コ》ニ別《ワカ》ル、ハ悲《カナシ》ナガラモ此程《コレホド》マデノ志《コヽロザシ》ナラバ止《トヽムル》ニモ止《トヽメ》ガタク又末《マタスヘ》タノモシクモ思《オモ》ヒ其乞《ソノコヒ》ニマカセ出《イダ》セシモ扨《サテ》テ花《ハナ》ノ都《ミヤコ》ヘ上《ノボ》リシ後《ノチ》ハ何日《イッ》シカ次第ニ其ノ志モ消失《キエウセ》シ湯屋《ユヤ》ノ二階《ニカイ》ヤ両国《リョウゴク》ノ納涼《スヾミ》デ惜《オシ》キ光陰《コウイン》

ヲ過《ス》ギ果《ハテ》ハ学《ガクモン》ハ成《ナラ》ズ金《カネ》ハ尽《ツキ》オノレガ恥《ハヂ》ヲモ知《シラ》ズシテ彼処《カシコ》ノ塾《ジク》ヲ食《クヒ》タフシ此処《コヽ》ノ酒店《リヨウリヤ》ヲカリ倒《タフ》シ終《ツヒ》ニハ父母ニモ憂《ウキ》メヲ見《ミ》スルニ立至《タチイタル》アリ、坊主《バウサン》ナドニモ昔《ムカシ》ヨリ始《ハジメ》ハ知識後《チシキノチ》ハ悪人浮名《アクニンウキヲ》ヲ流《ナガ》セシ者《モノ》多シ、始メハ人《ヒト》ニ名《ナ》ヲ得度《エタキ》ガ一念《イチネン》ニテ面《カホ》ヲシカメテ難義《ナンギ》ヲシノビ人《ヒト》ニ教《ヲシヘ》ヲ施テ漸《ヤウヤ》ク人モ敬重《ウヤマヒ》テヤ、志《コヽロザシ》モ成《ナリ》ソメルト其《ソリヤ》コノ欲其《ヨクソリヤ》カノ欲《ヨク》ト情欲イマハ忍《シノビ》カネ終《ツヒ》ニコラヘ袋《ブクロ》ノ緒《ヲ》ガ切《キレ》テ聞《キク》モイヤラシキ醜《ミニクキアリサマ》体ヲアラハシ果《ハテ》ハ人《ヒト》ニ厭《イト》ハレ自《ミヅカラ》モ身《ミ》ノ置《オキ》ドコロモ無《ナキ》ニ至《イタ》レル者《モノ》多シ、此等《コレラ》ハ元《モト》ヨリ真理ノ力《チカラ》ニ頼《ヨラ》ズシテ只名聞利欲ノ為自己《オノレ》人間ノ我慢力《ガマンリヨク》ニテ為《ナス》ナレバ末遂《スヘトゲ》ヌモ深《フカ》ク異《アヤシム》ニハ足《タラ》ヌコト、此外《コノホカ》士農工商オシナベテ皆《ミナ》カクノ如《ゴト》キ有様ノ者《モノ》ナリ、世間《ヨノナカ》ニ誰一人《タレヒトリ》高名富貴ヲ望《ノゾマ》ザルモノハナイガサテ、然《サレ》ドモ其ノ志ヲ満足《マンゾク》セシ者幾人《モノイクタリ》カアル、此《コレ》モ又《マタ》真理ヲシラズ天命ヲシラズ求《モトム》ベキ真福ヲシラズ徒《イタヅラ》ニ欲《ヨク》ニマドウテ虚福　只此世ノハカナキ福　ヲ争《アラソ》ヒ求《モトメ》ントスルナレバ生涯苦々《クヽ》トシテ神恩ノ福楽ヲシラズシテ思《オモヒ》モ成《ナラ》ズ果《ハツ》ルハ気《キ》ノ毒《ドク》ニハアレド矢張《ヤハリ》アヤシムニ足《タラ》ヌコト也、『タヾ異《アヤシム》ベク惜《オシム》ベキハ真理ヲキ、真福ヲ知《シリ》ナガラマダ旧慣《モトノナレ》ノ虚福ガシタハシク悪魔ノ行《ワザ》ガコヒシクテ何日《イツ》シカ始《ハジメ》ノ

2

志モ消失《キヘウセ》シ神ノ大恩ニ感《カン》ゼシ昔《ムカシ》ノ涙《ナミダ》モカワキ果《ハ》テ慈悲ノ救主ヲ愛《アイ》セシ心モ尽《ツキ》ハテ、十字架ヲ見《ミ》ル

1　ヒブル三ノ六キリストは子たるもの、ごとく神の家をつかさどれり。われらもし信仰と望の喜とを終までかたく存たば(ママ)。われらはその家なり

2　ヒブル十ノ二八二九モーセの律法をすつるもの若し二三人の証あらば憐なることなくして死べし況て神の子を蹂躪みづからきよめられし契約の血を尋常のものとなし又恩をさとらす霊をあなどるもの、受べきその罰の重こといかばかりとおもふや

コト尋常《ナンデモナキ》ノモノ、如《コト》ク全能全智ノ神ヲ無《ナキ》モノ、ヤウニシ次第ニ悪《アク》ノ原流《モトノナガレ》ニ帰《カヘ》リ終《ツヒ》ニ永苦ニオチイ
ル者《モノ》モアル者《モノ》ナルガ是《コレ》ゾ憐《アハレ》ムベキノ至《イタリ》ナリ、『是《コレ》人ノコトニアラズ即チ我等ガ身《ミ》ノ上《ウエ》ニ於《オイ》テモ斗《ハカリ》
ガタキコト也、人《ヒト》ノ心程《コヽロホド》ウツリヤスキモノアラネバ明日《アス》ノ心モ知《シリ》ガタシ、明日《アス》ドコロカ今《イマ》ココニ
テ神ノ道《ミチ》ヲキ、ナガラモ心変《コヽロガハリ》ハスルカモシレズ、彼《カ》ノ古今恋部ナル小町《コマチ》ガヨミシ「色《イロ》みへでうつ
ろふものは世《ヨ》の中《ナカ》の人の心の花にぞありける」ト云《イヘ》ル哥ノ如キモノナレバナリ、ペテロガコトヲ
イロ〳〵云コトアリ
思《オモヒ》テモシラル、也『ルカ廿二ノ三三ヨリ　サレド神ハ能《アタ》ハザル所ナシ、我《ワレ》ラノ弱《ヨハ》キ心ヲ能《ヨ》ク守《マモ》リ固《カタ》
メタマイマショウ、又主《シュ》ハ恒ニ我心《ワガコヽロ》ヲ憐《アハレ》ミ我《ワレ》ラガ弱キ為《タメ》ニ祈《イノリ》テ下《クダ》サレマショウ、即ルカ伝　廿二
ノ三十一　シモンよシモンよサタンなんぢをもとめて麦《ムギ》のごとく簸《フル》はんとせり、されどもなんぢ
の信仰たえざるやう尓のために祈《イノ》れり、なんぢ転移《カヘラ》んときその兄弟を堅《カタク》せよ」カクノ如《ゴトク》く悪魔ハ
恒《ツネ》ニ我ラヲ欺《アザムカ》ントシテ窺《ウカヾ》ヘリ儆醒セザルベケンヤ、然《サレ》ド救主《スクヒヌシ》イエスハ絶《タヘ》ズ祈タマヘリ、自己《オノレ》ノ力《チカラ》
ハ実《ジツ》ニタノミガタク変《カハリ》ヤスキモノナレド唯々《タヾ〳〵》主ヲ愛シ神ニ依頼《ヨリタノム》ノ心サヘアラバ必ズ敗亡《ヤブレ》ホロビハ
トルベカラズ、吾人《オタガヒ》ニ神ノ御恩トイエスノ慈愛ヲワスレテハナラズ、此《コ》ノ神ヲ愛スルノ心と救主
シタフノ心サヘアラバ仮令《タトヒ》シバ〳〵悪魔ガ麦《ムギ》ノ如ク簸《フル》フトモ決《ケツ》シテ恐《オソレ》アラズ万一《バンイチ》タマ〳〵其ノ
己ヲ省ルコト
誘惑《マドハシ》ニカ、ルトモ立刻《ヂキ》マタ主《シュ》ノ力ニヨリ真理ノ光中《ヒカリノナカ》ニ帰《カヘ》サルベシ、故《ユヘ》ニ平生《ヘイゼイ》ヨク〳〵己《オノレ》ヲ省《カヘリミ》テ
然シナガラ神ヲ忘レ主ヲワスレナバ云々　若《モ》シ悪魔ノ誘惑《マドハシ》ニ陥《オリイリ》シコトアラバ早《ハヤ》ク主《シュ》ノ力ヲ頼《タノ》メヨ、如《カ》
此《ク》テペテロノ如《ゴト》ク其ノ非《ヒ》ヲイタク悔《ク》ヰ其ノ非ヲ贖《アガナハ》ンガ為《タメ》ニ弥々《イヨ〳〵》ツ、シミ益々《マス〳〵》主ノ為ニハタラキ其

万一如此ニ立イタラバ主ニ近クコトハ六ツケ敷ナリ如此コト無カ能ク己ヲ省ネバナラズ

ノ兄弟ヲマデ堅《カタク》スルヤウイタサレヨ、然《サレ》バ終《ツヒ》ニペテロト同《オナ》ジ福《サイハヒ》ヲ受《ウク》ベシ、若《モ》シ然《シカラ》ザレバ次第《シダイ》ニ悪魔ノ誘惑ニ深入《フカイリ》シ次第愛《アイ》心サメ信仰ウスラギ神ニ遠《トホク》ナリ救主ニハナレ、折角《セッカク》神ノ大恩ワレラヲ十死中ニスクヒ上《ア》ゲ一生《アヤウキイノチ》ヲ得《エ》サセマ（ママ）ヒシモ烏有《ムダ》ニナリ折角スルヒヲ得《エ》テ又《マタ》永苦ニ陥《オチ》イラネバナラ1ヌナリ、不法《フハフ》ガミツルニ随《シタガヒ》テ愛情ヒヤ、カニナリユクモノユヘ吾人《タガヒ》ニ心セネバナラズ、此《コノ》ノ愛情ヒヤ、カナルトハ何《ナニ》カ」先《マツ》第一ニ神ヲ愛《アイ》スルノ心サメ救主ヲ愛《アイ》スルノ心サメ、次《ツギ》ニ兄弟ノ愛ガサメ主従《シュジンシモベ》ノ愛ガサメ、兄弟ハ互ニ人ノ過《アヤマチ》ヲヒロヒ、僕ハ主人ノ悪ヲアゲ、主人ハ僕ノ疵《キヅ》ヲヒロヒ、各々《オノ〳〵》自己《オノレ》ヲ省《カヘリ》ミズ唯々《タヾ〳〵》他《ヒト》ヲノミ悪《ニクミ》ノ、シルヤウニ立至《タチイタル》ナリ、実《ジツ》ニ浅《アサ》マシキ有様ニナル者ナリ、是《コレ》皆《ミナ》愛情ノ冷《サメ》シニアラズヤ、噫《アヽ》人ヨ何故《ナニユエ》オモハザルヤ、救ヲ受ケ真福ヲ受《ウク》ルハ少《スコ》シモ人ニ関係《カヽハリ》ナシ、唯々《タヾ〳〵》各人《オノ〳〵》力ヲ尽《ツク》シテ其《ソノ》ナスベキ行《オコナヒ》ヲサヘ為《ナサ》バ吾分《ワガブン》タレルナラズヤ、愛《アイ》スベキ兄弟ヲソシリ悪《ニクム》ハタトヘ先方《センパフ》ハ悪《アシキ》ニモセヨ已《スデ》ニ自己《オノレ》ノ心モ悪《アシキ》ニハアラズヤ、我《ワレ》聖書ヲ見《ミ》ルニ未《イマ》ダ人《ヒト》ヲトガメヨ、人ノ悪《アク》ヲアゲヨ、ト云《イフ》ヲ見《ミ》ズ、又《マタ》人悪《アク》ヲナサバ己《オノレ》モ悪ヲナセ、ト云ヲ見ズ、却《カヘッ》テイハズヤ　マタ五ノ四十四　われなんぢらに告《ツゲ》んなんぢら仇敵《アダビト》をいつくしみ、また尓らを詛《ノラフ》の、為《タメ》に福《サイハヒ》をねがへ、なんぢらを怨《ウラムル》ものによきことをなせ、と」又《マタ》云、なんぢらとがめられぬやうに人《ヒト》をとがむること勿《ナカ》れ、『マタ思《オモハ》ズヤ　ルカ十七ノ三十四われ　なんぢらに告《ツゲ》ん、その夜《ヨ》二人《フタリ》ひとつ臥床《ネドコ》にあらんに一人《ヒトリ》

1　悪魔ニ勝ウル者ハ愛心ナリ然レド人アクガ満ルニ随ヒ此ノ愛心ガサメマスル

悪魔ハ色々ナル手立ヲ以テ人ヲ罪ニオトシイル、ナリ

はとられ一人《ヒトリ》はのこさるべし二人《フタリ》の婦《オンナ》ともに磨《ウスヒキ》をらんに一人《ヒトリ》はとられ一人《ヒトリ》ハのこさるべし」ト嗚《ア》
呼《ヽ》サレバ我《ワレ》ラ遺《ノコ》サレザルヤウセネバナラズ、中々《ナカ〳〵》己《オノレ》一人ノコトスラ大義《タイギ》ナルニ何《イカ》デ人《ヒト》ノコトヲ
イフノ暇《イトマ》アランヤ、殊《コト》ニイエス我《ワレ》ラニ命《メイ》ジ玉《タマ》ヘルコトアリ云 ヨハネ伝十三ノ卅四 互《タガヒ》ニ相愛せよ、
わがなんぢらを愛《アイ》するごとくなんぢらも互に愛せよ』此《コ》ノ聖言《オンコトバ》ヲヨク心ニ録《トメ》タランニハ決シテ悪《アク》
ニオチイリ罪《ツミ》ニオチルコトアラジ、此《コ》ノ愛《アイ》ニ二《フタツ》ナシ人《ヒト》ニ愛《アイ》アル者《モノ》ハ即チ神ニ愛アルナリ、此《コノ》コト
ハヨハネ曾《カツ》テ証《ショウコ》セリ ヨハネ四ノ二十」吾人《ワレラ》ツヽシンデ此ノ愛ノサメザルヤウスベシ、此ノ愛ノサ
ムルハ即チ悪《アク》ノミチシナリ、人コノ愛情サヘ冷《ヒヤヽカ》ナラズバ終《ツヒ》ニコノ世《ヨ》ヲ全《マッタウ》シ世《ヨ》ノ誘惑《マドハシ》ハ多《オホシ》トイヘド
1 モ其悪魔ニ勝得《カチエ》テ救ヲ得《ウル》コト必定《ヒツジョウ》ナリ、是《コ》レ忍《シノン》デ終《オハリ》ヲ全《マッタフ》シ世《ヨ》ニアル間《アイダ》ノ種々《イロ〳〵》ノ辛苦《シンク》ヲ凌《シノグ》 ヤリト
グル ノ法《ハフ》ナリ、『若《モ》シ人アヤマリテ中途《チュウト》ヨリ帰《カヘ》リ真理ヲ踏《フミ》ハズサバ実《ジツ》ニ恐ルベキコトニテ寧《ムシ》ト真
理ヲキカザリシ方《ハフ》ガ増《マサル》ナラン、ユダノコトヲ思《オモ》ヘ、我ラモユダノ如キ失策《ヤリソコナヒ》ノナカランヤウ慎《ツヽシマ》ネバ
ナラヌナリ、実《ジツ》ニ此《コノ》コトハ大事《ダイジ》ナルコト也、ヤコブ死《シヌ》ルトキ其ノ児女《コドモ》ヲ喚《ヨ》ビトモニ床前《ネドコノマヘ》ニイタラ
セ之《コレ》ニ神ヲ敬愛シ善《ゼン》ヲナスコトヲ勧《スヽ》メ又《マタ》カレラヲ祝福シ欣然トシテ世ヲ去《サレ》リ」ダビデ死《シ》ニチカツ
ケル時、我《ワレ》骨肉身力スベテ必ズ弛廃《スタル》、シカレドモ真神ハ我《ワガ》心ノ力ワガ永業《カギリナキシンダイ》ナリ、神ツトニ約《ヤクソク》
2 シ玉ヘリ我《ワレ》必ズ天堂《テンゴク》ニ登《ノボ》リ聖室《カミノイヘ》ニイラン」トイヘリ、嗚呼《アヽ》ワレラモ終《ヲハリ》ニ至《イタ》リテ如此《カク》ヨロコンデ神
トイエスニ見《マミユ》ルコトノデキルヤウシタキモノ也、況《イハン》ヤイエストクニ我《ワレ》ラノ為《タメ》ニ邸宅《ザシキ》ヲ備《ソナ》ヘタマヒ
3 テ待受《マチウケ》タマウニ於《オイ》テヲヤコノ御約束アリ、救主ニ違約《ヤクソクチガヒ》ナシ、此《コ》ノ約ヲ受ルコトヲ得《ウル》ト得《エ》ザルハ唯々《タヾ〳〵》

故ニ終ヲ全フスル工夫ガ肝要也

ワレニアルノミ、冀《ネガハク》ハ人ソレ終《ヲハリ》ヲ全《マッタウ》シテ悔《クキ》ヲ生《シャウ》ズルコト勿《ナカ》レ

○ピリピア書一章ノ九節　我ヵ所ハ二祈求スル一的就チ是レ要スルナリ下　你們ノ的愛《アイ》心在テ二知識智慧ノ裏ニ一更ニ加ヘンコトヲ中広
4 大ヲ上

（腓立比書ハパウロノ書スル所ナリ）

広《ヒロ》ク物《モノ》ヲ知《シ》リ智慧《チエ》ヲ大《オホイ》ニシタキハ人《ヒト》ノ持前《モチマヘ》ニシテ貧富貴賤オシナベテ皆《ミナ》コノ二《フタツ》ノ者《モノ》ヲ希望セザルハナシ、是《コレ》即チ天父ノ人《ヒト》ニ賦与シタマフ所《トコロ》ノ質《シツ》ニシテ孩提《ヲサナキ》ノ童子《コドモ》モ此《コ》ノ心アルナリ、此《コ》ノ心アルガ故ニ能《ヨ》ク言語ヲ覚《オボ》エ能《ヨ》ク物《モノ》ヲ知《シリ》ツヒニ大業《オホキナコト》ヲ興《オコ》スノ楷梯《ハシダテ》ヲナスナリ、此《コ》ノ知識《チシキ》ト智慧《チエ》トハ人間世界ニ必用ノ者《モノ》ニシテ上帝《アマツカミ》コレニ因《ヨリ》テ世《ヨ》ノ開明ヲ促《キタラ》シ人《ヒト》ニ幸福《サイハイ》ヲ与《アタ》ヘタマフ也」、シカレドモ若《モ》シ愛《アイ》心ナクバ知識カヘツテ己《オノレ》ノ身《ミ》ヲ害《ガイ》シ智慧カヘツテ人ヲ損《ソコナフ》ニ立《タチ》イタル者也、コレパウロノピリ
5 ピア人《ビト》ニ向《ムカツ》テ智慧ヤ知識ヨリモ更《サラ》ニ愛《アイ》ノ広大《オホイ》ニ加《クハ、》ランコト要《コヒネガヒ》シ彼等《カレラ》ノタメニ恒《ツネ》ニ此事《コノコト》ヲ祈《イノレ》ル所以《ユエン》ナリ』、昔《ムカシ》ヨリ今《イマ》ニ至《イタル》マデ此《コ》ノ愛《アイ》心ナキガ故《タメ》ニ知識ト智慧トヲ用《モチヰ》ル法《ハフ》ヲアヤマリ妄《ミダリ》ニ知識ト智慧トヲノミ恃《タノ》ミ温良《オンリヤウ》ノ美徳《ビトク》　オダヤカナルウルハシキトク　ヲ失《ウシナ》ヒ傲愎《カウフク》ノ悪徳　オゴリタカブルアシキ

---

1 コノ愛心ノ無ナラヌヤウ恒ニオノレヲ省ミ愛心益《マス》ヤウ工夫スルガ無事ニ世ヲ渡リ終ヲ全フスルノ法ナリ

2 若シ中途ニテ真理ヲフミハズサバ此人ノゴトキ喜ハエラレズ只憂ト悲ト苦ト神ノ怒アルノミ

3 ワレラ終マデ全フセバ此約ヲ受ルコトノデキルハ間違ナシ　ヒブル三ノ六ヲ思ヘ　ダニエル十二ノ十三

4 わが祈るところのものは尓の愛心○その知識智慧よりも更にもならんこと也

5 新序云○徳ハ莫クレ大ナル二於仁ヨリ一而禍ハ莫レ大ナル二於剣ヨリ一
家語云　仁ハ者莫シレ大ナルハ二於愛人ヨリ一

1 トク　ヲ醸成《カモシナ》　キタラシ　遂《ツヒ》ニ身《ミ》ヲ壊《ヤブ》リ国《クニ》ニ害《ガイ》　ワザハヒ　ヲノコス者《モノ》多シ、支那《シナ》　モロコシ　宋ノ 2
王安石《オウアンセキ》ギリシヤノアルシビアデス等《トウ》ノコトヲ思《オモ》ヘ、書《ショ》ヲ見《ミ》テ世《ヨ》ノ興敗《コウハイ》　ホロビオコリ　ヲ察《サツ》スルノ
3 人《ヒト》ハ瞭知《リョウチ》スル　アキラカニシル　所《トコロ》タルベシ、近《チカ》クハ我国《ワガクニ》ノ歴史ヲ見《ミ》テモ往々皆是《ワウ〱ミナコレ》ナリ、各位《オノ〱》ヨク
4 知《シラ》ル、所《トコロ》ノ彼《カ》ノ劇場《シバイ》ニテモ能《ヨク》スル明智《アケチ》光秀《ミツヒデ》ヲミラレヨ己《オノ》ガ智《チ》ヲ恃《タノ》ンテ軍《イクサ》ヲ起《オコ》シ己《オノ》ガ知ニ因《ヨリ》テ　モ
5 ノシルガクノオニヨリ　母《ハヽ》ノ意見ヲ拒《コバ》ミ終《ツヒ》ニ其《ソレ》ガタメニ己《オノ》ガ身《ミ》ヲ亡《ホロボ》セリ、又現今世《マタコノセツ》間ノ景状《アリサマ》ヲミテモ
シラル、コト也、又《マタ》吾人オノ〱己ガ身ノ上ニテモ愛心ノ大切ナルコトハヨクシラル、ナリ』此《コ》
ノ愛心ナキトキハ喜《ヨロコビ》トテハ無《ナ》ク恒《ツネ》ニ心快々《マシヤ〱》トシテ楽《タノシ》カラズ瑣々《サヽ》イナコトニモ忿怒《イカリ》ヲ起《オコ》シ善《ゼン》ヲナシ
テモ却《カヘツ》テ人《ヒト》ヲ怨《ウラ》ミ持《モツ》トコロノ智慧《チエ》ハ悪魔ノ器械《ダウグ》トナリ我《ワガ》心ニ妄　念　邪　思《ミダリナルオモヒヨコシマノシアン》ヲオコサシメ我《ワガ》身ニ
悪《アク》ヲ行《オコナ》ハシム、之《コレ》ガ為《タメ》ニ神《カミ》ノ慈悲ノ聖言《オコトバ》ヲ聞《キヽ》テモ感《カン》ズルコトナク人《ヒト》ノ善言《ヨキコトバ》ヲ聞テモ喜《ヨロコブ》コトナク、
花《ハナ》ヲ見テモ楽《タノシ》カラズ月《ツキ》ヲ詠《ナガメ》テモ興《オモシロ》カラズ朝《アサ》ヨリ夕《バン》ニイタリ一月ヨリ十二月ニ至《イタル》マデ只《タヾ》ノ一日《イチニチ》モ心
寛ニ思ヒ安ラカニ身平《タヒラカ》ナルコト無《ナキ》ニ至ルモノ也」、世《ヨ》ヲ益《エキ》シ己《オノレ》ニ幸《サイハヒ》スベキ学問《ガクモン》ヲ腹《ハラ》一杯モテル者《モノ》
ニテモ亦《マタ》然リ、此《コ》ノ愛《アイ》心ナキヨリシテ人《ヒト》ヲ軽視《カロン》シ世《ヨ》ヲ怨《ウラ》ミ行《オコナフ》トコロノ事《コト》ハ世《ヨ》ヲ益《エキ》セズ此故《コノユエ》ニ人《ヒト》モ
亦《マタ》己ヲ尊敬セズ人《ヒト》ニ尊敬セラレザルヨリシテ不平ヲ生《シャウ》ジ之《コレ》ガ為《タメ》ニ人《ヒト》ノ善《ゼン》ヲ嫉《ネタ》ミ人ノ能《ノウ》ヲ悪《ニク》ミ遂《ツヒ》ニ
6 年百年中忿怒《イカリ》ト嫉妬《ネタミ》ノ煩悩ニ困メラル、者《モノ》多シ、何《イカ》ニ憐《アハレム》べク歎《ナゲク》ベキノ至《イタリ》ナラズヤ、然《サ》レバ吾人《ワレラ》モ
何《ナニ》ヨリ彼《カ》ヨリ先《マヅ》第一ニ要《ネガハ》ネバナラヌ者《モノ》ハ此《コ》ノ愛ナリ』、若《モ》シ人《ヒト》ニシテ此《コ》ノ愛ナクバ真道《マコトノミチ》ヲ人《ヒト》ニ解《トク》
トイヘドモ己《オノレ》ニ益《エキ》ナク施済《ホドコシ》ヲ人ニ為《ナス》トイヘドモ喜《ヨロコブ》コト能《アタハ》ズ救道《スクヒノミチ》ヲ聞《キク》トイヘドモ救《スク》ハル、コト能《アタハ》ズ
江藤新平ノ佐賀ニ於ル前原誠一ノ長州ニオケル皆コレナリ

愛ナクシテ神ニ見ント欲スルハ本ニ因テ魚ヲ求ルガゴトシ

智慧《チエ》ヲ持《モツ》ト雖《イヘド》モ其ノ徳ヲ彰《アラハ》スコト能ズ財《タカラ》アリト雖モ善事《ヨキコト》ヲ挙《ナス》コト能《アタ》ハズ神《カミ》ノ慰《ナグサメ》ヲ得《ウル》コト能ズ恩《メグミ》ノ平康《ヤスキ》ニ居《ヲル》コトアタハズ遂《ツヒ》ニ又《マタ》神ノ国《クニ》ヲモ見《ミル》コト能ザル也、ソハ神《カミ》ハ惟《タ》ダ愛ナリ　ヨハネ一書四章ノ八　神《カミ》ノ心ニ相ヒ反スレバナリ」、此《コ》ノ世《ヨ》ニ於《オイ》テ若《モ》シ神ノ心ト相反《ハン》サバ何《イカ》デ死《シニ》テ後《ノ》チ之《コレ》ニ合《アフ》ノ理《リ》アランヤ」、夫《ソ》レ神ハ万物ヲ以《モッ》テ人《ヒト》ノ肉《カラダ》ヲ養《ヤシナ》ヒ聖経《セイショ》ヲ以テ人ノ霊魂《タマシヒ》ヲ養ヒ聖霊《セイレイ》ヲ以テ我《ワレ》ラヲ導《ミチビ》キ、耶蘇ヲ以テ我《ワレ》ラノ罪《ツミ》ヲスクヒ玉《タマ》ヘリ、然ラバ万事万端思ヒ回セバ我ラハ神ノ愛《アイ》ノ中ツ、マレアルナリ、大《オホイ》ナラズヤ神《カミ》ノ愛、天地ノ間《アヒダ》ニ充々《ミチ〳〵》テ何《ナ》ニ一《ヒトツ》トシテ神ノ愛ニアラザルハナシ、其ノ愛ワレラガ小《チヒサ》キ智慧ト力《チカラ》ニテ悉《コト〳〵》ク知《シル》コト能《アタハ》ザレド最《モット》モ感《カン》ジテ知《シリ》ヤスキハ贖罪《ツミノアガナヒ》ノコト也」、ワレラ固《モト》ヨリ己《オノレ》ヲカヘリミバ一《ヒトツ》トシテ神ノ前《マヘ》ニ義《タヾシキ》ヲ行《オコナ》ヘルコトナク惟《タ》ダ律法《オキテ》ニ於テ大ナル罪人ナリ、実《ジツ》ニ救《スク》ハルベキハヅノナキ者《モノ》ニアラズ、我《ワレ》ラハ固《モ》ト神ニ悖《サカラヒ》シモノナリ、我《ワレ》ラハ神ノ敵《テキ》ナリ、然《シカル》ニ尚《ナ》ホ耶蘇

1　希臘ノ有名ナルアルシビアデスハ弱冠ニシテ政事ニ参シアテンスノ名望ヲ博シ大ニ有為ノ佼傑ト呼レタルニ一身ノ才智ヲ恃ミ無名ノ遠征ヲシラキュースニ興シ当時老練ノ士アリテ交々之ヲ諫メシカド聞ズ遂ニニシアーストト共ニ戦地ニ赴キテ利アラズ以テ希臘ヲ衰残スルノ禍本ヲ後世ニ残シタリ

2　凡テノ事愛ヨリ出ザレバ事順ナラズ自ラ自負ノ心ヲ生ズ此ノ自負ノ心ハ即チ傲慢ナル心ヲ起ス者ナリ傲慢ハ人ノ悪徳ニシテ身ヲ壊リ国ヲ害スルノ根本ナレバ也

3　彼ノ仲哀天皇ガ己ヲ恃ミ神ノ命ニシタカハデ身ヲ亡シタマヘルモ亦是ナリ

4　商ノ湯王《タウワウ》ガ夏ノ桀王《ケツワウ》ヲホロボシ周ノ武王《ブワウ》ガ殷ノ紂王ヲ亡セシ古事ヲ引テ母ノ言ヲ拒ギタリ

5　北条義時後鳥羽帝ヲ隠岐ニ順徳帝ヲ佐渡ニ遷シ奉レリ劇場デ演ズル所光秀ガ口上ハ周ノ武王ト北条義時ノコトヲ引タリト思ハル

6　学問ハ素ヨリ温良ノ美徳ヲマシ世ヲ益シ身ヲ尽スベキノ具ナリ其ノ本質実ハ傲慢ノ悪徳ヲ来ラスベキモノニアラズ然ニ却テ此ノ如キニ至ルハ誠ニ

ヲ降《クダシ》テ我《ワレ》ラノ為《タメ》ニ十字ノ苦辱《クルシミハヅカシメ》ヲ受《ウケ》サセラレタリ」、嗚呼《アヽ》義人《ギジン》の為《タメ》に死《シヌ》るもの殆《ホトンド》まれなり仁者の
為には死《シヌ》ることを厭《イトハ》ざるものもやあらん、されどキリストはわれらの尚《ナホ》罪人たるときわれらが為《タメ》
に死《シニ》たまへり　ロマ書五ノ八　嗚呼コレニ越《コヘ》タル愛《アイ》ハ他《タ》ニアランヤ」、我《ワレ》ラ神ノ其ノ愛ニヨリテ義《ギ》
トセラレ耶蘇ニ属《ゾク》シテ救《スク》ハル、者《モノ》ナレバ何《イカ》デ其ノ愛《アイ》ニ倣《ナラ》ハザルベケンヤ』、コリンタ前書十三章
ニ愛ノ徳ヲ述《ノベ》タリ云《イハ》ク「愛は乃《スナハ》ち寛忍　復讐ノ挙ナク勤テ敵ノ不善ヲアハレム　すなはち慈悲なり、
1 愛ハ妬忌《ネタマ》ず誇《ホコラ》ず驕《タカブラ》ず非礼《ミチナラヌコト》を行《オコナハ》ず私利《ミチナラヌマウケ》を図《ハカラ》ず怒《イカラ》ず悪《アク》をおもはず不義《フギ》を喜《ヨロコバ》ず真理《マコト》をよろこぶ、凡
そ事容　カンニン　ニ凡そ事信ニ凡そ事望ミ凡そ事耐《コラエ》、愛は永《ナガ》く堕《ナクナラ》ず、然《シカ》して預言まさに廃《ハイ》せん
とす方言まさに息《ヤマ》んとす知識まさに廃《スタラ》んとす云々、今《イマ》や信望愛の三の者皆な存ず、其中もつとも
大《オホイ》なる者《モノ》は愛《アイ》なり」、夫《ソ》レ愛ノ徳ハ此《カク》ノ如《ゴト》ク大《オホイ》ナリ至重《ダイジ》ナリ、此ノ故ニ人コノ愛ヲ得《ウル》トキハ心《コヽロ》ニ
怒ナク人《ヒト》ヲ怨ルコトナク人ヲ軽《カロン》ズルコトナク嫉《ネタ》ムコトナク自《ミツカ》ラ誇《ホコル》コトナク能《ヨ》ク人ト和《ヤワラ》ギ恒《ツネ》ニ喜楽《タノシミ》
ヲ得慰《エナグサメ》ヲ受《ウク》ルニ因《ヨ》リ罪《ツミ》ヲ犯《ヲカス》ニ由《ヨシ》ナシ、是《コ》レ前夜　百廿六丁ノ講義　モ言《エヒ》シ如ク終《オハリ》ヲ全《マッタウ》スルノ工夫《クフウ》ハ
只《タヾ》コノ愛ヲ尽《ツクス》ニアリトハ此ノ謂ワケナリ』、殊《コト》ニ愛ノ徳ハ、悔改、信心、真福ヲ望ノ心等《トウ》ノ如ク
生前ノミノモノニ非《アラ》ズ霊魂ト永《ナガ》ク存《ノコル》モノ也、コレヲ用《モチ》ユルトキハ日《ヒヾ》ニ益《マ》シ月《ツキ〲》ニ《クハヽ》加リ江河ノ流ル、
ニ順《シタカヒ》テ大ナルガ如シ、今世《コンセ》ニアリテハ人ト和《ヤワラ》キ親《シタシミ》テ其ノ楽ツキズ、来世《ライセ》ニ於《オイ》テハ神ト天使《テンノツカヒ》ト
2 諸信者《モロ〲シンジャ》ト和ギ親ムコトヲ得《エ》ソノ歓喜《タノシミヨロコビ》カギリナシ、人《ヒト》ソレ耶蘇クリストニ頼《ヨリ》テ其《ソ》ノ愛《アイ》ヲ学《マナブ》ベシ、
3 人ソレ此《コ》ノ至重《ダイジ》ナル愛ヲ用《モチヰ》ザルベケンヤ　馬太十一ノ廿九〇我心温柔謙遜尓負㆓テ我軛㆒而学セレ我ヲ則必安於㆓

後漢書云。
仁ハ勝チ㆓凶邪ニ㆒
徳ハ除ク㆓不祥ヲ㆒

尓霊一

人ニ益ナシ身ニ益ナシ霊ニ益ナシ是ワガ再三愛《アイ》ニツイテ神ノ霊ニ感ジ良心ノス、メニヨリテ兄弟ニカタル所以ナリ

◯創世記二ノ八九十　エホバの神《カミ》。園《ソノ》を東方《ヒガシノカタ》のエデンにこしらへその間《ナカ》に造《ツクリ》たまひしところの人をおき観《ミル》べく食《クラフ》べき諸〱《モロ〱》の樹《キ》を地《チ》より生《シャウ》ぜしむ。その園《ソノ》の中《ウチ》に生命《イノチ》の樹《キ》あり又《マタ》善悪をわかつの樹《キ》あり。エデンに河《カハ》ありて流《ナガレ》いでその園《ソノ》にそ、ぎぬ

エデンハ歓楽ノ場ト云義也4

昔《ムカ》シ神天地《カミテンリ》ヲ造《ツク》リ水陸《ウミトヲカ》ヲ定《サダ》メ草木《クサキ》ヲ発生《ハエイダサ》シメ日月ヲ造《ツク》リ衆星《モロ〱ホシ》ヲコシラヘ又《マタ》飛鳥ヲ産《コシラ》ヘ魚《ウヲ》ヲツクリ諸畜諸獣ヲツクリ一切不足《イッサイフソク》ナク調《トヽノ》ヘ玉フテ。サテ人類《ニンゲン》ヲ造《ツク》リ之《コレ》ニ万物ヲ主《ツカサドル》ノ権《ケン》ヲアタヘ加之《シカノミナラズ》ソレバカリデナク美麗《キレイ》ナル園《ソノ》ヲ人間《ニンゲン》ノ為《タメ》ニシツラヘテ其ノ中ニ諸〱《モロ〱》ノ樹《キ》ヲウヱ観《ナガメ》ニ宜《ヨロ》シキ異　草　珍　木　美事《メヅラシキクサキウルハシキ、クサミゴト》ナル花樹《ハナノキ》ヲソナヘ口《クチ》ニ宜《ヨロシ》キ美果《ウマキコノミ》アヂヨキ果実《クダモノ》ヲ万々《マン〱》ミタセ清潔《キヨラカ》ナル河流《カハノナガレ》ヲ

1　慈悲ハ人ニ物ヲ与フルコト等ノミニ止ラズ凡テ人ヲカハイ、ト思ノ心ニシテ人ト談話ノ間ニモ人ノ心ヲ動サセ道ニハズレル念ヲ生ゼシメズ人ノ信ヲヨワラスルコトヲセズ人ノ悪ヲ挙テ他ノ名誉ヲ損ゼス只々事々ニ人ノ益スルコトヲ専要トシ広ク人ヲカハユイト思テ事ヲ為ニモ一ノ話ヲナスニモ心スルコトナリ

2　東子正書云◯寛ナル則《トキ》ハ得レ衆ヲ

3　国ヲモ人ヲモ身ヲモ霊ヲモ益スルハ只此ノ愛ナリ此ノ愛ナクバ禽獣ヲ去ル遠カラズ何ニ知識智慧ハ益トモ学問ハ開タルトモ国ニ益ナシ

4　此会堂ハ前ノ安息日即チ十一月廿六日ニ初テ開カレタリ　此ノ前ニ海岸ノ会堂タチ続テ東京モ会堂ガ立チ又摂州ニテハ三田神戸ニモ近々立ツヤウスニテ最早其コトニ取カ、リタリト聞ク

園ノ中ニ灌《ソヽギ》テ実《ジツ》ニ楽《タノ》シク喜《ヨロコバ》シキ状景《アリサマ》ニ設《マウ》ケコシラヘ我《ワレ》ラ人間ノ先祖《センゾ》アダム エバヲ此ノ処ニ置《オ》キ玉ヒシナリ』。此《コレ》ニヨリテカレラハ今日ノ人間世界ノ如《ゴト》ク憂愁患難苦労《ウレヒナヤミクルシミ》モナク只《タヾ》ヨロコバシキノミニテ楽《タノシン》デ暮《クラ》セシガ遂《ツヒ》ニ魔鬼《アクマ》ノ誘惑《マドヒ》ニカヽリ神ノ命誡《イマシメ》ヲ犯《ヲカ》セシヨリ自《ミヅカ》ラ恐怖《オソレ》ノ心《コヽロ》ヲイダキ神ノ賜《タマ》ハリタル此《コ》ノ喜ノ楽場所《ヨロコビタノシキバショ》ニスムコトヲ得《エ》ズ只《タヾ》神ノ己《オノレ》ヲ見《ミ》玉ハンコトヲ畏《オソレ》アルヒハ身《ミ》ヲ樹間《コノマ》ニ匿《ヒソメ》アルヒハ神ノ面《カホ》ヲ見《ミル》コトヲ憚《ハヾカリ》コレガ為《タメ》ニ己《オノレ》ト神ノ愛《アイ》ヨリ遠《トホザ》カリ之《コレ》ニ由《ヨリ》テ歓楽《タノシミ》ヘンジテ憂愁《ウレイ》トナリ喜《ヨロコビ》ヘンジテ苦《クルシミ》トハナレリ。噫々《アヽ》オシムベキノ至《イタリ》ナラズヤ』此《コレ》即チ我等人間中間《ナカマ》ニ今日《コンニチ》ニ至《イタル》マデ楽《タノシミ》 ヨリ憂《ウレヒ》オホク喜《ヨロコビ》ヨリ悲《カナシミ》オホキ以所《ユエン》ナリ』。蓋人《ソハヒト》ミナ其《ソ》ノ祖先《センゾ》ノ質《シツ》ヲウクルニヨリ罪《ツミ》ヲ好《コノン》デ善《ゼン》ヲキラヒ悪魔ニ属《ゾク》スルコトヲ楽《タノシ》ンデ神ニ属スルコトヲ喜《ヨロコバ》ザレバナリ。但シコノ悪《アク》ハ苦《クルシミ》ノ本《モト》。悪魔ハ亡《ホロビ》ノ親《オヤ》ナリ。善《ゼン》ハ楽《タノシミ》ノ本。神ハ永生ノ原《ツキヌイノチミナモト》ナリ。人神《ヒトカミ》ニ離《ハナ》ルレバ霊魂《タマシヒ》ナグサメヲ受《ウクル》コトナク恒《ツネ》ニ恐怖《オソレ》ノ念《ネン》タヘザル也《ナリ》』。嗚呼《アヽ》イマ世間《セケン》ノ状体《アリサマ》ヲミルニ咸《ミナ》カノアダム エバノ如《ゴト》ク神ヲ見《ミル》コトヲ悪《キラヒ》真理《マコトノミチ》ノ光《ヒカリ》ニ遇《アフ》コトヲキラフ誠《マコト》ニ嘆《ナゲク》べキノ至《イタリ》ナリ』。此故《コノユヱ》ニ此世《コノヨ》ハ苦《クルシミ》ノ世ノ中ノ如《ゴト》ク悲《カナシミ》ノ居家《スミカ》ニ似《ニ》タリ。実《ゲ》ニ仏道《ブツダウ》ニテモ此《コ》ノ世ヲ汚土《ヲド》ト称《トナヘ》シタリ。然シサルトキハ矢張《ヤハリ》仏道ニテモ人《ヒト》ノ心ヲ慰《ナグサメ》人ニ喜《ヨロコビ》ヲ与《アタ》フルコトハ叶《カナハ》ザルコトト見《ミ》ユ。此世《コノヨ》ニテ慰《ナグサメ》ヲ得《エ》ズ喜《ヨロコブ》所ヲ知《シラ》ズバ何《イカ》デ来世《ノチノヨ》ニイタリ幸福《サイハヒ》ヲ受《ウクル》コトヲ得《エ》ンヤ。夫《ソレ》コノ世《ヨ》ト来世《ノチノヨ》トハ鏡《カヾミ》ニ照《テラシ》テ面《カホ》ヲ見《ミル》ガ如《ゴト》シ己《オノレ》ニ憂《ウレイ》ノ色《イロ》アレバ照《ウツル》トコロモ又憂色《ウレイノイロ》アリ。己ニ怒《イカリ》アレバ照《ウツル》トコロモ又 怒色《イカリノイロ》アル也。コノ故《ユヱ》ニ各位《オノ〳〵》イマ直《スグ》ニ今日此ノ処ニテ神ノ恩《メグミ》ヲウケ己《オノレ》ノ 旧 悪《イマヽデノアク》ヲ救《スク》ハレ心ニ慰《ナグサメ》ヲ得《エ》霊魂《タマシヒ》ノ安然《ヤスキ》ト喜楽《ヨロコビ》ヲ得《エル》ヤウナサレヨ。神ハイカナル

ヨハネ伝三ノ廿云 不善ヲ作ス者ハ光ヲ悪テ光ニ就カズ是ソノ行フ所ヲ責ラレンコトヲ恐ル、ナリ

創世記二ノ九
云耶和華神召
亜当云尓何在

罪人《ザイニン》トイヘドモ急《スミヤカ》ニ己《オノレ》ガ非《アシキ》ヲ悔改《クヰアラタメ》コノ後《ノチ》神ニ順《シタガ》ヒ其教《ソノヲシヘ》ヲ守《マモラ》ントナラバ楽《ヨロコビ》テ此《コレ》ヲ受《ウケ》イレ与《タフ》ルニ慰《ナグサメ》ト安ト楽《ヤスキタノシミ》トヲ以《モッ》テシタマフベシ。其《ソ》ハ神《カミ》ハ決《ケツ》シテ我等《ワレラ》人間ヲ永《ナガ》ク此《コ》ノ患難《ナヤミ》ヤ憂苦《クルシミ》ヤ悲哀《カナシミ》ノ中ニ置《オコウ》トハ思召《オボシメサ》ヌナリ』。昔《ムカ》シアダム　エバガ然《アレ》ホドニ愛《イツクシミ》タマヘル慈悲ニ逆《ソム》キ悪魔ノ誘惑《マドハシ》ニカヽリ神ノ誡《イマシメ》ヲ犯《ヲカシ》タリト雖《イヘド》モ尚《ナ》ホ之《コレ》ヲ愛《アイ》スルノ心マシ〳〵テアダムハ匿《カクレ》ントスレド其《ソレ》ヲ呼《ヨビ》カヘシ尓チ何クニ在ルヤト招《マネ》キタマヒタリ。創世記ヲ読《ヨミ》シ人ハ知《シル》ナルベシ。此御一言中《コノゴイチゴンウチ》ニ溢《アブル》ヽホドノ恩愛《オメグミ》ガコモリヲルナラン』。如斯《カク》テ又《マタ》スデニ此ノ時カレラガ犯《ヲカ》セシ罪《ツミ》ト其《ソ》ノ子孫《シソン》ノ受伝《ウケツタ》ヘタル質《シツ》ニ因《ヨツ》テ陥《オチイ》ルトコロノ罪悪《ザイアク》トヲ救《スク》ヒ再ビ真《マコト》ノ歓楽《タノシミ》ヲアタヘ永生幸福《カギリナキサイハヒ》ヲ得《エ》サセントテ救主《スクヒヌシ》ヲ後代《ノチ》ニ降《クダ》サンコトヲ誓《チカヒ》タマヒタリ。即チ創世記三ノ十五節ヲ見《ミ》ヨ。云ク「婦《ヲンナ》の裔《スヱ》なんぢ（悪魔ヲ指ス）の首《カシラ》を撃《ウタ》んとす。尓（悪魔）その（婦ノ裔ヲ指ス）踵《キビス》をうたんとす」トアル是《コレ》ナリ。神ノ御言《オンコトバ》ハ聊《イサヽ》カタゴウコトナク即チ今《イマ》ヨリ千八百有余年前ニ於《オイ》テ只独《タヾヒトリ》ノ聖子《オンコ》エスヲ降《クダ》シテ種々《シユ〳〵》ノ苦ト辱《クルシミハヅカシミ》トヲ受《ウ》ケ遂《ツヒ》ニハ十字架ノ極[1][2]刑ニアフテ我等人間ノ為ニ其ノ罪ニ代《カハ》リ死《シニ》玉ヒタリ』。昔《ムカシ》ヨリノ（救主降生ノ前ニアル）義人善人ハ[3]ミナ之《コレ》ヲ信ジ之《コレ》ヲ望ミ之《コレ》ニ願《ヨリ》テ救《スク》ハル、コトヲ得《エ》タリ。後世《コーセイ》ノ人《ヒト》モミナ之《コレ》ヲ信《シン》ジ之《コレ》ニ依頼《ヨリタノムコトヲ》セバ

若シ全ク見ス
テ玉ヒシナラ
尓何ニ在ト云
御言ハアラヌ
ハヅナリ

ヨハネ伝十六
ノ卅三云耶蘇
曰云々尓勿レ
懼我已ニ勝レ
世矣

1　我儕ガ受ベキハヅノモノ也故ニイザヤノ書ニイエストイイテ此ラノ事ヲモ細ニ預言シタリ

2　古本ナル列子ノ周穆王篇、西域之国ニ有ニ化人一〇又仲尼篇　孔子曰西方之人有ニ聖者一〇今ノ本ニハ孔子曰　西方有ニ大聖人一名テ曰レ仏不言而信アリ無為シテ而化ス〇字典云仏陀仏ハ者覚也以覚ニ悟羣生一也

3　地図ヲ按ズルニ支那ヨリ西ニ直ニ当ルハユダヤ国ナリ印度ナルセイロン島ハ南ニフレテ坤《ヒツジサル》ノ方ニ当レリ

救ヲ受《ウケ》テ永生《カギリナキ》マコトノ福《サイハヒ》ヲ得《エ》。コレヲ信ゼズ之《コレ》ニ依頼セザレバ亡《ホロブ》ルナリ。他《ホカ》ニ救ノ道ハナキナリ。
使徒行伝ニ云。此ノ外ニ別ニ無レ救云々又使三我儕ヲシテ可二由レ之得一レ救也　四章十二節　又ヨハネ伝ニ
「信《シン》ずる者《モノ》ハ罪に定られず信ぜざる者ハ即ち罪にさだめらる。そは神の独子《ヒトリゴ》を信ぜざればなり。
斯《カク》ノ如ク神ハ尊《タフト》キ救主ヲ備《ソナヘ》テ我儕人間ノ已《スデ》ニ罪悪ニ陥《オチイ》リ自分《ジブン》ノ其ノ罪ノ為ニ憂苦《クルシミウレヒ》ニ沈《シツ》ミタルヲ
再ビ引返《ヒキカヘシ》テ彼《カ》ノ昔シアダムガ罪ヲ犯《ヲカ》サヾリシトキニ喜《ヨロコ》ビ楽《タノシメ》ルエデンノ園《ソノ》ノゴトキ所《トコロ》イヤマダモ楽《タノシ》
キ天国《テンコク》ノ喜《ヨロコビ》ニ入《イラレ》ントテ日々《ヒヾく》ニ招《マネ》キ玉ナリ』。昔《ムカシ》ハ神エデンニテ「尓《ナンヂ》イヅクニ在」トアダムヲ呼《ヨビ》タ
マヒシガ今《イマ》ハ救主イエスヲ以テ「尓イヅクニ在トワレラ人々ヲ招タマフナリ。即チ斯《カク》ノ如《ゴト》ク会堂
ヲ建《タ》テ多《オホク》ノ教師ヲ送《オクツ》テ頻《シキリ》ニマネキ悪魔ノ縄目《ナハメ》ヲハナレ早《ハヤ》ク此《コ》ノ喜ノ場所ニ来《キタリ》タノシメヨト呼タマ
ヘリ』。思《オモフ》ニエデンモアレハ天国ノ模《カタ》ニシテ今《イマ》コノ教会堂モ又タ天国ノ模ナリ。此ノ堂ハ即チ真
神ノ殿《ミヤ》ナリ。真理《マコトノミチ》ヲ聴ハ即チ神ノ御言《オンコトバ》ヲ聴《キク》ナリ。之《コレ》ヲ信《シン》ズルハ即チ神ニ順ナリ。信者相ヒ共ニ手《テ》
ヲトリテ相ヒ愛シ相ヒ共ニ口《クチ》ヲソロヘテ慈悲ノ神ノ御徳ヲ讃美《サンビ》スルハ即チ天国ノ神ノ子輩《コダチ》ノ交《マジハリ》ニ
シテ此ノ世ノ兄弟相ヒ互ニ怨ミ親子《オヤコ》相ヒ互ニノ、シリ。夫婦相ヒ互ニ喧嘩スルヤウナ浅間敷アリ
サマトハ似《ニ》モヨラヌ状《アリサマ》ナルベシ』。世《ヨ》ノ人《ヒト》ノ如レ斯アリサマハ悉《ミナ》是オノレノ罪ヨリシテ起《オコル》ナリ人《ヒト》
ソノ身《ミ》ニ罪アレバ恒《ツネ》ニ心ニ楽《タノシミ》ナク喜《ヨロコビ》ナク望《ノゾミ》ナキガ故《ユエ》ニ　己ハ其《ソレ》ト知《シラ》ネドモ神ノ怒ソノ上ニアリテ霊魂ノ
死ニ定メラレタルコトハ良心ヨク覚ルガ故ニ金ガアリテモ衣食ニ足テモ喜ナシ　心ニ平安《ヤスラカ》ノ時《トキ》ナキニヨリ。
些《サヽ》々イナコトニモ怒ヲ起《オコ》シ怨《ウラミ》ヲ生《シャウ》ジ或《アルヒ》ハ嫉ミ或ハ悪《アク》ミ生涯安楽《アンラク》ハ得《エヌ》モノ也。コノ果《ハテ》ハ即チ永遠《カギリナキ》

世ノ人ノ死疾
怒罵ノ浅間鋪
アリサマハ

苦難《クシンナヤミ》ニ沈《シヅム》ナリ。何《イカ》ニ嘆息《ナゲカシ》キイタリナラズヤ』。早《ハヤ》ク各位《オノ〳〵》モ此《コ》ノ理由《ワケガラ》ヲサトラレテ一日《イチニチ》ハヤクカ、ル苦難ノ場所《バシヨ》ヲ免《マヌカ》ル、工夫専一《クフウセンイチ》ナリ。此《コ》ノ苦難ヲ免《マヌカレ》テ誠《マコト》ニ霊魂ニ真《シン》ノ喜《ヨロコビ》ヲ得《ウ》ルニハ只々救主イエスアルノミナリ。早ク救主イエスヲ信ジ之《コレ》ニ頼《ヨリ》テ己《オノレ》ガ罪ヲ救ハレテ慈悲ノ神ヲ再ビ見奉《ミタテマツ》ルコトヲナサレヨ』。今斯《カクノ》ノ如《ゴトク》ニ我《ワガ》国へモ真理ノ教ノ来《キタリ》シハ即チ神ノ我ラヲ招《マネキ》タマフナリ。今《イマ》ハ我ラ神ニ順ノ時《トキ》ナリ。此《コ》ノ機会《キクワイ》ヲ失《ウシナ》ハヾ後悔《コウクワイ》スルトモ及《オヨブ》マジ。彼ノアダムガ神ノ御声《オンコエ》ヲ恐《オソ》レテ逃《ニゲ》カクレ遂《ツヒ》ニ楽《タノシ》キ園《ソノ》ヲオヒハラハレシ轍《カタ》ヲフムコトナク彼《カレ》ガ罪ヲ犯サヾリシ以前ノアリサマノ如《ゴト》ク喜ト楽ト平安ヲ今《イマ》ヨリ受《ウケ》ラル、ヤウ希望スル也』。此《コ》ノ堂《ダウ》ハ即チ神ノ恩《メグミ》ヨリ立《タテ》ラレタルモノニシテ我《ワレ》ラニ誠《マコト》ノ喜《ヨロコビ》ト楽《タノシミ》ト安《ヤスキ》トヲ得《エ》サセ玉フノ所《バシヨ》ナリ。昔《ムカシ》アダムノ為《タメ》ニ設《マウケ》タマヒシエデンノ楽園ニコトナラザル也。モシ各位《オノ〳〵》カクノ如《ゴト》キ大《オホイ》ナル神ノ恩《メグミ》ヲステ、マダ自己《オノレ》ノ非《ツミ》ヲ悔《クヰ》ズ慈悲ノ神ニ近《チカツ》クコトヲセズバ又《マタ》ヤハリアダムト同《オナジ》ク真《マコト》ノ幸福《サイハヒ》ヲ失《ウシナフ》ナルベシ』最早《モハヤ》コノ外《ホカ》ニハ救《スク》ハル、道《ミチ》ハナキナリ。世《ヨ》ノ患難《ナヤミ》ヲ逃《ノガ》ル、ノ法《ハウ》ハナキナリ。此《コレ》ニヨラズハ他《ホカ》ニ心ヲ安《ヤス》ンジ喜ト楽トヲ得《ウル》ノ道《ミチ》ハナキナリ。早《ハヤ》ク心ヲ決《ケツ》シテイマ、デノ旧来《キユウライ》ヨリ我ヲ欺《アザム》キ悪ニサソヒ患難《ナヤミ》ヤ苦労《クルシミ》ヲシヨ《負》ハセタル惑《マドヒ》ヲノガレ全智全能ノ力《チカラ》アル慈悲ナル神ニ来《キタリ》イエスノ救《スクヒ》ヲ受《ウケ》ラレヨ

ルカ十七ノ二六ヨリマタ廿四ノ卅七ヨリ等ヲ見テ悟ベシ

○なんぢらは素《モト》まよへる羊《ヒツジ》のごとし今《イマ》なんぢらの霊《タマシヒ》の司牧監督にかへれり　ペテロ前書二章ノ廿五

第壱　此ノ世ノ人ハ恰ド羊ノ如キ者ナリ世界ハ即チ羊ヲ牧フ牧場ノ如シ羊ト云モノハ是非トモ牧

者ガナクテハ其ノ生ヲ全スルコトヲ得ザル者ナリソハ山野ニ孟獣貪狼ノ類モツトモ多ケレバ也タヾニ其ノミナラズ若シ一タビ牧者ノ手ヲ離ルレバ或ハ途ニマヨヒ或ハ飢ヱ或ハ渇キ或ハ坑ニオチイリ遂ニ身ヲ害ヒ死ニ至ナリ且ツソノ牧者ヲハナル、ヤ各々必ズ途ヲ同ウセズ或ハ南シ或ハ北シ或西アルヒハ東ト其ノ心々ニ随テ奔リ迷ヒテ其ノ死ヲ異ニスル者ナリ　第二　人ノ斯世ニ生ル、ヤ神ミナ之ヲ治理コレヲ養ヒ之ヲ導キ以テ危ニ至ラシメズ飢ヱズ渇カズ大道ヲ失ハシメズ死ニ陥ラシメズ諸悪諸欲諸魔ノ患ニカ、ラシメ玉ハザル也故ニ楽ミ多クシテ憂ナク喜アリテ悲コトナキナリ人モシ一ト度上帝ヨリ離レナバ直様ソノ行ベキ道ヲ踏ハヅシ或ハ邪道ニ堕リ或ハ私欲ニ苦メラレ遂ニ霊ノ糧ヲ失ヒ魔鬼ノ牙ニカ、リ死ニ至ル也　第三　今ヤ惜ム人ミナ己ヲ養ヒ己ヲ導キ玉ナル《ママ》至仁ノ神ヨリ離レタリ已ニ重罪ヲ犯セリ已ニ魔鬼ノ牙ニカ、リタリ已ニ霊ノ糧ヲ失ヒ飢渇ニ臨タリ此故ニ看ヨヤ人ニ情形ハ憂苦ノミニシテ喜楽マサニ絶タリ霊魂ニ望ナク神ノ賜フ所ノ真福ヲ受ルコト能ハズ是ニ因テ人ミナ金銭ヤ財貨ヲ以テ悦ヲ買ントス故ニ相互ニタヾ〳〵貪リ合トモニ〳〵詐譌ヲナシ相互ニ害ヒ相共ニ争フニイタル雖然コレラノ浮虚ノ物ヲ以テトテモ霊魂ヲ満足セシムルコト能ハズ矢張ツマル所ハ心配ト労苦ヲ却テマシ罪ノ重荷ヲ増加スル也故ニ金ガアリテモ位ガ貴クモ兎角心ガ快々トシテ不楽コレニ由テ又オノ〳〵当援ヲタテ教ヲコシラヘ此ヲ救ントス或ハ仏或ハ道或ハ儒或ハ何々ト数々ノ教法ノイデ来レルハ此ワケ也サレド是モト同囚ノ罪人ノ手ニ作シ者ナレバ又矢張人ノ霊魂ヲ憂苦ノ中ヨリ救ヒ喜楽ノ域ニイタラシムル能ハズ則チ今日ノ世ノ現状人ノ情形ヲ見テ瞭然タルベシ人心ハ益々敗壊シ世道ハ愈々頽靡シ各人霊ニ望ナキガ故相変ラズ貪欲詐欺娼嫉争闘モ罷マザル也第四羊モ若シ一ト度途ヲ失ナハヾ牧者ノ之ヲ尋ネ之ヲ引テ原ノ群ニ入ルニアラザレバ自ニテ決シテ帰コトヲ得ズ如此マタ人モ神ノ再ビ我ラ罪人ヲ索シテ原路ニ帰ラシメ玉フニ非ザレバ遂ニ今アル所ノ迷途ヲ離レ死路ヲ脱シ永生ノ道ニ入コトヲ得ザル也是イエス救主ヲシテ人間ニ降シ更ニ真理ノ光ヲ以テ暗夜ニ迷フ我等ヲ招キ玉フ所以ナリ然シテ御身ミツカラ我ラ罪人ノ罪ヲ贖ハンガ為ニ苦辱ヲ受サセラレ終ニ十字ニ死ニ玉ヒタリ故コノ救主ニヨリテ始テ罪ノ重荷ヲ下スコトヲ得フタ、ビ天父ニ帰リ其愛ヲ蒙リ永遠ノ福ヲ受ニイタル也　マタ十八ノ十一○それ人の子はほろびたるものを救はんが為にきたれり　同十一ノ廿八○凡そ欲の苦と重を負るもの我にきたれ我なんぢに安をあたへん　詩篇四十ノ二○われを拯て喧噪の阱を出し游泥より出し我足を船石上ニおき我の歩履を堅固す

○ヒブル書十二章ノ十一節　此ノ節ハ前ノ六十八葉ニ於テ講ジタルコトアリ故ニ録スルコトヲ止ム
世ノ艱難辛苦ハ神ノ我ラヲ懲シメンガ為ニ与ヘ玉フトハ雖ド素ヨリ神ノ喜テ之ヲナシ玉ニハ非ザル也実ハ此ノ苦難ハミナ人間自己ノ罪ヨリシテ招ク処ナリ神ハ之ヲ変テ真福ヲ得セシメント其ノ法ヲ設ケ玉フ也故ニ神ノ智ハ測リガタク神ノ愛ハ極リナキナリ

○ロマ書十三章十一十二　われらは時《トキ》をしる。今《イマ》はねむりより寤《サム》べきのときなり。そは信仰《シンカウ》のはじめより更《サラ》にわれらの救《スクヒ》はちかし夜《ヨ》すでに央《フケ》て日《ヒ》ちかづけり。故《ユエ》にわれら暗昧《クラキ》の行《ワザ》をすて、光明《ヒカリ》の甲《ヨロヒ》をきるべし。

光陰ハ逝《スギ》ヤスク歳月ハ流《ナガル》ルガ如シ、明治九年《クネン》ノ歳《トシ》モ今日ニヲワリ此夜《コノヨ》カギリトハナレリ、雞《ニワトリ》ノ一鳴《ヒトナキ》スルヤ早明治九年ニ非《アラ》ズ明治十年トゾ改《アラタ》マル」。年々歳々此日《コノヒ》ハ人《ヒト》ニ嘆《ナゲキ》ヲアタフルノ日《ヒ》ナリ、老者《トシヨリ》ハ己《オノ》ガ身《ミ》ノ傴僂形容《カママリカタチ》ノ衰《オトロヘ》タルヲ悲《カナシ》ミ已《スデ》ニ陰府《メイド》ノ途《ミチ》ニ臨《ノゾメ》ルヲ愁《ウレ》ヒ。壮者《ワカキモノ》ハ志《コヽロザシ》ノ未《イマ》ダ達《タッセ》トゲザルニ歳《トシ》ハヤ暮学《クレガク》ノ未《イマ》ダ成《ナラ》ザルニ身《ミ》ニ歳《トシ》ノ加《クハ》ハレルヲ嘆《タン》ジ　ナゲキ、竹馬《チクバ》ノ戯《タワムレ》ヲナセルハ昨日《キノウ》ノ如《ゴト》ク思《オモ》ハル、ニ指《ユビ》ヲ屈《クツ》スレバ已《スデ》ニ立志ノ時ニイタレルヲ驚《オドロ》キ、世間一般ニ感情《ナゲキノジヤウ》キハマリナキノ夜《ヨ》ト云ベシ。」然《サレ》ド救ヲ得タル我ラ信者ニ於《オイ》テハ実《ジツ》ニ喜楽《ヨロコブ》ベキノ日《ヒ》ナリ、大《オホイ》ニ益《エキ》ヲ得《ウル》ノ夜ナリ。ソハ信仰ノ始ヨリ更《サラ》ニ救ノ近《チカ》ヅケルヲ知《シラ》シムルノ日《ヒ》タレバ也マタ睡《ネムル》ベカラズ恒ニ目《メ》ヲサマシ儆醒《キヲツケテ》ヲルベキコトヲ悟《サトラ》シムルノ夜《ヨル》タレバ也」サレバ此ノ夜ハ最《モット》モ至要《ダイジ》ナル夜ナリ、徒《イタヅラ》ニ過《スゴ》スベカラズ宜《ヨロシ》ク過《スギ》ニシ一歳《ヒトヽセ》ノコトヲ追思《オモヒヤリ》シ世《ヨ》ノ中《ナカ》ノ転変《ウツリカハリ》サダマリナク盛衰《サカンオトロヘ》ノ常《ツネ》ナク疾病《ヤマヒ》死亡《シヌルコト》ノ斗《ハカリ》ガタキヲ悟リ、神《カミ》ノ鴻恩《コウオン》ヲ思念《オモヒ》、オノレノ罪過《ツミアヤマチ》ヲ察覈《カンガヘ》ヨロシク救主ノ贖《アガナヒ》ヲ求《モト》メ誠《ツヽシンデ》祈《イノリ》龥《シヅカニモトメ》スベシ、人《ヒト》ハ一日ノ間スラ尚ホ過失《ツミアヤマチ》ナキ能《アタ》ハズ況ヤ一年ノ間ニ於テヲヤ。若《モ》シ心ヲ細《コマカ》ニ自ラ察《タヅネ》ズバ数《カゾ》ヘガタキノ罪アリト雖モ知《シル》コトアタハズ、仮令《タトヒ》ワレハ前日前年ノ罪過ヲ忘《ワスル》ルトモ神ハ必ズ忘《ワスレ》タマハザル也、マタ人ハ欺《アザムク》トモ神ハ欺クコトアタハザル也『物《モノ》として神の前にあらはれざるはなし。われらが神

善人ノ為ニハ此ノ日ハ救ニ近ツクコトヲ知シムル喜ノ日○悪人ノ為ニハ罰ヲ受ルノ日ニ近クヲ知シムル怕ベキノ日也

ヲ云か、はれるものの眼前《メノマヘ》にすべての物《モノ》ははだかにてあらはる ‖ヒブル書四ノ十三　故《ユヱ》ニ人々《ヒト〲》コノ日《ヒ》ニ至《イタリ》テサヘ尚ホ悔《クヰ》ズ改《アラタメ》ズバ神《カミ》必ズ其《ソ》ノ罪悪ノ帳目《チョウメン》ヲ我ラノ面前ニ於テ開《ヒラ》キタマフノ時《トキ》ノ来《キタル》コトオソカラジ、豈怕《アニオソル》ベキノ至《イタリ》ナラズヤ、罪悪ミチ〲テ悔《クヰ》ノ已《スデ》ニ遅《オソ》カランヨリハ寧《ムシロ》ハヤク其ノ日ノ罪ハ其《ソ》ノ晩《バン》ニカヘリミ本年《トシジュウ》ノ罪其ノ年尾ニ認《シタヽメ》テ赦《ユル》サレシコトヲ求《モトム》ベシ』。如此《カク》テマヅ今年神ヨリ受タリシ所ノ恩恵ヲ追思《オモフ》ベシ、神ノ我ヲ養《ヤシナ》ヒ我ヲ保《マモ》リ我《ワガ》身ワガ霊ワガ家ワガ国ヲ照顧《カヘリミ》タマフコト一日ノ間ニ於テスラ数《カゾ》ヘツクサレズ況ヤ一年ノ間ニオイテヲヤ」或《アルヒ》ハ幾種《ナニヤカト》ノ艱難ヲ受タリシニモセヨ其ノ受シトコロノ恵《メグミ》ニ比《クラ》ベナバ物ノ数ニモアラヌ也、且《カ》ツ艱難ハスベテ自《ミズカラ》ノ罪ノ招《マネ》クトコロ其ノ罪過ニ比《クラ》ベナバ尚《ナ》ホ軽《カロシ》々ト云ベシ、然《シカ》シテ神ハ之《コレ》ヲ以テ永《ナガ》ク我ラヲ罰《バツ》シタマハズ反《カヘリ》テ之ヲ以

1
テ遠永《カギリナキ》ノ真福ヲ得《ウル》ノ種子《タネ》トナシ、信者ヲシテ其ノ心志ヲ練達《ネルコト》セシメ、其ノ才能《チエ》ヲ顕着《アラハ》サシメ玉ヘリ」。夫《ソレ》天父ノ恩愛ノ深キコト斯《カク》ノ如シ感謝セザルベケンヤ、宜ク人々《ヒト〲》心ヲ潜《ヒソ》メテ追思《オモフコト》スベシ思ハ

2
ザレハ恩慈カクノ如《ゴト》ク大ナリト雖モ知《シル》コトアタハズ知《シラ》ザレバ其ノ人ニ益ナキナリ、宜ク此《コノ》一年ノ終《オハリ》ニ於テ思《オモフ》テ知《シ》リ知《シリ》テ感恩讃謝ヲイタスベシ。然《シカ》ラバ神マス〲我《ワガ》心ヲシテ謙遜《ケンソン》ヘリクダル　ナラシメ愈々《イヨ〲》謹慎ヲ加《クハ》ヘシメ玉《タマ》フガ故ニ来《キタ》ラン年《トシ》ニ於テモ益《エキ》ヲ得《ウル》コト少《スクナ》カラズ、或ハ変《ヘン》アルモ変《ヘン》ナ

1　我ラ罪フカキ身ハ素ヨリ受ベキノ道理ナル艱難ナルニ其ヲ変シテ福ヲ得ノ本トナシ給フトハ実ニ此ニ益レル恩愛ハアルマジ

2　知ラザレハ如此マデニ神ノ慈悲ワレラヲ益シ給フノ事アルト雖ドモ其益ヲ得ニ由ナキナリ

富貴大爵才力学問モ我ガ死ヲ免レシムルコトハ能ハザルナリ

1 キモ都《スベ》テ我《ワレ》ニ害《ガイ》ナク歓喜《ヨロコビ》日々ニ心ニミツルナルベシ」。返《カヘ》ス〴〵モ勧《スヽム》コノ至要《カナメ》　ダイジ　ノ日《ヒ》ヲ徒《イタヅラ》ニスグスコト勿《ナカ》レ、宜ク世間ノ現状《アリサマ》ヲ見《ミ》テ永《ナガ》ク恃《タノム》ベキ恒業《ホロビナキモノ》ノナキヲ悟《サトル》ベシ、首《カウベ》ヲ回《カヘ》シテ細ニ思ヒミヨ僅《ワヅカ》ニ此《コ》ノ一年ノ間トハイヘド移《ウツ》リ変《カハ》レルコトノ多《オホ》キコト昨日《キノウ》ノ富者ハ今日ニ路頭ニ迷ヒ、昨日《キノウ》ノ壮強《タツシヤ》ハ今日ハ疾病《ヤマヒ》ニアリ、昨日《キノウ》ノ宴楽《サカモリ》モ今日ハ野辺ノ送《オクリ》ヲナスノ凶筵《ウレヒノザシキ》トナリ、或ハ妻ニ死《シナ》レ、子《コ》ニ別レ、親ヲ失ナヒ、朋友ヲ失フ等枚挙《カゾヘダテ》ニ任《タヘ》ザルベシ」此《コレ》ミナ人《ヒト》ニ此ノ世ノ物《モノ》ノ万事万端タルノミガタク永《ナガ》ク此ノ世ニハ停《トヾ》マルベカラザルノ理《リ》ヲ知《シラ》シメ、神《カミ》ノ我等人間ノ為ニ備《ソナヘ》タマヘル永遠《ツキヌ》ノ真福《マコトノサヒハヒ》ヲ求《モトム》ベキヲ示《シメス》ナリ、此ノ世ノ恃《タノム》ベカラザルト、真福ノ願《ネガ》ハザル可《ベカ》ラザルトノ道理《ドフリ》ハソレ如此《カクノゴトク》アキラカナリト雖《イヘド》モ尚《ナホ》コレヲ思ハズ真神ニ依頼《ヨリタノム》コトヲセズ己《オノレ》ノ罪ヲ悔《クユ》ルコトヲセズ、救主イエスノ贖ヲ求《モトム》ルコトヲセズ、百年万年生《イキ》ナガラフル了見《リヨウケン》ニテ或ハ私欲ニ迷ヒ善《ゼン》ヲナスコトヲ知《シラ》ズ、或ハ才能《チエ》ニ誇《ホコ》リ人ヲ愛スルコトヲセズ、或ハ酒色《サケイロ》ニ溺《オボ》レ義途《タヾシキミチ》ヲアユムコトヲ忘《ワス》レ、日々ニ悪魔ノ奴隷《ドレイ》トナリテ死《シ》ノ為ニ果《ミ》ヲ結《ムス》ブモノ、多《オホ》キゾ心得《コヽロエ》ヌコトナリ、実ニ憐《アハレ》ムベキノ至ナリ、老者《トシヨリ》モ少者《ワカキ》モ思《オモヒ》ヲ此《コヽ》ニイタスベシ、此《コレ》ハ人《ヒト》ノコトニ非ズ、我等モ万一《バンイチ》ニ如此《カクノゴトキ》ノ惑《マドヒ》ノ中《ウチ》ニ在《アリ》テ自ラ知《シラ》ザルカモ斗《ハカリ》ガタシ、此至要《コノカナメ》　ダイジナル　ノ日《ヒ》ニ於テ能々《ヨク〳〵》自ラヲ省《カヘリ》ミ、モシモヤ斯《カク》ノ如《ゴト》キコトアラバ今速《イマスミヤカ》ニ悔ヰ神ノ前ニ自《ミズカ》ラ陳《ノベ》アヘテ非《ヒ》　ツミ　ヲ飾《カザ》リ過《アヤマチ》ヲ覆《オホ》ハズ実意《ジツイ》ヲ以テ神ニ祈《イノリ》ヲ
2 サ、ゲ救主ノ救ヲネガヒ、天父ノ恩祐《オンタスケ》ヲ求《モトム》ベシ、此ノ年ト、モニ暗昧《クラキ》ノ行《ワザ》ヲステ来《キタ》ラン年《トシ》ト、モニ新《アラタ》ナル清潔《キヨキ》ニイリ尓来《コノノチ》フタ、ビ寐《ネムリ》ニツイテ死《シ》ノ工《ハタラキ》ヲナサズ宜ク光明《ヒカリ》ノ甲《ヨロヒ》ヲ着《キ》テ真理《マコト》ノ道《ミチ》ヲアユ

ムベシ」ルカ伝十二章四二四三時《トキ》に及《オヨビ》て食物《ショクモツ》をあてがはせんために主《アルジ》がその僕《シモベ》どもの上《ウヘ》に立《タテ》たる忠義にして智《サトキ》いへづかさは誰《タレ》なるか。その主《アルジ》のきたるとき如斯《カクノゴトク》つとむるを見らる、僕《シモベ》は福《サイワヒ》なり」。

3 冀《ネガハク》ハ我《ワレ》ラモ恒《ツネ》ニ儆醒《コヽロ》シテ此《コ》ノ忠義《チュウギ》ニシテ智《サト》キ家宰《イヘツカサ》トナリ神ノ為ニ各人《オノ〳〵》ソノ賜《タマ》ハレル力《チカラ》ニ応《オウジ》テ怠《オコタ》ラズ工《ハタラキ》ヲナシ如此《カクノゴトク》スルヲ神ニ見《ミ》ラル、ヤウシタキモノ也

一周祈祷初日
題キリストに従フ者ノ親睦
○ヨハネ一書一章七節

○もし神の光明《ヒカリ》にをるがごとく光明《ヒカリ》のうちをあゆまば彼比《タガヒ》に同心《トモ》たることを得《ウル》なり。かつその子《コ》耶蘇《イエス》キリストの血《チ》すべての罪《ツミ》よりわれらを潔《キヨム》べしヨハネ一書一章ノ七節此《コ》ノ所《トコロ》ハ即《スナハ》チ今霄《コンバン》ノ祈祷ノ題ニモ掲《カヽ》ゲタル如《ゴト》ク信者ハミナ睦《ムツマジ》ク親《シタシ》ムベキコトヲ主《シユイ》トセル也。始《ハジメ》ノ方《ハウ》ニハ真誠《マコト》ニ一《ヒト》ツ心トナリ一《ヒト》ツ躰《カラダ》トナルベキ方《シカタ》ヲ述《ノ》ベ。終《ヲワリ》ニテハ耶蘇キリストワレラノ為《タメ》ニ代《カハ》リテ宝血《タフトキチ》ヲ流《ナガ》シ諸《モロ〳〵》ノ罪過ヲ贖《アガナ》ヒワレラヲ全《マツタ》ク潔《キヨ》メ玉《タマ》フコトヲイヘルニテ前後《ゼンゴ》トモニ我《ワレ》ラ兄弟ノ互《タガヒ》ニ睦《ムツ》ミ親《シタシ》ミ共《トモ》ニ助《タス》ケ憫《アワレ》ムベキ関係《カヽハリ》アルナリ。故《ユエ》ニ今《イマ》マヅ終《ヲハリ》ノ句《ク》ヨリ解テ次第《シダイ》ニ親睦セネバナラヌコトト。其《ソ》ノ真誠《ホントウ》ニ親睦ヲナシ真誠《ホントウ》ニ一心一躰トナリ喜《ヨロコビ》モ苦《クルシミ》モ相共ニナルノ方《シカタ》ヲ述《ノブ》ベシ』。マヅ第一ニ此《コ》ノ日《ヒ》ハイカナル日《ヒ》カ思《オモフ》ベシ。即《スナハ》チ明治十年ノ始《ハジメ》ノ安息日ナリ。我《ワレ》ラ相互ニ無事息災ニ昨年《キョネン》ヲ送《オク》リ安穏《アンオン》ニ此ノ年ヲ

1 凡テノ事ミナ我ニ益ヲ与フルナリ
2 都鄙トモニ此日ハ東西南北ニハシリ負債ノ欠アランコトヲ恐ル、ナリ悉ク負債ヲ償ツクシテ始テ心モ安マリ喜テ新年ヲ迎フルナラズヤ○如此霊魂ノ負ヘル罪ノ借財ヲモ清楚セザルベカラズ誰カソノ霊ニ罪ノ借財ノ無モノアランヤ
3 目ヲ覚シ用心シテ神ノ勤ニオコタラズ勉力スベシ

迎《ムカ》ヘ今《イマ》マタ此《コ》ノ始ノ安息日ニアフコトヲ得《エ》。トモ〴〵兄弟ト顔ヲ合《アハ》セ如斯《カク》讃美《サンビ》ノ声《コヱ》ヲアゲ天父ノ御言《オンコトバ》ヲキクコトノデキルハ実《マコト》ニ悦《ヨロコバ》シキコトナリ。各人《ミナサン》謝恩《ゴオンヲシヤスル》ノ心《コヽロ》ヲ生《シヤウ》ズベシ。ハタ各《オノオ》ノ過《スギ》ニシコトヲ追思《オモヒヤリ》スベシ。是最《コレモット》モ肝要《カンヨウ》ノコトト思《オモ》ハル。然《シカ》ラザレバ神《カミ》ノ大《オホイ》ナル恩《メグミ》モ知《シル》コトアタハズ罪《ツミ》ヲ恐《オソ》ル、念《ネン》モ少《スク》ナカルベシ。罪ヲ恐ル、念少《スク》ナケレバ当年《タウネン》ノ中《ウチ》ニ或《アルヒ》ハ躓《ツマヅク》コトモ多《オホ》カラント思《オモ》ハル』。扨《サテ》スギニシコトヲ回思《オモヒミ》バ恐《オソ》ルベキコト驚《オドロ》クベキコト恥《ハヅ》ベキコト多多《タクサン》ナルベシ。然《サレ》ド之《コレ》ニヨリテ罪《ツミ》ヲ厭《キラフ》ノ念《ネン》マス〳〵起《オコ》リ。神ノ鴻恩《オンメグミ》ニマス〳〵感《カン》ズベキガ故《ユエ》ニ其《ソ》ノ心志《コヽロザシ》モ堅固《ケンゴ》ニナリ、其《ソ》ノ信モ篤《アツ》クナリテ当年《タウネン》ノ中《ウチ》ニ凡《スベ》テ益《エキ》ヲ得《ウル》コト多《オホ》カルベシ』。サテ過《スギ》ニシコトヲ思《オモヒ》ミバ諸共《モロトモ》ニ暗夜《ヤミヨ》ニ途《ミチ》ヲ失《ウシナ》ヒタル状《アリサマ》ニテ其《ソ》ノユク道《ミチ》ハ義《タヾシ》キ道《ミチ》ニアラズ其《ソ》ノ行《オコナヒ》ハ善《ゼン》ノ行《オコナヒ》ニアラズ神《カミ》ノ聖旨《ミコヽロ》ニカナハザル事《コト》ノミ多《オホ》カリシナラン。彼《カ》ノポーロ氏《さん》ガコリント人《ジン》ニ示《シメ》サレタリシ如《ゴト》キ景状《アリサマ》デアリシナラン。コリント前書六章九節ヨリ云『豈知《アニシラ》ズヤ不義《フギ》ナル者《モノ》ノ神《カミ》ノ国《クニ》ニ入《イル》コトノ能《デキ》ザルヲ。自《ミズカ》ラ欺《アザムク》コト勿《ナカ》レ。淫《イン》ヲ行《オコナフ》。偶像ヲ拝スル。姦《アシキワザ》ヲナス。寇攘《ヌスミ》。貧婪《ムサボリ》。沈酒《サケニオボル》。詬誶《ソシリ》。疾娼《ネタミ》。残酷《ムゴキコト》。詭詐等《イツハリトウ》コレラハ皆《ミ》ナ神ノ国ヲ得《ウル》コト能《アタハ》ザル也。尓曹《ナンヂラ》ノ中数人《スニン》モ素《モト》ハヤハリ是《カク》ノ如クナリシニ今《イマ》ハ吾主耶蘇ノ名《ナ》オヨビ真神《マコトノカミ》ノ聖霊《セイレイ》ニ頼《ヨリ》テ聖《キヨク》ナラレ義《ギ》ト称《トナヘ》ラル、事ヲ得《エ》タリ』トミユ。聖書ハ神ノ言《コトバ》ニシテ始終《ハジメヲハリ》ノ隔《ヘダテ》ナシ千有余年前《マエ》ニポーロ氏《サン》聖霊ニ感ジテカ、レタリシナレド今日《タヾイマ》マサニ我《ワレ》ラ信者ニ当《アタ》レルナルベシ。如斯《カク》以前ハ恐《オソ》ルベキ状《アリサマ》ニテ在《アリ》シナリ。若《モシ》ワレラ信者ノ中《ウチ》ニイヤ我《ワレ》ハ素《モト》ヨリ一点《スコシ》ノ汚穢《ケガレ》ナキ全潔《マツタクキヨキ》ノ者《モノ》ナリシトイハヾ自《ミズカ》ラ欺《アザム》ケルニテ未《イマダ》スクハル、コトヲ得《エ》ザル人《ヒト》ト思《オモ》ハル、也。ソハ即《スナハ》チ

本文疾娼ト詭詐ナシ但シ為変童。頑童ニ比スノ二語アリ

本文真理われらにあるなし

ヨハネ一書一章八節今《イマ》ヨミシ題ノツヾキニモ『もし罪《ツミ》なしといはゞこれ自《ミズカ》ら欺《アザ》むけるにて真理《マコト》その人《ヒト》にあるなし』トモ示《シメ》サレタリ。其犯《ソノオカス》トコロノ罪《ツミ》ハ各々《オノ〳〵》一様ナラズト雖モ多少罪《イクラカツミ》ナシトハイハレザルベシ』。夫《ソ》レ比《カク》ノ如《ゴト》キ罪悪ノ中ニ住《スミ》スデニ霊魂《タマシヒ》ヲ死地ニ陥《オトシ》イレタルヲ今日ノ如《ゴト》クニ幽暗《クラキ》バシヨヲ出真理《イデマコト》ノ光《ヒカリ》ニ遇《アヒ》罪ノ縄目《ナワメ》ヲ脱《ハガシ》テ安然ノ地ニ立《タチ》モロトモニ全知全能ノ真神ヲ讃美シ救主耶蘇ノ名《ナ》ヲヨビ主《シュ》ノ歓楽《ヨロコビ》ニ入《イル》コトヲ得《エ》タ(ママ)ハ誰《タレ》ノ力《チカラ》ナルゾヤ。唯《タヾ》救主イエスノ功《イサホシ》ニヨルナラズヤ。我《ワレ》ラハ本身《モトミ》ヲヒツサゲ罪《ツミ》ノ奴隷《ドレイ》ヤツコトナリシナラズヤ。今《イ》マ自由《ジユウ》ノ身《ミ》トナリ至上者《イトタカキモノ》ノ子《コ》ト、ナヘラレ如斯尊貴天爵《カクタフトキテンシャク》テンノクライヲ受《ウケ》シハ誰《タ》ガ恩徳ニヨルゾヤ。唯々救主イエスソノ宝血ヲ以テ我《ワレ》ラヲ罪ヨリ買《カヒ》モドシ己《オノレ》ノ兄弟トナシ神ノ子《コ》トナシ玉ヘルニ由《ヨリ》テナラズヤ。然《サレ》バ今《イマ》アル身《ミ》ハ全《マツタ》ク我《ワガ》モノニ非《アラ》ズ神ノモノナリ。ロマ書十四ノ八節ニモアル如《ゴト》ク『われら生《イクル》も主《シュ》のためにいき死《シヌ》るも主《シュ》のために死《シヌ》この故《ユエ》に或《アルヒ》は生《イ》き或は死《シヌ》るもわれらは皆《ミナ》主のものなり』トイハザルベケンヤ』。已《スデ》ニワレラ主《シュ》ノモノトセバ我《ワレ》ラ信者兄弟ハミナ主《シュ》ニ連続《ツラナレル》モノニシテ是《コレ》ヲ人身《ヒトノカラダ》ニタトハヾ肢枝百躰《シシヒャクタイ》テヤアシノ各々《オノ〳〵》ソノ用《ヨウ》ヲ異《コト》ニシテ互《タガヒ》ニ相ヒ助ケ共ニ保養《ヤシナヒ》ヲウルガ如シ。手《テ》ハ足《アシ》ヲ悪《ニクム》ベカラズ足《アシ》ハ手《テ》ヲ厭《キラフ》ベカラズ目《メ》ミテ楽《タノシ》シムトコロアレバ手足《テアシ》カレガ為《タメ》ニ奔走《ハシリマハリ》シ若《モ》シ足《アシ》イタミアレバ手《テ》カレガ為[1]ニ薬《クスリ》ヲ施シ口《クチ》カレガ為ニ其《ソ》ノ痛苦《イタミ》ノ状《アリサマ》ヲ細《コマカ》ニ医者《イシャ》ニ述《ノブ》若《モ》シ躰《カラダ》サムサニ苦《クルシ》メバ手足コレガ為ニ働《ハタラキ》テ

1　手足ヲキリ離サバイカデ其働ヲ自由ニスルコトヲ得ンヤ若シ信者オノ〳〵相助クルコトヲセズ各々自ヲノミ営マバイカデカ主ノ工ヲナスヲ得ンヤ

ヨハネ一書三ノ十八云、小子よわれら言《コトバ》と舌《シタ》とをもて相愛することなく行と実とをもてすべし

衣《キモノ》ヲ予《アタ》フ其他内部《ソノホカハラノナカ》ノ機械《キカイ》ニ於《オケ》ルモ亦々《マタ〳〵》斯《カク》ノ如シ。サレバ信者ノ親睦輔助ニ於ルモ斯《カク》アラザレバトテモ主《シュ》ノ工《シゴト》ヲ成《ナス》コトアタハズ神ノ栄《サカエ》ヲ世《ヨ》ニアラハスコト能《アタハ》ハズ。何《イカ》ニ口《クチ》ヲ以テ愛《アイ》ヲ説《トク》トモ何《イカ》ニ外貌《ヨウス》ヲ以テ会合《ツキアヒ》ヲナストモ戸毎《コヾト》ニ道《ミチ》ヲフレ示《シメ》ストモ必竟《ヒッキョウ》ムダシゴトニシテ人《ヒト》ニ益《エキ》ナク己《オノレ》ニ益ナシ。ソハ是《コレ》ヲ人身上《ヒトノカラダ》ノ病《ヤマヒ》ニツイテイハヾ肺《ハイ》ノ翕張心《シン》ノ開緒ヲ誤《アヤマリ》タルガ如シ。次第ニ血液ノ巡環《マハリ》ヲ障碍《サマタゲ》日一日ト衰弱困難ニイタル仮令《タト》ヒ支肢百体ハ連《ツラナ》リ形容《カタチ》ハ壮《サカン》ナルガ如シトイヘドモイカデ健全《スコヤカ》ノ人《ヒト》ナランヤ。遂《ツヒ》ニハ身体《カラダ》モ活発自由ヲ得《エ》ザルニ至《イタ》ルナリ』。サレド余《ワタクシ》ハ信《シン》ズ我《ワレ》ラキリストノ血《チ》ニ潔《キヨメ》ラレタル信者ニ於テハ素《モト》ヨリ世間《セケン》ノ外貌《ウハベ》ノ附合《ツキアヒ》ノ如ク徒《イタヅラ》ニ外見ノミニ非ザルコトヲ。ワレラ信者幾百人幾万人アルトモ外国内国ノ隔《ヘダヽリ》アルトモ山河《ウミヤマ》ノ境《サカヒ》ヲ異《コト》ニスルアルトモ共《トモ》ニ〳〵キリストヲ首《カウベ》ニイタヾキ其身《ソノミ》ニツラナリ相ヒ互ニ助《タス》テ相共ニ憫《アワレ》ミ少《スコ》シモ自他ノ別《ベツ》ヲナサズ凡《オホヨ》ソ憂《ウレヒ》若ノコトアレバ同《オナジ》ク愁《ウレ》ヒ歓楽《ヨロコビ》ノコトアレバ同ク喜《ヨロコ》ブ其《ソ》ノ状《アリサマ》ハ恰《アタカ》モ一身ニ於ルガ如ク。内外保養ノ宜《ヨロシキ》ヲ得《エ》テ健全活発ノ人ノ如クシテ前《マヘ》ノ如《ゴト》キ難症《ナンシヤウ》ハ決《ケツ》シテ〳〵キリストノ体《タイ》ニ連《ツラナ》レル一体中ニハアラザルコトヲ知ルナリ。嗚呼ヨロコバシイ哉《カナ》タノシイ哉オノ〳〵身《ミ》ハ異《コト》ナレドモ同《オナジ》ク是《コレ》一体。万里ノ波濤ヲ隔《ヘダ》ツトモ共《トモ》ニ是《コレ》一身ナリ。如此《カクノゴトク》ノ和平博愛《ヤワラギヒロキアヒ》ハ何《イヅ》クヨリ来《キタ》リシゾヤ。救主イエス身《ミ》ヲステ、此《コノ》愛ヲワレラニ与《アタヘ》タマヘルナラズヤ。何《イカ》ニ尊《タフト》キ愛《アイ》ナラズヤ。人《ヒト》ソレ軽忽《ユルガセ》ニスベケンヤ』。然《シカリ》ト雖《イエド》モ人《ヒト》ハ各々《オノ〳〵》肉体ヲモテル者《モノ》ナリ。此《コ》ノ肉体ヲモテル中《ウチ》ハ油断《ユダン》ハナラズ。如此《カクノゴトク》愛ノ貴重《ダイジ》ナルコトヲ知《シル》ニツケテモ益々《マス〳〵》気《キ》ヲ附《ツケ》ネバナラヌナリ。ソハ我《ワレ》ラ信者トイヘドモ矢張《ヤハリ》コノ肉体ニハ嗜欲《ショク》トイフ患《ウレ》

ヒ《(ママ)》ベキモノアレバナリ。将《ハタ》肉体ハ魔鬼ノ住家《スミカ》ナレバナリ。彼《カレ》ラガ隙《スキ》ヲネラヒツネニ害《ガイ》ヲ加《クハ》ヘントスルコトハ信者ニ於テハ他《ホカ》ノ人《ヒト》ヨリモ力《チカラ》ヲ尽《ツク》セバナリ。万一コノ肉体ノ欲《ヨク》ノ為《タメ》ニ兄弟ノコトヲ忘《ワス》レ自《ミヅカラ》ノコトノミヲ務《ツト》メナバ即チ手足《テアシ》ノ断《キリ》ハナレタル如ク己《オノレ》モ全《マツタ》フシテ救《スクヒ》ヲ得《ウル》コト能《アタ》ハズ人《ヒト》ヲモ害《ソコナフ》ニイタルナリ。其《ソ》ハ素《モト》ヨリ他人ナラバ関係《カヽハリ》ナシトイヘドモ一身《イッシン》ノ上《ウヘ》ニテ何《イヅレ》ノ所《トコロ》ニデモ病《ヤマヒ》ヲ発《イダ》シ或ハ疵《キズ》ヲ受ナバ全身ニヒヾカザルヲ得《エ》ザレバナリ。然《サ》レバ我ラ信者ハ慎《ツヽシム》ガ上《ウヘ》ニモ慎《ツヽシマ》ネバナラヌ也。モシ躓《ツマヅ》クコトアラバ其ノ害オノレノミニ止《トヾ》マラズ他《ホカ》ノ数人《スニン》ニモ響《ヒヾク》ガ故《ユヱ》ニ其ノ罪セラル、コトモ亦タ大ナルベシ恐《オソル》ベキノコトナリ』。此ノ故ニワレラロマ書十二ノ十六あひ互《タガヒ》に意《コヽロ》を同《オナジウ》し尊大《タカキ》おもひをなさず反《カエツ》て卑微《ヒクキ》につけよ』トアル教《オシヘ》ニシタガヒ。亦《マタ》ロマ書十四ノ十三むしろ兄弟の前に絆跌《ツマヅクモノ》あるひは防礙《サマタグルモノ》をおかざることを定《サダム》べし』ト示《シメ》サレタル命《メイ》ヲ固《カタ》ク守《マモ》リ斯《カ》ク志《コヽロザシ》ヲ確《カタ》ク定《サダ》メ。マタロマ書十四ノ十九この故《ユヱ》にわれら人《ヒト》と和睦《ヤワラギシタシミ》せんこと、相ひ互に徳《トク》を立《タテ》んことを追求《オヒモトム》べし』ト教《オシ》ヘ玉《タマ》ヘルガ如ク相ヒ共ニハゲミ勤《ツトム》ベキコトナリ』。如此《カクノゴトク》オコナフハ是光明《コレヒカリ》ノ中《ウチ》ヲ歩《アユム》ナリ。己《オノレ》ニマス〳〵益《エキ》クハハリ人《ヒト》ニモマス〳〵益《エキ》ヲ得《ウル》ナリ。然《シカ》シテ信者兄弟ノ一躰ハイヨ〳〵堅固《カタク》マス〳〵奮《フルヒ》ソノ勢《イキホ》ヒ江河《コウカ》ノ決《ケツ》スルガ如ク山嶽ノ圧《アツ》スルガ如《ゴトク》ニ立《タチ》イタル。百鬼魔王モイカデ敵スルコトヲ得ンヤ。如斯《カク》アラバ止《タヾ》ニ一人一会ノ福祉《サイハヒ》ヲ得《ウル》ノミナラズ一国マタ之《コレ》ニヨリテ福祉ヲウク止《タヾ》ニ一国ノ風俗ヲ改良シ其ノ頽敗《ホロビ》ヲ興《オコ》スノミナラズ海外諸国ノ頽敗ヲモ興《オコ》シ共《トモ》ニ福祉《サイハヒ》ヲ蒙《カウム》ラシムルニ至《イタ》ルナリ』。如斯《カク》イハヾ大忽《タイソウ》オホキナコトヲ言《イヒ》イダシタワイ何《イカ》デ此《コ》ノ僅《ワヅカノ》々ノ群《ムレ》マタ一会二会ノ力《チカラ》ニ

況ンヤ天父ツネニ信者ノ働ヲ助クニ於テヲヤ○救主ハ一人トイヘドモ悔改ノ人ヲ決シテ捨タマハザルニ於テヲヤ

テ然《サル》コトアラント或《アルヒ》ハ疑《ウタガ》フ人モアルベケレド決《ケツ》シテ然《シカ》ラズ富岳《フジサン》ノ高《タカ》キモ一撮《ヒトツマミ》ノ土《ツチ》ヨリ成《ナリ》マタ湖海《ウミ》ノ大ナルモ一滴《ヒトタリ》ノ露《ツユ》ヨリシテ成《ナレル》ナリ。人身ノデキルモ目《メ》ニ見《ミエ》ザル一《ヒト》ツ分支《ブンシ》ヨリ成《ナリ》シナリ。国《クニ》ノ立《タツ》モ一人ヲ衆合シテ成《ナル》モノ也。コノ故ニ小ヲ積《ツミ》テ大《ダイ》トナルハ理《リ》モトヨリ然《シカ》リ。サレバ小《チイサ》キ群《ムレ》トテ恐《オソ》ル、コトナク亦《マタ》自棄スルコトナカレ。最《モット》モ始《ハジメ》ニ小ナル者《モノ》ガ大切ナリ。小ナレバトテ捨《ステ》ナバ大ハナラザルベシ。我《ワレ》ラ各々《オノ〳〵》マヅ此《コ》ノ一《ヒトツ》ノ群《ムレ》ヲ第一ニ堅固《カタメ》ンガ為ニ力《チカラ》ヲ尽シ勉強忍耐コレヲ維持スベシ。純美ヲ顕《アラハ》スベシ。然《シカ》シテ次第ニ其《ソ》ノ栄《ホマレ》ヲ他ニ伝《ツタ》ヘ広《ヒロ》ク益《エキ》ヲ受《ウ》ケ福《サイワヒ》ヲ蒙ラシムルコトヲ勤《ツト》ムベシ。是《コレ》ワレラ信者ノ任《ヤクメ》ナルナリ。カクテ之《コレ》ヲ維持シ之《コレ》ヲ純美ニシ其栄《ソノサカエ》ヲアラハスハ各々《オノ〳〵》他視《タニンミ》スルコトナク共《トモ》ニ合体トナリ相ヒ親睦シ苦楽ヲ同《オナジ》クシ。恰モ神経ノ総身ニ満及シ何《イヅ》コヲ捫《サ》スルモ撃《ウツ》モ必ズ立刻《タチドコロ》ニ全体ヘヒヾクガ如クスルニアル耳《ノミ》如斯スルハ私欲ヲオサヘ務テ光明ノ道ヲアユミ救主ノ愛ヲ学《マナブ》ニヨリテ成ナリ。各々虔誠ニシテ祈《イノリ》ヲサ、ゲ宜《ヨロシ》ク此《コ》ノコトヲ懇求《ネンゴロニモトメ》スベシ

○全教会ノ一致ノ為《タメ》ニ祈祷　明治十年一月十四日一周ノ祈祷畢日○一致ト云ベカラザルヲ論ズ○致字々書ニ云致猶レ会也又使二之至一也○題エペソ書四章ノ五ト六節

演説ノ前ニヨハネ伝十五章一ヨリ十二節マデヲ朗読ス

今霄ノ祈《イノリ》ハ我ラ信徒ニ於テハ最モ大切ナル祈ナリ、又コノ祈《イノリ》ハ神ワレラノ主耶蘇キリストニ因テ尤モ悦《ヨロコビ》テ受納《ウケイレ》タマフ所也、世界ヒロシト雖モ教会ノ数《カズ》カゾヘ難《カタキ》ホド多ト雖モ、凡テ合《カッシ》テ一体タリ、其ノ会ハミナ救主ノ体ニ連ナレル者ナリ、共ニ救主ノ我《ワレ》ラ罪人ノ為ニ流シタマフ所ノ宝血《オンチ》ニヨリテ潔メラレ其ノ潤《ウルホヒ》ニヨリテ成長シ、同ク其ノ恩愛

ノ光ヲ受テ堅固《カタキ》ヲ存《タモツ》モノナリ、此ノ故ニ素《モト》ヨリ一《ヒト》ツモノニシテ決シテ離ルベキモノニアラズ、神ノ耶蘇キリストニヨリテ賜《タマ》フトコロノ福音ノ福ヲモ共《トモ》ニ受《ウク》ベキモノナレバ又《マタ》ソノ艱難ヲモ歓楽《ヨロコビ》ヲモ共ニセザル可カラズ、其《ソ》ノ働モ相ヒ互ニ助ケ合《アハ》ザル可カラズ、其ハ山河ヘダツトモ国ヲ異《コト》ニスルトモ其ノ働ノ目的ハミナ一《ヒトツ》ナルベケレバナリ『ロマ書十四章ノ八あるひは生《イキ》あるひは死《シヌ》るもわれらは皆な主のものなり」トアルガ如シ、此《コ》ノ主ハ天下ニ二ツナシ乃チ我ラノ救主イエス キリスト惟《タダ》ヒトリ也、コノ主ニヨリテ事《ツカフ》ルトコロノ神ハ幾柱《イクハシラ》モマシマスカ、惟《タダ》一ノ天地万物ノ主宰タル救主ノ御父エホバノ神ノ他ニ神ナカルベシ『ロマ書三章ノ三十神ハたゞユダヤ人のみの神なるや。また異邦人の神ならずや。しかりまた異邦人の神なり。それ割礼せしものをも信仰によりて義《ギ》とし。また割礼なきものをも信仰によりて義とする神は一柱《ヒトハシラ》なれば実《ゲ》にしかり」トイヘルガ如シ』サレバ今日ノ題ニモ掲《カヽ》ゲタル『エペソ書四ノ五節信仰一《ヒトツ》、バプステマ一、神一、ノ義《ギ》モコレニ因テ明瞭《アキラカ》ナルベシ、別《ベツ》ニ信《シン》ズル所アレトイフトモ信ズル所ノモノハ他《ホカ》ニアルヲ得ザルベシ、救主宝血《オンチ》ト聖霊ノ他ニ何《ナニ》ニヨリテ受ベキ（バプステマ）アランヤ、即チガラタ書三章二六七尓らキリスト耶蘇を信ずるに因《ヨリ》て皆《ミナ》神の子たり、凡そ（バプステマ）を受てキリストに合《アフ》ことをいたすものはキリストを衣《キル》なり」廿八 ユダヤとギリシヤあるひは奴僕《シモベ》と自主《シュジン》あるひは男と女みななんぢらキリスト耶蘇にあるものは一《ヒトツ》なり」トアルガ如ク国《クニ》ハコトナルモ貴賤男女ノ隔《ヘダテ》アルトモ（バプテスマ）ニカハリアルナシ、又スデニ（バプステマ）ヲ受シモノハ一体タルコト知《シル》ベキナリ』

又《マタ》神ノ一《ヒトツ》ナルコトハ前《マヘ》ニモ述《ノベ》シ如ク他《ホカ》ニ神ノアルベキ筈ハナケレドモ尚《ナホ》イハヾ『コリンタ前八章ノ六われらに一神あり即ち父なり、万物これらに創《ハジマ》る、我らこれに帰す」トモアリ、已《スデ》ニカクノ如シ何《ナ》ンゾ教会ハ各々他視スルノ理アランヤ、殊《コト》ニ其ノ一体タルコトヲ論《ロン》ゼシハ聖書ノ中ニ枚挙ニイトマアラズ、試ニ其《ソ》ノ一二ヲ挙テ示サン「ロマ書十二ノ五おの〳〵キリストにおいて一体たればまた互にその肢《エダ》たるなり」マタガラシア一章ノ十八教会は身《カラダ》なり　イエスヲ云　彼はすなはち首《カウベ》なり」又ガラシア書二章十十一キリストはすべての執政《ツカサ》また権をとれるもの丶首《カシラ》なり、尓らまた彼によりて完全《マツタキ》ことを得《エ》、またかれと連属せり」マタ今日ノ題ナルエベソ四章ノ十五十六節ニモ『愛心ヲ用《モチ》ヰ真理ニシタガヒ日々《ヒヾ》ニ生長シ凡ソ事首《カシラ》タルキリストニナラフベシ、全体カレニ因テ聯絡堅固、百節各々相ヒ承ケ互《タガヒ》ニ相ヒ助ケ身体ヲシテイヨ〳〵マス〳〵長ゼシムベシ」トモアレバ天下万国オホヨソキリストニヨリテ立《タテ》ラレタル教会ハ互ニ相愛シ相助ケ各々ソノ職ヲ尽《ツク》シキリストノ体ヲ広大ナラシメネバナラヌハ勿論《モチロン》、ハナレヨトイフトモ又隔離セラレヌモノトオモハル、也』モトヨリ一体タルカラニハ試ニ思へ、我ガ足ワガ手ヲ切リ断《タテ》ヨトイフトモ誰《タレ》カ指《ユビ》一本タリトモ之ヲ悦ブモノアランヤ、又指一本タリトモ若シ痛《イタ》ミアラバ誰カ之ヲアハレミテ療《リヤウジ》スルコトヲセザランヤ、是《コレ》ニ因テ是ヲオモヘバ殊更ニ今マ一致トイフ言《コトハ》ノアルハ怪《アヤシム》べキコト也、一致トイフハ元来コトナルモノヲ聚合《アツメアハス》シュウガフスルノ義ナリ、其《ソノ》ワケハ誰カ己《オノレ》ノ手足オノ〳〵連属スルモノヲ一致トイハンヤ、素《モト》ヨリ己《オノ》ガ一体ノモノナレバ也、モシ過《アヤマチ》テ切断《キリオトシ》ナドセバ之《コレ》ヲ本《モト》ヘカヘシ

テ其ノ体ヲ全《マッタ》フセンコトヲ願フノミ、人ハ其ノ身ニツイテ願《ネガ》フトコロハ此《コ》ノ手足ノ過《アヤマチ》テ離《ハナ》レザル
1 コトヲ望《ノゾ》ミ恒《ツネ》ニ其ノ為ニ自重愛護スルナリ』、或ハオソル、聖書ニ一体ト示《シメ》サレタルヲ誤見シテ其ノ教会ノ規則政事等ノ人ノ便利ニヨリテ立《タテ》テタルモノ、異《コト》ナルヲ見テ已《スデ》ニキリストノ体ヲ離レタルモノ、如ク思ヒ、強《アナガチ》ニ万事万端ヲ己《オノレ》ト同《オナジ》クセンコトヲ欲シ、若シ同カラズシテ其ノ意ノ如クナラザルトキハ是《コレ》ヲ他視シテ全《マッタ》ク我ハ真《マコト》ノキリスト会ニシテ彼《カレ》ハ救主ノ愛ニ背《ソム》ケルヤウ思ヒ、甚シキニ至リテハ互ニ譏《ソシ》リアヒ其ノ手足タル愛スベキ兄弟ヲ敵ノ如クアシラフヤウニ立《タチ》イタランコトヲ、サレド此《コレ》ハ全ク己《オノレ》ヲ信ズルノ甚《ハナハダ》シキモノニシテ『ロマ書十二ノ三心をたかぶり思をすごすこと勿れ、神の各々《オノ〳〵》に賜《タマハ》りたる信仰の量《ハカリ》にしたがひて平《タヒラカ》におもふべし」トアル言《コトバ》ヲワスレタルモノナラン』殊《コト》ニ聖書ニイフエペソ書四ノ十五百節オノ〳〵相ヒ承ケ互ニ相ヒ助ケ」トアル語《コトバ》、マタロマ書十二ノ五また互ニソノ肢《エダ》タリ』トイヘルコトアル、是等《コレラ》ヲイカニ見解スベキカ、豈ニ千手観音ノ如ク手バカリアリテ美《ビ》トイフベケンヤ、人体ニカヽル類《タグヒ》ノモノアランヤ、手足モ首《カウベ》モ指《ユビ》モ各々其ノ所ヲ得《エ》テコソ其ノ用ハ弁ズルナレ、又全備ナル美《ウルハシキ》モノトハイフベキナリ、サレバコソ保羅モ　ロマ書十二十章四十五　身《ミ》タヾ一肢ナラズ、乃《スナワ》チ多シ、若《モ》シ足イフ我レ手ニ非《アラ》ザルヲ以

已ニ各々異ルベキヲ云ニ非ズヤ雖然モトヨリ離ルベカラザルヲイフナラズヤ

1　一致ノ字マコトニ危キ熟字ナリ我ラ信者ノ一致ト云ハ素ヨリ一体タル者ナルガ故ニ他視スルコトナク相愛シ相親ミ助ケ合ントノ義ナリ。雖然他ヨリ見ルトキハ文字ニナヅミ其意ヲシラズ元来コトナル者アルガ故ニ今アラタニ一致ヲ望ナリト誤認スベシ〇又ヤ、モスルト信徒ノ中ニテモ聖書ノ義理ヲ思ハズ其好ニマドハサレ投ジ一致ノ文字ニヨリ反テ誤ヲ引出スコトアルベシ危険ノ字ト云ベシ其ハ一致ノ字ト聖書ノ一体ノ字ト甚ダマチガヒヤスケレバナリ

本文ト少々文ヲ異ニセリ我ラハ本文尓ラニ作ル

テ身《ミ》ニ属《ゾク》セズト、果《ハタシ》テ身ニ属《ツカ》ザランヤ、耳イフ我レ目ニ非ザルガ故ニ身ニツカズト、果シテ身ニツカザランヤ」ト又《マタ》云十九若シ悉《コト〴〵》ク一肢タラバ身イヅクニ在《アラ》ンヤ」ト宜《ウベ》ナル哉コノ言《コトバ》、サルカラニ各々其ノ形ハコトナリト雖モ共ニ是《コレ》キリストノ体ナリ、信ズル所オナジク是一ツ、受《ウケ》ルトコロノ（バプステマ）オナジク是一ツ、事《ツカフ》ルトコロノ神オナジク是一ツ『エペソ三ノ十四十五十六　天上地下ノ全家スベテ彼　エス　ニヨリテ名神ヲ称《トナ》フ、神ノ豊《ユタカ》ナル栄《サカエ》ニシタガヒテ聖霊ヲ我ラノ心《コヽロ》ニタマハリテ、各々力《チカラ》ノ増長シ、キリストヲシテ信《シン》ニ因《ヨリ》テワレラノ心ニアラシメ、我ラノ愛心ヲシテ根基《モトヒ》ノ堅固ナラシメ玉ハンコトヲネガフナリ』。宜シク相ヒ互ニ相ヒ愛シ相助ケキリストノ体《カラダ》ヲ広大ニシ其ノ光ヲ世ニツタヘ同《オナジ》ク是《コ》レ世ノ塩《シホ》トナリ世ノ光トナランコトヲ願フナリ』今ハ一致トハイハズ此《コ》ノキリストノ体ヨリ離ル、コトノナカランコトヲ願ナリ、若シ私欲ニ増長シ妄ニ他会ヲ軽視スルノ会アラバ是レ過《アヤマチ》テキリストノ体ヨリ自ラ離レシ者ナリ、願ハ本ニ帰リ一体ニツラナルコトヲ得テ救主ノ命ノ如ク『互ニ相愛センコトヲ祈祷イタシタキ也

○マタ伝十七ノ五　声《コエ》くもよりいで、いひけるは此《コ》はわがこゝろにかなふわが愛子《アイシ》なり尓《ナンヂ》らこれにきくべし

此《コノ》トコロヲ読《ヨミ》アヂハヒテ見《ミ》レバ誠《マコト》ニアリガタキコト也、ワレラ喜悦《ヨロコビ》ニタヘザルナリ、雲ヨリ出《イデ》シ声《コエ》ハ即チ真神ノ御言《オンコトバ》ニシテ我《ワガ》愛スル子《コ》トイヒ玉ヒシハ即チ耶蘇ヲサシテ仰《オホセ》ラレタル也、コレニ依《ヨリ》

テ耶蘇ハ神《カミ》ヨリ出《イデ》タマヒシ者ニシテ即チ神ト同一ナルコトヲ知《シル》ナリ、我《ワガ》心ニカナフト仰《オホセ》ラレシハ耶蘇コノ世ニ降《クダリ》タマフテ神ノ御旨ヲ世ニアラハシ福音ノ道ヲ人ニツタヘ自《ミズカ》ラ世《ヨ》ノ人《ヒト》ノ罪《ツミ》ヲ贖《アガナ》ヒ已《スデ》ニ罪悪ニオチイリタル人間ヲ再ビ神ノ御元《オンモト》ニカヘラシメ永遠《カギリナキ》ノ福ヲ受《ウクル》コトノデキルヤウ救ノ道ヲ開《ヒラキ》タマヒシ、是《コレ》スナハチ神ノ人ヲ愛シ世ノ人ニ福ヲ得《エ》サセタク思召《オボシメス》御慈愛ニカナヒタレバ也、コレニ聴《キク》ベシト仰《オホセ》ラレシハ耶蘇キリストノ他《ホカ》ニ救主ナク天下万国ミナ耶蘇ニヨリテ救ハル、コトヲ得《エ》マコトノ福ヲ受《ウク》ベキヲ示《シメ》シ玉ヒシ也』コノ世界ヲミワタセバ中々国ノ数モ沢山ナリ、又国ゴトニ風俗言語モ各々コトナリ、教法モマタ甚オホシ、然《シカレ》ドモ能《ヨク》カムガヘテミルト皆《ミナ》一国ノゴトク一家ノゴトク兄弟ノゴトク思《オモ》ハレル也、ソハ何《イヅレ》ノ国モミナ一ツ太陽ノ光ヲ受ケ同ク太陽ヲメグリ海水ノヘダテアルト雖モ地真連続シ凡テ行道ノ働キヨリシテ何コトニヨラズ皆トモニスルナリマタ何ノ国ニテモ人ノ良心ノ働ハ悉ク同ジケレバナリ、又イヅレノ国ノ人デモ骨組《ホネグミ》オヨビ腹内ノ機械イサヽカ異《コト》ナル所ナケレバ也、コレ此《コレ》ヲ創造《ツクリハジメ》シタマフ者ノ一《ヒトツ》ナルヲ証《シヤウコ》スルニ足《タル》ナリ、已《スデ》ニ世界万物人類ヲ造《ツク》リ玉ヒシ神タヾ一《ヒトハシラ》ナルトキハ又ソノ道《ミチ》モ二《フタツ》アルベカラザルコトヲ知《シル》ベシ、人間ノ守ベキ道スデニ一《ヒトツ》ナルトキハ其ノ他ノ教凡《スベ》テミナ人ノコシラヘタル道ニシテ真神ヨリ出シモノニアラズ真道《マコトノミチ》ニアラザルコトヲ知《シル》ナリ、サレバ人ハ真神ヨリ出シ所ノ真道《マコトノミチ》ニシタガハネバナラヌ也、マコトノ道デナケレバ救ヲ得《ウル》コトアタハズ永遠《カギリナキ》ノ福ヲ受《ウクル》コトアタハザルナリ、何《イカニ》トナレバ人ノ造《ツクリ》シ道ハ人ヲ救フコトアタハズ其《ソノ》ヲシヘヲ造《ツクリ》シ人モ同ク救《スク》ハレズシテ已《スデ》ニホロビタルナラン、況ヤ其《ソレ》ニシタガフモノヲヤ、之《コレ》ヲ造《ツク》リシ人モ其道《ソノミチ》モ其ノ道ニシタガフ人モ共ニ朽《クチ》ザルヲ得《エ》ザレバ也、コノ故ニ真神ヨリ出シ真道ヲ撰《エラビ》テ生涯コレヲ固守《カタクマモリ》センコトヲ心ニ定ベシ』余世《ワレヨ》ノ中《ナカ》ノ教ヲミルニ多《オホ》クハ其ノ国一国ニ止《トヾマリ》テ他国ニ伝ルコトアタハズ、或ハ両三国ニ及ブモ万国ニシキ及《オヨボ》スコトアタハズ、強《シヒ》テ伝《ツタ》ヘントスルトモ或ハ国体ヲヤブリ或ハ政事ニサワリナドシテ害オホク益《エキ》ナキ者《モノ》オホシ、又ハ人情ニ遠クシテ妻子ノ愛ヲタチ君臣ノ義ヲスツル類ノ教アリ、或ハ自《ミズカ》ラ難行苦行シテ之ニヨリテ救ヲ得《エ》ントスル教アリ、是《コレ》ミナ真神ノ教ニアラズ故ニ此《カク》ノ如キ教ニヨリテ救ヲ得《ウル》コト決シテ能ハズ、反《カヘツ》テ人ノ心ヲ頑梗《カタクナ》ニシテ益々《マス〱》霊魂ヲ沈淪《ホロビ》ニオモムカシムル也、一人スクハル、コト能《アタハ》ハザレバ即チ一国モマタ之ニヨリテ福ヲ受《ウケル》コトハデキヌナリ、此ノ故ニ教ト云モノハ敢テ一人一家ノ上ノミナラズ国ノ為ニモ大ニ関係《カヽハリ》アルモノニテ真神ノ真道ニシタガフ国ハサカエ真神ニ逆フ国ハ亡《ホロブ》ルナリ、試ニ見シ右《ミギ》ラノ如キ教ヲ奉ズル国ニ威《イキホヒ》アル国ハアルヤ否、インド地方マタエジブトトルコ等ノ国ミナ真神ノ教ヲ奉ゼザル国ナリ、風俗アシク恒ニ争ヒ絶エズ人民ニ楽《タノシミ》ナク
1 国力《クニノチカラ》ハナハダ微ナルニアラズヤ、又首《カウベ》ヲ回《カヘ》シテ欧州《ヨフロツパ》地方アメリカ等ノ真神ノ教ヲ奉ジ耶蘇君ニシタガフ国ヲ見ヨ、人民ニ楽オホク国力マス〱盛ニシテ全世界ニ其ノ名ヲ輝《カガヤカ》スニアラズヤ』、

然《サレ》バ神ノ是ニ聴ベシト仰《オホ》セラレシハ耶蘇ニキイテ真理ヲシリ耶蘇ニ順テ福ヲ得セシムル為ニワザ〱如此《カク》オシメシナサレタルモノニ非ズヤ、神ノ深ク世ノ人ヲオモヒ玉フ御慈愛シラル、ナラズヤ、又ソノ仰《オホセ》ノ如ク耶蘇ニシタカヘバ必ズ福ヲ受《ウケル》ノ証拠モ今《イマ》万国ノ上《ウヘ》ヲミテ明ニワカルナラズヤ、

[2] 然《シカ》ルニ尚ホ心ヲ頑梗《カタクナ》ニシテ耶蘇ニシタガヒ聴《キク》コトヲ好マザルハ何《イカ》ニ愚ナルコトナラズヤ、兎角ニ[3]人ノ癖《クセ》ニテ誠ニタノミ難《ガタ》キ己《オノ》ガ力《チカラ》ヲ恃ミ、神ノ御言ヲカロシムレドモ、心ヲオチツカシテ思ミヨ、世間ノ事ナニ一《ヒト》ツトシテ自分ノ望ノマ、ニナルカハ、此《コ》ノ事ヲカクセバ福ヲ得ント思ヘバ豈ハカランヤ反テ其《ソノ》コトガ我ガ身ノ不福《フサイハヒ》ノ種トナリ、如此《カク》セバ楽《タノ》シカラント計リシモ豈ハカランヤ其《ソレ》ガ憂ノ本トナリ、此《コノ》商法ニヨリテ大利ヲマウケ普請《フシン》ハ西洋造ニシ大ナル庫《クラ》ヲ立テ田《タ》地ヲモ買コミテ子孫ニマデ安楽ヲノコサンナド、モクロメバ計ラザリキ今ヲル所ノ家屋鋪ニサヘ居《ヲラ》レヌスガタトナリ、此様《カヨウ》ニクワ立《ダテ》テ我《ワガ》コ、ロニ叶《カナ》ハヌ役人ヲシリゾケ富貴利達ヲ得《エ》ントスレバ反テ身ヲ刃《ヤイバ》ノ下ニ置首《オキクビ》ヲ木ノ上ニサラサレルヤウナコトニナリ、和漢洋ノ隔ナク古今ノ歴史ヲミテモ、又歴史マデ、モナク現今《タマイマ》ノアリサマヲ見テモ、又オノレノ一身ノ上ニ附《ツキ》テモ随分味《アヂハヒ》ハシラル、ナラン、兎ニモ角ニモ恃ベカラザルハ人間ノ力《チカラ》、タノムベキハ神ノ御力ナリ、人ハ神ノ御力ヲタノミ耶蘇ノ御言ニサヘ聴従《キキシタガ》ハヾ今ハ人ノ目ニ不運ノ如クミユルトモ、自ラモ難儀ノヤウニ思ハル、トモ必ズ福ヲ得《ウル》ノ期《トキ》アルナリ、其ノ例マタ古今ニオホシジヨーブ　アブラハムノ事跡ヨリシテ近世ニイ

1　真道ハ必ズ地球中ニ行ハレテサシツカヘナク反テ之ニヨリテ風俗ヲ改良シ国体ヲ堅固ニシ政事ヲ暗ニタスケテ人民共ニ福ヲ得ニイタルナリ

2　旧来ナレキタリタルコトハ教ナク何ナク善悪ニ係ハラズ棄ガタキ者ナリ

3　エペソ書四ノ二十二云。尓宣レ脱下風習之旧人即由二施惑之欲一而ニ見レ壊者上又宣下以二尓心一之霊一而ニ更ニ新上レ之且ッ衣下以新人乃以二真理之義与レ潔循レ神而造者上

タリテモ枚挙《カゾフル》ニタヘザルナリ、人々ハヤク真神ノ御示ニシタガヒ其ノ御子救主イエスニキ、之ニヨリテ救ハル、コトヲセヨ、之ニヨリテ天国ノ福ヲ得ヨ、ヒブルノ書ニモ十三ノ十四十五なんぢらのちかづける所は云々新約の中保《ナカタチ》なる耶蘇およびそのそゝぐ所の血なり、此の血のいふところはアベルの血のいふところよりは最も勝《マサ》れり、つゝしみて告示《ツグル》ところのものを拒《コバム》なかれ」トアル如ク此ノ耶蘇ノ教ヘタマフトコロハ容易《ヤウイ》ナラザルナリ、我ラ罪悪ノ人ヲ救ニ他ニ法ナク神ノ御子ミヅカラ我ラノ為ニ若辱ヲ受サセラレ、血ヲ流シテ我ラヲ救フノ道ヲ開キ其ノ証ヲ立テ教ヘタマフトコロナリ、如此《カク》オホイナル恩愛イヅクニヤアルヤ、又アルベカラズ、宜《ヨロシ》ク慎テシタガヒ忽諸《カロシムル》ナカレ』箴言一ノ七ソロモン云「エホバノ神ノ寅畏《ヰワウ》ヲオソル、ハ乃知識ノ本ナリ、惟シ愚人ハ智慧《チエ》ト訓《ヲシヘ》トヲ藐《カロシ》ズル也」ト又八章三五凡ソ我ヲ得《ウル》モノハ生ヲ得テ必ズ恩ヲ蒙ルナリ、罪ヲ我ニ得《ウル》モノハ己《オノレ》ノ命ヲ壊ナリ、凡ソ我ヲ恨ル者ハ自ラ死ヲ愛スルナリ」トモイヘリ、実ニ然《シカ》ラント思ハル、也』大古《ムカシ》ノアノ時モノアハ神ノ命ニ従テ洪水ニタスカリ衆人ハ反テノアヲワラヒ神ノ命ヲカロシメテ遂ニ亡ビタリ、始ハノアハ愚ノ如ク衆人ハ智アルガ如クナリシモ実ハノアハ大智ノ者ナルベシ、ロトソドマノ刑罰ヲノガル、コトヲ得シモ即チロトハ神ノ命ニシタガヒソドマ人ハ之ヲ拒シニヨリテ亡タリ、各々モノアノ時ノ人ヤソドマ人ノ如ク外皃《カタチ》バカリ利口ナルヤウニ見エテ後チ悔テ及バズ永キ憂ヲノコス勿レ、速ニオノレノ罪ヲ悔ヰ真神ノ是《コレ》ニ聴《キク》ベシト仰ラレタル天下万国タヾ独ノ貴キ救主イエスニキ、之ヲ信ジ之ニ依頼シ今世来世カギリナキ真福ヲ得タマフベシ

○此ハ明治十年一月苦楽ノ弁ト題シテ十字社へ郵送セシ草稿ナリ其ノ序ニ云「誰カ憂若ヲ求メンヤ誰カ喜楽ヲ求ザランヤ而シテ其求ムル所ノ者ハ得ズ却テ求メザル所ノ者ノ免レ難キハ抑々何ゾヤ唯ソノ道ヲ得ザルニ由ノミ人ノ此世ニアルヤ素ヨリ患難痛苦ノコト均ク是ナキ能ハザルモ善人ノ為ニハ悉ク働テ益トナラザルハナシ故ニ禍ハ転ジテ福トナリ苦ハ反テ楽トナルナリ庶幾クハ世人ヲシテ共ニ此ノ真境ニ入シメン事ヲ欲シ今茲ニ謭劣ヲ省ミズ鄙文ヲ草シテ其ノ事ヲ陳ブ矣　おほよそ世《ヨ》のありさまを見《ミル》に貴賤貧富《タフトキイヤシキマヅシキトメル》のへだてなく憂苦おほくして快楽すくなし。然《シカリ》と雖《イヘド》も是《コレ》豈天神の聖旨《ミコヽロ》ならんや。聖書にも神《カミ》は愛なりと録《シル》されたり。智者《カシコキヒト》は宇宙《セカイ》の万物を観《ミ》てだに造物者の仁愛はしらるゝならん。止《タヾ》に目《メ》にみるところのものゝみならず目に見《ミエ》ざるところの永遠《カギリナキ》の真福をそなへて人の歓喜《ヨロコビ》を充《ミタセ》その心を満足せしめたまへり。この真福を得《ウル》は希望《ノゾミ》にあり希望は信徳《シンカフ》によりて来《キタ》る信徳は神を知《シル》よりおこるなり。悲哉《カナシイカナ》人みな罪欲のために神より離《ハナ》れ其《ソノ》心いよ〳〵蒙昧《クラ》く其の意《オモヒ》ます〳〵虚妄《ミダ》れ自《ミヅカ》ら知慧《カシコシ》とゝなへて愚魯《オロカ》なるものとなれり。斯《カヽ》るが故に恒《ツネ》に神の怒その上にありて希望まさに絶《タユ》この希望たゆるによりて心に快楽なく神の愁あるによりて心に憂苦おほきなりし。人おほくはかゝる道理《コトワリ》を悟《サトラ》ず専《アナガチ》に浮虚《ムナシキ》の財をもて快楽を求《モトメ》んとす是《コレ》よりして貧婪謊誕娼嫉《ムサボリイツハリネタミ》のごときもの世《ヨ》におほく互に害《ソコナ》ひ共に争ひ夕《ユウベ》にはねて朝に起き営《イトナム》ところは惟名《タダな》と利とのみにして愛情日ごとに冷《ヒヤヽカ》に醜態《ミグルシキコト》月ごとに顕《アラハ》る。然《シカ》して願ところの快楽はいよ〳〵去《サ》り厭《イトフ》ところの憂苦はます〳〵加《クハ》はり諸共《モロトモ》に不幸の嘆息《ナゲキ》を世にみたしむるに至《イタ》れり。噫々《アヽ》世の人いかに昏迷《マドヘル》かないかに顚倒《タガヒ》せるかな是《コレ》みな木によりて魚《ウヲ》をもとめ弓なくして鳥をねらふが如し。それ福祉《サイハヒ》の原《ミナモト》喜楽の本《モト》は惟一の全智全能造物の主宰なる真神なるなり。往昔《ムカシ》人の始祖《トホツオヤ》アダムも神と丶もにありて快楽きはまりなく罪によりて神をはなれしより畏懼と苦難とをまぬかれざりき。されど神の愛はふかい哉かれ罪《ツミ》を丶かして自ら真神を避《サキ》しかど神《カミ》はなほかれを索《モトメ》てなんぢいづこにあると召《ヨビ》たまひたり。今もまた斯《カク》のごとくわれら人間ともにおのが罪悪によりて神をはなれしものなるになほこれを不省《ヤクニタヽズ》として棄《ステ》たまはず耶蘇を世に賜《タマフ》てその罪を贖ひ鴻恩をひらきて我等の霊魂を救たまへり。耶蘇のたまひけるは労苦重負のもの我《ワレ》にきたれわれ安《ヤスキ》をあたへんと』此《コノ》故に人その非をくゐて耶蘇にゆかばはじめて安慰をうべし耶蘇その非心をあらためその罪戻をゆるし其《ソ》を正道にみちびきその行《オコナフ》ユクべき平康の道を示《シメ》したまふなり。かくてこそ憂苦はたえ快楽はきたるなれ孝悌はあらはれ仁愛は生し信儀はおこなはれ貴《タカキ》はたかき賤はいやしき富るはとめる貧しきはまづしきのま丶各々楽ところあり慰るところありその心に希望を存《タモタ》され終に永生の真福をうるにいたるならん

○コリンタ前書第六章九節　豈《アニ》しらずや、不義なる者の神の国を嗣ことを得ざるを』

悪《アシ》キ者《モノ》ノ真《マコト》ノ福ヲ受《ウク》ルコト能《アタ》ハズ、義《タヾシ》カラヌ者ノ神ノ国ニ入《イル》コトノデキザル事《コト》ハ聖書中ニハ屢々《シバく》御示モアルコトダガ、此《コ》ノ事ハ敢テ聖書ヲ見《ミ》シ者ノミナラズ、各々自《オノオノミヅカ》ラ其心ニ尋問《トフコトヲ》セバ己《オノレ》ノ心ハ能《ヨ》ク其理ヲ諭《サトス》ナルベシ」万一ニ悪キ者ガ真ノ福ヲ得《エ》　真ノ字ニ目ヲ注ベシ現世ノ虚福ニハ非ズ　義キ者

ガ神ノ御怒ヲ蒙リ悪報ヲ受ルナラバ此ノ世《ヨ》ハ立刻《タチマチ》カハリテ妖怪《バケモノ》世界トナルナリ、止《タヾ》ニソレノミナラズ今日カクノ如《ゴト》ク四時ノ順序モタガフコトナク日月雨露ノ恩《メグミ》ヲ受《ウケ》テ平安《ヤスラカ》ニ此《コ》ノ世界ニ住居《スマヰ》シテ居《ヲル》コトハ能《アタ》ハザルベシ、聖書　ロマ三ノ五節　ニモ「神ハ不義ノ者《モノ》ナルヤ、然《サル》コトアラジ若《モ》シ然《シカ》ラバ神イカニシテ世ヲ審《サバク》コトヲ得《エ》ンヤ』トアリ、神ハ素《モト》ヨリ至公至義カナラズ悪ヲ罰《バツ》シ善《ゼン》ヲ賞《シヨウ》シタマフ也、サレド我《ワレ》ラ人間ハ至《イタツ》テ微小《チヒサ》ナルモノ故《ユヱ》ニ今日目前《メノマヘ》ニ其《ソ》ノ御賞罰ヲ見《ミ》ウルコト能《アタ》ハザルノミ」彼《カ》ノ支那人モイヘル如ク「燕雀ナンゾ大鵬ノ志《コヽロザシ》ヲシランヤ」ト人ト人トノ中ニ於テスラ尚《ナホ》カクノ如シ、イカデ大ナル神ノ御斗《オンハカラ》ヒヲ悉《コトゴト》ク知《シリ》ウルコトヲ得ンヤ、小キ人ノ目ヨリミレバ或《アルヒ》ハ悪人ニシテ福ヲ得《エ》善人ニシテ不仕合《フシアハセ》ヲ受《ウクル》モ世ニ多キガ如ク思《オモ》ハルレドモ、老子モイヘル如ク「天網恢々疎ニシテ漏レズ』イカデ神《カミ》ノ目《メ》ヲ凌《シノ》グコトヲ得ンヤ」扨《サテ》シカルトキハ此《コノ》世ニ誰《タレ》カ己《オノレ》ノ善《ゼン》ニヨリ己ノ義《タヾシキ》ニヨリ神ノ罰ヲ免《マヌ》カレ賞ヲ得《ウル》モノ有《アル》ベキカ一人《ヒトリ》モアラジト思ハル、也、ダビデト云《イヘ》ル昔《ムカシ》ナダカ、リシユダヤノ王ガイヒシコトニ「我《ワガ》母ワレヲ妊《ハラ》ミシ時我ハ罪アリシ』ト是《コレ》ハ人ノスデニ母ノ胎《タイナイ》ニヤドルヤ悪ヲナスノ根拠《モト》タル心ヲ有《タモチ》シコトヲ云ヘルナルベシ、実《ジツ》ニ人ノ心ハ万悪ノ本ニシテ僅《ワヅカ》三日ノ間《アヒダ》トイヘドモ全《マツタ》ク潔《キヨ》ク有《タモチ》テ汚《キタナ》キ思ヲ生ゼザルハ誠ニ難《カタキ》コトナリ、其心ノ悪ガ遂《ツヒ》ニハ虚言《イツハリ》ヲイヒ言《コトバ》ニアラハレテ或ハ人ヲ謗《ソシリ》、アルイハ人ヲ嫉《ネタミ》、アルヒハ人ノ栄誉《ホマレ》ヲ毀《コボチ》、アルイハ人ヲ悪ニ誘《イザナヒ》、マタハ行《オコナ》ヒニアラハレテ人ノ財《タカラ》ヲ貪《ムサボ》リ、酒ニ酔テ尽《ツクス》ベキノ職分ヲオコタリ、色欲ニ溺《オボレ》テ人倫ニタガヒ、権勢ヲタノンデ人ニ残酷《ムゴキコト》ヲ施《ナ》シ、智《チエ》ニホコリテ人ヲ軽蔑シ、此《コノ》世ノ財ヲ愛シテ日々恩愛ヲ蒙

孔子云〇死生有レ命。富貴在レ天

ル天父ヲ愛スルノ心ナク、欲《ヨク》ヲ縦《ホシイマヽ》ニシテ人ヲ憐ノ心ナク、自《ミヅカ》ラ虚妄《イツハリ》トシリテ邪道《ヨコシマノミチ》ヲ以テ人ヲ惑シナドスル類《タグ》ヒ浮々《ウカ〳〵》トシテヰテハ其罪ニ慣《ナレ》テ持癖《ジクセ》トナリテアルカラ人ミナ己《オノレ》ヲ善人ノゴトクニ思《オモヒ》ナシ一向ワレニ悪ノ言行アルトモ知《シラ》ザル者モ多カルベケレド、細《コマカ》ニ自分ヲ省《カヘリミ》ナバ段々《ダン〳〵》オノレノ罪《ツミ》ヲ見《ミ》イダスベシ、若《モシ》コレラノ如《ゴト》キコトアラバ所詮《ショセン》神ノ国ニハ入《イリ》ガタシ、惟《タヾ》ニ神ノ国ニ入《イル》コト能ハザルノミナラズ神ノ御罰《オンバチ》ヲ免《マヌカレ》ガタシ永遠《カギリナキ》ノ苦ニ陥《オチ》イラネバナラヌ也、コノ事《コト》ニ於《ツイ》テハ静《シヅカ》ニ各々《オノ〳〵》己ノ良心《ホンシン》ニ問《トヒ》テモ実ニ然《サル》コト、思ハレ、道理ノ上《ウヘ》ニテ考《カンガヘ》テモ此ノ木《キ》アリテ此《コ》ノ花ヲ生ジ、此ノ花アリテ此ノ果《ミ》アリ、瓜《ウリ》ノ蔓《ツル》ニ茄子《ナスビ》ヲ生ゼス、茄子ノ木ニ瓜ハナラズ、悪ヲナシテ福ヲ受ケ善ヲナシテ禍ヲ得《ウル》ノ理ハ万々アラヌハヅ、又和漢ノ古聖賢ノ書ヲ徴シテモ明ニ知ラル、コトナガラ目前コレト見認《ミトムル》コトノ出来《デキヌ》モノ故ニ愚夫《オロカモノ》ハ私欲ノ為ニ逐《オヒ》ツカハレ朝暮《アサバン》私欲ノ奴隷《ヤツコ》トナリ思《オモヒ》ヲコ、ニ致《イタス》ノ暇《イトマ》ナク、智者《チシヤ》ハ其《ソ》ノ智ニ苦役サレ人間ノ小《チヒサ》キ見識ヲ以テ神ノ大ナルヲ測《ハカリ》アタフコトノ出来《デキ》ザルヨリシテ遂《ツヒ》ニコレヲ荒唐不経《タワイモナキコト》トナスモアリ、或ハ天堂地獄ノ説《セツ》ハ仏氏ガ恒ニ説《トク》トコロニシテ其ノ言辞《コトバ》ノ稍《ヤヽ》似《ニ》タルヲ以テ正邪ヲ混視シ虚実ヲ錯乱シテ凡《オホヨ》ソ物ミナ似《ニ》テ非《ヒ》ナルコトノ多《オホキ》ヲ弁《ワキマヘ》ズ遂《ツヒ》ニ真神ノ垂示《オシメシ》シ玉ヘル真実無妄《マコトニシテイツハリナキ》ノ聖書ノ教ヲモ合セ捨《イツシヨニステ》ントスルモアリ、或ハ名利ノ為《タメ》ニツカハレテ神ノ誉《ホマレ》ヨリモ人ノ誉ヲ求《モトメ》ントスルノ切《セツ》ナルヨリ正理《タダシキミチ》トシリツ、モ従《シタガ》フコトヲナシ得《エ》ザルアリ、斯《カヽル》ガ故ニ己《オノレ》ノ罪ヲサトルナク悔改《クイアラタメ》ノ心ナク一日一日ニ罪ヲマシ万物ノ長タル人間ニシテ天堂《テンコク》ノ真福ヲ受《ウケ》ントスレバ受《ウケ》ラル、身分《ミブン》デアリナガラ恥ベキ汚《キタナキ》罪ノ奴隷トナリ大切《タイセツ》ナル霊魂《タマシヒ》ヲ地獄ノ質《モノ》トナスコソ憐べク悲べキノ至ナリ」。今マタ此《コヽ》ニ悪人ノ神ノ国ヲ受《ウクル》コト能ハズ、真ノ福ヲ得《ウル》コトノデキヌ縁故《ワケ》ヲ述《ノベ》マシヨウ、其故《ワケ》ハナハダ多シ、先ヅ天国ノ状景《アリサマ》ハ我《ワレ》ラ是《コレ》ヲミルコト能《アタ》ハズト雖モ神ノ公議ナル、又汚穢《キタナキ》トコロナキ、又厳正《オゴソカ》ナル、又恩恵ノフカキ、又至聖《イトキヨキ》ナル等ノコトヲ以《モツ》テオモヒ見レバ何《イカ》ニモ聖潔ノ所マタ極美ノトコロ、又善者ノ聚《アツマル》トコロトシル、此故ニソノ所《トコロ》ニ於テ行《オコナフ》コトモ悉ク至潔ノ事至善ノ事ト思ハル、ナリ、[1]ヨハネノ黙示録廿一章ニ委《クハシ》ク天堂ノコトヲ示《シメ》セリ、但シ城邑《タマシロ》ノ譬《タトヘ》ヲ以テ其《ソ》ノ福ヲ示ス、辞《コトバ》スコブル迹象《カタチアルモノ》ニ泥《ナヅミ》タルガ如シト雖モ其ノ義《ギ》ヲタヅヌルニ実《ジツ》ハ純粋無形ノ楽ヲ指《サセ》ルナリ」此《コ》ノ故ニ前条ノ如キ悪念邪行ノ人ハ何《イカ》デカ、ル至聖ノ場所ニイタルコトヲ得ンヤ、此ノ世ニアリテモ少《スコ》シ見識ノ立《タチ》シ正《タヾシ》キ人ハ心行《オコナヒ》ノ宜《ヨロシ》カラザル者ト交《マジハル》コトヲ潔《イサギヨシ》トセズ、故ニ正キ人ニハ捨《ステ》ラル、也、マシテヤ公義至潔至美ノ神ノ国ニハ入《イル》コト能ハザルハ当然ノコトナリ、且ツ心ノ汚《ケガ》レ品行ノ修《ヲサ》マラザル人ハ此《コ》ノ世ニアリテモ真神ノ教会ノ内ニイリ諸信者ト交ルコトヲ好《コノマ》ザルナリ、然《サレ》バイカデ神ノ国ニイリ諸聖善ノ者ト交コトヲ得ンヤ、又カ、ル人ハ己ノ罪ヲ悔《クユ》ルコトヲセズ耶蘇ヲ信ズルコトヲセザルガ故ニ罪ノ赦ヲ得《ウル》コト能《アタ》ハズ、預《カネ》テ永福ヲ受《ウク》べキ証拠ヲ持《モタ》ザレバ神ノ国ニ入ニ由ナシ、又コノ世ニアリテ神ノ国ニイル備《ソナヘ》ヲセズ其心ツ

1　黙示廿一ノ廿二、城中不レ見レ有レ殿、蓋シ神即全能之主及羔為二其殿一也　廿三　城不レ需二日月照之蓋シ神之栄光レ之且ッ羔為二其燈一　廿四　得救者之列邦必行於二其ノ光中一云々　廿七　凡不潔与二行可レ憎或ハ行ノ誑者必不レ得レ入レ之、惟シ録二於羔之生命冊一者ハ入ル焉

支那ノ書ニモ（仁者ハ楽ム）

ネニ浄《キヨ》カラザレバ聖潔ノ所ニ相当セズ、且ツ其力ヲ善事《ヨキコト》ニ尽《ツク》サヾルガ故ニ安楽ノ場所ニ至コトナラズ、其《ソノ》善報ヲ望ノ望タユ、将《ハタ》コノ世《ヨ》アリテ未《イマ》ダ真神ニ奉《ツカフル》コトヲ学習《マナバ》ズ、神ノ国ニ居《ヲル》モノ、事《ワザ》ヲ学習《ケイコ》セザルガ故ニ仮令《タトヒ》カノ処ヘユクト雖モ亦益《エキ》ナキナリ、魚ニアラザレバ水中ノ楽ヲシラズ、鳥《トリ》ニアラザレバ山林ノ楽ヲシラザルガ如シ」サレバ各位《ミナ〳〵》ヨ閑《シヅカ》ニ此《コ》ノ道理ヲ思ヒミテ徒《イタヅラ》ニ名利ヤ私欲ノ為ニツカハレテ汚《ケガ》ラハシキ罪ノ奴隷トナルコトナク、早ク己《オノレ》ノ事《コト》ヲカヘリミテ真神ノ義《タヾシキ》怒《イカリ》ヲ避《サ》ケ大切ナル霊魂ヲ救ノ道ヲ求《モトメ》ラレヨ、或《アルヒ》ハ罪ヲ好ム人ハカク言《イハ》ン、我ラハ心キヨカラズ行オサマラズト雖モ是《コレ》即チ我好《ワガコノム》トコロナレバ敢《アヘ》テ神ノ国ニ入《イル》コト能《アタ》ハズト雖モ、信者ノ善人ト交ラ
1 ズト雖モ我《ワレ》ハ我《ワガ》ガ好トコロニテ足《タレリ》ト、噫《アヽ》カヽル人コソ気ノ毒ナル人ト云ベシ憐ムベキ人ト云ベシ、
2 斯《カヽ》ル人ニハ何《イカ》ニ神ノ道ヲ説《トキ》キカスト雖モ合点《ガテン》ガユカザルベシ、今シバラク肉体上ノ事ニツイテ諭《サト》
3 スベシ、夫《ソレ》無事平安ノ時ニ於テ士族輩ガ己ノ職分ヲ尽《ツク》スコトヲ心《コヽロ》トセズ後《ノチ》ノ事ヲカヘリミズ、踊《オドリ》ヤ三味線ニ心ヲヤツシ呑食《ノミクイ》ニ月日ヲ送リ、一端事《イッタンコト》オコリシニ至リテハ夢《イメ》ノサメタル心持《コヽチ》シテ只《タヾ》ボンヤリト手ノ置ドコロ足ノ踏《フミ》ドコロヲモシラザル如ク惑ニ惑ヲカサネ可愛女《カハユキムスメ》ヲ売《ウリ》テ苦海《ナラク》ニ沈《シヅ》ムルモアリ、海河ヘ身ヲ投《ナゲル》モアリ、借金ニ身ノ置ドコロヲ失フモアリ、暴挙《サウドウ》ヲナシテ首ヲサラサル、
4 モアリ、徒《タヾ》ニ士族ノミナラズ東京横浜ノ活歴史ヲミテモ知《シ》ラルベシ今ハ政府モ孜々トシテ世ヲ開明ニミチビキテ人民ニ幸福ヲ与《アタヘ》ント学校ヲ設《マウ》ケ工業所ヲヒラキ明晩《アケクレ》世話ヲセラル、ニ其ノ仁意ヲモワキマヘズ学文技芸ニ勉強セズ、懶惰放逸ニ日ヲ送リ、或ハ子女ヲ愛スル道ヲシラズ三味線

長唄《ナガウタ》等ヲ仕込《シコ》マセテ其暁《アカツキ》ハ徴役人《チヤウエキ》トナルモアリ、先祖ヨリ伝来ノ家屋鋪ヲモハナル、アリ、女《ヲンナ》ハ洋娼《ラシヤメン》ニ身ヲオトスモアリ、昔ハ新内《シンナイ》デ名《ナヲ》エタル太夫サンモ今ハ乞食《コツシキ》同様ニ角附《カドツケ》シツ、漸《ヤウヤク》ニ細キ烟ヲ立ルサヘ難《カタ》クシテ苦シキ世ヲバ渡《ワタル》アリ、是ミナ誰《タレ》ガ過《アヤマチ》ゾ親《オヤ》ノ油断ト己ガ欲ニ任《マカセ》タル其ノ報《ムクイ》ナルゾカシ、今《イマ》コノ僅《ワヅカ》四十年五十年ニ満《ミタ》ザル間《アヒダ》ニ於テスラ幸不幸イカンゾヤ、況《マシ》テ永遠《イツマデ》モ亡《ホロビ》ザル霊魂ノ幸不幸イカバカリゾヤ、豈《アニ》アラカジメ備《ソナヘ》ザルベケンヤ」人ノ親《オヤ》タル者《モノ》ハ先《マツ》オノレ始《ハジメ》ニ悔改《クイアラタメ》テ耶蘇ニ頼《ヨリ》テ其ノ贖ヲ得《エ》ソノ身《ミ》ト心《コヽロ》トヲ潔《イサギヨ》クシ其子ニモ可愛《カハイー》トオモハヾ同ク耶蘇ヲ信ゼシメ今世来世ノ福ヲ受《ウケ》ウルヤウニ導《ミチビ》クベシ、ユメ〳〵神ノ御慈悲ヲ軽《カロ》ンジテ後《ノチ》ノ後悔《コウクワイ》ヲナサルナヨ」又《マタ》オノレガ罪ノ余《アマリ》ニ大ナルヲ以《モ》テ力ヲ落《オト》スコト勿レ、今迄ノ罪ハ深キトモ其《ソレ》ヲ悔《クヰ》スミヤカニ耶蘇ニシタカハヾ神ハ耶蘇ノ功《コウ》ニヨリ其ノ罪ハユルサレテ尓来《コノヽチ》ハ神ソノ人ヲ憐《アハレミ》テ恒《ツネ》ニ善ヲナスノ力《チカラ》ヲ助ケ玉フベシ、然《シカ》ラバ此《コ》ノ世ニアリテモ神ノ慰《ナグサメ》ヲウケ、神ノ子供ト交テ互《タガヒ》ニハゲンデ神ノ勤《ツトメ》ヲナシ楽《タノ》シク日《ヒ》ヲバオクラルベシ、終《ツヒ》ニハ神ノ信者ニ備ヘ玉ヘル其国ニイリ永遠《イツマデモ》ノヨロコビト福ヲ受《ウク》ルニ至ルナリ

‖コリン前六ノ十一云、尓ノ中有ニ曾テ為レ如レ此者一惟シ頼ニ吾主耶蘇基督之名一且ッ以ニ我神之霊一今乃得ニ洗滌一得レ成レ聖得レ称レ義矣

1 「夢中ニ夢ヲ見酔中ニ酔ルガ如シ
2 「夢サメザレバ夢タルヲ知ズ酔サメザレバ酔タルヲ知ズ
3 無事平安ノ時ニ於テ士族ハ士族タルノ職分ヲ尽シ学事ヲ勉励シ其ナスベキノ業《ワザ》ヲナセシ者ハ今日ニ至テモ左程狼狽モセズ矢張士族ノ名ニ恥ザルナルベシ
4 賤キ百姓町人ヨリモ挙ラレテ高位高官トナリ或ハ賤民ノ子女ニシテ学校ノ教官等ニ挙ラレタル多シ

真道ノコトハ尤モ人ニ大切ナル者ナリ人コレニヨリテ救ヲ得コレヲ離レテ死ヲ免ガタシ

○マタ伝七ノ十七　すべて善樹《ヨキキ》ハよき果《ミ》をむすび悪樹《アシキキ》ハあしき果《ミ》をむすべり

凡ソ世ノ中ノコト小《チイサ》キモノホド知《シル》コトハ易《ヤス》ケレド大ナルニ随テ知ワキマフルコト六《ムツ》ヶ鋪クナルモノ也。女中ガタモ衣物《キモノ》ノ反物ナド好悪《ヨシアシ》モ直《ジキ》ニシラル、モノナルガ最早《モハ》ヤ鼈甲《ベツカウ》ノ櫛笄《クシカウガヘ》ナドニイタルト偽真《ニセマコト》ガチット弁《ミワケ》ガタクナル也。商人《アキンド》モ小《チイサ》ナ眼前ノ損得《ソントク》ハヨク見《ミル》モノナルガ本当《ホンタウ》ノ大《オホ》キナ損得《ソントク》ハ容易《ヨウキ》ニシレガタシ、是《コレ》ワガ国ニ当今身代《コノセツシンダイ》カギリノ多《オホキ》ユエン也。政治ヲ論ズル者モフランス　イギリスノ政理ヲ論ジ其皮相《ウハカハ》ハミユレドモ其ノ政法ノ由テ起《オコル》ユエンヲ知《シリ》ワガ国ノ人情世態ヲ明ニシテ適当ノ理ヲ弁《ベン》ズルコトハ至テカタシ、是《コレ》オモフヤウニハ開化モス、マザル所謂《ユエン》ナリ、学者《ガクシャ》モ眼前《メサキ》ノ事柄《コトガラ》ヲ論ズルハ易《ヤスキ》コトナガラ天文等ニイタリテハ尤モ究理シガタキトコロ也。コレ支那日本モ学文ハ随分ハヤク開《ヒラケ》タレド地平天円ノ説アリシ所謂ナリ。サレド其《ソノ》証拠功験ノアラハル、ニ至《イタリ》テハ其ノ真虚ツヒニ定《サダマ》レルナリ、今《イマ》コノ神理ノゴトキハ人間ノ小智ヲ以テ易《タヤス》クハカリ知《シル》コト難《カタ》シ（肉体ニ係リタル諸学課ニ於テスラ多年ノ後ヤウヤク其ノ真虚ノ定《サダマ》レルヲ思ベシ）シカレドモ其ノ結果ニヨリテ真仮善悪ハアキラカニシラル、ナリ。実《ジツ》ニ救主ノ御言ハ聊カ私ナク尤モ然《サル》ベキ道理ニシテ如何《イカ》ニ高謾《コウマン》ナル学者ニテモ如何ニ頑愚《オロカ》ナル愚者モ喙《クチバシ》ヲイル、コトハ能《アタ》ハザルベシ。サテ今《イマ》コ、ニ広《ヒロ》ク万国ノ上《ウヘ》ヲミワタシテ諸教ノ結果ヲシラブベシ。先ヅワガ日本帝国ヨリ此ノ探索ヲ始メン我《ワガ》国儒道ノ渡《ワタリ》シハ応神天皇ノ御世ナリ、仏道ノ来《キタリ》シハ欽明天皇ノ御時ナリシ、千有余年コノ方《カタ》儒仏ワガ国ニ行《オコナ》ハレタレド今日ニイタル迄《マデ》イカナル果《ミ》ヲ結ビシヤ儒道ハ素《モト》ヨリ宗旨ト、

儒ハ只々人ノ通常ノ行方ノ矩則ヲ立シ者ナリ此故ニ偶々天理ニ叶ハザル処アリト雖モ其害スクナシ

永保元年興福寺ノ僧徒ラ多《タ》武《フノ》峯《ミネ》ヲ攻テ其堂塔ヲヤキ又延暦寺ノ僧ト三井寺ノ僧徒ラト互ニ攻戦ヒ遂ニ三井寺ヲ焼タリ勅使ヲ遣ハシテ之ヲ制スレドモ僧徒ラ勅ヲ奉ゼザリキ

ナフルニ足《タラ》ヌモノナレバ人心ニ侵入スルコトナク仏ニ比スレバ行《オコナ》ハレ方《カタ》モ甚ダ微《カスカ》ト云ベシ、然《シカ》レドモ儒者輩ノ風ヲミルニ多《オホ》クハ高謾自誇ニシテ人ヲ愛スルノ心ナク世ヲ益スルコトヲ計《ハカル》ナシ、是レ今日ワガ国ノ人民ガ自由ノ楽域ニ遊《アソブ》コトノデキザリシガ証拠ナリ、仏ニタリテハ其ノ説霊魂上ニカ、ハルガ故ニ人民ノ内部ニ侵入セシコト尤モ深シ、然《シカ》シテ其ノ人民ノ景況《アリサマ》ハイカン上下トモニ言《イフ》ニ忍ビザルモノ多カルナリ、昔《ムカ》シニアリテハ蘇我ノ馬子入鹿ノ如キアリ、中古ニイタリテハ白河帝ヲ泣《ナゲカ》シメタリ（朕ガ心ノ侭ナラヌモノハ鴨河ノ水ト山法師ト双六《スゴロク》ノ采《サイ》トノ三ニ止ル）当時《コノセツ》ノ果《ミ》ハ殊更《コトサラ》ニイハズトモ其ノ道ヲ守ル処ノ浮屠氏ノ風俗マタ其ノ道ヲ信ズルノ人ノ状景《アリサマ》マタ仏ノ盛ンナリシニ因テ国ノ様子《ヤウス》ガ今日《コンニチ》イカヾナルカ各位《オノ〳〵》現在目ニ見テ知《シラ》ル、所ナレバ敢《アヘ》テ云ニ及バズ。或《アルヒ》ハ人カクイハン、今《イマ》日本ノ人ノ其ノ道ニヨリテ楽《タノシミ》ヲシラザルモ人民ノ風俗ノアシキモ国ニ験《シルシ》ノミエザルモ皆《ミナ》儒道ノ力《チカラ》ナキニアラズ仏道ノ悪《アシキ》ニハアラズ之ヲ用《モチヰ》ル人ノ悪《アシキ》ガ故ナリト。然ラバ我《ワレ》マタ何《ナニ》ヲカイハン、世《ヨ》ヲ正シキニ導《ミチビ》キ人ニ安楽ヲアタヘ国ノ幸ヲ興《オコ》サン為《タメ》ニ道モイルナラズヤ、其《ソ》ヲ用《モチヰ》ル人ニ因テ其ノ教ガ善《ヨク》モ悪《アシク》モナルトナラバ畢竟《ヒツキヤウ》教ハ無用ノモノナラズヤ。実《ジツ》ニ教ハ人世必用ノモノニシテ世ノ真《マコト》ノ開化ニ進モ教ニヨリ、人ノ真ノ楽ヲ知《シル》モ教ニヨリ、霊魂《タマシヰ》ノ死ニ陥《オチ》イルモ教ニヨリ霊魂ノ永生ニ入《イリ》モ教ニヨルナリ、此ノ故ニ教ハ人ニ於テ尤最モ大切《タイセツ》ナルモノ也、コノ教ヲ選《エラブ》ニハ決シテ私欲ヲマジヘズ我慢心《マンシン》ヲイダサズ又貫習《ナラハシ》ニソマラズ心ヲ平《タイラカ》ニシ思ヲシヅメ公平ヲ以テ其ノ真偽イカン其結果イカンヲ考《カンガフ》ベシ。此ヨリ途《ミチ》ヲ支那ニ曲《マゲ》テ其《ソ》ノ風俗結果ヲ見《ミル》ベシ、彼《カノ》ノ地

若シ之ヲ道ニ合ヘリトセバチベットノ一女多男モ又理ニ悖ルコトニハアラザルベシ

モ我《ワガ》国ト同ク儒仏ノ盛ンニ行《オコナ》ハレタル国ナリ、然《シカレ》ドモ国ノ風俗ノ宣シカラザル人民ノ卑屈《イヤシキ》マタ種々ノ天理ニハヅレタルコトノ多キ枚挙《カゾヘダテ》スルニ暇アラズ、其ノ国ノ開《ヒラケ》ザルコトハ当節《コノセツ》ワガ国人《クニビト》ノ皆ヨク知《シル》トコロナリ、人民ノ卑屈ナルハ当港《コノミナト》居留ノ支那人ヲ見テモシラル、ナラン、天理ニハヅレタルコトノ多キハ数《カゾヘ》ガタシト雖モ一二ヲ挙《アゲ》テイハヾ一男ニシテ多女ヲ娶ルアリ、孔孟ナホ之《コレ》ヲトガメザリキ（此ノ風ハ我《ワガ》国ニモ盛ニ行ハル故ミナ〳〵左程ヨカラヌコトトハ思ハルマジ却テ之ヲ道ニ悖《モドレ》ルコトデハナイト云モノモ多カラン）甚《ハナハダ》シキニ至《イタリ》テハ久《ヒサ》シク旱《ヒデリ》シテ雨フラザレハ身ヲ龍潭ニ投《ナゲ》テ甘霖ヲ望ムアリ、普陀ノ梵音洞ニテハ屢々生《シバシバイノチ》ヲステ、成仏《ジヤウブツ》ヲ冀《ネガフ》アリ、婦《ツマ》モシ夫ニ別《シニワカ》ルレバ上天シテ天女トナルト号シテ首《クビ》ヲ縊《クヽリ》テ死《シヌ》ルアリ、インドニテハ其《ソ》ノ子《コ》ヲガンヂス河ニ投テ河神《カハノカミ》ヲ祭ルヲ盛儀トスルアリ、チベットニテハ（仏ノ盛ナル国）長兄《アニ》妻ヲ娶《メト》レバ諸弟コレヲ共ニス。此《カク》ノ如キ天理ニソムケルコト又迷惑《マドヒ》ノ甚キコトノ此《コレ》ラノ国《クニ》ニ多キハ何ノ結果ゾヤ、果《ミ》ニヨリテ知《シラ》ル、コトナルベシ。又《マタ》フイフイ教ノ行ナハル、トルコノ如キモ其ノ人気殺《サツ》バツ人ヲ愛スルノ心ナク戦争ツネニ多キハ人ノ知《シル》トコロナリ、是亦タ果《ミ》ニヨリテ其ノ教ハシラル、ナルベシ。如此《カク》世ノ中ニハ教ノ数モ多ケレド全ク人ノ為ニナルモノハ有《アル》ヤ無《ナキ》ヤ恐《オソ》ラクハ救主イエスノ教《オンヲシヘ》ノ他《ホカ》ニハアラジト思ハル、也、コレ我《ワガ》コレヲ好《コノム》ヲ以テ然《シカ》イフニ非ズ、救主ノ御言ニシタガヒ果《ミ》ニヨリテ之《コレ》ヲ知《シル》ナリ、各々《オノ〳〵》モ得手贔屓《エテヒイキ》ナク思《オモヒ》ヲ此《コヽ》ニイタシテ考ヘラルベシ、今述《ノベ》タル所ノ国々ト真ノ神ノ教ヲ奉ジ耶蘇救主ニ順フ西洋各国ト何《イヅ》レガ善果《ヨキミ》ヲ得《エ》シヤ西洋各国ハ尤モ善果ヲ得テ真神ヲシラザル

前ニ証セシ如
ク

各国《クニ〴〵》ハ悪果《アシキミ》ヲ結《ムス》ベルナラズヤ、然《シカ》ラバ我等《ワレラ》モ迷惑《マヨヒ》ヲリシ昔《ムカシ》ハ是非《ゼヒ》モナシ今日《ケフ》ヲカギリ心ヲ改テ日々ニ大恩ヲ蒙レル真神ニシタガヒテ此《コレ》マデ犯《ヲカ》セシ罪ヲ悔《クイ》ワレラノ罪ノ為ニ血《チ》ヲ流シ救ノ道ヲ開キタマヘル救主耶蘇ヲ信ジテ其ノ御助《オンタスケ》ニヨリ義道《タヾシキミチ》ヲオコナヒ耶蘇ノ命ジタマヘル如ク兄弟互ニ相愛シ共ニ悪ニオチイラザルヤウ勧《スヽメ》アヒ己《オノレ》ノ為《タメ》ニハ永生ノ福ヲウケ、国ノ為ニハ泰平《タイヘイ》ノ幸ヲ得《エ》トモ〴〵歓楽ノ声《コエ》ヲアゲ国中《コクチユウ》ニ讃美ノ声ミチテ此世ヨリ天国ノゴトキ状景《アリサマ》ニ起臥《オキフシ》セバイカン、喜悦《ヨロコバ》シキコトナラズヤ、神ハ御慈悲ノ深キモノナレバ我ラガ如キ罪人ニモ尚《ナホ》コノ福ヲ得《エ》サシメントテ独ノ聖子《オンコ》イエスヲ此世ヘクダシ玉ヘルナリ、然《シカ》ルニ此《コレ》ヲ信ゼス如此《コノゴトキ》ノ大恩ニソムカバ何《ナニ》ニヨリテカ救《スク》ハルベケンヤ、殊《コト》ニ今ハ其ノ果ニヨリテモ実《ジツ》ニ此ノ道《ミチ》ノ大ナル力《チカラ》アルコトハシラレテ神ヨリキタリシ道《ミチ》ナラネバ如此《カクノゴトキ》ノ験《シルシ》ノ豈《イカデ》アルベキヤ　如此ソノ証拠サヘ明ナルニ於テヲヤ、昔シユダヤノ宰《ツカサ》ナルニコデモトイヒシ人《ヒト》イエスノ御元《オンモト》ニキタリテ云《イヒ》シコトアリ云ク「尓ハ神ヨリ来《キタ》レル師《シ》ナルヲシル、其ハ尓ノ行トコロノ此《コ》ノ諸ノ奇跡ハ神モシ偕《トモ》ナラズバ人ノ行《オコナフ》フトアタハザレバナリ　ヨハネ伝三章二節　ト実《ジツ》ニコレハ正直ナ言《コトバ》ナリ此《コノ》人ハ如此イエスノ行《オコナ》ヘル事ニヨリテ其ノ神ヨリ来レル者ナルヲシリ遂《ツヒ》ニ御元ニキタリテ其ノ道ヲ問タリ、此《コレ》ニヨリテ益々《マス〴〵》ソノ真理ヲシリタルコトト思ハル、其ハ後《ノチ》ニイエスノ十字架ニ釘《ツケ》ラレタマヒシ時コノニコデモ没薬《ボツヤク》ト蘆芥《ロクワイ》ヲ百斤バカリ携キタリテ救主ノ屍ニヌリヨセフト共ニ厚ク葬礼ヲ行ヒタレバナリ　ヨハネ伝十九ノ三九　然《シカ》ラバ世ノ人モ前《マヘ》ニモ各国ノ結果ヲ挙《アゲ》テ証《アカ》セシ如ク其ノ果ニヨリテ明ニコレゾ神ヨリ来レル救主ナルヲ悟ラルベク、又スデニ来テ聖書ヲ探《サグ》ラバイヨ〳〵真理ナルヲシリ其ノ証ヲ得《ウ》ベシ、願《ネガハ》クハ世《ヨ》ノ人ニコデモノ如ク得手贔屓《エテヒイキ》ナシニ正直《シヤウジキ》ナル心ヲモチ能《ヨク》ソノ結果《ムスベルミ》ヲミテ速《スミヤカ》ニ来テ耶蘇ノ御助ケヲ乞《コ》ヒタマフバシ、然《サ》ラバ聖霊ノ御導《ミチビキ》ニヨリ益々《マス〳〵》真理ヲサトリ前ニモ述《ノベ》シ如クイロ〳〵ノ福ヲ受テ今世来世ナガク憂苦《ウレヒ》ヲマヌカレ歓楽《タノシミ》ヲウケ玉フナルベシ

○耶蘇われらに謂《イヒ》たまひけるハ我《ワレ》ハ即《スナハ》ち途《ミチ》なり真《マコト》なり生命《イノチ》なり若《モ》しわれによらざれば人《ヒト》よく父《チヽ》にいたるなし　ヨハネ伝十四ノ六節

コヽニ父《チヽ》トイヘルハ即チ万物《バンモツ》ヲ宰《ツカサド》リタマフ所ノ世界万国ノ主《シユ》ナル惟一《タヾヒトリ》ノ真ノ神ヲ指《サセ》ルニテ我ラヲ日夜《ヨルヒル》マモリ愛《イツクシ》ミタマフ天ノ父ヲイヘルナリ。人ハ此《コ》ノ真神ハ即チ福《サイハヒ》ノ本《モト》ニシテ凡ソ世《ヨ》ノ人コノ真神ニ近《チカヅ》ケバ心ニ悦《ヨロコビ》ヲ得《エ》テ霊魂《タマシイ》タノシミ永遠《カギリナキ》ノ福ヲウクルニ至リ。若シ此ノ神ヲ離《ハナ》レナバ心ニ悦《ヨロコビ》ヲウルコト能ハズ恒《ツネ》ニ憂苦《ウレヒクルシミ》オホク霊魂ニ楽《タノシミ》ナク恒《ツネ》ニ懼《オソレ》ヲイダクモノニテ終《ツヒ》ニハ永遠《カギリナキ》ノ禍ヲ蒙《コフムル》ニ至《イタル》ナリ。此《コ》ノ理《リ》ハ此間《コノアヒダ》ヨリ度々《タビ〳〵》トキタレバ今《イマ》トカントスル所ハ其《ソ》ノ神ニ近《チカヅ》クベキ道《ミチ》ナリ』。人々《ヒト〴〵》世ノ中ノ憂ヲ脱《ノガ》レ真ノ福ヲ得《エ》ンガ為《タメ》ニ慈悲ノ天父ニ近《チカヅ》カントスルトモ其《ソ》ノ行《ユク》ベキ道《ミチ》ヲシラザレバ亦《マタ》イカントモスルナシ恐《オソラク》ハ道《ミチ》ヲアヤマリ終《ツヒ》ニハ禍《ワザハヒ》ヲ免《マヌカレ》ガタキニ至ラン。然《シカレ》ドモ此《コ》ノ真ノ神ニユカント思《オモフ》ノ心アリテ其ノ道《ミチ》ヲ求《モトメ》ントセバ必ズ神ノ恩《メグミ》ニヨリテ得《エ》ラルヽナリ。其《ソ》ハ馬太伝　七章七節ニモ「求《モトメ》ヨサラバ予《アタ》ヘ尋《タヅネ》ヨサラバ遇《アハ》ン」トアレバナリ。サテ此《コ》ノ真ノ神ニ至《イタ》リ真ノ福ヲ受《ウク》ベキ道《ミチ》

[1] ハイヅクニアル歟《カ》オホクノ途《ミチ》アラン歟《カ》。シカラズ若シ多道アランニハ人コ、ロニ惑《マドヒ》ヲ生《シャウ》ジ終《ツヒ》ニ悪魔ノ道ト混ジテ見ワタルコトヲ得《エ》ザルベシ殊《コト》ニ天地主宰ノ御神ハ惟々一《ヒトハシラ》ナレバ其《ソレ》ヨリ出《イヅ》ル道モ亦《マ》タ二《フタツ》アラザルハ明《アキラカ》ナリ。』世《ヨ》ノ末《スエ》ニナルニ随《シタガ》ヒ種々様々ノ道《ミチ》イデ来《キタ》リテ相互ニ謗《ソシリ》アヒ共ニ悪《ニクミ》オ[2] ノ〱党派ヲ結ビ宗旨ヲ立テ相ヒ争フテ止《ヤマ》ズ。我ガ国ニテモ或ハ（ホツケ）或ハ（浄土）或ハ（門徒《イツコウシフ》）或ハ（真言）或ハ（禅宗）或ハ儒道ト其数カゾヘダテモナラヌ程ニテ如此《カク》オホクノ宗派[3] ガ起《オコ》リタチ益々世ノ人ヲシテ方向《メアテ》ヲ失《ウシナ》ハシムルニ至ル。甚《ハナハダ》シキニ至《イタリ》テハ之ガ為ニシバ〱血《チ》ヲサ[4] ヘ流セシコトアリ（永保《エイホウ》元年興福寺ノ僧徒ラ多武峰《タフノミネ》ヲ攻メ、又延暦寺ノ僧ト三井寺ノ僧徒ラト互ニ攻戦シタルコトモアリキ）其ノ争《アラソ》フ所ヲ見《ミル》ニミナ真理ヲ求ントニハ非ズ惟《タヾ》々情欲ノコトノミ。[5] 真《マコト》ナル哉《カナ》ヨハネ曰　一書四章五節　かれらハ世より出しものなればその言《イフ》ところも世より出《イデ》しものゝいふべきことにして世の人は之にきくなり」ト此故ニ所詮《ショセン》人ノ心ヲキヨメ其《ソ》ノ霊魂ヲ救フコ

1　今コノ真道ジツニ（テモテ前）一ノ十五ニモアル如ク「信ズベク嘉納スベキ」惟々一ツノ道デスラ尚ホ人イリガタキニ非ズヤ

2　チテ三ノ八ト九「信レ神者宜三ク慎テ務二善功一此為レ義有レ益二於人一若二愚之弁論一若二宗譜一若二争闘一若二論法レ之争一則遠ケヨレ之蓋シ此ヲ為二虚妄一無レ益也

3　荀子云、性ハ是レ悪其ノ善為レ偽　告子云、人性不レ分二善悪一　韓丈公云、性之品有レ三ツ

4　魏宣武帝ノ后胡氏仏法ヲ尊信シ嘗テ精舎二ヲ造ル一ヲ永寧寺一ヲ瑶光寺ト号ス又九層ノ浮屠ヲ立ツ支那梵刹ノ盛ナルコト此時ヨリ甚ナシ胡氏無道日ニ増シ竟ニ其臣尓朱栄ニコロサル

5　墨ノ付シ物ヲ洗ニ又墨ヲ以テハ洗落スコト能ハズ益々墨ヲ増ノミ凡テ穢タル物ヲ洗ハントナラバ清キ水ヲ用テセザルヲ得ズ

トハ能《アタ》ハザリシ也。イマ人《ヒト》々ノ状景《アリサマ》ヲミルニ貴賤男女ノ隔ナク皆《ミナ》天地ノ主タルワレラ人間ヲ日々ニ守リ玉フ所ノ慈悲ノ天父ヲ識《シラ》ズ其《ソノ》ワレラ人間ノ為ニ備《ソナヘ》タマフ所ノ永遠《イツマデ》モ亡《ホロビ》ザル真ノ福ヲ求ルコトヲ知《シラ》ズ止《タヾ》コノ世ノ朽《クチ》ハツベキ財《タカラ》ヲノミ慕《シタヒ》コノ世ノ虚浮《ウキタル》タノミ難《ガタ》キ栄《ホマレ》ヲノミ求《モトム》。コレニ因《ヨリ》テ心ハタヾコノ世《ヨ》ニノミ在《アリ》テ神国《カミノクニ》ニアラズ己《オノレ》ノ身体《カラダ》アルヲ知《シリ》テ霊魂《タマシヒ》アルヲ知《シラ》ズ只僅《タヾワヅカ》ニ四五十年ノ肉体ヲ楽シマシムルヲ知テ永遠《イツマデモ》ツキザル霊魂ヲ楽《タノシマ》シムルコトヲ知《シラ》ザルガ故ニ朝夕孳々トシテ利《ヨクノコト》ヲハカリ情欲ヲ縦《ホシイマヽ》ニシテ善行《ヨキオコナヒ》ヲ棄《スツル》ニイタル誠ニ歎《ナゲク》ベキノ至ナリ』。然《シカレ》ドモ鳥獣《トリケモノ》ニ非《アラ》ザル以上ハ貴賤[1]男女《ヲトコヲンナ》ヲ論《ロン》ゼズ皆《ミナ》霊魂ノアラザルハナシ此《コ》ノ貴重《ダイジナ》霊魂ヲ持《モチ》ナガラ日々迷ニ迷《マヨヒ》ヲカサネ日々罪ニ罪[2]ヲカサネ併《シカシ》テ悔改《クヰアラタム》ルノ心ナク終《ツヒ》ニ霊魂ヲ亡《ホロボ》シ永遠《カキリナキ》クルシミヲ受《ウク》ルニイタルハ実《ジツ》ニ憐《アハレム》ベキコトナリ。今コノ危急《アヤウキ》ノ場《バ》ニ臨《ノゾミ》テ其ノ危急《アヤウキ》ヲ救ヒ人ニ真道《マコトノミチ》ヲシラシメ世ノ惑《マドヒ》ヲ悟《サトラ》セ自《ミヅカ》ラ苦辱《クルシミハツカシメ》ヲ受タマヒテ世ノ人ノ罪ヲ贖《アガナ》ヒ我ラヲ再《フタヽ》ビ天地ノ主タル人ノ福ノ本タル真ノ神ノ元《モト》ニミチビキ永遠《イツマデ》モ亡ビザル生命《イノチ》ト真ノ福ヲ得《ウ》ルコトノ出来《デキル》ヤウ其ノ道《ミチ》ヲ開キ玉ヒシ者ハ惟《タヾ》コノ耶蘇救主ナル也。コノ故ニワレラ人間コノ耶蘇ニヨリ頼《タノミ》テ初テ心ニ悦《ヨロコビ》ヲ得《ウ》ベク霊魂ニ楽ヲ受《ウク》ベシ。実《ジツ》ニ耶蘇ハワレラ人間ノ天国ヘユクノ途《ミチ》ナリ、世ノ惑《マドヒ》ヲハナレ人ノ人タル本分《ホンブン》ヲ尽《ツク》シ天理ヲサトルノ真《マコト》ナリ、心ヲキヨメラレ罪ヨリ救ハレ永遠《カキリナキ》ノ生命《イノチ》ヲ得《ウル》ノ生命《イノチ》ナリ。耶蘇ミヅカラ証シテ　ヨハネ伝八ノ十二　我《ワレ》ハ世ノ光ナリ我ニ従《シタガ》フ者ハ暗《クラキ》ニユカズ生命《イノチ》ノ光ヲ得《ウル》」トモ仰《オホセ》ラレタリ。』人々《ヒト〳〵》必ズ耶蘇ヲ頼《タノミ》テ天国ノ道案内トスベシ若シ耶蘇ニヨラズシテ或ハ自《ミヅカ》ラノ力ニテ神ノ元《モト》ニイタラントシ或ハ偽《イツハリ》ノ道ニシタガ

即チ我ラノ父タル

喉ガ渇ク

ヒテ救ヲ得ントセバ止《タマ》ニ神ノ御元ニイタラレズ救ヲ得《ウル》コトアタハザルノミナラズ大ナル禍ヲ蒙リ終《ツヒ》ニハ霊魂ヲモ亡《ホロボ》スニ至ルベシ。昔シ《ハヤキコロ》英国《イギリス》ノベーカトイヒタル人ソノ政府ノ命ヲ受ケアラビヤノ沙漠ヲ見分《ケンブン》ニ行《ユキ》シトキ其ノ地渺々《ベウベウ》トシテ途《ミチ》モワカリカネ更《サラ》ニアブリカ人《ビン》ヲ雇《ヤトヒ》イレ案内者《アンナイジヤ》トシテ行《ユキ》シガ時ニベーカ并ニ其《ソレ》ニ従《シタ》ガヘル人々《ヒトビト》ミナ大ニ渇《カツ》シタリ然《シカレ》ドモ其《ソノ》アタリニハ一滴ノ水モナク只《タヾ》ハルカニ見渡セバ向ノ方ニ恰モ大湖水ノアルガ如クミエケレバ此ニ於テ一同ノ者ノ心ソノ方《ハウ》ニ傾《カタム》キ頻ニ其ノ処ニイタリ渇ヲ止《トメ》ント思ヘリ其ノ時カノ案内者コレヲ止《トメ》テ云ケルハ彼《アレ》ハ水ノ如ク見《ミユ》レドモ水ニハ非ズ景色ノ模様《モヤウ》アンバイニテ大気ノシカ見《ミ》セシムル也モシ彼方《アノハウ》ヘユカバ渇《カワキ》ヲ止《トマム》ルコト能ハザルノミナラズ方向モシレ難《ガタ》ク終《ツヒ》ニハ途ヲ失ヒ生《イノチ》ヲモ得《エ》ガタキニ至ラン今《イマ》ワレニ随《シタガ》ヒコノ途ヲユカバ今《イマ》スコシノ辛抱《シンバウ》ニテ水アル地《トコロ》ニ出《イツ》ベシ且ツ然《シカ》ラバ途ヲ失《ウシナフ》ノ憂ナシト懇々忠告シテ我ニ随《シタガ》ハン[3]コトヲ勧《スヽメ》シカド其言ヲ用ヰズシテ其ノ案内者ヲソコニ遺《ノコ》シオキベーカノ党《トモガラ》一同ニ望ノ処ヘユキシガ果《ハタ》シテ水ニアハザルノミナラズ途ヲモ失《ウシナ》ヒ遂《ツヒ》ニ帰ルコトヲ得ズ其ノ人々皆《ミナ》モロトモニ生《イノチ》ヲウシナヘリ』。今《イマ》ソレ人ノ此《コ》ノ世ニアルハ恰モアラビヤノ曠野ノ如シ若シ我ヲ導《ミチビ》クモノナクバ何《イカ》デ

1　是ミナ種々ノ教アリト雖モ人ヲ救フコト能ハザリシニ因ルナリ

2　今日ノ人ノ景状ハ父ヲ離レシ迷子ノ如ク道ナキ広野ニ方向ヲ失ヘルガ如シ若シ我ヲ養ヒ亦我ニ道ヲ教ユル者ナクハ飢且ツ死ヨリ他ニイカントモスルナシ

3　モシ天ノ道案内ニ非ズバ我ラヲ息休サスルコトナシ世ニハ俗眼ニ或ハ我ヲ救フ者ノ如ク見ユルトモ大クハ返テ人ヲ死セシムルモノ也

ワレラ霊魂ノ帰スル所ロ永遠《カキリナク》サイハヒヲ受《ウク》ベキ天国ニ至《イタル》コトヲ得ンヤ。幸《サイハヒ》ニ慈悲ノ天父ワレラ人間ノ惑《マドヒ》ニアルヲ憐《アハレ》ミ耶蘇ヲ降シタマヘリ。然《シカレ》ドモ此《コ》ノ案内者ニヨラズ之《コレ》ヲ離《ハナ》レ或ハ瞽者《メクラ》　メノミ
1 エヌヒト　ヲ以テ案内者トタノミ或ハ自ラノ私欲ニ任《マカ》セナバ遂ニ渇ヲ止《トヾムル》ノ水スナハチ霊魂ヲ悦《ヨロコ》バ
2 スベキ真ノ福ヲ得《ウル》コト能ハズ生命《イノチ》ヲモ併《アハセ》スツルニ至《イタル》ナリ。願クハ各位《オノ〳〵》ヨ慈悲ノ天父ノ賜《タマモノ》ナル耶蘇ヲスツル勿レ各位《オノ〳〵》ノ為《タメ》ニ身ヲステ、其ノ罪ヲ救ヒタマヘル此ノ耶蘇ノ愛《アイ》ヲカロガロシク思フコト
3 勿レ』。神ハ実《ジツ》ニ慈悲ノ深キモノ也コマカニ考《カンガ》ヘミレバ何一《ナニヒトツ》トシテ神ノ恵《メグミ》ナラザルハナシ其ノ慈悲ノ神ノ御遣《オツカハ》シ遊《アソ》バサレシ者《モノ》ニ我ラヲ亡《ホロボ》スベキ不束《フツヽカ》ナル案内者アランヤ、己《オノレ》ノ身ヲ捨《ステ》テ人ヲ愛ス
4 ル之《コレ》ニマサレル愛アランヤ如此《カクノゴトキ》フカキ愛ヲ以テ証拠ヲナシ我ラヲ導《ミチビ》ク者ニ従テ禍ヲ蒙ルコトアランヤ。各位《オノ〳〵》シバラクモ時ヲ延《ノバス》コト勿レ早ク来テ慈悲ノ天父ノ御遣シナサレシ此《コ》ノ耶蘇救主ニ従フベシ』

○　かくの如《ゴト》き祭司の長はわれらにれ当《アタ》れるものなり　ヒブル書七章廿六

昔シユダヤノ国ニテハ民ニ代リテ神ニ献物《ソナヘモノ》ヲサヽゲ又《マタ》民ニ代リテ贖罪《アガナヒ》ノ祭《マツリ》ヲナシマタ民ノ為ニ神ニ祈祷《キタウ》ヲスル祭司ノ長アリタリ。今ワガ国ニモ神職《カンヌシ》ト云モノアリテ人ノ為ニ神ニ祈祷ヲシタリ献祭《サヽゲモノ》ヲナシタリスルナリ殊《コト》ニ伊勢ニハ祭司ト云《イフ》モノモアリ（モトハ藤波家ニテ代々コノ職ヲ務ム維新以来《コイツシンコノカタ》政府ヨリ人撰ヲ以テ之ヲ勤シム）コレ即チ祭ル所ノ神ハ大ニ異《コト》ナリト雖モ務ムル所ノ

職ハ相ヒ同キナリ（伊勢ハ天子ノ宗廟ユダヤノ、ハ天地万物ノ主宰ノ神ヲ拝セルナリ）勿論《モチロン》伊勢ノ宮ハ漸ヤク垂仁天皇ノ廿五年（コノ前《マヘ》崇神天皇六年ニ初テ之ヲ大和ノ笠縫ニ祭タリ）ニ成《ナレル》モノナレバ此《コ》ノ祭司モ其ノ後ノコトナレド古《フル》クハ乃チイザナギ　イザナミノ神不良《フサハヌ》　ヨクナイ　カタハ御子ヲ生マセシトキ天神《アマツカミ》ニ白シテ其ノ命ヲウカヾヒ又イザナギノ神イザナミノ神ヲ恋ヒ慕テ黄泉《ヨモツ》国《クニ》ヘユキテ帰リ玉ヒシトキ其ノ穢ヲ潔《キヨメ》ントテ日向ノ橘ノ小門《ヲド》ニテ禊祓《ミソギハラヒ》シタマヒセシコトモアレバ祭司ノ職《ヤク》ノ務ノ事《ワザ》ハ最モ古《フル》クヨリアリシナリ」。サテユダヤニモ我国ニモ昔ヨリ如此《カクノゴトキ》ノ例《レイ》ノアルハ何故ナルゾ別《ベツ》ノ次第ニアラズ人ニ其ノ罪ヲサトラセンガ為ナリ。然《シカ》シテ祭司タルモノ此等《コレラ》ノ例《レイ》ヲ以テ我等《ワレラ》人間ノ罪ヲ救ヒウルカ。決《ケツ》シテ能《アタ》ハザルナリ。若《モ》シ世ニ行《オコナ》フ所ノ祭ノ礼物《ソナヘモノ》ヤ同《オナ》ジ罪人ナル祭司ニテ世人ノ罪ガ潔《キヨメ》ラル、モノナラバ神ハ殊更《コトサラ》ニ御子《オンコ》ヲ世ニ賜《タマハ》ルコトハアルマジ。然《サレ》ドトテモ世ノ中ニハ我儕《ワレラ》オノ〳〵ノ罪ヲ救テ我儕ニ永遠ノ福ヲ与《アタフ》ルコトヲ得《ウル》　ノデキル　モノハナシ。人ハ已《ステ》ニ銘々《メイ〳〵》罪アリ罪ヲモテル罪人ニシテ何《イカ》デ他《ホカ》ノ罪人ヲ救ヒ得《ウ》ベキ道理アランヤ。人ニシテ已《スデ》ニ人ヲ救ノ力《チカラ》ナキニ於《オイ》テハ何《イカ》デ其ノ他ノ万物ヨク人罪ヲ救フコトヲ得《ウ》ベケンヤ。此等《コレラ》ノ事ハ我《ワガ》イマ言《イフ》マデ、ナク各位《メイ〳〵》ミヅカラ心静ニ考ヘテ見《ミ》バ悟ルトコヲ有《アル》ベシ五勺《ゴシヤク》ノ御酒《オミキ》ヤ御燈明《オトミヤウ》ヤ御洗米《オセンマイ》ヤ

1　ヨハネ伝四ノ十四云○耶蘇云云々我ガ予ル所ノ水ヲ飲モノハ永ク復タ渇コトナシ
2　詩廿三大闢ノ詩二節○使三我ヲシテ臥於茂苑一引レ我至下得二憩息一之水浜上兮
3　聖書ニ或ハ樹ヲモ善トシ或ハ果ヲモ善トセヨ或ハ樹ヲモ悪トシ或ハ果ヲモ悪トセヨ
4　ロマ書五ノ八云○神ソノ愛ヲ我ラニ彰セリ其ハ我ラ尚ホ罪人タリシトキキリスト我ラニ代リテ死ニ玉ヘバナリ

御供《オソナヘ》ノ餅《モチ》グラヰデ神ノ義罰ヲ和《ヤワ》ラゲ塩《シホ》ヤ水ニテ罪ヲ潔《キヨ》メラル、モノナラバ其様ニ罪ハ恐ルベキモノニハ非《アラ》ザルナリ。然《シカレ》ドモ世ノ中ニハ罪ホド恐《オソ》ロシキ者ハナシ。世ノ患難愁苦ハミナ此《コノ》罪ヨリシテ出《イデ》クルナリ』。祭司ヤ祭物ノ罪ヲ救ヒ得ザル証ハ　昔ヨリ神ヲ祭ノ例ヤ祭司ハアリツレドモ世ノ人ハ依然トシテ心ニ楽ナク霊魂《タマシヒ》ニ安《ヤスキ》トコロナク多《オホ》クハ患難ト愁苦トニテ世ヲ終《オハル》ニアラズヤ。此ノ故ニ自然《シゼン》ト人モヤケニナリ心ニ安楽ナク望《ノゾミ》（幸福ノ）ノ将《マサ》ニタユルヨリ兄弟喧嘩《ケンクワ》ヤ婦夫《フーフ》ワカレヤ親子イサカヒガ起《オコ》リ丸《マル》ト人間世界ノアリサマトハ見兼《ミエカヌル》ヤウナコトガ世ニ多クイデタルナリ。誠ニ不便《フビン》ノ次第ナリ。此《コレ》ヲ以テモ世ノ中ニハ我儕人間ヲ悪魔ノ手《テ》ヨリ救イダシ心ニ誠ノ楽ト安トヲ与《アタフ》ルモノ、ナキコトヲ知《シル》ベシ。サテ然《シカ》ラバ我儕ハ生涯《イッシャウ》カク艱難愁苦ノ中ニツナガレ罪ニ罪ヲ重《カサ》ネテ終《ツヒ》ニハ霊魂《タマシヒ》マデモ亡《ホロビ》ニイタラスベキカ。神ハ又《マタ》カクノ如キ状景《アリサマ》ヲ見捨《ミステ》テ置《オキ》タマフベキカ。神ハ悪ト罪トヲニクミ玉フコトハ甚《ハナハダ》シク極《キハメ》テ公義《タヾシキ》ナリト雖《イヘド》モマタ慈愛《ゴジアイ》ノ深《フカ》キモノナリ。若《モ》シ神ガ公義ノミニテ慈愛《ゴジアイ》ノ御心《オンコ、ロ》ノナキモノナラバ我儕人間ノ此《コ》ノ罪人トウ以前ニ御罰《オンバチ》ヲ受《ウケ》ネバナラヌ筈《ハズ》ナリ。是《コレ》然《シカ》ルニ我ラノ如キ罪《ツミ》フカキ者《モノ》ヲモ悪人トシテ捨《ステ》タマハズ多方《イロ〳〵ノハウ》ヲ以テ悔改《クヰアラタメ》ニ導キタマフナリ。ミナ神ノ御慈悲ナリ。頑梗ナル人ハ如此《カ、ル》大ナル恵《メグミ》ヲシラズシテ神ノ罰ノ目前速ニ来ラヌヲ以テ却《カヘツ》テ神ハ無《ナキ》モノナゾ言《イフ》モノモ世ニアルモノナリ。故ニカ、ル人ニ向テパウロイヘルコトアリ　ロ‖マ書二ノ四ト五　なんぢ神の豊厚《ユタカ》なる仁慈《メグミ》と寛容《ユルヤカ》なると懾忍《シノビ》たまふとを藐視《ナミスル》か。その仁慈《メグミ》ハなんぢを悔改に導《クヰアラタメミチビク》なるをしらず剛復《カタクナ》にして悔《クヰ》なきの心にしたがひ己《オノ》がために神の怒をつみてその義鞫《タヾシキサバキ》

のあらはれん震怒《イカリ》の日《ヒ》に及《オヨブ》なり』ワレラモ神ノ御慈愛ニアマヒテ悔改《クキアラタムル》コトヲセズ終《ツヒ》ニ霊魂ヲ亡《ホロビ》
ニイタルヤウナ事ヲセヌヤウ気《キ》ヲ付《ツケ》ネバナラヌナリ』。ソコデ神ハ何《イカ》ナル法《ハウ》ヲモテ今《イマ》ワレラヲ救《スク》　コレより要所
ヒタマフゾ又《マタ》ナニ、因《ヨリ》テ神ノ御慈愛ハアラハレシゾ。ヨハネ伝　三章十六節　神ノ愛レ世ヲ甚至以二
其ノ独生之子一賜レテ之ニ使下凡ツ信レ之者ヲシテ免二沈淪一而得中永生上ヲ』如此《カク》マデニ神ハ各位《ミナミナ》ヲ憐《アハレ》ミタマヘ
リ。故ニ我儕《ワレラ》人間ノ救ハルベキハ惟《タヾ》コノ耶蘇ヲ頼《タノム》ヨリ他《ホカ》ニ法《ハウ》ハナキナリ。又耶蘇ハイカニシテ我
儕ノ罪ヲ救フコトヲ得《ウル》カ。即チロマ書　八ノ三節　おのれの子《コ》を罪《ツミ》の肉《ニク》のかたちとなして罪の為《タメ》
につかはしその肉《ニク》において罪を罰《バツ》しぬ』マタ同　三ノ二五　神ハ寛容《シノビ》て過《スギ》こし方《カタ》の罪をゆるやか
にしたまひしかど。その義《ギ》をあらはさんとて耶蘇を立て挽回祭物《ナダメノソナヘモノ》となせり』カク耶蘇ハ各位《ミナミナ》ノ為
ニ己《オノレ》ノ体《カラダ》ヲ犠牲《イケニヘ》トナシ各位《ミナミナ》ノ罪ノ為ニ死《シニ》タマヘリ。然《シカ》シテ今《イマ》ハ神ノ右《ミソバ》ニアリテ恒《ツネ》ニ信者ヲ救ハン　要
ト神ニ懇求《トリナシ》タマフナリ。故ニヒブル八ノ二四廿五耶蘇はかぎりなく存《タモツ》が故にかはることなき祭司
の職《ツトメ》をもてり。此故《コノユエ》に彼《カレ》は己《オノレ》によりて神にきたるものの為《タメ》に懇求《トリナサン》とて恒に生《イクレ》ばかれらを全《マツタ》く救《スク》ひ　要大
たるなり』トモアリ」。実ニ我ラ人間ヲ救フノ祭司ハ全ク世ノ祭司トハ異《コト》ナリ即チ神ノ聖子《キヨキミコ》ナリ。
実ニ我ラ罪人ノ罪ヲ贖ヒウル祭物《ソナヘモノ》ハ全ク世ノ祭ノ供物トハ異《コト》ナリ即チ耶蘇救主ノ御体《オンカラダ》ナリ。此《コレ》ニ
ヨリテ思ヘバ罪ト云《イフ》モノ、価《ネウチ》ノ容易《ヨウイ》ナラザルヲ知《シル》ベシ。此程《コレホド》マデニ我ラ神ニ御心配ヲカケ奉リ尚《ナホ》
ソノ恩《ゴオン》ヲオモハズシテ如此《カクノゴトク》容易ナラザル恐《オソ》ルベキ罪ヲ軽々《カロガロ》シク行《オコナフ》ベキヤ速《スミヤカ》ニ悔改テ我ラ人間即
チミナ〳〵ヲ救ンガ為ニ下《クダ》サレタル此《コ》ノ至重《イタツテタツトキ》ノ救主耶蘇ヲ信ジ之《コレ》ニ頼《タノン》デ将来ノ禍ヲ逃レ永遠ノ

福ノ門ニ入《イル》ベシ。実ニ如此《カクノゴトキ》祭司ノ長ハ我ラニ肝要《カンヤウ》ノナル者ナリ」。若《モ》シ之《コレ》ナクバ我ラ人間ハイカニスベキゾヤ。惟々《タヾ》日々ニ神ノ怒ヲ待テ永苦ニ陥ノ外ナキノミ。今カクノ如ノ祭司ノ長ノ我ラニアルハ誠ニ喜悦《ヨロコブ》ベキノコトナリ。パウロモ嘗《カツ》テ此ノ恩ニ感ジテ云《イヘ》ルコトアリ　ロマ書七ノ廿四　あゝわれ困苦人《ナヤメルヒト》なるかな。この死の体《カラダ》より我を救はんものは誰《タレ》ぞや。これわれらの主耶蘇キリス　要　トなるが故に神に感謝す』各位《ミナ〳〵》モ此ノ救主ヲ信ジテ我《ワガ》救主トシテ神ニ感謝ナサル、ヤウニオナリナサル、ヤウイタシタキコトナリ。其《ソ》ハ如此《カク》マデ大ナル救《スクヒ》トイヘド信ゼザレバ我ガ救トハナラザレバナリロマ書　三ノ廿五　云《イハク》その血を信ずるもの、なだめの供物《ソナヘモノ》たるなり』

○もし尓《ナンヂ》だにも今この尓の日《ヒ》において尓の平安《オダヤカ》にかゝはれることをしらば福《サイハヒ》なるに今なんぢの目《メ》に　明十一ノ一ノ廿ノ夜
かくれたり　ルカ十九章ノ四二　○　マタ廿三ノ三七母鶏の雛をつばさの下にあつむるごとく尓らの子どもをあつめんとせしことといくたびぞや○ルカ同章四一節ニ城中を見てこれがために哀泣《ナキ》いひけるハ云々トアリ
ユダヤ人ノ亡タルハ何故ナルヤ彼等ハ幸福ヲ願ハザリシヤ否ナ幸福ヲ願ハザリシモノハ一人モナシ皆コレヲ願バコソキリストヲ待テリ然バ何故ニキリストナル耶蘇ヲ信ゼザリシヤ。他ナシ彼等ハ習俗ニ慣レテ真理ヲ悟ルコト能ハズ習俗ニ合ザレバ咸ク理ニ違モノト定タリ。其《ソ》ハ十二使徒ノ中《ウチ》デスラ屢々《シバ〳〵》コノ習俗ノ為ニ囲《カコ》マレ耶蘇ノ御言ヲ悟得《サトリエ》ザリシコトアリキ　マコ七ノ十七食物ノ人ヲ汚ス能ザルコトヲ問フ

又ユダヤ人ラハ高慢ニ迷《マド》ハサレ耶蘇ノ神ノ子タルヲ知コトヲ得ザリキ。又疾妬ニヨリテ耶蘇ノ大
能力ヲ見テモ神ノ奇跡タルヲ悟コト能ハザリシ又カレラハ世ノ事ノミニ心トラレ霊魂ノコトヲ已
1 ニ忘《ワスレ》タルガ故ニ真ノ福ト真ノ救トヲ知ラズ只肉体ニノミ取テ考ヲナセルニヨリ預言ニアル所ノキ
リスト其ノ預言ニ叶テ出タレド其《ソレ》ヲ信ズルコト能ハザリキナリ。此《コレ》ミナ彼等ガ亡ニ陥リタル原因
ニシテ此《コレ》ラノ事ニヨリテ其ノ目クラクナリ神ノ御慈悲ヲモ知コト能ハズ救主ノ与ヘタマフ真福ヲ
モ見コト能ハズ故ニカレラノ日ナル此ノ世界ニアル日ニ於テ悔改スルコトアタハズ終ニ亡ニハ致《イタ》
レルナリ今ノ世ノ人モユダヤ人ノ如ナラザルヤウスベシ然シ昔モ今モ人ハ兎角ニ慣習ト高謾ト嗜
欲ト疾妬トハ免《マヌカ》レガタキモノニシテ自然コノ世ニアリテハ世ノ風俗ニウツリ不知不識イタラザル
2 所ナリ 慣習ヤ高慢ナド此等ノ悪ニ染マルモノナリ孔子家語ニモ不善人ト与ニ居《ヲル》トキハ鮑魚ノ肆《イチグラ》ニ
3 入ガ如シ久シテ其臭ヲ聞ザレドモ亦コレト化ス』トアルガ如ク世ノ人モ己ハ不知ド世ノ悪習ニ速《トク》
ニ化セラレテアルナリ故ニ救ノ道ヲ聞テモ悟ラズ神ハ真福ヲ与ヘントシタマヘド之ヲ受ルコトヲ
得ズ尓ノ日ニ於テ早ク悔改ヨト信者ノ口ヲ以テ神ハイハシメ玉ヘド己ノ罪ヲ悟リテ改ルコトヲセ
ズ矢張モトノ侭ニ宴安ニフケリ私欲ヲホシイマヽニシ神ノ恵ヲモ謝スルコトヲセズ又ソノ愛ヲ喜

1 ロマ書八章五ヨリ　従肉者念肉之情従霊者念霊之情以肉之情為念死也以霊之情為念生命也安也蓋従肉之念与神為仇因彼不服神之法且終不能服之云々
2 ペテロ前五ノ七尓凡所憂亦慮可託於主蓋主常念尓也
3 ヒブル十三ノ五六主有云我必不棄尓不遺尓也

ブコトヲモセズ消日スルモノ多シ。カヽル人ハ実ニ気ノ毒ナモノナリ何日ノ頃ナリケン米国ニイリト云大湖アリ此水ニアガラ江ニ入マタ流テオンテリヲノ湖ニイルナリ両湖ノ地勢高下相区三十余仭江中嶺アリ横亘壱里不足峭立九十丈アルナリ此瀧ハ高名ナルモノ故ニ行客ユキテ勝ヲ探ルナリ或日一族客コノ湖ニ遊ビ楽ヲリシガ危険ナルニヨリ其地理ヲ知レル者之ヲ呼トヾメタレバ遂ニ聞カズシテ亡ヲトリタルコトアリ

聖書講義並演説

〈講録〉　○一丁ノ表○愛ノ貴重○十字架○主ノ大恩慈○信者各々責アリ○同裏○真誠ノ自由○信者ノ快楽○永生ノ道○二丁ノ表○イエス迷途ノ人ヲ尋ヌ○悔改ハ救ニ入ノ門○神ハ知ザル所ナシ○イエスヲ棄レバイエス之ヲ顧ズ○同裏○善ヲ行ニ勇メ○四丁ノ表○大悪モ次第ニ成ル○眠ヨリ起ベキ時○キリストハ変ルナシ○四丁ノ裏○冕ヲ奪ル、勿レ○道理ニ合テ安息日ヲ守ルベシ○五丁ノ表○信者ハ律法ニ苦メラル、勿レ○愛国○五丁ノ裏○忍耐ハ福ノ本○イエスハ平和ノ君○父ヲ忘ル可ラズ○六丁表○進ムベシ退ク可ラズ○同裏○肉体ノ為ニノミ心労ス可ラズ○七丁表○二心アル可ラズ○教会ハ聖潔ニスベシ○偶像ニ事レバ其禍子孫ニ及ブ○七丁ノ裏○天国ノ長大○八丁表○真誠ノ愛○和平ヲ求ヨ○信徒ハ山上ノ城○知識ノ本○今日人ヲ勤ヨ○九丁表○神ニ祈祷ヲ恒ニ捧クベシ○聖書○十丁裏○勤労○イエス死者ヲ起ス○真ノ信仰○十一丁表○光陰ハ過ギ易シ○宝ヲ尋求セヨ○恩ヲ忘ル、勿レ○幸福ノ途○十二丁ノ表○百事主ノ教ニ従ヘ○自審○信者ノ喜○天父ニ交附スベシ○甦生○十二丁ノ裏○家庭ノ政教○祭ニヨリ教ノ正邪アラハル○日々改進セヨ○神国○互ニ善徳ニ導クベシ○十四丁ノ表○地ニ在ル天国ハ純全ノ者ニ非ズ○主ノ降世ノ目的○十七丁ノ裏○神ト人トヲ愛スベキコト○廿一丁ウラ救ヲ全ウスベシ○廿一ノ裏○心目○罪ノ赦○信徒ノ生涯○主ニ受ラル者ハ誰ゾ○益アル働廿一丁ノウラ　○栄ニ栄ヲ増セ廿二丁ノ表　○十字架ヲ負テ主ニ従ヘ同上　○実体ニ就テ学ベ同上　○贖罪同上　○行フコトヲ主ニ問ヘ廿七丁表　○実行ヲ勤メヨ廿九丁ノウラ　○楽輪卅六ノ表　○主ヲ愛スル乎卅八丁ノ裏　○キリストノ死卅九丁ノ表　○安ヲシテ主《ツカサド》ラシメヨ　卅九丁ノ表　○

イエスヲ尋ネヨ卅九丁ノ表　○祈ノ必用四四丁ノ表　○恵ノ時四九丁ノ表　○キリストヲ愛スルハ百善
ノ本同上　○真誠ノ楽四九ノ裏　○感謝祈祷同上　○言ニ恩ヲ加ヘヨ五十丁ノ表　○神ノ国ハ言ニ非ズ四
十九ノ裏　○神ノ愛五十丁オ　○言ニ恩ヲ加ヘヨ同上　○家庭ノ働五十丁ウ　○人ノ愛同上　○熱心五
二ノオ　○救ノ喜五十二ノウ　○希望五十二丁ノ裏　○真理ヲ求ム同上　○信仰同上　○聖霊ヲ求ヨ同上
○受ヨリ与ルハ福ナリ五三丁表　○慕義五十七ノ表　○分ヲ尽セ　五八表　○偽善異端免レズ同上　○神
ノ子五八ノ表　○死ヲ忘ル、勿レ五十九ノ裏　○永生ノ糧　六十ノ表　○神ノ能六四ノ表　○新年ト共ニ
心ヲ新ニセヨ六五ノウ　○聖霊ノ証同上　○主ノ招キ　七十　○寐ヨリ醒ヨ七十二丁　○凡ハ主ノ物七十
三丁　○我ラノ目的ハ主ノ栄ヲ顕ニアリ七七ノ裏○父ニ帰レ七八ノオ　○天国ノ張大八十四丁　○真
誠ノ食八十六丁　○世ノ者ニ非ズ八九丁オ　○信徒ノ住所八九丁オ　○光ヲ輝カセ九十丁オ　○更生ノ跡
九十一ノ表　○世ニ勝ツ九十二ノ裏　○預定九十三丁オ　○事己ニ頼バ破ル九七丁ウ　○和平九四丁オ　○寤
ムベキノ時九七丁ウ　○愛　九九丁オ　○信仰百丁オ

愛ノ貴重ヲ云○ 題 ヨハネ一書四章ノ八 神ハ乃チ愛ナリ 明治十三年五月廿日安息日神戸会堂ニテ草稿別ニアリ

○十字架ニ優レル者ナシ 同 ガラテヤ書六章十四 唯我儕ノ主イエスキリストノ十字架ノ他ニ誇ル所ナカラン事ヲ願フ
同六月廿七日安息日神戸会堂ニテ草稿別ニアリ

○主ノ大恩慈 同 ルカ伝廿二章四十四 其汗ハ血ノ滴ノ如ク地ニ落タリ同七月四日安息日 神戸会堂ニテ草稿ナシ此日受洗人アリ又晩餐ヲ行フ故ニ先ヅ主ノ我ラ罪人ノ為ニ心ヲ痛メ終ニ十字架ニ釘セラレ給ヒシ恩恵ヲ述ベ次ニ洗礼ト晩餐ノコトヲ述ブ 講義中アフリカニテ或婦野火ニ出遇ヒ逃ル丶ニ道ナクシテ木根ヲ堀出セシ穴ヲ見ツケ其子ヲ此穴ニイレ自ラ其上ヲ掩ヒ己ガ身ヲ焼キ殺シテ子ヲ救ヘル話ヲ用

信者各責任アリ○ 同 ロマ書一章十四 我ハギリシャ人及ビ異邦人マタ智者及ビ愚者ニモ負ル所アリ 同七月廿五日安息日神戸会堂ニテ草稿ナシ○小引パウロガ負ル所アリト云シ所以○総籠パウロガ斯ク云ルハ我ラ今日ノ信徒ニモ同ク負債アルヲ示ス○分別両層ニ分ツ一ハ何故信徒ハ神ニ負債アルカ一ハ既ニ負債アラバ之ヲ反スノ法イカン○総結 此ノ負債アルヲ知リ又之ヲ償ガ為メ各ソノ義務アルヲ悟ラバ智モ学モ冨モ誇ル所ナシ人自ラ此負債アルヲ忘ル丶ニ依テ人ヲ卑メ議スルコト多シ然ド此負債ヲ反サントナレバ協心同力共ニ助ケ合テ大恩ノ負債万分ノ一モ償ノ働ヲナサヾレバ得ズ又兄弟姉妹ハ斯クアルベキ筈ナリ管仲鮑叔ノ交ヲ説テ親睦ノ切要ヲ云フ

○真誠ノ自由 題 前コリント八章十九 汝ラ慎テ其自由ヲ弱キ者ノ躓キト為ス勿レ 明治十三年八月八日安息日神戸会堂ニテ草稿別ニアリ

○信者ノ快楽 同 ヨハネ一章一二 尓ラ視ヨ我ラ称ラレテ神ノ子タルコトヲ得コレ父ノ我ラニ賜フ何等ノ愛ゾ世

ハ父ヲ知ズ之ニ因テ我儕ヲモ知ザルナリ云々　同八月十五日神戸会堂ニテ草稿別ニアリ

永生ノ道○　同　ヨハネ伝十四ノ六　耶穌云ケルハ我ハ途ナリ　同十月三日安息日神戸会堂ニテ○小引　人東京へ行ニモ薩摩へ行ニモ必ズ其道ニ由ザル可ラズ人モシ天国へ行ントセバ亦斯ノ如ク其道ニ由ザル可ラズ其道ハ即チイエス也故ニ云我ハ途ナリ　○総籠　世ニ道多シト雖モ必ズ東西南北各々其向フ所ヲ異ニス教ノ道ニ於ルモ亦斯ノ如ク各々必ズ一ナラザル也今コヽニ誠ニ天国ニ到ノ道ヲ述ン　○分段　道ニ真偽アリ偽ハ世ヨリ出デ真ハ天ヨリ出ヅ第一偽道ハ従ヒ易クシテ亡ブ第二真道ハ従ヒ難クシテ救ヲ得　○総結　分登ル麓ノ道ハ多ケレド同ジ高峰ノ月ヲナガメン之ハ神道ヤ他教ノ為ニ己ガ道ノ攻ラレンコトヲ恐テ僧侶ノ詠シ者ニテ実ハ斯ル道理ハ決テナシ天ヨリ出シ道ニ非ザレバ天国ニ到ルコト能ハズ真神ヨリ出シ教ニ由ザレバ真ノ幸福ハ得難シイエスハ真神ヨリ出ヅ（ヨハネ三ノ二）イエスノ教ハ天ヨリ出ヅ（ヨハネ一ノ三三四参考）故ニイエス云人モシ我道ヲ守ラバ限ナク死ヲ見ザルベシ（ヨハネ八ノ五一）又云人モシ我ニ由ザレバ父ノ許ニ往コト能ハズ

耶蘇迷途ノ人ヲ尋ヌ○　同　ルカ伝十九ノ十　人ノ子ハ喪シ者ヲ尋テ救ン為ニ来レリ　同十月廿四日安息日神戸会堂ニテ講案別ニアリ

悔改ハ救ニ入ノ門○　同　ルカ伝十九ノ八　ザアカイ起テ主ヨ我所有ノ半ヲ貧者ニ施サン若シ我誣訟テ人ヨリ取バ四倍ニシテ之ヲ償フベシ　同十一月七日安息日神戸会堂ニテ草稿別ニアリ此日受洗人アリ又聖晩餐ヲ行フ

神ハ知ラザル所ナシ○　同　ヘブル書四章十三　物トシテ神ノ前ニ露レザルナシ我儕ガ係レル者ノ眼ノ前ニ凡ノ物裸ニテ顕ハル　同十一月十四日安息日神戸会堂ニ於テ講ズ講案別ニアリ

イエスヲ棄レバイエス之ヲ顧ズ○

同　マコ伝六章一ヨリ六ニ至ル　耶穌コ、ヲ去テ故郷ニ到リ云々　馬可講義ニ拠ル十一月廿一日安息日神戸会堂ニ於テ講ス

善ヲ行フニ勇メ○

題　ガラテヤ六章ノ九　善ヲ行フニ臆スル勿レ　明治十三年十二月五日安息日神戸会堂ニテ　○序　周易ニ云、積善之家有二余慶一、後漢ノ東平王云、善ヲ為ス最モ楽シ、此ヲ以テ見レバ古ヨリ誰モ善事ヲナスハ好キコトニテ自然ソノ報ニ福ガ来テ慶ビ事ノアル可ヲ知リ、又善行ヲナセバ其心ニ楽ヲ覚ユルコトヲモ知ルコトナレド、為シ難キハ善、為シ易キハ悪ナリ」、然ド悪ホド恐ルべキ者ハナシ、悪ハ即チ罪ナリ、聖書ニ云、罪ノ価ハ死ナリ（ロマ六ノ廿三）罪ハ強チニ未来永遠ノ禍害ヲ受ルノミナラズ、今生ニ於テモ人ヲシテ楽ヲ失ハシメ常ニ恥ト懼トヲ予ルナリ、故ニ厭フベキハ悪、好ムベキハ善ナリ」、善ハ福ノ友、悪ハ禍ノ友ナリ、悪ノ誘フ道ハ危ク、善ノ誘フ道ハ安シ、故ニ云善ヲ行フニ臆スル勿レト　○主、悪ノ道ノ危ヲ知ツ、モ人之ニ趣キ、善ノ道ノ安ヲ知ツ、モ人之ニ進マズ、而シテ云此ハ小悪ナリ為スモ害ナシ、此ハ小善ナリ為スモ益ナシト、斯テ日ニ月ニ悪ニ進テ善ヲ退キ遂ニハ身罪悪ノ中ニアリテ其罪悪タルヲ知ズ、恰モ酔漢《サケヨヒ》ガ泥濘ノ中ニ倒テ其泥濘中ニ在ヲ知ザルガ如シ」、知ズヤ古語ニ云フ、悪モ積ザレバ身ヲ滅スニ足ズ、善モ積ザレバ名ヲ成ニ足ズト」、又或云、我ハ善ヲモ行ハザレド悪ヲモ為シコトナシト、斯テ善ヲ励ンデ行ノ心ナク亦道ヲ慕フ心ナシ、知ズヤ、世ニハ唯ダ善悪ノ二途アル耳、善ニアラザレバ悪、悪ニ非ザレバ善ニシテ善悪二途ノ間ニ在コト能ハザルナリ」、人ニハ必ズ銘心ノ律アリ、人

各々心ヲ潜メテ此律ヲ自ラ探ラバ其善ヲ勧ムルヲ知ベシ、然ルニ其勧ニ従ハズシテ善ヲ行ハザルハ罪ナリ、聖書ニ云、律ヲ犯スハ罪ナリ」、又或云、我ハ王法ヲ犯サズ、自ノ職業ヲ怠ラズ、一家ヲシテ衣食ニ足シメ、且多少ノ

律ヲ犯ハ罪ナリ　ヨハネ一書三ノ四

喜捨ヲモ時トシテハ行ヘリ、此ヨリ他ニ何ンノ善ヲ為ントテ骨折コトヲスベキト」、吁々斯ル人ハ人ノ人タル義務ヲ知ザル也、王法ヲ犯サヾルハ其罰ヲ恐レ其名ヲ惜ムガ為ノミ、職業ニ怠ラザルハ多ノ利ヲ得ンコトヲ欲スルガ為ノミ、身ニ安楽ヲ得ント欲スルガ為ノミ、何ゾ誇ニ足ンヤ、鳥獣モ其身ヲ養ンガ為、ソノ子ヲ飢渇サセザル為ニハ怠ズシテ働ナリ」、時トシテ行ヘル喜捨ハ或ハ附合ノ為メ、或ハ義理ノ為メ、或ハ名誉ノ為ナル可レバ何ゾ之ヲ善ト云ニ足ン、善トハ附合ノ為ニ非ズ、義理ノ為ニ非ズ、名ノ為ニ非ズ、真実ノ心ヲ以テ神ニ忠ヲ尽ンコトヲ思ヒ、人ヲ憐ミ世ヲ益センコトヲ思ヒ、恒ニ其機ヲ伺ヒ機アラバ之ヲ行フテ已ヲ忘ル、ヲ云フ」、然バ職業ニ怠ラザル位ノコトニ誇リ、附合義理ノ喜捨ヲ以テ足レリトスル人ノ企テ及ブ所ニ非ズ」、又或云、我善ヲ好マザルニ非レド力足ザル故ニ為シ能ハズト、是亦遁辞ニシテ実ハ善ヲ好ノ人ニ非ズ、斯ル人ニ百万ノ身上ヲ予テ試ミバ亦必ズ言ン、人ノ暮シハ身分ニ随テ入用ナル故ニ善事ヲ為ント思ド中々其余裕ナシト」、知ズヤ、善ヲ為スハ貧富ニ非ズシテ善心ニアリ、善ヲ為ンコトヲ欲セバ貧ハ貧、富ハ富、各々其居ル所ニ随テ為《ナ》シ得ル者ナリ、先年アウストリーノ一武官俸給薄少ニシテ家室ヲ養フニ足ズジヱルマン帝ジョセフニ恩恤ヲ求ム、彼子十人アリ然ルニ貧家ノ孤児ヲ収養セリ（西稗雑纂一）、又ドヱツ人ニテ一眼ナク且背虫《セムシ》ニテ足ナヘ歩行ニ自由ナラザリシ者、ソノ国ノ仏国ト戦争セシトキ烽火ヲ挙テ大功ヲナセシ話ヲ弘ク」、然バ廃人ニテモ国ヲ救ノ大功ヲナシ、貧士ニテモ飢寒ノ孤児ヲ救ヘリ、時ニ随ヒ力ニ応ジテ善ハ為シ能フ者ナリ」、又或云、我応分ノ力ヲ尽シテ善ヲ行ント欲スレド我ガ如キ身分ノ者斯ルコトヲセバ人誹《アザケ》リテ身分知ズト云ン、且モシモ之ガ為ニ身上不如意ニナラバ世間ノ笑ニ預ラント」、聖書云ズヤ、縦ヒ義キ事ノ為ニ苦メラル、トモ尓ラ福ナル者ナリ、人ノ尓ラヲ威嚇《オドズ》ヲ畏ル、勿レ憂ル勿レ（ペテ

孤児ヲ救ノ慈善ヲナセリ

又云ペテロ前三ノ十二　ダビデ云々詩十八ノ一　聖書ガラテヤ六ノ七　イエス云ルカ六ノ三四

ロ前三ノ十四）善ヲ行ニ何ゾ人ヲ憚ラン、縦ヒ身上不如意ニナルトモ善ヲ為スコトヲ得バ福ナリ、為シ得ルホドノ気力ナクバ止ナン、何ゾ世間ノ笑ノ為ニ行ヒ得ルノ精神ヲ抑ヘルコトヲセン、パウロ云善ヲ行ニ臆スル勿レト」、神ハ善ヲ好ミ悪ヲ憎ミ給フナリ、神ハ義ヲ悦ビ罪ヲ嫌ヒ給ナリ、人ソ神ノ好ミ給フ所ソノ悦ビ給フ所ノ事サヘ行ハヾ神必ズ之ヲ助ケ給フ也、箴言云、善ヲ求ル者必ズ恩ヲ獲ル（十一ノ廿七）又云、主ノ目ハ義人ノ上ニ止ル」、然バ我ラ若シ善ヲ為シ義ヲ行ントセバ決シテ恐ル、コト勿レ、神必ズ善ヲ好ミ義ヲ慕フノ人ト共ナル可レバナリ、故ニ善ヲ行ニ臆スル勿レ、唯ダビデノ如ク神ハ我ノ力、我ノ護者ト、全能ノ神ヲ讃美シツ、臆セズ善事ハ行ヒタキ者ナリ　○補　善事ハ福ノ種ナリ、人善ヲ行ハヾ必ズ福ノ果ヲ得ルナリ、聖書ニモ人ノ播トコロノ者ハ亦ソノ刈ル所トナル也」、然ド穫ルコトヲ先ヅ望テ為ル善事ハ誠ノ善ニ非ズ、イエス云、尓ラ返サル、コトヲ得ント思フ人ニ借ハ何ノ報ヰ在ンヤ、悪人モ亦返シヲ得ントテ悪人ニ借スナリト、是求ル所アリテ為ルハ誠ノ善意ヨリ出ルニ非ズ、悪人モ求アルノ善行ハスルニヨリ求ル所ナク唯ダ人ヲ憐ノ心ヨリシテ慈善ヲ行フベキヲ教ヘ給ルナリ」、世ノ人ノ為ス善ト見ユルコトハ、多ハ皆コノ望ヲ先キニ懐テ行フガ故ニ、或ハ人ニ恵ヲ施セド其人我恵ヲ恵ト思ハズ却テ我ガ不利ヲ謀ルヤウナコトアルニヨリ善ハ益ナシト云ヒ」、或ハ始ニ善ヲ行テ見シガ敢テ家ノ繁栄ニモナラズ且我ガ不首尾ノ時格別我ニ深切ヲスル人ナキニヨリ善ハ益ナシト云ヒ」、或ハ偶マ善キ事ヲナシテモ格別我ヲ誉ル者ナキニヨリ善ハ益ナシト云テ止メ、始終善ヲ全フセザルナリ、是ミナ善意ヨリ生ジテ行フ善ニアラザルガ故ナリ」、誠ノ善ハ求アリテ為ニ非ザレド必ズ其報ヲ得ナリ、聖書ニ云、善ヲ行テ倦ムコト無バ我ラ時ニ至テ穫取ベケレバ也（カラテヤ六ノ九）能ク思ヒ見ヨ、我ラ此世ニ在テ働ク所ノ果己ガ霊ヲ富スニ足ルヤ否、多ハ皆ソノ働キハ暫ク肉体ヲ富スコトヲ得ルカモ知ネド霊ヲ富スコトハ中々難シ」、我ラガ霊ヲ富セ我ガ永遠ノ財トナル者ハ誠ノ心ヲ以テ行フ所ノ誠ノ善事ノ果ノミ」、若シ誠ノ善事ヲナサヾレバ仮令主ニ由テ漸クニ救ハル、トモ我ガ懐ハ乏シクシテ其淋シサ譬ン方ナカルベシ、故ニイエス云尓ラ天ニ財ヲ蓄フベシト（マタ六ノ廿）○結　真実ノ心ヲ以テ臆セズ怠ラズ善ヲ為スハ即チ天ニ財ヲ蓄ルナレバ此世ノ銀行ヘ預ルヨリモ遥ニ愈リ、実ニ其人ノ富ハ此世ノ富ノ比ブベキニ非ズ、是ゾ人ノ願フベキ事ニシテ此善ニコソ力ハ尽シ度モノナレド、人ノ心ハ甚ダ弱ク、人ノ智ハ甚ダ浅ク、輙モスレバ眼前ノ小利ニ迷ヒ、或ハ小キ人ノ誉ヲ貪リ、或ハ私欲ニ引サレ等シテ善事ヲ為ントスル時ニ妨ラル、事多シ」、善ヲ行テ怠ラズ、善ヲ行ニ臆スルコトナク、始終善事ヲ全センニハイエスヲ信ジイエスノ愛ニ激マサレ聖霊ノ助ニヨルニ如ズ」、若シ人イエスヲ信ゼズ、聖霊ノ感動ヲ蒙ラズ、且イエスノ愛ニ激マサレズバ、所詮真誠ノ善ハ為シ得ザルベシ、天ニ財ヲ積ムコトハ能ハザルベシ、若シ天ニ財ヲ蓄ヘズバ是実ニ人ノ不幸ナリ、願クハ各人主ニ由テ心ヲ強クシ、常ニ主ノ愛ニ激マサレ、恐レズ臆セズ善ト見当ルコトハ脱サズ、熱心善ヲ行ノ機会ヲ尋ネ、万々天ニ財ヲ蓄フベシ、善ハ決シテ無益ニハナラズ、且善ハ神ノ悦ビ玉フ所ナリ、善ハ必ズ神ノ助ケ給フ所ナリ、善ヲ行ニ臆スル勿レ」

大悪モ次第ニ成○　題　マタイ伝廿六ノ十四五六　其トキ十二門徒ノ一人ナル云々　明治十三年十二月十二日安息日神戸会堂ニテ　○分段　一　ユダ何故カ、ル大悪ヲ作シ乎イエスヲ愛スルノ愛薄カリシニ由ル　一　イエス何故カ、ル者ヲ使徒ト作シ乎　仁愛深キニ由ル

眠ヨリ起ベキ時○　同　ロマ書十三ノ十一　我儕ハ時ヲ知レリ今ハ寐ヨリ寤ベキノ時ナリ　同十二月廿六日歳末ノ安息日神

戸会堂ニ於テ　○分段　一　本歳ヲ憶念ス　二　来年ヲ忖度ス　○浦島ノ物語トエピメニデスノ事ヲ引用ス
以上　明治十三年五月ヨリ十二月ニ至ル凡テ十四講

キリストハ変ルナシ○

題　ヘブル書十三章八　耶穌キリストハ昨日モ今日モ永遠変ラザル也
明治十四年一月一周間祈祷会ノ説教題ニ依テ二日第一安息日神戸会堂ニテ講ズ此日受洗人アリ又聖晩餐ヲ守ル　○草稿別ニアリ当日ハ風邪ニヨリ説教ハ村上氏ニ依頼シ自ラハ晩餐式ヲ主ドリ聖書コリント前書十一章廿三ヲ読ミ且ソノ意ヲ述ブ

冕ヲ奪ル、勿レ○

題　黙示録三ノ十一　我速ニ来ラン汝ガ有《モツ》トコロノ者ヲ堅ク保テ汝ノ冕ヲ人ニ奪ル、勿レ　一月九日安息日神戸会堂ニテ講ズ草稿ナシ一周祈祷会ノ説教題ニ依ル

道理ニ合フ安息日ヲ守ルベシ○

同　マコ伝三章一節ヨリ六ニ至ル　○小引　凡ノ事ニ礼ト道理トアリ、道理ニ合フ礼ヲ正礼トス、道理ニ合ハザル礼ニハ必ズ弊害多シ、老子云、礼ハ忠信ノ薄ニシテ乱ノ首ナリ」パリサイ人ニ於テ其言ノ謊ナラザルヲ知ル
○総籠　パリサイ人ハ徒ニ礼ノ虚文ヲ守テ其ノ実意ヲ忘ル、故ニ此日ハ人ノ為ニ設ケ給ヒシ主旨ヲ失ヒ返テイエスヲ害セント図レリ、其険悪イカバカリゾヤ　○分段　今コノ処ニ就テ考ルニ三ノ教アリ、一ハ安息日ハ外皃ノミヲ以テ守ル可ラズ道理ヲ尋テ之ニ合フ可ク守ルベシ、一ハ神ニ順ヒ神ノ旨ヲ成ントノ心ヨリ為ザル事ハツヒニハ怨恨忿疾暴厲ニ変シテ人ノ躓ヲ来タシ人ニ禍ヲ予ルナリ　一ハ人ヲ愛シ善ヲナシ神ノ旨ヲ行ントナラバ人ノ権威ヲ懼レズ人ノ富貴ニ諂ラズ人ノ智慧ヲ憚ラズ断然ナスベキ事ヲ決行スベシ　○総結　○一月廿日安息日神戸会堂ニ於テ講ス

信者ハ律法ニ苦メラル、勿レ○ 同 ガラテヤ二ノ十九 我律法ニ由テ律法ニ死リ是神ニ由テ生ン為ナリ ○一月三十日神戸会堂ニテ講ス聖書引用書別ニアリ 第一万国民神ノ律法ヲ有ザルナシ故ニ其罪ニ苦メラル之ニ由テ諸ノ教法起リ諸ノ神仏出来タリ然ド之ニ由テ安心ヲ得ル能ハズ其心ヲ満足スル能ハズ 第二神ノ仁慈律法ノ外ニ人ヲ義トスルノ道ヲ設ケ給ヒタリ 第三既ニキリストノ信者ハ旧キ人ヲ十字架ニ釘シ新ニ生レタル者ナリ律法ヲ離レタル者ナリ自由ヲ得タル神ノ子ナリ 第四既ニ神ノ子タラバ又律法ニ縛ラル、勿レ律法ヲ脱シテ純全ニ進ムベシ天国ハ来生ニ到テ始テ得ル者ニ非ズ神ノ国ハ尓ラノ衷ニアリ神ノ子ハ必ズ天国ニ今在テ天国ノ如ク凡テノ事ニ於テ聖潔ナルベシ然ラザレバ来生モ天国ニ到ヲ得ズ仮令到ヲ得ルモ楽ナカルベシ

愛国○ 同 ルカ伝十九ノ四一 城中ヲ見テ之ガ為ニ泣云ケルハ云々 二月九日大坂教会ニ於テ按手禮（神代）ノ時ニ講ス ○序 イエス ユダヤノ亡ヲ前知シテ哭スユダヤ人モ愛国ノ志ナキニ非レド私欲ノ為ニ制セラレテ其霊ト其国トヲ亡セリ ○主 我国ニモ国ヲ愛スルノ士ニ乏シカラヌ様ナレド真理ニ従テ愛ノ道ヲ尽サズバ危シ ○補 国ヲ福ニ成ントナラバ真理ヲ宣布セザル可ラズ之ヲ宣布スル任ハ信者ナリ ○結 ヨナ ニネベニ全ラズバ己モ亡ビニネベモ亡シナラン故ニ我ラ信者モ人ニ道ヲ伝ズバ亦同ク自モ亡ビ国モ亡ン ○引書 ヨハネ十一ノ四八 テモテ后二ノ十七ヨハネ一書四ノ五マタイ七ノ十六 ヨハネ十二ノ三五 ヨハネ八ノ十二 コリント后五ノ十五 ヘブル十二ノ一

忍耐ハ福ノ本ナリ○ 題 ヤコブ書五ノ十一 我ラ忍ブ者ハ福ナリト思ナリ 二月十三日安息日神戸会堂ニ於テ講ズ草稿別ニアリ

イエスハ平和ノ君ナリ○父ヲ忘ル可ラズ○

同　マタイ伝十章三四ヨリ三九節ニ至ル　二月廿日安息日神戸会堂ニテ講ズ草稿別ニアリ

同　ロマ書二ノ十八ヨリ廿五ヨハネ伝三ノ十六ヨリ廿一　○第一　世間ニハ随分物忘レスル者モアルモノニテ或ハ自ノ名ヲ忘レ或ハ己ノ妻ヲ忘シ人モアリト聞ク然ド未ダ其親ヲ忘レシ者ヲ聞ズ然ルニ今人ソノ親ヲ忘タリ即チ我ヲ造リ我ヲ養フ天父ヲ忘タリ　第二　我国ヤ支邦ノ人ハ祖先ヲ祭ル子孫ソノ祭ル所ノ人ヲ知ズト雖モ家田地等ノ遺物ニヨリテ其必ズ在シヲ知ル神ハ目ニ見ズド雖モ近クハ我身遠クハ天体又日々受ル所ノ食衣住ニヨリテ必ズ其存在ヲ知ル、ナリ　第三　日々天父ノ鴻恩ヲ受ナガラ其恩ヲ謝セズ其教ニ従ハズ罪大ナリト云ベシ然ルニ人ノ罪ヲ罰セントニ非ズ罰ヲ免レシメ救ヲ得シメンガ為ニ神ハイエスヲ世ニ賜ヒタリ仏者モ神道者モ儒者モ能クソノ義ヲ知バ必ズ喜テイエスニ従ヒ信ズベシ然ド平田氏ガ云ル如ク仏者仏道ヲ知ズ神道者神道ヲ知ズ儒者儒道ヲ知ズ故ニイエスヲ信ゼザルナリ　二月廿八日安息日　兵庫会堂ニ講ズ

進ムベシ退ク可ラズ○

題　マタイ十九ノ二一　○　此少キ者ハ惜キコト也何ゾ壊ルベキ財ノ為ニ義ヲ舎テ救ニ離レシヤ昔ヨリイエスニ従ル信者ハ一切ヲ惜ミナク舎タリ今ノ信者モ亦然リ然ラザレバ誠ノ信者ニ非ズ　○然ド一次諸物ヲ舎シ耳ニテハイエスノ旨ニ協ハザルベシイエス何ノ為ニ人ニ一切ヲ舎サスルカ夫ニ因テ神ノ栄ヲ顕シ人ニ益ヲ予ヘシメン為ナリ故ニ唯ダ一切ヲ舎シ耳ニテ益所ナクバ画餅ニ属スルナリ然バコソ此少キ者ニハ所有ヲ売テ施セト命ジタリ　○一切ヲ舎テ後退テ自ヲ守ル耳ナルハ安ケレド進テ取ハ至テ難シ然ドイエスノ道ハ進テ取ノ道ナリ使徒行伝廿ノ廿四ヲ見ヨ又ペテロ

ヤコブ ヨハネ 等ハ一切ヲ舎テイエスニ従ル後何ヲセシゾ愈々進デ退カザリシナラズヤ聖書ニ云フ善ヲナスノ機ヲ尋ヌベシト　三月十三日神戸会堂ニテ講ズ仮草稿アリ

肉ノ為ニノミ心労ス可ラズ○

題　ルカ十二章二二ヨリ三一　○　此数句ノ中ニ三ノ教アリ我ラ世ヲ過スニ尤モ肝要ナリ一ハ世ノ中ノ事ヲ妄ニ思ヒ煩フ可ラズ一ハ神ノ国ヲ求ム可キコト一ハ神ノ国ヲ求バ其他ノ物ハ皆ソレニ添テ賜フコト也　明治十四年四月廿四日安息日神戸会堂ニ於テ講ズ

二心アル可ラズ○

題　ルカ伝九ノ六二　イエス云ケルハ手ヲ犂ニ着テ後ヲ顧ル者ハ神ノ国ニ当ザル者ナリ　同五月一日安息日神戸会堂ニテ講ズ草稿別ニアリ

教会ハ聖潔ニスベシ○

題　テモテ前三ノ十五　神ノ家ハ活ル神ノ教会ナリ真理ノ柱ト基ナリ　同五月八日安息日神戸会堂ニテ講ス草稿別ニアリ

偶像ニ事レバ其禍子孫ニ及○

題　聖誡第二条　尓ノ為ニ偶像ヲ造ル勿レ、或ハ上ノ天或ハ地ノ下ノ水ノ中ニアル凡ノ物ニ象《カタト》リテ造ル勿レ、尓曹之ニ拝跪《ヒレフシ》マタ之ニ事ル勿レ我エホバ尓ノ神乃チ妬ノ神ナレバ父ノ罪ヲ其子孫ニ罸シ我ヲ悪ム者ノ三四代ニ及ブベシ、我ヲ愛ミテ我ガ誡ヲ守ル者ニハ千代ニ至ルマデ恵ヲ施サン
同五月廿九日安息日神戸会堂ニ於テ講ス

天国ノ長大○

題　マタイ十三章三三　譬ヲ彼等ニ語リケルハ天国麪酵《パングネ》ノ如シ婦《ヲンナ》之ヲ取三斗ノ粉ノ中ニ藏《カク》セバ悉ク脹《フク》レ発《イタ》ス也　序、上ノ芥種ノ譬ト均ク神国ノ長大ヲ言シモノ乍ラ決シテ重覆ニ非ズ、細ニ其意ヲ察スレバ確カニ同カラザルアリ、上ハ神国ノ長大外ニ顕ル、ヲ云ヒ、此ハ神国ノ長大内ニ藏ル、ヲ云フ、又一億アリ播種ハ男子

ノ功取酵ハ婦人ノ職ナレバ男女共ニ主ノ為ニ尽力スベキヲ教フ　○主、酵ノ本性発大シヤスシ故ニ少許ノ酵ヲ許多ノ麵粉中ニ投ズレバ酵アラザル者ヲシテ変ジテ其性質ヲ同クセシム、聖書中悪根ノ発見スル者ヲ言ルモ多シ（ルカ十二ノ一）パリサイ人ノ酵ヲ慎メヨ（コリント前五ノ六）尓ラ旧キ酵ヲ除クベシ、何故ニ悪ニ譬フカ其味酵ニ変シテ正味ヲ失ヒ且ツ浮ニシテ実ナラズ、驕傲者ノ軽浮誇張ト相類シ而シテ其性発大又ヨク変化スルヲ以テナリ、然ドモ亦善ニモ喩ラルベシ、此ニテハ即チ酵ヲ借リテ天国ニ比シタリ、福音ノ聖道ヨク人心ヲ感化シ能ク風俗ヲ改良ス（コリント后五ノ十七）パウロ云、人キリストニ在ルトキハ新タニ造ラレタル者ナリ旧ハ去テ皆ナ新シク作ルナリ、人モシ救主ノ恩ヲ其心ニ得バ好ム所ノ事念フ所ノ情往来スル所ノ人望ム所ノ福共ニ平時ト異ルナリ、是ソノ善ノ方ニ変化スル所ナリ、偖コノ譬ニ付三ノ教アリ、一ハ少許ノ信徒冥々ノ中ニ世ノ風ヲ変移ス、二ハ酵発大ノ力アリト雖モ必ズ婦人ノ取ル所タリ真道モ亦此ノ如ク広伝神力ニ由ルト雖モ人事ノ関ル所多シ、三ハ麵包ハ必ズ人ノ食セザル可ザル者ナリ如此人モシ真道ニ離ル、時ハ永生ヲ得ズ　○結、然バ我ラ既ニ少許ノ酵ヨク全団ヲ脹ラスヲ知ル、亦何ソ僅々ノ信者ニシテ此世ノ悪俗ヲ改移スル能ハザルヲ憂ンヤ、若シ会内ミナ一心一意主ニ頼リ、精神ヲ励シ各々其本分ヲ尽シ男女トモニ力行主ノ工ヲ作バ必ズ神ノ助ヲ得主ノ恵ヲ受大ニ教会ノ救門開ケ我ラノ才情甚ダ小弱、我ラノ智徳甚ダ薄乏ト雖モ必ズ天下ノ元黎ヲ救ヒ真道ノ糧ヲ得サセテ永生ニ至ラシメン

○明治十四年六月十九日神戸会堂ニテ講ス

真誠ノ愛○　題　ルカ伝九ノ五一ヨリ五六ニ至ル　同七月廿四日安息日神戸会堂ニ於テ講ズ草稿別ニアリ

○和平ヲ求ヨ　題　マタイ五ノ九　和平ヲ求ル者ハ福ナリ　同八月七日安息日　神戸会堂ニテ講ズ草稿別ニアリ

信徒ハ山上ノ城○　題　マタイ五ノ十四　山ノ上ニ建ラレタル城ハ隠ル、コトヲ得ズ　同八月廿一日安息日神戸会堂ニテ講ズ

知識ノ本○　題　箴言一ノ七　真神ヲ敬畏スルハ知識ノ本ナリ　同八月廿五日木曜日泉州岸和田ニテ講ズ草稿別ニアリ

○八月廿八日安息日神戸会堂ニテ講ズ

今日人ヲ勧ヨ○　同　ヘブル三章十三　今日《ケフ》ト称《トナ》フル中ニ日々互ニ相勧メヨ　同十月九日安息日神戸会堂ニ於テ講ズ　○序、イエス君ハ世人ノ死ヲ忘レ罪悪ノ中ニ安居シテヲル状ヲ見テ之ヲ憐ミ此世ニ在セシ間モ屡々教ヘ警メ尚後世ノ人即チ我ラノ為ニ勧戒ヲ遺シ給ヒタリ、（マタ二四ノ四二、マコ十三ノ三三、ルカ廿一ノ三五）等ニ明ナリ、然ド我ラモ同ク世ニ在バ知ズ〱世ノ癖ニ效テ怠ルコトモ往々アル也、前参議俊憲ノ歌ニ「明日ありと思ふ心にはかられて今日も空しく過しつる哉」此哥ノ意味ノ如ク今日明日ト光陰ヲ空ク過テ後ニ及ナキ悔ヲ懐カザル様セネバナラヌナリ　○主、日月ヲ無用ニ過テ後悔スルコトハ種々アリ、放蕩ノ為ニ時間ヲ費シ貧シテ後ニ悔ヰ、悪事ニ時間ヲ費シ罰来テ後ニ悔ヰ、不養生ニ時ヲ費シ病ニ遇テ後ニ悔ヰ、不勉強ニシテ人ニ侮レテ後ニ悔ヰ、善ヲ行ハズ道ヲ学ズ死ニ臨テ悔ヰル等、其数多ガ中ニモ、信者ガ其勤ヲ怠リ、或ハ親、或ハ妻、或ハ子、或ハ兄弟ニ道ヲ教ズシテ死セシムル此悔ハ尤モ甚シト思ハル、是ハ此度我自ラ父ニ別レシコトニ因テ、若モ此父ニ道ヲ語ルノ日ナク此父ガ神ノ恵ヲ謝スルノ言ヲ聞ク事ナカリシナラバ如何ニ憂キコトナリシナラント思ヤラル、ニ付、他ノ親ヲ持ル人ノコトヲ思ヒ、又妻子兄弟ノ離ル可ラザル情ヲ有ル親ヲ持ル人ノ上ニ思ヒ及シテ察セラル、ナリ、怠ズ尽シテ尚ホ用ヰズ在ハ是非ナキコト乍ラ、若シ怠テ其分ヲ尽サズシテ急ニ何事カ有ナラバ、一ハ自ノ分ヲ欠シコト

ヲ責メ、一ハ其人ニ対シ愛ノ不足ナリシコトニ責ラレ、一ハ其人ノ為ニアハレ遣方ナク、此事彼事ニツケテ心ノ痛ミ止ルニ由ナキナリ、故ニ今日題トセシ所ニ我ラヲ誨テ云フ「今日ト称ル中ニ日々互ニ相勧メヨ」ト此義ヲ略解セバ、明日ト云テ待コトナク今日生命アラバ生命アル今日ノ中ニ必ズ勧メ合フコトヲセヨトノ意ナリ　○補、今ヤ世間ノ風ヲ見ルニ只虚文ノミニテ少モ誠実ノ存ズルコトナシ、之モ我此度父ノ眠シコトニヨリ郷里ノ親戚出入ノ者并ニ神官僧侶ノ作シコトヲ目撃シ直接ニ身ニ当《アタリ》シコト故ニ、今マデトテモ知ラザリシニハ非レド格別ニモ此度ノ事ニ付世人ノ迷途ニ在テ出ルヲ知ズ、弥々虚礼ニ流レテ真実ヲ失フコトヲ歎ゲカシク思シナリ、先ソノ一二ヲ挙バ親戚モ恭シク死骸ニ向テ礼拝ハスレド死者ヲキラフコト汚物ノ如シ、教官ハ生時ニ道ヲトキ人ノ行ヲ善ニ導キ其心ニ光ヲ与ルコトヲセズ、其人死シテ後声高々ト読経ス、死者ノ益ニモナラズ生者ノ益ニモナラズ、種々歎息ニ任ザルコトアレド我ハ只事ニ当テ格段ニ感ゼシニテ世間珍シカラヌ事ナレバ今一々言フマジ、而シテ是ミナ世間ノ常トナリ教ル者モ教ヘラル、者モ其悪弊ヲ知ザルナリ、実ニイエス君ノ仰セラレシ瞽者瞽者ノ手引スルノ情景ナリ、若シ我国ヲシテ此侭ニ捨置キ成ガマ、ナラシメバ如何ナル様ニ成果ルナルベシ、然ド慈悲ノ天父如此危キ世ヲ此侭ニ捨置玉ハズ已ニ光ヲ照テ暗中ノ罪床ニ眠レル衆ヲ醒シ玉ヘリ　○結、我ラ御互モ其光ニアフテ醒サレタル中ノ者ナレバ共ニ神ノ恵ヲ感謝シ、相助ケ相勧テ各ソノ信者タルノ分ヲ尽シ度モノ也、此迷途ニアル国ノ兄弟ヲ見過ニスベキニ非ズ、况ンヤ親子兄弟妻子ニ於テヲヤ、今日ト称ル中ニ日々相教ヘ相勧メ後来ノ悔ナキ様スルコソ肝要ト存ズレ、主何ノ時来リ玉ヲ知ズ（マタイ）、此日何ノ時来ルカヲ知ズ（マコ）、明日ヲ待コト勿レ、今日勧テ目ヲ醒サシメヨ

祈祷〇

聖書〇

題　ルカ伝十六章一ヨリ八節ニ至ル　嫠婦ト不義ナル審司ノ譬諭ニ付祈祷ノ切要ナルト其能力トヲ云フ

〇明治十四年十月廿三日安息日神戸会堂ニ於テ講ズ仮草稿別ニアリ

同　テモテ後書三章十六節　〇序　人ヲシテ徳ヲ修メ、義ニ移リ、善ヲ行ハシメ、且ツ魔鬼ノ網羅ヲ脱シテ無事ニ天国ノ門ニ達セシムルモノハ祈ト誦經ト勤勉トノ三ナル事ヲ述テ、祈祷ノコトヲ先ニ云リ、今日ハツヾイテ聖書ノコトヲ説ントスル也、聖書ノ肝要ナル書タルコトハ本日ノ題ニテ明了ナリ、且ツ約翰伝五章ニ「尓ラ聖書ニ永生アリト思テ探索ス此ノ聖書ハ我ニ就テ証スル者ナリ」トイエス自ラ云リ、然バ必ズ之ハ人ノ学ブベキ者

〇補　世ノ中ニハ色々学ブベキ事ガアリテ其書物モ亦多シ、人間ノ寿命ヲ二倍三倍増シテモ兎テモ知リ尽スコトハ出来ヌナリ、然バ先ヅ始ニ前後スベキヲ撰ンデ其前ニスベキヲ前ニシ後ニスベキヲ後ニシ次序ヲ立テセザル可ラズ、其尤モ肝要ナル者ヲ撰テ前ニスベキ筈ナリ、其尤モ肝要ナル者ハ何ナルカ、天文カ、究理カ、歴史カ、法律カ、化学カ、商法学カ、器械学カ、医学カ、之等ハ皆人世必用ノ者ニシテ一モ欠ク可ラザル者ニハアレド、之ヲ欠クト雖モ甚シキ禍害之ニ因テ自他ノ上ニ来ルトハ云ヲ得ズ、茲ニ一ノ学バザル可ラザル大切ナル者アリ、天下ノ人間一般ニ学バザレバ直ニ禍害ヲ自他ニ及ボス者アリ、聖書是ナリ、聖書ハ人ノ生命ト幸福ノ由テ出ル所ニシテ即チ人間社会ノ宝庫ト云ベシ、試ニ地ノ全面ニ就テ見ヨ、聖書ノ盛ンニ行ル、ト否ラザルトニ因テ其国ノ盛衰風俗ノ美悪ヲ見ニ足ル、其国人ハ裸体、其風俗ハ暴悪ナル野蛮ニ聖書ハ曽テ行レシヤ、又其国ハ開明、其人ハ智恵ナル国ニ聖書ハ曽テ行レザリシヤ、却テ見ズヤ、聖書ノ伝播シテ之ヲ読ム人ノ増加スルニ従テ其国ノ悪キ風俗ハ改リ、其国ノ勢力ハ盛ンナルニ非ズヤ、ナボレオンガ配流ノ地ニ在テ其近衆ノ者ニ向テ、「尓ラ福音ノ書ヲ何

ト思ヤ、是尋常ノ書ニアラズ活テ働ク不可思議ノ動物ナリ」 ト云ルハ誠ナラズヤ　〇主　人ノ貴賤ヲ問ハズ、人ノ何業ヲ論ゼズ、凡ソ人タルベキ者ノ学バザルベカラザルハ、恰モ万物ノ水火ノ力ニ依ラザル可ラザルガ如シ、万物ハ水火ノ力ニ依ザレバ其生ヲ保ツ能ハズ、其本色ヲ存ズル能ズ、人ハ聖書ニ依ザレバ其生ヲ全ウスル能ハズ、其本色（人タルノ本分ヲ尽シ人タルノ体面ヲ汚サヾルヲ云フ） ヲ全ウスル能ハザルナリ、神ハ人ヲ造テ亦之ニ聖書ヲ予フ、故ニ聖書ハ天下至大ノ光ニシテ之ニ依テ我ラ何ノ所ヨリ来リ何ノ所ニ去ヲ知リ、真神ノ旨意、我身ノ霊魂ヲ知リ、生前ノ本分、死後ノ如何ヲ知ル、且ツ此書ナクバ罪何ニシテ赦サレ、霊何ニシテ救ハレ、禍何ニシテ免レ、福何ニシテ享ルカ、其底蘊ヲ知ル能ハザルナリ、古ヨリ人ノ知リ得ザリシ所ノ事ハ聖書ニ由テ多ク著明トナリシナリ、且亦聖書ハ世ニ在ル尋常ノ書ト異ニシテ愈々読テ旨趣愈々永ク、愈々読テ見解愈々深シ、敏悟ノ士究年力学シテ其精微ヲ探索スルト雖モ之ヲ尽ス能ハズ、故ニ英国ノ或学士之ヲ金山ニ譬ヘタリ、古ヨリ人ノ尊敬ヲ受タル善人ハ其生涯之ヲ学ビ、之ヲ味テ、無上ノ楽ト福ヲ得タリ、之ヲ読ヲ好マズ之ヲ読テ平談奇ナキガ如キ者ハ、即チ聖書ニアル「此ノ如キ人ハ此世ノ神ソノ心ヲ盲《クラ》マシタル不信者ナリ是、神ノ像ナルキリストノ栄ノ福音ノ光ヲシテ彼等ヲシテ照サヾラシメンガ為ナリ」（コリント後書四ノ四） ト云ル人ナリ、若シ聖霊ニ感ゼラレシ人ナラバ必ズ之ヲ見ルコトヲ好ミ、之ヲ見テ楽ムナルベシ、詩篇ニ云（一ノ二）吾心神ノ律法ヲ悦ビ、日夜之ヲ思ヒ、之ヲ維フ」 今我ラハ幸ニシテ旧約ノ他ニ又新約ノ福音ヲ予ヘラレタリ、精ヲ尽シ慮ヲ竭シテ之ヲ思ヒ、専心志ヲ致シテ之ヲ読ミ、之ヲ学バザル可ンヤ、我ラハ昔ノ預言者ヨリモ幸ナル者ナリ、我ラハイエスノ時ノ人ヨリモ福ナル者ナリ、蓋《ソ》ハ昔ノ預言者ハイエスヲ見ンコトヲ望テ楽トシ、イエスノ時ノ人ハイエスヲノ言ヲ聞テ喜ビタレド、今我ラハイエス天ニ返レル後道ノ万国ニ伝リ、福音ノ力トイエスノ言ノ証拠ヲ明ニ目撃スルヲ得タレバナリ　○結　サテ聖書ヲ読ニハ預メ祈ヲナシテ天父ノ助ヲ乞フベシ、之ヲ作リシ者ハ天父ナリ、作リシ者ノ説明ヲ得ザレバ其深意知レ難キ所アル可レバナリ、之ヲ読ミ之ヲ聴ニ信愛ヲ以テ之ヲ受ケ、之ヲ心内ニ存貯シテ其行ニ発スベキナリ、且ツ己ノ心ヲ察シテ道ニ合ザル者アラバ其私ヲ去ルベシ、聖書ノ意ヲ深ク思テ其己ノ身ニ至切ナル所アラバ其志ヲ激発スベシ、篤信敬虔ノ志アルベシ、謙卑寅畏ノ誠アルベシ、其意ヲ誌《シルシ》テ永ク忘ル、勿レ、其旨ニ遵テ力行スベシ、是皆聖書ヲ読モノ、心得ベキコトニシテ如此シテ之ヲ学ブ時ハ我霊日々ニ力ヲ得、我徳日々ニ増シ、我善日々ニ進ミ、神ノ事、我霊ノ事、天国ノ事、日々ニ明ニナリ、其楽ミ限リナク、其慰メ大ニシテ、其福ヒ計ル可ラズシテ永遠ニ至ルナリ、実ニ聖書ハ我ラノ教、我ラノ戒、我ラノ導キ、又我ラガ義ヲ学ブニ益アルナリ、且聖書ノ中ニ永生アリテ我ラニ限リナク福ヲ予ル者ナリ、人之ヲ愛シ、之ヲ信ジ、日ニ夜ニ之ヲ研究シ、之ニ従ハザル可ンヤ　○十月三十日安息日神戸会堂ニ於テ講ズ

勤労○

題　マタイ伝六ノ三十四　明日ハ明日ノ事ヲ思ヒ煩ヘ一日ノ苦労ハ一日ニテ足レリ　明治十四年十二月十八日安息日神戸会堂ニテ講ズ　○題ヲ改テロマ書十二ノ十一勤ヲ惰ラズ心ヲ熱クシテ主ニ事ヘノ句ヲ取仮草稿アリ

イエス死者ヲ起ス○

題　ヨハネ伝十一章一節ヨリ四六節マデ　ラザロノ事　○一　イエス君ハ人情ヲ知リ且ツ人ノ弱キヲ思ヤリ給フ也　ヘブル四ノ十五、我ラガ祭司長ハ我ラガ弱ヲ思遣ルコト能ハザル者ニ非ズ　○同十六、此故ニ我ラ憐ヲ受ケ機ニ合フ助トナル恵ヲ受ン為ニ憚ラズシテ恵ノ座ニ来ルベシ　二　「罪中ノ人ハ活ルト雖モ尚

死ネリ　ロマ六ノ七、死者ハ罪ヨリ釈カル　○ヨハネ八ノ廿一、尓ラ己ノ罪ニ死ナン　○ヨハネ八ノ三四、悪ヲ行フ者ハ悪ノ奴ナリ　○カラテヤ　五ノ十九　肉ノ行ハ顕著ナリ云々　○マタイ十五ノ十八　三「イエスニ依杖スレバ死者モ生ク　ヨハネ十一ノ二五、我ヲ信ズル者ハ死ルトモ生クベシ　○同八ノ三六、子モシ自由ヲ予ヘナバ尓ラ誠ニ自由ヲ得ベシ　○ガラテヤ五ノ一　○明治十四年十二月四日安息日神戸会堂ニテ講ズ

真ノ信仰○　題　ロマ一章十七節　義人ハ信仰ニ由テ生クベシ　草稿別ニアリ同十一日安息日神戸会堂

光陰ハ過ギ易シ○　同　ジョブ九章二十六　日ノ去ルコト扁舟ノ如ク勢ヒ巨鷹ノ物ヲ攫ガ如シ　十二月廿五日歳末ノ安息日神戸会堂ニテ講ズ　○此日キリスマスニ当ル初ニルカ伝二ノ一ヨリ廿節マデ朗読ス

以上　明治十四年一月ヨリ十二月ニ至ル凡テ廿五講

宝ヲ尋求セヨ○　題　マタイ伝十三ノ四十五六　天国ハ好キ真珠ヲ求ントスル商人ノ如シ一ノ値ヒ貴キ真珠ヲ見出サバ其所有ヲ尽ク売テ之ヲ買フベシ　明治十五年一月一日安息日神戸会ニ於テ講ズ草稿アリ

恩ヲ忘ル勿○　同　ルカ伝十七ノ十一ヨリ十九　十人ノ癩者ノ事　一月十五日安息日神戸会堂ニテ講ズ

幸福ノ途○　同　ヨハネ伝十四ノ六　耶穌云ケルハ我ハ途ナリ　安楽幸福ヲ求ント欲スルハ是自然ノ人性ナリ然ド世人之ヲ求ルノ道ヲ知ズ故ニ求ル所ノ者ハ得ズシテ返テ求ザル憂苦患難ヲ来スナリ人性ニ適シテ其望ヲ果サシムル者ハキリストノ教ナリキリスト　イエスハ安楽幸福ノ途ナリ蓋ハ天父ハ万善ノ原ニシテ安楽モ幸福モ天父ニ由ザレバ出来ラザルナリキリストハ天父ヨリ来リ人ト神トノ間ニ一ノ途ヲ開キ人ヲシテ天父ノ元ニ到ラシメ其安楽幸福ヲ受

サセ玉フナリ故ニ真誠ノ福ハキリストヲ信ズル者ニアリ　○アラビヤノ砂漠ヲ見分ニ行シベーカノ話ヲ引用ス

○一月廿二日安息日三田会堂ニテ午後第七時ヨリ講ズ此日昼ノ二時ヨリ晩餐ノ式ヲ行フ其時ノ講義ノ題ロマ書十五ノ二

凡ノ事主ノ教ニ従ヘ○

題　テモテ後二章ノ五　若シ力ヲ角《キソ》フ者法ニ遵テ角ハズバ冕ヲ得ズ　序　○パウロ此譬ヲテモテニ云ヒ送リシ旨意并ニ題句ノ大意　○補○真ノ道ノ伝ハラズ人ノ心ノ暗カリシ時ニハ人ニ善ヲナスノ心、人ヲ憐ムノ情ナキニアラネド其行フ所ヲ見レバ善ト思テ作スコトニモ、人ノ為ト思テスル事ニモ、己ガ心ノ汚ヲ雑テ自ラ不義ニ陥ル所行多シ、例バ夫ノ為トテ婦ガ其身ヲ人ニ売リ、主人ノ為トテ盗賊ヲナシ、親ノ為トテ己ガ子ヲ殺シナドセシ事昔シ多カリシガ、今モ随分一家ノ貧ヲ救フトテ其身ヲ汚シ、人ニ利ヲ得セシムルトテ不義ノ取持ヲナシ、人ヲ憐ムトテ道ナラヌ業ヲスヽメ、人情ヲ察スルトテ人ノ欲ヲ助ケ成サシムル等ノ事ハ珍シカラジ、斯ル類ハ仮令己ハ利欲ノ為ニセザルニモセヨ、全ク人ノ為ヲ計ル了見ヨリ作スニモセヨ、其実ハ己ガ心ノ正シカラザルト、清カラザルヨリ起ル者ナレバ畢竟人ニモ真ノ福ハ予ヘラレズ、己モ罪ハ免レザルナリ、故ニ君ニ事ルニモ、親ニ孝ヲ尽スニモ、人ノ為ヲ計ルニモ、必ズ道ニ従ヒ義ニ合フ所ヲ以テ作スベキナリ、道ハ人ノ為ニ神ノ立テ玉シモノナレバ道ニ従テ不為ハナキ筈ナリ、又道ニ背テ福ノ来ル筈ハナシ、然バ自ラ作ス事モ唯ダ道ニ従テ作サンコトヲ欲シ人ニモ之ヲ勧ムベキナリ、イエス云「道ノ為ニ一切ヲ捨ル者ハ今世ニテ幾倍ヲ受ケ来世ニハ永生ヲ受ザル者ナシ○主○角力ヲトルニ規則ニ従テ勝ヲ得ザレバ賞ヲ得ズ、人何事ヲナスニモ義ニ由テセザレバ善トナラズ、信者神ノ栄ヲ顕ス為ニ働ニモ、人ヲ愛スルガ為ニ働ニモ、必ズ主ノ教ノ法ニ従フベシ、若シ、然ラザレバ其作ス

忠心庫ノおかる阿波ノ十郎兵衛ナドノ如シ

義ニ合ハザル事ニ善ハナシ

ルカ十八ノ三十

ヨハネ一書三ノ四　事徒労ニシテ益ナシ、反テ罪ヲ招クコトアルベシ、聖書云「罪トハ律ヲ犯スコトナリ」又云「凡ノ不義ハ罪ナリ」
同五ノ十七　我ラ永生ノ冕ヲ得テ永遠ノ誉ト限ナキノ福ヲ受ントナラバ主ノ教ノ法ニ従テ凡ノ働ヲナスベシ、或ハ主ノ栄ヲ顕
マタ七ノ廿一　スガ為、或ハ人ヲ益スルガ為、或ハ道ヲ伝ル為メ、凡ノ勤ヲナスニ必ズ主ノ命ニ従フベシ、主云「我ヲ呼テ主ヨ主ヨト言フ者悉ク天国ニ入ニ非ズ之ニ入者ハ天ニ在ス父ノ旨ニ遵フ者ナリ○結○我ラハ既ニ主ノ全智全能ナルヲ知リ、主ノ至愛至慈ナルヲ暁リ、主ノ善且正ナルヲ弁ヘシ者ナレバ凡ノ事主ノ教ニ従フハ益ナリト知ベシ、既ニ其益ナルヲ知バ自モ百事主ニ依リ、人ニモ斯クスル事ヲ勧ムベシ、然ラズバ信者ニハ非ズ、信者ナラバ何ゾ力モ智モ愛モ全キ主ヲ捨テ、不完全ナル己ヲ恃ミ己ノ考ヲモテ教ヲ取捨センヤ、主ハ我ラノ益ノ為ニ教ヲ立テ我ラノ福ノ為ニ道ヲ設ケ玉リ、故ニ事々ニ主ノ教ノ法ニ従フベシ、必ズ永遠ノ冕ヲ得べシ　○二月五日安息日神戸会堂ニテ講ズ

自審○　同　コリント前十一ノ三十一　我ラ若シ自ラ己ヲ審キシナラバ罰ヲ蒙ルコト無リシナラン　三月五日安息日神戸会堂ニテ講ズ草稿別ニアリ

信者ノ喜○　同　テサロニケ前書五ノ十六　常ニ喜ブベシ　三月十二日安息日神戸会堂ニテ講ズ仮草稿別ニアリ

天父ニ交附スベシ○　同　ロマ書十二ノ一　○三月十九日安息日大坂島ノ内新会堂ニテ講ズ此日上原新島古木説教ス

甦生○　○同　ヨハネ伝三ノ三　人モシ新ニ生レズハ神ノ国ヲ見ルコト能ハジ　三月廿六日　安息日神戸会堂ニテ講ズ仮草稿アリ

○家庭ノ政教　題　前テモテ五章ノ八　人モシ己ニ属スル者ヲ顧ミズ殊ニ己ノ家族ヲ顧ミザルナラバ信仰ノ道ニ背

キ不信者ヨリモ劣レル者ナリ　四月二日安息日神戸会堂ニテ講ズ草稿アリ

祭ニヨリ教ノ正邪アラハル○

同　ロマ書十二ノ一　其身ヲ神ノ意ニ適フ聖キ活ル祭物トナシテ神ニ献ゲヨ　四月九日安息日神戸会堂ニテ講ズ之ヨリ前大坂中ノ島会堂ニテ説教ス　但シ説教ノ体裁ヲ殊ニセリ

日々改進セヨ○

同　ヘブル書六ノ一　四月十六日神戸会堂ニテ講ス

神国○

同　マタイ六ノ十　尓国ヲ臨ラセ玉ヘ　四月三十日岡山教会ニテ講ズ

難ヲ避ル勿レ勝ベシ○

朗読マタイ伝二十章廿ヨリ廿八

同　ヨハネ伝十六ノ三三　我既ニ世ニ勝テリ　五月七日初ノ安息日晩餐式アリ　○安ヲ求テ苦ヲ厭フハ人情ノ常、故ニ世人苦ヲ後ニシテ安ヲ先ニス、是反テ安ヲ失ヒ苦ニ陥ル所以ナリ　○キリストノ徒ハ是ト相反ス、受ベキナラバ苦ヲモ甘ンジテ受ク、故ニ安ニ入ヲ得ルナリ、イエス云「我ガ為ニ其命ヲ失フ者ハ之ヲ得（マタイ十六ノ二六）、パウロ云「多ノ艱難ヲ歴テ神ノ国ニ至ルベシ」（行伝十四ノ廿二）○難ヲ免ンコトヲ求ム可ラズ、之ニ勝タンコトヲ求ムベシ、世ニ在テ困苦ニ磨セラル、ハ人ノ益ナリ、聖書ニ云「尓ラノ信仰ヲ試ラル、ハ壊《クツ》ル金ノ火ニ試ミラル、ヨリモ貴クシテ尓ライエス　キリストノ顕レ玉ハン時ニ誉ト尊ト栄ヲ得ニ至ラン」（プテロ前一ノ七）、主ハ我ラニ勝ツ能ハズ逃レ難キ程ノ試ミハ予ヘ給ハザルナリ、パウロ云「尓ラガ試ハ人ノ常ナラザルハナシ、神ハ信ナル者ナリ、尓ラヲ耐忍コト能ハザル試ニ遇ハセジ、其試ヲ耐忍ブコトヲ得ン為ニ夫《ソレ》ニ添テ逃ルベキ途ヲ備ヘ玉フベシ（コリント前十ノ十三）○我ラガ惑ニ陥リ罪ニ誘ハレ難《ナン》ニ負《マ》ケ試ニ堪ヌハ未ダ聖霊ノ化ヲ蒙ラズシテ罪ヲ好ノ悪性ヲ脱セザルニ由カ、又ハ自ノ智ヲ恃ミ能ニ依ルガ故カ、何レニモセヨ主ヲ離レ之ニ依仗セズ之ヲ愛敬シ之ニ従フノ心ナキニ由ザルナシ、パウロ云「我ラヲ愛シメル者ニ依テ凡テ此等ノ事ニ勝得テ余リアリ（ロマ八ノ三七）、ヨハネ云「神ニ由テ生ル、者ハ世ニ勝ツ我ラヲシテ世ニ勝シムル者ハ信ナリ」（ヨハネ一書五ノ四）、○イエスハ十字架ニ由テ世ニ勝リ、其世ニ勝ルハ我ラヲシテ世ニ勝シメン為ナリ、イエスノ栄ハ十字架ニ顕レタリ、我ラハ十字架ヲ負テ天国ノ栄ニ入ヲ得ルナリ、イエス已ニ世ニ勝リ、故ニ我ライエスニ由テ世ニ勝ベシ、常ニ試ナカランコトヲ望ムベカラズ、試ニ打勝ンコトヲ欲スベシ、試ニ打勝ハ我ラノ益ナリ幸ナリ

互ニ善徳ニ導クベシ○

同　テサロニケ前五ノ十一　尓ラ常ニ行ル如ク互ニ慰メ又各々ノ徳ヲ相建ツベシ　五月廿八日神戸会堂ニテ講ス　○引語、箴言十八ノ十九云兄弟相尤ルハ鞏固ノ邑ヨリ堅シ、ガラテヤ六ノ二云尓ラ互ノ労ヲ任ヘ如此シテキリストノ律法ヲ全ウスベシ

神国○

同　マタイ六ノ十　み国を来らせ玉へ　国ハ福音ノ国ヲ云フ、宇宙原ト神ノ有ニシテ即チ神ノ国ナリ、宇宙ノ人ハ皆神ノ造リシ者ニシテ即チ神ノ民ナリ、然ルニ我ラ信徒ハ殊更ニ此事ヲ祈ルナリ、イエス　キリストノ教ヘ玉シコトナリ、故ニ太抵ノ信者ハ日々コノ祈ヲスルナルベシ、イエス君ノ教玉ヒシニヨリテ大切ニ思ニ非ズ、我ラガ願フベキ所ノ事ナリ、故ニイエス君我ラニ教ヘ玉シナリ」　宇宙ハ已ニ神ノ者其中ノ人モ神ノ者ナルニ何故復タ信者ハ御国ヲ来ラセ玉ヘト祈ルヤ、蓋ハ天下ノ人ミナ神ニ悖逆シ神ニ事ルノ道ヲ知ズ、魔鬼ノ権下ニ甘ジテ属セシヨリ種々ノ災害起リ苦難生ゼリ、故ニ福音ノ聖道ヲ設ケ万民ヲ教化シ禍害ヲ去リ平康ヲ来シ苦難ヲ退ケ安楽ヲ生ゼシメントス、此福音ニ順フ者ハ神ノ良民ソノ良民ノ社会ハ即神ノ国ナリ、此国ノ広張スルニ従テ世ノ幸福モ増加スルナリ、斯ク段々進ミ行タル其極度ガ聖書ニ所謂新天地ナリ、黙示録廿一ノ三ニ云神人ト共ニ住ミ人神ノ民トナリ神マタ人ト共ニ在シテ其神ト為リ玉フナリ、神彼ラノ目ノ涕ヲ悉ク拭ヒトリ復タ死アラズ哀ミ哭キ痛

黙示二十一ノ一

ミ有ルコトナシ」是即チ我ラ信徒ノ望ム国ナリ、其実ハ我ラ信徒ノミナラズ凡ソ人タル者ニシテ此好世界ヲ願ハザル者ハアラジ、唯ダ此好世界ヲ知ザルト、之ヲ知モ之ニ至ノ望ミ無トニ因テ自暴自棄スルノミ　○此ノ神ノ国ハ仏法ノ極楽、神道ノ高天原ノ如ク西方十万億度（ママ）トカ天空ノ真中トカニ別格ニ設ケラレタル者ニアラズ、故ニイエス君云、神ノ国ハ此ニ視ヨ彼ニ視ヨト人ノ言ベキ者ニ非ズ（ルカ十七ノ二一）初ハ我ラ一個ノ上ニ成リ、夫ヨリ二人三人十人百人ト段々ニ広ガリ終ニ新天新地ニ変化シ、死ナク病ナク苦ナキ永遠ノ国ト成ルナリ、故ニルカ十七ノ廿一ニ神ノ国ハ尓ノ衷ニアリ」　トイエス君パリサイ人ニ仰セラレタリ、又ソノ次第ニ大キク成ルコトニ附テハマタイ十三ノ卅一ニ、芥種ニ譬ヘナサレタリ」　又我ラガ望ム神ノ国ハ得ントナラバ今茲ニアリ、ルカ十一ノ廿ニ神ノ国ハモハヤ尓ラニ来レリ」　之ヲ得ルハ我ラノ勉強ニアリ、マタイ十一ノ十二ニ、人々励テ天国ヲ取ントス励ミタル者ハ之ヲ取レリ」然バ天国ノ望ヲ有《タモ》タサレタル信者ハ怠ル可ラズ、必ズ励ンデ天国ヲ取リ取ラバ再ビ失フ可ラズ、只ニ失ハザル耳ナラズ次第々々ニ全キニ進マセ昨日ヨリハ今日々々ヨリハ明日ト善良ニ変化シ、神我ニ在リ我神ト共ニ在テ、中ハ愛ニ満チ慰メ満チ楽ミ満チ、奸悪ノ世ニアリテ清潔ノ国ニ住ミ、苦難ノ中ニ在テ楽ミ余リ有ル様致シ度キモノナリ」若シ我ラ信徒ノ名アリテ此天国ヲ有ズバ何ノ甲斐アランヤ、若シ信徒ニシテ虚栄ヲシタヒ神ノ栄ヨリモ人ノ栄ヲ喜ビ、世ノ情欲ニ徇テ世ト友タルコトヲ好マバ如何デ身自ラ天国ヲ有チ天国ノ区域ヲ広張シ我ト人ト共ニ幸福ヲ得ルコトアランヤ、不知ヤ聖書云、尓ラ世ヲ友トスルハ神ニ仇スルナリ、世ノ友トナランコトヲ欲スル者ハ神ノ敵ナリ（ヤコブ四ノ四）冀クハ我ラ信徒ハ世ノ友トナランコトヲ欲セズ、世ヲシテ悔改テキリストノ友トセンコトヲ欲スベシ、此望ハ実ニ愛ノ道ニ叶ヒ義ノ道ニ合ヒ且ソノ志高尚ニシテ尊貴

ヨハネ伝十二ノ四三

ナラズヤ」好シ汚穢ノ人罪悪ノ者ハ誹ラバ誹レ我ハ清潔ノ神ノ栄ヲ求ムベシ、我兄弟姉妹ヨ世ニ諂ヒ世ノ汚ト悪ニ効フ勿レ却テ之等ヲ清メ正ウセンガ為ニ神ニ懇求シ、天国ヲ広張シテ世ニ幸福ヲ与ンガ為ニ主ノ教ヘ玉ヒシ如ク御国ヲ来ラセ玉ヘト常ニ祈レ、只ニ祈ル耳ナラズ身自モ此事ヲ励ミ成セ　○明治十五年六月十八日安息日神戸会堂ニテ講ズ

題　マタイ十三ノ廿四ヨリ卅マデ　田稗ノ譬　六月廿五日安息日神戸会堂ニテ講ズ仮草稿アリ

同　ヨハネ一書一章ノ七　耶穌キリストノ血凡ノ罪ヨリ我儕ヲ潔ム　人ニモアレ器ニモアレ其能ヲ知リ、其働ヲ知テ後ニ我ガ用トナリ、我ガ益ヲ為スナリ」　若シ其能ヲ知ラズ、其働ヲ知ザレバ、大智大仁ノ人アリト雖モ依テ我ガ益ヲ為スコト能ハズ、有益ノ名器アリト雖モ我ガ用ニ供ルコト能ハズ」　例バ云々○世ニイエスノ名ヲ聞キイエスノ名ヲ記憶シ、或ハイエスノ名ヲ口ニ唱ル者多シト雖モ、イエスノ能《ノウ》ヲ知リ、イエスノ働ヲ知者ハ稀ナルガ如シ」若シイエスノ能ヲ知ズ、イエスノ働ヲ知ズシテ、妄ニイエスノ名ノミ覚エ、イエスノ名ヲ口ニ唱ルトモ決シテ益ハアラザルナリ、反テ其本体ヲ知ザルヨリシテ不測ノ禍ニ罹ルナリ、蓋シ汚ス可ラザル大能ノ神ヲ汚シ、愛敬スベキ大仁ノ主ヲ軽ンズレバナリ　○或人ハイエスヲ誤認シテ世ノ中ヲ改良スルノ善器械ト思ヘリ、或人ハイエスノ教ハ人間交際ノ為ニ尤モ益アル者トノミ思ヘリ、或人ハ父子夫婦ノ間ノ平和ヲ維持シ一家ノ幸ヲ図ルニ善キ者ト思リ、或人ハ人民ノ非望ヲ止メ上下ノ間ヲ調理シ行政ニ大稗益ヲ予ル者ト思ヘリ、或人ハ人民ニ強剛心ヲ起シ権理自由ヲ広張スルニ尤モ適当ナル教ト思リ、或人ハ人ノ智ヲ開キ文明ヲ来ラスルニ善キ道具ト思ヘリ、或人ハ愚夫愚ヲ導キ安心ヲ予ルニ肝要ナル者ト思リ、其他コノ類ノ種々ノ考ヲ以テイエスニ附ントスル者

地ニ在ル天国ハ紙全ノ者ニ非ズ○主ノ降世ノ目的○

アリ」是ミナ考ノ誤レル者ニシテイエスヲ知レル者ニ非ズ、如此考ヲ以テイエスニ附ント欲シテモイエスニ附ク
コトハ叶ハジ」前数件ハ其ノ望ヲ悪シトスルニ非ズ、我モ亦或人ノ如ク、世ノ改良モ、信義アル交際モ、一家ノ
平和モ、上下ノ親睦モ、民権自由モ、人智ノ開達モ、心ノ安楽モ、皆ナ切望スル者ナリ」然ド如此事ハ抑モ末ニ
シテ救主降世ノ大主意ニアラズ」 我儕モ亦心静ニ反省セバ尚ホ望ムベキ焼眉ノ急各自ニアルベシ、我ニ固着セル
罪ノ汚ヲ如何ニスベキゾ、罪ノ汚ハ我ガ霊ヲ腐蝕シ手足ヲシテ正義ノ働ヲ為サヾラシムルヲ如何ニセン、尤モ悲
マタイ十六ノ廿六 シムベキハ我霊魂ノ亡ビナリ」イエス君云（人モシ全世界ヲ得ルトモ其命ヲ失ハヾ何ノ益アランヤ、又人何ヲ以テ
其命ニ易ンヤ」イエス降世ノ大目的ハ我ラ人類ノ滅亡ヲ救フニアリ、ヨハネ伝三ノ十七（神ノ其子ヲ世ニ遣シ玉
ルハ世ノ罪ヲ定ントニ非ズ、彼ニ由テ世ヲ救ン為ナリ」然ド此ノ救ヲ得ルハ前数条ノ望ニ由ニアラズ、自ラノ罪
マタイ五ノ四 ヲ深ク悔キ謙リテイエスノ血ニ潔メラレンコトヲ望ム者ナリ、己ガ罪ヲ真誠ニ歎ク者ナリ」 イエス云（悲ム者ハ
詩十ノ十四 福ナリ、其人ハ慰ヲ得ベケレバナリ」ダビデ云苦ム者ハ必ズ神ニ頼ル、神ハ助ナキ者ヲ助ク」我ラハ助ナキ孤子
ノ如シ、誰アリテ我ヲ此罪ヨリ潔メンヤ、誰アリテ我ガ此亡ベキ霊ヲ救ンヤ、天下広ト雖モイエスノ外ニ救主ナシ、
行伝四ノ十二 聖書云（此外別ニ救ヒ有コトナシ、ソハ天下ノ人ノ中ニ我ラノ依リ頼ミテ救ハルベキ他ノ名ヲ賜ハザレバナリ」我
今死ノ淵ニアリ、死ヲ免ル、ヲ望ノ他ニ何事ヲ望ノ暇アランヤ」人今死ノ穴ニアリ、先ヅ死ヲ免レシメズハ何事
ヲ彼ニ望ム可ンヤ」死淵ヲ出テ後ニ我モ人モ清キ行モデキ、善ナル働モデキ、一家モ和ラギ、一国モ治リ、文明
ピリピ二ノ十二 モ進ムベシ、顛倒ノ考ヲナシ、本末ヲ誤ルベカラズ 〇今ハ罪ノ赦ヲ得ノ時ナリ、今ハ救ニ入ノ日ナリ」故ニパ
ウロ我ラニ勧テ云（畏レ慄ノキテ己ガ救ヲ全ウセヨ」救ヲ全ウセントセバ、先ヅ己ガ罪ヲ悟リ、其罪ヲ悔キ、諸罪

ノ清メラレンコトヲ勦ムベシ」　罪ヲ知ズ、罪ヲ悲マズ、罪ヲ悔ヰズバ罪ノ汚ヲ以テ救ニ入リ、天国ノ門ニ進ムコ
黙示廿一ノ廿七　ト能ハザルナリ、聖書ニ確言アリ云（凡テ汚タル者ハ天国ノ門ニ進ムコト能ハズ」ト然ド真誠ニ罪ヲ悔ヰ、主ノ
血ニ潔メラレンコトヲ望マバ主ハ必ズ我ラノ汚ヲ清メ、我ラノ罪ヲ赦シ、我ラヲシテ救ヲ全ウセシメ玉フナリ」
キリストノ能ハ我ラノ諸罪ヲ償フニ足リ、キリストノ働ハ我ラノ亡ヲ救テ尚ホ余アリ、故ニ云（キリスト　イエス
ノ血ハ凡ノ罪ヨリ我ラヲ潔ム」　斯ルキリストノ能ヲ知リ、キリストノ働ヲ知リ、然シテ后ニキリストヲ信ジ、キ
リストニ往キ、常ニ其ノ罪ヲ潔ルノ能ト、其ノ我ラヲ亡ヨリ救ノ働ニ依リ頼マバ幸ヒ之ヨリ大ナルハナシ○七月
二日安息日神戸会堂ニテ講ズ此日晩餐并ニ受洗入アリ　○七月三十日安息日東京新橋田町公会ニテ講ズ

○題　ピリピ二ノ五　尓曹キリスト　イエスノ意ヲ以テ意トスベシ　七月九日神戸会堂ニテ講ズ　○前安息日ニハ罪ヲ潔メラレテキリストニ就クベキコトヲ説シガ、既ニキリストニ就シ上ハ如何ナル事ヲ学ブベキカ、其ハ唯ダキリスト　イエスヲ学ブベキナリ、聖書ニキリスト　イエスノ意ヲ以テ意トスベシ　○人ハ小児ヨリ大人ニ至ルマデ必ズ物ニ真似ル性ノアル者ニテ小児二三歳ヨリ七八歳ニ及ブ頃ホヒニハ尤モ見易ク著明ナリ、大人ト雖モ失張同ク衣裳髪飾言語気風マデ其人ニ学ネビ、其時ニ效ヒ、其風ニ移ル者ナリ、故ニ我ラ見ル所、聞ク所ヲ慎ミ、学ブベキヲ学ビ、效フベキニ效ヒ、世ノ悪風ニ移ラザル様セネバナラズ、聖書ニモ「凡ノ事考テ其善キ者ヲ守リ、（テサロニケ前五ノ廿一廿二）諸ノ悪キ事ノ類ニ遠カルベシ　○人モシ善キ者ヲ守ントナラバイエスノ意ヲ知リ、之ヲ我ガ意トスルニ及《シク》モノナシ、然ドキリストノ意ヲ我ラ悉ク知ルコト能ハズ、人ノ上ノ事デスラ上智ノ人ノ意ハ下愚ノ者知ルコト能ハズ、況ンヤ神ナルイエスノ意ヲヤ」　去ナガラ幸ニ主ノ恩寵ヲ得タル我ラ真誠ニ主ヲ愛スル者ニハ、其愛ノ増ニ従ヒキリス

ピリピ三ノ八　トヲ識ルコトモ次第ニ深クナルナリ、ポウロハキリストイエスヲ知ヲ以テ最上ノ事トセリ、斯クキリストヲ知ルコトニ熱望セシガ故ニ最モ深クキリストヲ識タルベシ、其識リ得タル丈ノキリストノ意ハ即チポウロノ有《モノ》トナリシナリ、ポウロ（コリント前二ノ十六）ニ「我ラハキリストノ心ヲ持テリ」ト云リ○キリストハ無低（ママ）ノ金礦ノ如キ者ナレバ探レバ探ル程純金ヲ多ク出スナリ、パウロハ何程キリストヲ探リテキリストヲ識リタルカ知ヲ得ザレド、我ラモキリストノ心ヲ以テ心トセンニハ先ヅキリストヲ識ラネバナラズ、故ニ力ノ限ハ之ヲ探リ少シモ多ク之ヲ識リ度モノナリ」我今ソノ荒マシヲ述テ兄弟姉妹ガキリストヲ識リ、其意ヲ持ル、楷梯ニ備ントス、但シ尚ホ深ク探リ、深ク識リ、キリストノ意ヲ我物トスル其大小ハ各自ノキリストヲ信ズル信ト、キリストヲ愛スル愛ノ多少ニ由テ殊ナルベシ○キリストニ付テハ、先第一ニ驚クベキハ神ガ自ヲ卑クシテ此世ニ降リ玉シコトナリ、今読シ（ピリピ二ノ七八九）ニ云ル句ヲ熟誦セヨ、云ク「彼ハ神ノ体ニテ居シカドモ自ラ其神ト匹シク在ル所ノ事ヲ棄テ難キコトト思ハズ、反テ己ヲ虚クシ僕ノ貌ヲトリテ人ノ如クナレリ」神ガ己ヲ卑クシテ此世ニ降リ玉フサヘ驚クベキニ、神ノ子ガ我ラ罪人ノ為ニ終ニ十字架ノ死ヲナスニ至レリ、云ク「既ニ人ノ如キ形状《アリサマ》ニテ現レ、己ヲ卑クシ、死ニ至ルマデ順ヒ、十字架ノ死ヲサヘ受ルニ至レリ」実ニ神ノ慈愛ノ深キ驚クベキニ非ズヤ」又ソノ世ニ在セシ間ノ事ヲ思ヘバ、我ラガ罪ニ亡ンコトヲ憂ヒ身ヲ休ムル家モナク、安眠ノ枕スル所モナカリキ」其愛ノ広キコトハサマリヤノ卑賤ノ一婦人ト雖モ、之ヲ憐ミ、之ガ為ニハ旅ノ疲ヲモ忘レ」又サマリヤ人ノ道ヲ慕ヒ来レルヲ見テハ、食サヘモ忘レ」国人挙テ卑シメル所ノ税吏ト共ニ食シ」又人ニ哀ヲ乞フ所ノ盲者跛者ヲモ退ケズ」甚シキニ至リテハ癩病人ニ手ヲ置テ之ヲ憐ミ玉ヘリ」正理ノ為ニハ王侯ノ権ヲモ畏レズ、従容ピラトニ答テ云「尓

ヨハネ十九ノ十一　上ヨリ権威ヲ賜ハラズバ我ニ向テ権威アルコトナシ」又己ヲ殺サントスル祭司パリサイ人等ニ対シテハ、其悪意
ヲ悲ミ、願クハ彼ラガ其悪念ヲ改ンコトヲ欲シ、或時ハ危険ヲ憚ラズ、尓ラハ白ク塗タル墓ナリ」ト云ヒ、又利
欲ノ為ニ道ヲ伝ヘ山川ヲモ犯シテ憐ムベキ独婦ノ家ヲ呑ムト云ヘリ」又悲ミヲ人ト共ニシ、ラザロノ死ヲ見テ身
ブルヒシテ動哭シ」苦ム者ヲ見テハ之ヲ憐ミ、ペテロノ妻母ノ執ヲ去ラシメ」利ノ為ニ節ヲ屈セズ」虚栄ノ為ニ
志ヲ変ヘズ」悪魔ノ誘惑ハ悉ク聖書ノ言ヲ以テ之ヲ退ケ玉ヘリ」尚ホ言ント欲スレド時足ラズ、キリストノ事ハ
生涯述ルトモ云ヒ尽スコト能ハザルベシ、旧新約書ハ悉クキリストノ愛ト徳トニ満サレタリ、各々日々月々ニ其
信仰ノ鍵ヲ以テキリストノ宝蔵ヲ開キ、少シモ余計ニ識ルコトヲセラレヨ、今述シ所ノ見易キ部分丈ニテモ其キ
マタイ十一ノ廿九　リストノ意ヲ我ガ意トスルヲ得バ如何ニ幸ヒナルコトゾヤ」イエス云「我ガ軛ヲ負テ我ニ效ヘ、尓ラ心ニ安ヲ得
ベシ　○若シ我ラキリストノ意ヲ以テ意トセバ、最早卑キ者ヲモ賤メザルベシ」高キ人ノ権威モ恐レザルベシ」
利ノ為ニ道ヲ離ル、コトモ莫ルベシ」虚栄ノ為ニ志ヲ変ルガ如キ未熟ナルコトヲモ作ザルベシ」世ニ諂フノ卑屈
心モ失サルベシ」迷途ニアル人ヲ見バ潜然涕下リ救ノ道ヲ伝ヘズニハ居ラレマジ」キリストヲ伝ルノ機会アラバ
寝食ヲモ忘ル、ニ至ルベシ」商業ニモセヨ、職業ニモセヨ、学問ニモセヨ、医業ニモセヨ、官吏ニモセヨ、皆己
ノ為ナラズ、神ノ栄ノ為ニスルノ心離ル可ラズ」人ノ苦ムヲ見バ我ガ苦ノ如ク思ヒ」人ノ病ヲ見バ我ガ病ノ如ク
思ヒ」人ノ悲ヲ見バ共ニ悲ミ」人ノ喜ヲ見バ共ニ楽ムヤウニ成ルベキナリ　○ア、キリストノ信者ノ深キ望ハ此
コロサイ二ノ九　地位ニ至ランコトナルベシ」キリストノ意ヲ意トシテ日ニ月ニ徳ニ進マバ即チ神ノ体ニ次第ニ変化スルナリ、聖
書ニ云「神ノ充チ足ル徳ハ悉ク形ヲナシテキリストニ住メリ」ト故ニキリストノ意ノ我ニ成ルハ、即チ神ノ体ノ我

ニ成ルナリ」無上ノ尊栄ナラズヤ、其楽、其安キ、其慰メ、何バカリゾヤ」之等ノ尊栄安楽ハ永遠ニ至テ堕ズ、増々光ヲ増スナリ、兄弟姉妹ヨキリストノ意ヲ以テ意トスルコトヲ勤メラレヨヤ

○神ト人ヲ愛スベキコト

題　マタイ廿二ノ三七八九　○世ノ事ヲ見ニ必ズ其務ニヨリ其位ニヨリ徴記《シルシ》ヲアラハシテ何ノ何タルヲ示セリ、或ハ兵士ノ如キ、或ハ僧侶ノ如キ或ハ神官ノ如キ、其他ミナ然リ」耶穌ノ信者ニモ亦一ノ徴記アリ、之ナクバ信者他ラザルナリ、其徴記《シルシ》ハ何ゾ、即チ愛ナリ、我ラ信者ハ此愛ノ徴記《シルシ》ヲ帯ルガ故ニ自《オノズカ》ラ行ニ一種特別ノ状体《カタチ》ヲ世ニ表スニ至ル、之ニ由テ亦耶穌ノ信者タルコトモ明ニ知ラル、ナリ」　耶穌云フ尓ラ若シ相愛セバ之ニ因テ人々尓ラノ我ガ弟子ナルコトヲ知ル　ヨハネ十三ノ三五　約翰云フ神ヲ愛スル者ハ亦ソノ兄弟ヲ愛スベシ　ヨハネ一書四ノ二十一　此ヲ以テ見バ兄弟ヲ愛スル者ハ必ズ神ヲ愛シ、神ヲ愛スル者ハ必ズ兄弟ヲ愛スルナリ、神ト人トノ別コソアレ其愛ニ至テハ二致アルコトナシ、故ニ耶穌ハ「尓心ヲ尽シ精神ヲ尽シ意ヲ尽シ主ナル尓ノ神ヲ愛スベシ、是第一ニシテ大ナル誡ナリ、第二モ亦之ニ同ジ、己ノ如ク尓ノ隣ヲ愛スベシ」ト仰セラレタリ、我ラ信者ハ実ニ神ヲ愛シ人ヲ愛スルコト大切ナリ、伝ヘ聞ク使徒ヨハネ老衰シテ死ニ頻ントスルノ頃ホヒ尚ホ兄弟ニ扶ケラレテ壇ニ登リ「尓ラ相愛セヨ」ノ一言ヲ述テ止マザリシト」パウロハ此愛ヲ以テ百行ノ一大先務トシテ云「夫レ己ノ如ク尓ノ隣ヲ愛スベシト曰ル此一ノ言、凡ノ律法ヲ全ウスルナリ　ガラテヤ五ノ十四　又愛ハ諸徳ノ基礎ニシテ若シ此愛ナクバ何ノ徳ヲモ保全スルコト能ハズトセリ、コリント前書十三ノ一ヨリ三マデヲ見ヨ、又其四ヨリ七マデ

ハ愛ノ働ヲ述タリ、同章終ニ至リテハ「信仰ト望ト愛ト此三ノ者ハ常ニ信者ヨリ離ル可ラザル者ニテ其中尤モ大ナル者ハ愛ナリト断言セリ

○愛神

○此愛ハ何《イカ》ナル所ヨリ生ズルヤ、実愛ノ起ル所ヲ察スルニ虔敬ヲ以テ源因トナス、而シテ其虔敬ハ受愛者ノ完備ヲ視テ生ズル者ナリ、神ニ至テハ其完全ノ大ナルコト限涯アルナシ、我ラ若シ神ノ完全ヲ識認セバ其心ニ虔敬ヲ生ゼザルナシ、従テ亦喜楽ヲモ生ズベシ、蓋シ神ノ広大ナル美善ヲ認メ之ニ感ズレバナリ」又神ノ広大ナル妙工ト救贖ノ大業トニ思ヒ及バ、更ニ驚愕ニ堪ザルナリ」嗚呼人ヨ神ノ造物中ニ包含スル無涯ノ智ヲ見ヨ、神ノ天地ヲ掩フ無涯ノ愛ヲ見ヨ、神ノ成シ玉フ所ノ美善ナル見ヨ、我ラ心ヲ神ニ傾テ此等ノ事ヲ細ニ認識セバ虔敬ノ情起リ、且ツ驚愕シ、従テ亦喜悦ノ感覚ヲ生ズルナリ」復更ニ我ラ己ガ命運ノ帰スル所ヲ考レバ一ニ皆天父ノ権下ニ在

詩ノ八ノ五

ザルナシ、斯テ其大権ノ神我ラ人類ノ微弱ナルト罪悪ナルトヲ罰セズ棄ズ、尚ホ顧念シテ拯救ニ

主眼

至ラシム、実ニ其大愛至慈ニシテ善事ノミヲ以テ我ラニ賜フコトヲ深ク思ヘバ虔敬驚愕喜悦ミナ集合シテ一ノ愛トナリ、神ヲ愛スルノ愛ノ純全ニ至ントスルノ希望ヲ奮起セザルヲ得ンヤ

○愛人

○既ニ此愛アランニハ神ノ誡命ヲ守ルヲ喜トスベシ、神ノ為ニ我智我力ノ有ン限ハ尽シ度ノ心起ルベシ、蓋シ人モシ己ガ鍾愛スル者ノ志望命令ナラバ必ズ好デ之ヲ成シ財《タカラ》ヲモ身ヲモ惜マザル、是人情ノ然ラシムル所ナリ、耶稣云「人モシ我ヲ愛サバ我言ヲ守ン　ヨハネ十四ノ二三」耶稣我ラニ命ジテ云「我新キ誡ヲ尓ラニ予フ、即チ尓ラ相愛スベシトノ是ナリ、我尓ラヲ愛スル如ク尓

ラモ相愛スベシ　ヨハネ十三ノ三四」又耶穌パリサイ人ニ答テ「尓ノ隣ヲ愛スベシ、是神ノ律法ノ首要ナリ」ト仰セラレタリ」先ヅ我ラ此愛ヲ働カスニ当テ習フベキコトアリ、主イエスノ例コレナリ、彼レ人ヲ愛スルニ由リ天ノ栄ヲ棄ルヲ難キコトトセズ、人ノ将ニ亡ントスルヲ憐ミ人ノ体ヲ藉リテ世ニ降リ、世ニ在テ行フ所ノ諸ノ働ハ悉ク愛ナラザルハナク、終ニハ其愛ノ為ニ残酷ノ苦ト恥辱ノ死ヲ忍テ受ルニ至レリ」然バ我ラ人ヲ愛スルニ臨ミ己ガ貴ヲ思フベカラズ、受愛者ノ身分ヲ論ズ可ラズ、ルカ十ノ三十ヨリ卅七ニ至ル譬ハ真ニ愛隣ノ教ナリ、彼ノサマリヤ人ハ己レ未ダ聞識セザル不幸者ニ遇ヒ、之ヲ救助スルニ其己ノ友、或ハ敵、或ハユダヤ人或ハ異邦人、或ハ貴人カ、賤人カ、預知スルヲ要セズ、唯ダ其不幸ヲ視テ之ヲ救助セリ、彼ノ之ヲ見過シニセル祭司ハ其身ヲ自重セシ故カ、レビノ人ハ其厄介ヲ厭シカ、我知ザレド何ニモセヨ隣ヲ愛スルノ人トハ云ハレマジ、之ヲ救助シ厄介ヲ厭ハズ金銭ヲ惜マズ世話セシサマリヤ人コソ隣ヲ愛セシ人ト云ベシ」イエスノ人ヲ愛シ玉フハ即チ此サマリヤ人ノ如シ、人ノ貧富貴賤マタ友タルト敵タルトヲ問ズ、己ノ尊貴ト苦辱ト誹謗トヲ顧ミズ、唯ダ人ノ福ナランコトヲ欲シ、人ノ救レンコトヲ欲シ、人ノ禍ヲ取除ンコトヲ欲シ、其愛人ニ向テ溢テ止《トヾ》メ得ザルガ如キ有様ナリキ」我ラ信者モ幸ニ如此ノ愛アラバ福祉之ヨリ大ナルハナシ、愛ハ永遠ニ存ジテ無《ナク》ナラズ、天国ニ於テ無上ノ喜楽ヲ得ルノミナラズ、今世ニ在テモ種々ノ報賞ヲ得ルナリ、愛ニ満タサレタル者ハ心平和ニシテ

ヨハネ一書四ノ十八

懼ナシ、志ノビヤカニシテ苦ミナシ、聖書云「愛ノ中ニ懼アルコトナシ、全キ愛ハ懼ヲ除ク、ソ

マタイ廿五ノ三十四

ハ懼ハ苦ヲ有《モ》テリ、凡ソ恐ル、者ハ愛ヲ全ウセザルナリ」ト然バ斯ノ如キ愛ヲ有《モテ》ル者ハ困患危急ノ時ニモ良心ノ喜悦イカバカリゾヤ、疾病窮乏ノ中ニモ心ニ慰藉《ナグサメ》ヲ得ル如何《イカ》バカリゾヤ」況ヤ来世ニ至リ仁愛ノ友ノミ住ル天国ニ於テヲヤ、愛ハ神ノ性ニシテ其悦ビ玉フ所ナリ、斯ル人ニコソ主曰ン「我父ニ恵マル、者ヨ創世《ハジメノヨ》ヨリ以来《コノカタ》尓ラノ為ニ備ヘラレタル国ヲ嗣ゲヨ」ト我ラモ此ノ悦バシキ恵ノ言ヲ聞クコトン(ママ)好マザランヤ、然ド愛ナク愛ノ働キナクバ聞クヲ得ザルベシ」只管《ヒタスラ》願ハシキ者ハ愛ニアラズヤ、我ラ勤《ツトメ》テ愛ヲ養テ大ナラシムベシ、若シ之ヲ養フコトヲセズバ有《モ》ツ所ノ愛モ次第ニ衰耗シテ終ニハ跡ナキニ至ラン、況ンヤ我ラニハ此貴重ノ愛ヲ妨ル者多シ、自尊、嗇吝、偏頗、私欲、放蕩、虚言、等ノ者アリテハ決シテ真愛ヲ養フコト能ハザルナリ、人モシ少シタリトモ之等ノモノ有トキハ自ラ己ヲ欺キ愛ノ働ク機ナキガ如ク思ハシムルナリ」愛ハ所トシテ働ク地ナシト云フコトナク、愛ハ時トシテ施スコトヲ得ザルナシ、其所ト時トヲ得ザルハ我ニ之ヲ求ルノ愛ナキガ故ノミ」盗難ニ遇シサマリヤ人ハ今モ尚アルベシ、イエスニ乞シ瞽者ハ今モ尚アルベシ、ペテロノ袖ニスガリシ跛者ハ今モ尚ホ有ベシ、ステパノヲ石ニテ撃殺セシ頑固人モ今尚アラン、サマリヤノ婦ノ如キ汚行沈淪者モ多カルベシ」然ルニ愛ヲ施スノ地ナシ、愛ヲ働スノ時ナシト云ベケンヤ」殊ニ今ヤ真理ノ光リ弥々輝ントスルノ時ナリ、救恩ノ降ラントスル時ナリ、魔鬼術ヲ巧シクセントスルノ時ナリ、人心ノ改革セントスルノ時ナリ、此時ヲ傍視スベケンヤ、或ハ智ヲ以テ、或ハ身ヲ以テ、或ハ金ヲ以テ、各々神ノ賜フ所ノ才能智力ニ随テ天ノ恵ヲ助ケ、其聖旨ヲ行フコトニ尽力セザル可ンヤ、神ヲ愛シ人ヲ愛セバ勤ルニ非ズシテ自《オノヅカ》ラ此善行ヲナシ、キリスト信者ノ記号タル愛ノ働ヲ世ニ示スニ至ン、願クハ主ヨ真誠ノ愛ヲ我ラニ賜ヘ、諸ノ知識ト智慧ノ中ニ益々大ニナリ、義ノ果ヲ結バセ玉ンコトヲ　亜孟

救ヲ全ウスベシ○　題　ピリピ二ノ十二　尓曹常《ツネ》に順ヘル如ク　畏《オソレオノヽキ》　懼栓戦慄テ己ガ救ヲ全ウセヨ　九月三日安息日神戸会堂ニテ講ズ仮草稿アリ此日ハ晩餐アリ且ツ東京ヨリ帰テ始テノ安息日ナリキ

心目○　同　マタイ六ノ廿二三　十月一日安息日神戸会堂ニテ講ズ仮草稿アリ

罪ノ赦シ○　同　詩篇百三ノ二三四　朗読マタイ十一ノ廿ヨリ終マデ　○十月八日安息日神戸会堂ニテ講ズ仮草稿アリ

信徒ノ生涯○　同　ヱペソ四ノ廿二三四　十月十五日安息日神戸会堂ニテ講ズ仮草稿アリ

主ニ受ラル、者ハタレナル乎○　同　ルカ伝四ノ十八九　十一月五日神戸会堂ニテ講ズ此日晩餐式アリ受洗者二名アリ入会者四名アリ

益アル働○　同　コリント前書十五ノ五八　○十一月廿六日神戸会堂ニテ講ズ仮草稿アリ

栄ニ栄ヲ増セ○　同　コリント後書三ノ十八　十二月三日神戸会堂ニテ講ズ仮草稿アリ

十字架ヲ負フテ主ニ従ヘ○　同　マタイ十六ノ二四　イエス其弟子ニ云ケルハ若シ我ニ従ント思フ者ハ己ヲ捨テ其十字架ヲ負テ我ニ従へ　十二月十日安息日神戸会堂ニテ講ズ

実体ニ就テ学ベ○　同　ヱペソ四ノ十四五　十二月廿四日神戸会堂ニテ講ズ　卒業女生徒ノ為ニスル説教草稿アリ

○　同

以上明治十五年一月ヨリ十二月ニ至ル凡テ廿八講

今ノ世ハ禍ノ世ナルベシ一人ノ上ニ於テモ一家ノ上ニ於テモ一国ニ於テモ不平ノコトノミナルベシ

贖罪○題　テモテ前書二ノ五六　○　商書ニ云フ、悪之易キ也ヤ如シ二火之燎カレ原ヲ不レ可二嚮ヒ邇ク一ト、宜ナル哉罪ノ世ヲ毒スルコト制止スベカラザルノ勢アリ、甚シキニ至テハ己ガ造ラレタル其造リ主ナル神ヲ忘レ、其身神ノ創造シ給ル万物ノ中ニ在テ仰デハ天ノ大ナル日月星震ノ齊平ナルヲ観、俯テハ地ノ広キ山川草木ノ美備ナルヲ目撃シ、天壌ノ間ニ充チ足レル神ノ栄光ノ中ニ包マレナガラ其造物ノ主宰ノ神ヲ知ズ、唯ニ知ザルノミニ非ズ知ルコトヲ欲セザルニ至レリ」人ヲシテ其本原ヲ離レシムル者ハ罪ナリ、罪イヨ〳〵繁クシテ本原ニ遠カルコト愈々遥カナリ、本原ナル神ニ遠カルニ従テ禍害モ亦加レリ」然ドモ仁慈ノ神ハ世人ノ罪ヲ恣イマヽニ犯シテ禍害ノ世ト変ゼシムルヲ好ミ玉ハズ、我ラヲシテ常ニ儆醒セシムル為ニ始ヨリ一ノ寝ネズ離レザル審判者ヲ各自ニ置キ玉ヘリ、即チ良心是ナリ、世間ノ審判者ハ金銀ヲ以テ賄セラレ、諛言ヲ以テ和ゲラレ、恐懼ニ由テ解放シ、審議《サバキ》ノ公義ヲ壊ル者多シト雖モ、神ノ人ニ置キ玉ヒシ審判者ナル良心ハ金銀ノ為ニ動サレズ、諛言ノ為ニ和ガズ、威赫ノ為ニ赦サズ、悪念ニ向テ公義ノ判決ヲ下シ、罪ヲ犯ス者ハ他人ハ之ヲ知ズ之ヲ罪セザルモ良心之ヲ赦サヾルナリ、此審判者ハ日本ノ人ノミニ非ズ、英国《イギリス》ノ人ノミニ非ズ、亜国《アメリカ》ノ人ノミニ非ズ、凡ソ地球上人タル者ニ在ザルナシ、斯テ其正直公義ヨク判決ヲ誤ラザルモ一轍ニ出ヅ、是正直公義ナル独一ノ神アリテ己ガ造レル世界ノ人ノ良心ニ命ジ玉フニ非ザルヲ得ンヤ○人ハ神ヲ知ズ、之ヲ知ルヲ欲セズ、情慾ヲ恣マニシ放膽《キツヨク》罪行ヲナスニモセヨ、罪ノ懼ヲ免レントスルニモセヨ、慣習ノ力ニテ暫ク罪ノ懼ヲ悟ラザルニモセヨ、到底良心ノ審判ハ免レズ、良心ハ衷《ウチ》ニ在テ厳然神命ヲ奉ジテ動カザルガ故ニ何《イヅレ》ノ日カ神ノ前ニ曳《ヒカ》レテ罪ニ服セザルヲ得ザル時来ラン聖書ニモ　ロマ三ノ十九　各ノ口塞《フサ》ガリ又世ノ人舉《コゾ》リテ神ノ前ニ罪アル者ト定ラン」ト云リ、然バ神ハ人ヲ儆醒シテ罪ヲ防ギ禍害ヲ免レシメント思召シテ審判者ナル良心ヲ各人ニ置キ玉ヒシナレド、既ニ世人ノ心術敗レ、罪悪ムラガリ茂リテ翦除スル能ハザレバ、今ハタヾ其良心ハ自ノ罪ヲ証拠スル保証者トハナレリ、此保証者ヲ逐ヒ退ント欲スルモ能ハズ、心ヲ清クシ善ニ立帰ラント欲スルモ亦能ハズ、罪悪ノ汚ハ神ノ公義ニ向《ムカフ》ヲ得ザルニヨリ截然《ハツキリ》神ト人トノ間ニ隔ノ籬ヲ生ジタリ」噫《アヽ》人間ノ不祥《フシアハセ》之ヨリ大ナルハナシ、既ニ本原ヲ離レ福楽ノ境ヲ出デ、禍害ノ地ニ陥レリ、故ニ人ミナ之ヲ挽回シテ再ビ幸福ノ域ニ入ランコトヲ欲シ、或ハ偶像ニ拝跪《ヒレフ》シ、或ハ世ヲ遁レ、或ハ酒色ニ由テ満足ヲ試ミ、或ハ金銭ニ頼ンデ安楽ヲ求ントスル等、枚挙ニ暇アラズト雖モ一人トシテ其望ヲ果セシ者アラザルベシ　〇ト云モノハ我ヲ造リシ神ハ一位《ヒトハシラ》ナリ、我ヲ護リ我ヲ養フ神ハ一位ナリ、我ニ良心ヲ賜ヘル神ハ一位ナリ、人間ニ係ハリアル所ノ者ハ此一位ノ神ノ他ニナシ、故ニ我ヲ罰スルモ我ヲ救モ我ニ禍スルモ我ニ福スルモ其力ヲ持《モツ》モノハ唯ダ此ノ一位ノ神ナリ、聖書ニ云　ヱペソ四ノ六　神即チ万人《スベテノヒト》ノ父ハ一ナリ彼ハ万人ノ上ニアリ」カ、ル故ニイエス君云フ、唯ダ尓ラ魂ト身トヲ地獄ニ滅ボシ得ル者ヲ懼レヨ　マタイ十ノ二六」ト、然ルニ懼ルベキ者ヲ懼レズ、禍害ヲ逃ル、ノ道ヲ知ズシテ他ニ之ヲ求ルトモ得《ウ》ベキニ非ズ、望ヲ充ス能ハザルハ宜《ウベ》ナリ」サレド神ハ我ラノ迷ヲ憐ミ我ラノ禍害ニ陥ルヲ見《ミル》ニ忍ビズ、慈悲ニ富メル神ハ我ラ人間ノ為ニ救主イエスヲ賜ヘリ、我ラ人類ヲ審判スルノ神ガ一ナレバ我ラヲ救ノ主モ亦一ナルハ当然ノコトナリ、救主ガ一ナレバ人ヲ救ノ方法モ亦一ナリ、聖書　行伝四ノ十二　云此他《コノホカ》別ニ救アルコトナシ蓋《ソハ》天下ノ人ノ中ニ我ラノ依頼シテ救ハルベキ他ノ名ヲ賜ハザナリ」ト、イエス世ニ降リ神ノ旨ニ順テ人罪ヲ贖ヒ、救世ノ功ヲ成セリ、イエスノ流血ハ世界ヲ潔メ人類ノ永死ヲ脱セシメタリ、イエスノ死ハ自ラ致ス《マネク》ノ刑ニアラズ、亦上帝怒テ之ヲ棄《ステ》シニモ非ズ、神ハ反《カヘツ》テ其死スルヲ以テ之ヲ愛シ玉ヘリ、其死スルハ人ヲ愛シ人ニ代テ刑ヲ受シニヨル、イエスノ刑ヲ受シハ神殊更《コトサラ》ニ罪ナキイエスヲ罰セシニ非ズ、人ノ罪ヲ罰セシナリ、イエス人ノ中ニ入テ人ト為《ナ》ル故ニ人ノ罰ヲ受ケ人ニ代テ中保《ナカダチ》ト為《ナレ》ルナリ、イエス必ズ受ネバナラヌト謂ニ非ズ、イエス人ヲ愛シ神ヲ愛ス故ニ甘ンジテ上帝人ヲ救ノ法ニ順ヘルナリ、天下万人ハイエスノ造リ玉シモノナリ、故ニイエスト大ニ係リアリ、是イエス世ニ入テ救主ト為《ナレ》ル所以ナリ　○罪ハ人ヲシテ神ト隔《ヘダヽ》ラシム、既ニ其離ルベカラザル本原ノ神ニサヘ離ルレバ、亦人心ヲシテ相分レシム、人心相分ル、ニヨリテ平和ヲ失フ、今世ニ在テハ平和ノ楽ヲ失ヒ、来世ニ在テハ永死ノ禍ニ遇フ、実ニ歎ズベキニ非ズヤ」然ドモイエス人間ニ在リテ真愛ヲ顕シ、人心ヲシテ相合ハシメ、又身贖罪ノ功ヲ成シテ神ト人トノ間ヲ和セシメタリ、故ニイエスノ始メ世ニ降リ玉フヤ天使讃美シ歌テ云、神ニ栄光、地ニ平和、人ニ恩沢《メグミ》アレ」ト、然バ世ノ人イエスニ遇ヒイエスヲ信ジテ始テ良心ノ審判免ルベシ、罪ノ懼レ消ユベシ、平和ノ心生ズベシ、真誠ノ愛出《イ》ヅベシ、之ニ由テ我ガ霊ノ望ミ満

一家ノ中一郷ノ中一国ノ中万国ノ中平和ヲ見ルコト稀ナリ真ニ平和ヲ以テ新年ヲ迎ル者幾人アルヤ

足スルヲ得テ慰ト楽ト喜トハ常ニ我ヲ離レズ、平時ハ素ヨリ患難ノ中ニモ、疾病ノ中ニモ、貧困ノ中ニモ刀刃《ヤイバ》ノ中ニモ、水火ノ中ニモ此三ツノ者添フガ故ニ我ヲシテ愈々義ニ勇ミ善ヲ励ミ天路ニ進ムノ妨ナカラシム」我ラ信徒ハ既ニ此ノ鴻恩ヲ蒙レル者ナレバ天使ト共ニ神ニ栄光アランコトヲ希ヒ、地ニ平和ノ来ンコトヲ欲シ、人ニ恵ノ降ランコトヲ望ミ、本年ハ去年ヨリ勝《スグ》レテ一層ノ精神ヲ増シ、新年ト共ニ新タナル霊ノ賜ヲ得テ主ノ働ヲナシ、天父ガ世ヲ憐ミ玉フ恵ニ悖ラズ、救主ガ我ラノ為ニ身ヲ捨テ玉シ愛ニ逆ラハズ、常ニ其恩ニ感ジ、其愛ニ励マサレテ天父ノ旨ヲ行ヒ、救主ノ功ヲ賛《タス》ケンコトヲ堅ク心ニ定ムベシ、天父ノ旨ハ世ヲ潔メ人ノ禍ヲ免レシメンコト也、救主ノ功ハ世ノ罪ヲ贖ヒ人ヲ福ニ趣カシメンコト也、イエス既ニ天父ノ旨ニ順テ此功ヲナシ、万人ニ代リ己ヲ捨テ贖トハ為《ナレ》リ、此贖ヲ得ルト得ザルハ人ニアリ、此贖ヲ行ヒヲモテ言バヲモテ人ニ伝ルハ信者ニアリ、信者ハ共ニ此任ヲ負ル者ナリ、我ラ本ト罪ノ奴、汚ノ子《コドモ》ナリシニ、今ハ全能ノ神ヲ父ト呼ビ、栄光アル働ヲナスハ悦バシキコトナラズヤ、又天下万人ノ救ヒ既ニ成リタレバ、我ラ其功ヲ助ケ人ヲシテ救ニ入レシメ、天下万人共ニ偕ニ独一ノ神ヲ賛美シ、主ノ名ヲ愛シ呼ブ時ヲ見バ如何ニ楽シカラズヤ　明治十六年一月七日神戸会《（ママ）》ニテ講ズ此日十一名ノ授洗《（ママ）》者アリ又晩餐式ヲ行フ

此時ガ元全ノ世福楽ノ時ニシテ主ノ恵ニヨリ次第ニ改良進シ行ベシ

行フコトヲ主ニ問ヘ○

題　行伝九ノ六　主ヨ我ニ何ヲ行《ナサ》シメント為《シ》玉フヤ　パウロ始ハイエスノキリストタルヲ知ズ、其主タル神ナルヲ悟ラズ、又ソノ救主ナルヲモ弁ヘザリシニ由リ、イエスノ信徒ヲ苦シメ、種々ノ暴悪ノ作行多カリシカ、

今ダマスコニマデ暴威ヲ振ヒテ信徒ヲ縛リ悩メントテ出行ク途中イエスニ出アヒ、其栄光ニ照サレ其声ヲキ、始テイエスノキリストナルヲ知リ、其己ガ主タル神ナルヲ悟リ、其救主ナルヲ弁ヘタレバ、自ラ之マデ為来《ナシキタ》レル事ノ悪ナルヲ知リ、其罪ノ大ナルヲ悟リテ畏懼ニ任ズ、飜然ソノ志ヲ変ヘ其行ヲ改ントシテ問フ、主ヨ我ニ何ヲ行《ナサ》シメント為《シ》玉フヤ」ト主直ニ答テ曰フ「尓行《ナス》ベキコトヲ示《ヲシ》ヘラルベシ」トパウロ此時ヨリ断然前行ヲ改メ、一切己ヲ捨テ主ノ命ニ従フ事ヲセリ、主モ亦前ナル悪行ヲ憎ミテ之ヲ捨ルコトヲセズ、常ニパウロト共ニアリテ其行《ナス》ベキコトヲ教ヘ玉ヘリ　○我ラモ既ニイエスノキリスト救主ナルヲ知リ、其主タル神ナルヲ知リタレバ、又パウロノ如ク己ノ罪ヲ悟リ己ノ悪ナルヲ知リ、飜然之マデノ行ヲ変ヘ其志ヲ改ザル可ラズ、己ノ私欲ニ従ハズ全ク己ヲ捨テ主ノ命ニ従フベキ筈ナリ」故ニ我ラモパウロノ如ク「主ヨ我ニ何ヲ行シメント為《シ》玉フヤ」ト問フベシ、パウロハ一度ノミ此問ヲナシテ一度ノミ主ノ命ニ従ヘル者ニ非ズ、抑モ此時ヲ第一ノ始トシテ始終此ノ如クナリキ、孝子ガ父ノ旨ニ順フヲ喜ビ忠臣ガ君ノ命ヲ奉ズルヲ喜ブト同ク、何事ヲナスニモパウロハ己ノ意ヲ立ルヲ喜トセズ、主ノ旨ノ成ヲ喜ビトセシ故ニ一事一行ヲナス毎ニパウロハ「主ヨ我ニ何ヲ行サシメントシ玉フヤ」ト主ノ旨ヲ伺ヒタリ、故ニパウロ云「我ガ生ルハキリストノ為ナリ」ト、又云フ「凡ノ事主ヲ悦バセンガ為ソノ意ニ従テ日ヲ送ル云々」ト、是敢テパウロノミナラズ使徒ミナ然リ、主ノ旨ナラバ生テ主ノ為ニ働キ、主ノ旨ナラバ死シテ主ノ栄ヲ顕セリ、是敢テ使徒ノミナラズ古ヨリ今ニ至ルマデキリストニ従フ信徒ハ皆ナ然ラザルナシ、故ニナポレオンモ世界万国ノ人ノ昔モ今モ身ヲ献ゲテ真ノ忠ヲキリストニ尽ヲ見テ実ニキリストハ神ナルヲ称嘆セリ　○偽物ハ年月ヲ経レバ経ルニ従テ本性アラハレ其尊栄ヲ失ニ至リ、真物ハ星霜ヲ経レバ経ルニ従テ弥々其尊栄ヲ増シ加ル

ピリピ一ノ廿一
コロサイ一ノ十

ナリ」目ヲ放ツテ宇内宗教ノ情況ヲ観ルニ、或ハ残忍刻薄ナル野蛮ニ勢ヲ得シト雖モ徳義進歩シ人智開達スルニ及デハ跡ヲ隠シテ見ル影サヘモ無アリ、或ハ妄誕無稽ニシテ無智ノ民ニ信ヲ得シト雖モ学術ノ鋭鋒ニ当リ難ク狼狽周章西人ノ無神説ヲ借リテ之ガ援兵トセント欲シテ反テ己ガ教義ヲ打毀ツヲ知ラズ既ニ命脈ノ絶ナントスルモアリ、或ハ消失セ、或ハ命脈絶ナントシ、或ハ跡ヲ未開ノ地ニヒソムルアリテ一トシテ満足ナル者ナキニ、独リ我ガキリスト教ノ如キハ時トシテ駁戟ヲ蒙ラザルナク、世トシテ譏謗ヲ受ザルナリ、到ル処国トシテ喜納セラレシナシ、然ルニ駸々乎トシテ全地球ヲ巻席《トリマキ》シ、駁戟ニ遇バ遇フホド光ヲ増シ、譏謗ヲ受レバ受ルホド真理ヲ顕ハシ、防ントスレバ防グ程返テ其勢ヲ増シ、到底人力ノ能スルヲ得ザルヲ知ル」然バ我ラ今ノ信徒ハ昔ノ使徒等ヨリモキリストノ神ナルコト、其実ニ世界ノ救主ナルコトハ確実ニ知ルベキ筈ナリ、蓋ハ唯ニ聖書ニ由テ教ヘラル、耳ナラズ、神ノ能力ノ実跡ヲ目撃シ、又歴世ノ賢哲学士英雄モ其力ニ驚キ其勢ヲ称嘆セシ言葉ヲ常ニ見聞スレバナリ、パウロハ一度主ノ声ヲキ、テ直ニ往時ノ非ヲ改メ、己ヲ捨テ主ニ従ヒ「主ヨ我ガ何ヲ為スヲ欲シ玉フヤ」ト問ヲ出シテ尓来ソノ旨ヲ行ヒツ、死ニ至ルマデ其志ヲ変ヘザリキ、我ラ如何ン、此ノ多ノ証拠ヲ以テ召ヲ蒙レリ、召ヲ蒙リテヨリ以来全ク己ヲ捨テ主ニ従ヒ常ニ「主ヨ我ガ何ヲ行スヲ欲スルヤ」ト一々其旨ヲ成スコトヲ喜ビ居ルカ、若シ我ラ徒ラニ外皃ヲ以テ主ニ従ヒ肉体ノ口ヲ以テ主ノ名ヲ呼ト雖モ、心ヨリ主ニ従ヒ霊魂ノ口ヲ以テ何事ヲ行スニモ「主ヨ我ガ何ヲ行スヲ欲シ玉フヤ」ト其旨ヲ尋ネ喜テ其旨ニ従フコトヲ為《セ》ザレバ其罪大ナルベシ、今日ノ如ク其力を目撃シ、歴世ノ証左ナキニモセヨ、大権ノ神ガ我ラ人類ノ罪ノ縛目ニカ、リ永禍ノ淵ニ沈ントスルヲ憐ミ、肉体ヲ取リテ此汚タル罪悪ノ世ニ降リ、枕スル所モナク住ヒスル家モナク、己ヲ誹ル者ノ為ニ祈リ、己ニ敵スル者ヲモ愛シ、癈疾ノ者ヲ恤ミ、困苦ノ者ヲ救ヒ、人ノ罪ニ陥ルヲ悲ミ、罪悪ノ世ヲ救ンガ為ニハ終ニ其身ヲ十字架ニサヘ挙ゲ玉ヘリ、イエスヲ刺シタル鎗ハ何ゾヤ、我ラノ罪ニ非ズヤ、若シ我ラニ罪ナクバ神ノ子ガ何デ罪ナク潔ク正シキ御身ヲ十字架上ニ釘センヤ、十字架ヨリ流ル、血ヲ視ヨ主ノ愛ノ流レ出ルナラズヤ、神モシ世人ヲ愛シ玉ハズバ何ンゾイエスヲ十字架上ニ挙テ血ヲ流サシメ玉ハンヤ、既ニ此等ノ事実ヲ見バ主ヲ愛セザランヤ、愛セザラント欲スルモ愛セザルヲ得ジ、故ニ此等ノ事実ヲ示サレタル者ハ皆云ヘリ「主ヨ我レ尓ノ為ニ何ヲナサン」ト、行伝二ノ三七ヲ見ヨ云ク「人々兄弟ヨ我ラハ何ヲ為スベキ乎」　同十六ノ卅（獄吏パウロシラスニ云ル言）「君ヨ我救ハレン為ニ何ヲナスベキ乎」先ニ洗礼ノヨハネ神ノ救ノ来ルコトヲヨルダン辺ニテ述シ時ニモ

ルカ三ノ十

人々云フ「我ラ何ヲ為スベキカ」ト、此時税吏モ兵卒モ皆ナ如此《カク》云テ其行ヲ改メタリ、彼ラハ救ノコトヲ聞テ直ニ「我ラ何ヲ為スベキヤ」ト云テ神ノ旨ヲ行ンコトヲ望メリ、我ラハ救ノコトヲ聞シノミニ非ズ既ニ救ニ入シ者ナリ、既ニ主ノ大ナル愛ヲ味ヒタル者ナリ、若シ常ニコノ恩ヲ覚エ、此恵ヲ思ハヾ、常ニ又「主ヨ我ニ何ヲ行サシメント欲スル乎」ト主ノ旨ヲ尋ネザルヲ得ザルベシ、主ノ旨ニ従フヲ喜トシ、主ノ旨ニ背クヲ歎《カ》ナシミトスベシ」然ルニ稍モスレバ此恩ヲ受ケ此ノ恵ニ潤ヒナガラ尚「我ニ何ヲ行サシメント欲スル乎」ノ問ヲ主ニ向テ発セズ、主ノ歎キ玉フヲモ顧ミズシテ己ガ情慾ノ欲スル所ニ従ヒ、己ガ便宜ノ途ヲアユミ、或ハ飲食ノ為メ、或ハ好色ノ為メ、或ハ利ヲ貪ルガ為メ、或ハ名聞ノ為メニ主ヲ捨ルコソ歎ゲカシケレ　○然ド神ハ己レニ敵スル者ヲ憐ミ恵マントテキリストヲサヘ降シ玉フ程ナリ、主ハ己ヲ十字架ニ釘ル者ノ為ニ祈リ玉フ程ナリ、故ニ尚忍テ我ラガ真ノ悔キ改ヲ待タマフベシ、我ラガ罪ノ途ヲハナレテ真ノ救ヲ得ンコトヲ望ミ玉フベシ、今コノ歳ノ始ニ於テ第一

ニスベキコトハ往事ヲ顧ミテ前事ヲ慎ムベキコトナリ、若シ去年ノコトヲ顧テ我ガソノ主ニ全ク事ヘザリシコトヲ知リ、主ノ心ヲ痛シコトヲ悟ラバ、自ラ掩フコトナク、知リ玉ハザル所ナキ神ニ訴テ罪ヲ謝セヨ、神必ズ免シ玉ハン、若シ自ヲ顧ミズシテ罪ヲ罪トセズ、又罪ヲ知テ掩ハヾ神必ズ憎ミ玉フベシ、パウロ曽テコリント人ノ為ニ歎キテ云フ「我ラ若シ自ラ審キシナラバ罰ヲ蒙ルコト無リシナラン」ト唯ニ往事ノ罪過ヲ知ルノミニテハ又益ナシ、往事ノ罪過ヲ知ルハ前事ノ懲シメトセンガ為ナリ、神ノ我ラノ罪ヲ免シ玉フモ之ニ由テ更ニ改テ清ニ進ミ正ニ向フヲ望ミ玉ヘバナリ、去年ハ今年ノ師ニシテ其善ハイヨ〳〵善ヲ加ヘ、其悪キハ之ヲ退ケテ再ビ其轍ヲ踏ザランコトヲ慎ミ、此ノ如クシテ次第ニ純全ニ進ミ行キ終ニ天父ノ栄ニ入ニ足ル者トナルナリ、我ラ信徒ハ高尚ナル望ヲ有スル者ナラズヤ、天父モ之ヲ喜テ人間ノ如此ス、マンコトヲ望ミ玉フナリ」然バ本年ハ更ニ志ヲ堅ク定メ主ノ旨ヲ行ハンコトヲ希望シ、先ツ主ニ問フベシ「我ニ何ヲ行サシメント欲シ玉フヤ」ト若シ我ガ心ノ口主ニ向テ如此啓ケバ主必我ヲ導キ其ナスベキ事ヲ示シ玉フベシ、パウロガ主ニ向テ「我ニ何ヲナサシメント欲スルヤ」ト問ルトキ主答テ云フ「尓ナスベキ事ヲ示サルベシ」ト故ニ兄弟姉妹ヨ主ノ示シ玉フ所ハ恐レズ猶預セズ拒マズシテ進ミナセヨ、今年ハ新ニ如何ナルコトヲ示シ玉フカ図リ知ラレザレド、前々ヨリ引続キテ我ラニ命ジ玉ヘル任アリ、之モ年ト共ニイヨ〳〵熱心ヲマシテ必ズ成シ逐クベキコトト思フナリ、西宮須磨ノ伝道、貧患者ヲ救フ分恵病院、又聖霊我ニ頻ニ促シ玉フコトアリ、信徒家族ノ改良（夫ト妻、父母《オヤ》ト子供、主人ト遣ハル、者、家政、養生、食物ノ調理等）、信者ノ智識ヲ開達スルコト（交際ノコト、政府ニ対スルコト、商法ノ道、計財、心智ノ錬磨等）、神戸兵庫ノ間ニ於テ更ニ道ヲ伝ルノ機ヲ求メ迷途ノ不信者ヲ救コト、又コ、ニ一事アリ、会堂ノ営

コリント前十一ノ三十一

経済

膳ナリ、是随分重荷ノ如クナレド主ハ我ラノ負《オヒ》キレヌ荷ハ負セ玉ハジ、我ラノ益トナラヌ荷ハ与ヘ玉ハジ、此事ハ主ノ恩ニ感ズル人ノ尤モ喜ブベキコトニテ余リ屡〳〵ハ無キコトナリ、故ニ信者ノ熱心ヲ世間ニ顕シ、世人ヲシテ主ヲ栄セシムルハ此時ニアラント思フナリ、愛スル主ノ家ヲ堅ロ(ママ)ーニシ美麗ニシ便利ニシ多ノ人ヲ今ヨリモ増リテ入レシメテ救ヲ得シムルコトヲ得ルハ必ズ兄弟姉妹及ビ主ノ道ヲ慕フ所ノ人ノ喜ビ望ム所ナルベシ、尚コノ外主ハ我ラニ何ヲ為スベキ事ヲ示シ玉フカ預ジメ知ルコト能ハザレド人トナリテ人間ト共ニ居リ、我ラノ力ト凡ノ事ヲ知リ玉フ主ハ各々ニ相当スル所ノ勤ヲ示シ玉フベシ、必ズ我ラニ益トナルベキ荷ヲ負ハシメ玉フベシ、故ニ常ニ「主ヨ我ニ何ヲ行サシメント欲スル乎」ト主ニ問フコトヲ忘ル、勿レ　○一月十四日安息日神戸会堂ニテ講ズ

○実行ヲ勧ヨ

コロサイ二ノ七　○前安息日竹村氏聖霊ノ降臨ト其果ニ付テ説教セリ　過日竹村氏聖霊ノ降臨ノコトト其結果ニ付テ語リ、又キリスト我ニ在リ我キリストニ在ルヤウ成リテ真ノ信者ナルコトヲ述ラレシガ、彼ノ説教ハ大ニ信者ニ裨益ヲ予ヘタルナルベシ、我ラ之ニ因テ愈々高尚ナル思ヲ増シ、喜バレキ望ニ満チ、又キリストヲ愛慕スルノ念盛ンニ加リ、励ミノ精神一層起キレリ」然シ聖霊ノ人ノ心ニ降ルハ公明《オホヤケ》ニモセヨ隠然《ヒソカ》ニモセヨ決シテ偶然ニ来ルモノニ非ズ必ズ由リ原《モトヅ》ク所アリテ其賜《タマモノ》ヲ得ルナリ、使徒ノ時ヨリ今ノ世ニ至ルマデ聖霊ハ多ハ皆主キリストヲ信シ其教ニ従ンコトヲ欲スル人ニ降レリ、稀ニ不信ノ徒図《ハカ》ラズモ聖霊ノ賜ヲ得テ非常ノ結果ヲ現スコト有モ必ズ熱心ノ信者アリテ後ニ然ルナリ、又高尚ナル思ヲ以テ世ノ汚慾ヲ卑睨《ミクダ》シテ之ニ惑サレズ、喜ブ所ノ望

彼ハキリスト也人キリストニ附ザレバ徳ノ発達スルナシ樹ノ土ニ附ザレバ萌芽ヲ生ゼザルガ如シ

ヲ終ニ果シ、キリストト我ト一体タラシムルコトモ悉グ偶然ニ成ルモノトハ思ハレヌナリ、必ズ我ヨリモ勤ル所ナカル可カラズ、神ノ助ハ我ガ勤メニ従テ有モノナラン、然バコソイエス君モ（求ヨ然バ予ヘラレ、尋ヨ然バ遇ハン）ト仰セラレタレ、又（人々励ミテ天国ヲ取ントス励タル者ハ之ヲ取レリ　マタイ十一ノ十二）トモアレバ我ラ神ヲ信ジテ其義《タダシ》キヲ行ヒ、其潔《キヨ》キヲ慕ヒ、其善《ゼン》ヲ喜ビ、一切キリストノ如クナリ、キリストト我ト一ツモノタランコトヲ欲スル者ハ自《ミヅカ》ラモ亦力ノアラン限ハ其如ク成リ行クヤウ勤メザル可ラズ、故ニパウロ勧メヲナシテ云ク（尓ラ根ヲ彼ニ置キ、彼ニ在テ徳ヲ建テ、又教ヲ受タル所ニ従ヒテ信仰ヲ堅クシ、此ヲ益々大ニシテ感謝セヨ）ト此句ヲ味ヒ視ヨ、徳ヲ建ルコトモ信仰ヲ堅クスルコトモ我ラニ然《シカ》セヨト勧メタルナリ、我ラ若シ之ヲ勤メザレバ神ヲ信ジキリストヲ信ズルノ益ヲ視ルコト能ハズ、道ヲ学ビテ得ル所ノ楽ヤ慰ヤ喜ヤ福ヲ知ルコト能ハズ、故ニ感謝ノ心モ起ラザレバ自《オノヅカ》ラ神ニ感謝スルコト絶ユベシ、神ニ感謝セズ其恵ニ感ズルコトナクバ何《イカ》デ徳ヲ建テ信仰ヲ堅ウスルヲ得ンヤ、モシ信仰堅カラズ徳タ、ザレバ一髪千鈞ノ信者ニシテ其ノ危キコト譬ン方ナシ」我ラ若シ神ノ命ジ玉フ所ヲ勤メ行ントナラバ其能ハザル所ハ神必ズ扶ケ玉フナリ、パウロ云　ピリピ四章ノ十三　我ハ我ニ力ヲ予ルキリストニ因テ諸《スベテ》ノ事ヲ為《ナ》シ得ルナリ）我ラ若シキリストニ由ラバ凡ノ事成《ナ》ラザルナシト雖モ動《ヤヽ》モスレバ口ニ唱ヘテ心ニ願ハザルコトアリ、聖書ノ言耳ニ熟シ口ニ慣テ自《ミヅカ》ラ知ルガ如ク行《オコナ》フガ如ク思テ其実ハ真味ヲ味ヘズ実行ヲ勤メズ惛然《ボンヤリシテ》悟ラザルアリ、二三ノ例ヲ云バ聖書（自己《ミヅカラ》ヲ主ノ前ニ卑《ヒク》クセヨ、然バ主尓ヲ高クセン　ヤコブ四ノ十）神ハ驕傲者《タカブルモノ》ヲ拒ギ謙卑者《ヘリクダルモノ》ニ恩ヲ与フ　同上四ノ六）トモ有テ謙遜ハ信者ノ尤モ大切ナル者ニシテ神ニ悦バル丶モ謙遜ニアリ神ニ恵マル丶モ謙遜ニアリ、然ルニ時トスレバ人ノ非ヲ挙ゲ、人ヲ卑シメ、人ヲ評シ、而シテ自ラヲ義キ者トシ、智アル者トシ、自ラ高ブルコトアリ、故ニ兄弟ノ勧ヲ聞テ喜バズ、人ノ善言ヲ聞テ従ハズ、兄弟ノ善行ヲ見ズ、之ヲ見テモ自反シテ其善ニ傚フコトナシ」聖書ニ悔改テ福音ヲ信ズベシ　マコ一ノ十五）尓ラ悔改ズバ皆必ズ亡ン　ルカ十三ノ五）トアリ、然バ悔改ズバ福音ヲ信ズルトモ益ナシ、福音ヲ信ゼズバ救ハル丶コトナシ、福音ヲ信ズルニハ必ズ悔改ザル可ラズ、故ニ悔改ズバ必ズ亡ントモ云ルナリ、然ルニ真誠ニ罪ヲ憎ミ、不義ヲ嫌ヒ、誤テ一罪ヲ犯サバ立刻《スグ》ニ悔改テ再ビ同シ罪ヲ犯サヾルコト無バ悔改トハ云ベカラズ、動《ヤヽ》モスレバ或ハ言《コトバ》ニ或ハ祈ニ罪ヲ認ルコトハスレド其心ニハ格別ニ罪ノ恐ルベキヲ感ゼズ、故ニ此罪彼罪代ル〳〵入来リテ悔改ルノ暇ナク悔改ハ徒《タヾ》口癖ノ如クナルアリ」聖書ニ（尓ラノ行フ所ミナ愛ヲ以テ行フベシ　コリント前十六ノ十四）ト教フ、愛ハ信者ノ旗章ニシテ愛ナクバ信者トハ云ベカラズ、故ニイエス君モ（我レ新キ誡ヲ尓曹ニ予フ、即チ尓ラ相愛スベシトノ是ナリ、我ガ尓ラヲ愛スル如ク尓ラモ相愛スベシ）ト仰セラレタリ、然バ信者タル者ハ必ズ愛ナカル可ラズ、信者ニシテ愛ナクバ茶ノ香気ヲ失ヒタルガ如ク、時辰《トケイ》ノ時表《トキノシルシ》ヲ無《ナク》セシガ如シ、然ドモ人ノ罪中ニ在テ死淵ニ沈ントスルヲ目《マ》ノ当《アタ》リ見レドモ格別ニ悲ミ憐ムノ情ナク、夫婦相愛スルノ道ヲ知ズ、互ニ疑ヒ一家ノ平和ヲ失ヒ、幸福ノ何者タルヲ知ザル家ヲ見テ気ノ毒ナル情起ラズ、或ハ兄弟ノ不幸《フシアハセ》或ハ疾病或ハ貧困等ヲ見バ我ガ其場合ニ在ガ如ク思フベキニ然ラズシテ他人視シ、又ハ人ヲ悪《ニク》ミ人ヲ悪《ワル》ク思ヒ人ヲ怒ルコトアリ、ペテロ云フ（愛ハ多ノ罪ヲ掩フ　前書四ノ八）ヘブル書十三ノ三云（苦ム者ヲ念フベシ）パウロ云（喜ブ者ト共ニ喜ビ、哀ム者ト共ニ哀ムベシロマ書十三ノ十五）又云（愛ハ偽ルコト勿レ同上十三ノ九）是ミナ愛ノ働ヲ述シモノ也、キリスト我ラヲ愛スルガ為ニ身命ヲ捨テ玉ヘリ、而シテ云フ（我ガ尓ラヲ愛スル如ク尓ラモ相愛スベシ）ト我ラ真実ニ此ノ命諭ニ従ヒ此愛ヲ実行スルヤ如何ン○物味《アヂハ》ヘザレバ其美《ウマミ》ヲ知コト能ハザル如ク、若シ愛ヲ心ニ味ヒ身ニ行ハザレバ愛ノ楽ヲ知ズ、真誠ノ悔改ヲナサヾレバ悔改ノ愉快ヲ覚エズ、心ヨリ謙遜ニシテ神ト人トノ前ニ卑《ヘリク》ダラザレバ謙遜ノ福ヲ得ルコトナシ、我ラハ斯《カヽ》ル美徳ヲ備ヘタル者ニアラズ故ニ亦斯ル類ノ善行ヲ作《ナ》シ得《ウ》ル者ニモ非ズ、然ド自ラ之ヲ作《ナサ》ンコトヲ欲シ望マバ成《ナラ》ズト云フコトナシ、蓋《ソハ》我ヨリ勇《イサ》ンデ勤ルトキハキリスト必ズ其能ハザル所ヲ助ケ玉ヘバナリ、勤メヨ然バ助ケラルベシ」人ノ美徳善行成《ナラ》ザルハ神ノ助ケ無ニヨル、神ノ助ケナキハ勤メザルニ由ルナリ、聖霊ノ感化ヲ蒙ルモ仁愛《イツクシミ》喜楽《タノシミ》平和《ヤハラギ》慈悲《ジヒ》忍耐《ニンタイ》温柔《オンジユウ》等ノ結果ヲ得ルモ我ヨリ勤ル所アリテ後ニ然ルナリ、人モシ誠ニキリスト イエスヲ信セバ仇恨《ウラミ》争闘《アラソヒ》妒忌《ネダミ》忿怒《イカリ》好色誹謗《ソシリ》貪婪《ムサボリ》等ノ汚タル情慾ヲ嫌ヒ悪《ニク》ミテ旧時《ムカシ》ニ異《コト》ナレル新ラシキ心出《イ》デ来リ神ヲ愛シキリストノ教ニ従イ度クナルナリ、聖書（人キリストニ在ル時ハ新ニ造ラレタル者ナリ旧《フル》キハ去リテ皆ナ新シク作《ナ》ルナリコリント后五ノ十七）ト有《ア》ルハ之ヲ云フナリ、故ニ此ノ新シク作《ナル》ト作《ナ》ラザルトニテ信者ト不信者ノ別ハアルナリ、此心アレバトテ事々物々潔ク正シクシテ欠ナク完美ナリト云ニハ非ザレド、此心一度生ゼハ必ズ善ヲ喜ビ悪ヲ嫌ヒ神ノ教ニ従フコトヲ勤ルナリ、勤ルガ故ニ我ガ力ノ足ザル所ハ神之ヲ助テ次第ニ全キニ進マセ玉フナリ」故ニ我ラ神ノ命ジ玉フ所キリストノ教へ玉フ所ノ事ハ実際ニ勤メ行ハザル可ラズ、聖書我ラニ謙遜ヲ教ヘバ真実ニ己ノ心ヲ卑《ヒク》シテ人ヲ侮ラズ、人ヲ評セズ、凡ノ事己ヲ省ミ、己ヲ責テ人ヲ尤《トガ》メズ」聖書悔改ヲ命セバ真実ニ自ラノ罪ヲ認メテ救主ノ贖ヲ求メ、人ハ小罪トスルモ己ハ小罪トシ許スコトナク、速カニ悔ヰ速ニ改テ再ビ罪ニ陥ラザランコトヲ慎ミ」聖書愛ヲ勧《スヽ》メバ飾ラズ偽ラズ真実ニ人ヲ愛シ、人ノ悪ヲナシテ神ヲ畏ル、コトヲ知ザルヲ見バ之ニ救主ノ慈愛ヲ示シ永刑ヲ免ル、ノ道ヲ教テ神ノ恵ヲ蒙ラセンコトヲナシ、人ノ恃ナキ世ノタカラニ迷テ善事ヲ行ヲ知ラズ不義ヲ楽ヲ見バ之ニ永遠ノ真福ヲ示シ真ノ道ニ従ハセテ真楽ヲ得セシメンコトヲ勤メ、其他真理ヲ知ザルヨリシテ一家ノ平和ヲ失ヒ、或ハ父母ニ哀《ナゲキ》ヲ与ル不孝ノ子、或ハ親ノ放蕩ニヨリ其子ヲ不幸ニ陥ル者、或ハ疾病、或ハ災難等ニ遇フ者ヲ見バ直チニ之ヲ憐ミ之ヲ助ケテ実際ニ愛ノ働ヲナシ」イエス君我ラニ財ヲ天国ニ積ムベキコトヲ誨へ玉ヘリ、然バ各々其分ニ応ジ其力ニ従テ或ハ智アルハ智ヲ以テ、或ハ学アルハ学ヲ以テ、或ハ金アルハ金ヲ以テ、或ハ働アルハ働ヲ以テ、惜マズ哀《ナゲ》カズ喜ビ楽ンデ神ノ工《シゴト》ニ力ヲ尽シテ其日々ノ働ヲシテ全ク天国ノ財《タカラ》トスベキヲ勤メヨ」此ノ如ク一事ヲ学ブ毎《ゴト》ニ必ズ之ヲ実行セバ之ヲ実行スル毎ニ聖書ノ教ノ言ヒ難キ味ヒアルヲ悟リ、神ノ誠ニ従ヘバ慰メ喜ビ

1 楽アリテ人ノ真ノ幸福ハ神ノ誠ノ中ニアルヲ知リ、愈ヨ行テ愈ヨ福ヲ増シ全ク我ガ心ハ聖霊ニ満サレ全ク我身ハ其霊ノ結ベル仁愛《イツクシミ》喜楽《タノシミ》平和《ヤハラギ》正義《タヽシキ》ナドノ果ニ飾ラレキリスト我ト一ニシテ別ナ
2 キニ至ルベシ」此境界《キヤウガイ》ニ至ラバ常ニ感謝讃美ノ心ハ絶ザルベシ、我ラ勤メザレバ此幸福ノ境界ニ至ル能ハザルナリ、此境界ニ進ム途ヲ踏マザレバ誠ノ感謝ハ出ザルベシ、故ニパウロ云フ（尓ラ根ヲ彼ニ置キ彼ニ在テ徳ヲ建テ、又教ヲ受タル所ニ従テ信仰ヲ堅クシ、此ヲ益々大ニシテ感謝セヨ）ト、世ノ中ノ一切ノ事其当《マサ》ニ尽スベキ所ノ職務ヲ尽スヨリシテ自然ニ其智其力其能ハ発達シ、之ニ由テ愉快ヲ覚ユ、其愉快ニ刺衝《シシウ》セラレテ自然ソノ職務ヲ尽ス、愈ヨ職務ヲ尽シ愈ヨ愉快ヲ覚エテ幸福ニ入ル、是天ノ定法ナリ」天父信者ヲ真誠ノ幸福ニ導キ玉フモ失張コノ定法ニ漏レザルナリ、我ラ信者ハ神ノ殊恩ヲ蒙リ、キリストノ贖ヲ得《エ》テ新キ者トセラレ、天ノ定法ニ従ヒ易ク恵《メグマ》レタリ、况テヤ我ニ勤ルノ心サヘアラバ我力ノ足ザルハ天父之ヲ助ケ、キリスト常ニ我弱キヲ憐ミ玉フニ於テヲヤ、我ラ根ヲキリストニオキ彼ニ在テ徳ヲ増スコトヲ勤ザル可ンヤ、天父我ラニ聖書ヲ学ブコトヲ許シ玉ヘリ、其教ヲ受ル所ニ従テ信仰ヲ堅クスルコトヲ勤メザル可ンヤ、願クハ日々月々ニ此ヲ益々大ニシテ天父トキリストノ大ナル恩ヲ真実ニ感謝シテ止メザランコトヲ

一月廿八日安息日神戸会堂ニテ講ズ

学問ノ道モ学ビ得シ所ヲ実際ニ行ヘバ大ニ学問ノ功用アラハレ之ニ由テ学問ノ愉快ヲ知ル○職業諸芸術モ此理ニ背カズ○南都ノ古寺ノ建築彫刻物等ヲ見ルニ皆錬磨ノ熟手ト云ベシ

楽輪セヨ○題　ルカ伝第七ノ卅六以下　○一　イエスヲ招テ食ヲ饗ナセシパリサイ人ニ付テ論ズ　行伝五ノアナニアト其妻サツピラノ事　前コリント十三ノ三　縦ヒ我吾ガ凡ノ所有《モチモノ》ヲ施シ又焚《ヤカ》ル、為ニ吾身ヲ予ルト

モ若シ愛ナクバ我ニ益ナシ、　ルカ伝廿一ノ一　貧婆レプタ二ツヲ神庫ニ投ゼシ事　○二　蝋石ノ盒ニ香膏ヲ盛テイエスニ携へ来レル悪行ノ婦ヲ論ズ　路加十九ノザアカイノ事、　ヨハネ伝十九ノ卅八　アリ
3 マタヤノヨセフトニコデモトイエスノ屍ヲ礼葬セシ事、　同十五ノ十三　人ソノ友ノ為ニ己ノ命ヲ損ルハ此ヨリ大ナル愛ハナシ、　ロマ書五ノ八　キリストハ我ラノ罪人タル時我ラノ為ニ死給ヘリ
4 神ハ之ニ由テ其愛ヲ彰シ給フ　○三　我ラ此婦ノ悔罪シテイエスヲ敬愛セシニ效フベシ喜テ凡ノ物ヲ主ニ献ゲヨ　馬太廿五ノ三十一以下ナル綿羊ヲ其右ニ山羊ヲ其左ニ置ク論へ、　同十八ノ五　我ガ名ノ為ニ此ノ如キ一人ノ嬰児《ヲサナゴ》ヲ接ル者ハ我ヲ接ルナリ」故ニ我ラパウロノ勧ノ如ク其身ヲ聖キ活ル祭《ソナヘモノ》トナシテ主ニ献ゲ一切ノ物ヲ以テ或ハ直接ニ或ハ間接ニキリストノ為ニ働カセヨ、未ダ新約ノ恵ヲ受ズキリストノ贖ノ大愛ヲ見ザル旧約ノ時スラモ神ヲ信ゼシ人等ハ悉ク身ヲ以テ主ニ事へ兄弟ノ公益ヲナセリ、　モーセハ野ニ於テイスラヱルノ為ニ祈ル曰ク　（尓ソノ罪ヲ赦セ然ラズバ尓我ガ名ヲ抹シテ其録スル所ノ冊ヨリ出セ　埃及三十二ノ三十二）　アブラハムハソドム人ガ神罰

1　実行セザルヨリシテ其徳ヲ悟ラズ遂ニ道ヲ離ル、者ナリ故ニ古モ今モ道ヲ離レ不信ニ陥ル人ヲ視ヨ学ブ所ヲ実行セザル人ナリ
2　キリストノ教ハ此福境ニ至ルノ途ナリ我ラ己ヲキリストニ委ネテ其学ブ所ヲ勤メ励メバ諸ノ徳モ信仰モ次第〳〵ニ大ニ成行クモノナリ
3　富人ヨセフハ己ノ為ニ造リ置ル墓ヲイエスニ献ゲタリ
4　四十「尓ラ我ガ此兄弟ノ最微者ノ一人ニ行ヘルハ即チ我ニ行ルナリ

ノ禍ヲ免ンコトニ尽力シ　創世十八ノ廿三）甥ロトノ為ニ尓左ヲ取ラバ我右ヲ取ン）ト言テ其択ブ所ノ地ヲ渡ス　同十三章、ヨセフハ父ノ命令ヲ拒ムヲ好マズ其兄弟ヲ助ンコトヲ欲シテ其身ノ害セラル、ヲモ忘レタリ　同三十七章」又直接ニ神ニ勤ルニハ、アブラハン其子イサクヲ献ゲ　同二

1 十二、モーセハキリストノ為ニエジプトノ財ト楽ト誉トヲ悉ク捨ツ　ヘブル書十一ノ廿四五、イスラエルノ民聖櫃《アーク》ヲ造ルニ当《アタ》リテ富者ハ金銀、貧者ハ皮、至貧者ハ毛ヲ献ジ、女モ手釧《ウデハメ》指環《ユビワ》珠串《カザリダマ》等ヲ持来リ各心願《ヨロコビ》テ其工ヲ助ク　埃及三十五、ダビデ　エルサレムノ宮ヲ建ンセシトキ衆ニ云フ（誰カ心ノ願ニ従テエホバノ神ニ忠ヲ竭サンヤ）ト当時《ソノトキ》民ミナ欣喜《ヨロコビ》テ物ヲ輸《オク》リ心ヲ尽シテ神ニ事フ　志略上ノ二十九、彼ラハ皆旧約ノ人ニシテキリストノ大愛ヲ見ザル者ナリ、然ルニ尚然リ、我ラ既ニキリストヲ見テ其恩ニ潤ヘル者ナリ、神ニ対シテモ人ニ対シテモ彼ノ人々ニ勝《マサ》ルベキ筈ナリ、神ニ事ヘ人ノ公益ヲ図ルハ即チ我ラノ益ナリ、視ヨアブラハンハソドムノ為ニ祈テ我国《オノガクニ》栄エ、ロトハ私利ヲ図リテ地モ家モ財モ悉ク失ヒ」ヨセフハ兄弟ニ務ルガ為ニ其身ヲ忘レシヨリ大栄大富ヲ致シ、其兄弟ハヨセフヲ退ケテ己ヲ益セントシテ反テ首ヲヨセフノ下ニサゲ」アブラハンハ愛子イサクヲ献ゲテ子孫天星ノ如ク海沙ノ如クフヱ、ヨナハ己ガ命ヲ全ウセントシテ身ヲ海中ニ沈メ」イスラエルノ民ハ力ヲ尽シテ財ヲ神ニ献ゲテ曠野ノ難ヲ逃レ、ユダヤ人ダビデト共ニ聖殿ヲ建テ国ノ盛ンヲ致セリ」　異邦人ハ知ズトモ我ラ信者ハ知ベシ、此身ハ神ノ栄ノ働ノ為メ、世ノ財ハ公同ノ便益ノ為ナラズヤ、此理ヲ知テ之ヲ善用セバ福トナリ、此理ニ悖テ徒費セバ禍トナ

富人ノ惨忍無情猛獣ニモ勝レリ金ハ人ヲシテ人タラシメズシテ猛獣魔鬼タラシム不幸ノ極ト云ハザル可ンヤ

レリ、憐ムベシ神ヲ知ヌ人ニハ其身其財我ト人トノ害ヲナス多シ、コンスタンティノポリニ一ノ豪富アリ旱魃ニ罹リシトキ衆民神ニ祈リ雨降リシトキ愁テ首ヲ地ニ垂レ面ヲ青クシテ市中ヲ踟躕セル話　正教新報二十二号」秦ノ二世胡亥趙高ニ謂フ、人ノ世ニ生ル譬バ六驥ニ騁テ決隙ヲ過ルガ如シ吾ガ耳目ノ好ム所ヲ悉《ツク》シ心志ノ楽ム所ヲ窮《キハ》メ以テ我ガ年ヲ終ヘン可ナラン乎　胡亥ハ望夷宮ニテ趙高ニ弑サレ、其言ヲ賛成悪ヲ扶ケシ趙高ハ子嬰ニ刺殺サル」又名誉ノ為メ交際ノ為メニ身ヲモ財ヲモ惜マザルアリ、聖書云　ピリピ三ノ十九　己ガ羞《ハヂ》辱ヲ其栄《ホマレ》トナス彼等ハ惟ダ世ノ事ヲノミ念トセリ）〇四　我ラハ前ノ銭奴、縦欲、虚栄ノ三ノ者ノ如ニアラズ救ヲ得シ香膏ヲ持来ル婦ノ如シ　彼ノ婦ハ善ヲ行《ナス》ノ心ニモ非ズ、金ノ費ヲ計リシニモ非ズ、唯ダ罪ヲ悔キイエスノ恩ニ感ジ、思ハズ知ラズ心一配ノ誠ヲ尽セシナルベシ」我ラモ此婦ニ效ハヾ又此婦ノ如キ福ヲ得テ（尓ノ罪赦サレタリ）（尓ノ信尓ヲ救ヘリ）ノ御声をイエス君ヨリ常ニ其心ニ聴ヲ得ン　西京ノ宣教師ノ子供南大平洋ノ或島ニ伝道セルトーン氏ヲ助ル為旧猟音楽会ヲ開シコト七一八巻ノ三〇グリン氏ノ子供ノコト二月四日安息日神戸会堂ニテ講ズ

主ヲ愛スルカ〇

題　ヨハネ伝廿一章十五ヨリ十七マデ　〇マタイ四ノ二十　彼ラ　ペテロ并ニ兄弟アンデレー　頓《ヤガ》テ網ヲ

1　ダビテ祈テ云、富ト貴ト尓ヨリ来ル、且ツ尓ハ万有ニ王タリ、尓ノ手能ト力トアリ、衆ノ力ハ皆尓ノ手ヨリ出ヅ、我ラノ神ヨ我ラ尓ヲ祝謝シ尓ノ栄アル名ヲ賛美ス、然ドモ我ハ誰タル我民ハ何タル、我ラハ斯ル楽キ心ヲ以テ献物ヲ捧ルコトヲ致サンヤ、万物ハ尓ヨリ来ル、我ラハ尓ニ属スル者ヲ以テ尓ニ奉ル云々

マタイ十二ノ廿〇道ヲシテ勝遂シムル迠ハ傷メル葦ヲ折ルコトナク煙レル麻ヲ熄スコトナシ　イサヤ四十二

棄テイエスニ従フ」マタイ廿六ノ三五　我ハ主ト偕ニ死ルトモ尓ヲ知ズト言《イハ》ジ」ルカ十八ノ廿八
我ラ一切ヲ捨テ尓ニ従ヘリ」ヨハネ十三ノ三七　主ヨ何故ニ今尓ニ従フコト能ハザルカ我ハ尓ノ為ニ命ヲ損ン」ペテロ後一ノ十四　我ラノ主イエス　キリストノ我ニ示シ玉ヘル如ク我ワガ幕屋ヲ離ル、コトノ近キヲ知ル」〇イエス人ノ弱ヲ知テ之ヲ憐ミ愛スル其愛ノ深キコトペテロ　イエスノ神ナルヲ知テ之ヲ愛スル其愛ノ真ヨリ出シコト　我ラキリストヲ愛スレバトテキリストニ於テ何ノ損益ナシ、然ルニキリストハ己ヲ愛スル者ヲ悦ビ玉フハ何故ゾ、我ラノ救ニ至ルヲ悦ビ玉フナリ　ルカ七ノ卅六、イエスニ膏ヲ注ギシ婦ヲ視ヨ、イエス彼ニ云フ「多ク赦ルサル、者ハ其愛モ亦深シ」又云「尓ノ罪ハ赦サレタリ」〇二月廿五神戸会堂ニテ

キリストノ死〇安ヲシテ心ヲ主ドラシメヨ〇イエスヲ尋ネヨ〇マタイ廿七ノ五七　ヨハネ十九ノ四一

題　マコ伝十五ノ一ヨリ卅九マデ　三月四日神戸会堂ノ説教　晩餐アリ仮草稿別ニアリ

同　コロサイ三ノ十五　三月廿五日安息日神戸会堂ニテ講ズ仮草稿アリ

同　ヨハネ伝廿ノ十一ヨリ十六ニ至ル　〇イエスノ葬ラレ玉ヒシ墓ハアリマタヤノ富人ヨセフガ己ガ為ニ新タニ築キ置タル堅固ニシテ美麗ナル岩造ノ墓ナリ、其墓ハ十字架ニ釘《ツケ》ラレ玉ヒシゴルゴタノ地ニ近キ園中ニアリ、頃シモ春ノ弥生《ヤヨイ》林梢紅白ヲ競ヒ野草綿ヲ鋪キ芬芳鼻ヲ突ク時節ナリキ　其墓上ニ今一ノ礼拝堂アリ一千五百余年ノ久ヲ歴シド今尚ホ当時ノ有様ヲ見ニ足ル、　然ルニマリアハ自ヲ楽マセ情ヲ悦バスベキ園中ノ花ニハ少シモ心ヲ留《トマ》メズ、止《タ》ダイエスヲノミ見ント思ヘリ、イエスヲ見ンガ為ニ人ノ厭ヒ嫌フ墓ヲ離レズ墓ニ相ヒ対シテ哭キ哀メリ、然ドマリアハ墓ヲ慕《シタ》フニ非

ズ墓ヲ好ムニ非ズ、慕フ所ハイエスナリ好ム所ハ永生ナリ、故ニマリアハ美麗ヲ競ヒ芬芳ヲ闘ハス花園ノ中ニアリテ其花ハ反テ見ズシテ言フ可ラザル栄光ノ耀アル天使ヲ見、マタ死体ヲ葬リシ墓中ニ於テ死体ハ見ズシテ永生アル活ルキリスト イエスヲ見タリ ○我今ツラ〱世ノ人ノ情況《アリサマ》ヲ見ルニ三ツ区別サルベシ、一ハ園中ノ花ヲ見テ心ヲ奪ハレ芬芳ヲ尋ネ迷ヒテ足元《アシモト》ニ懼ルベキ大淵ノ墓アルヲ知ラズ」一ハ大淵ノ墓ニノミ目ヲ注《ツケ》テ墓ノ向ニ永生ト楽地トアルヲ見《ミル》アタハズ」一ハ足元ノ墓ヲ知リ、又墓外ノ永生楽地ヲモ明ニ見テ園中ノ花ハ知ヌニアラネド意トセザルナリ」此ノ三ツノ中第一第二ハ憐ムベキ人ナリ、悪魔ノ人ヲ禍ニ陥イレルハ此二ノ法ヲ用ルヲ常トス、彼サキニ此一法ヲ以テキリストヲサヘ試ミシコトアリ　マタイ四ノ八　世界ノ国々ト其栄華トヲ見セテ云ケルハ尓モシ俯伏《ヒレフシ》テ我ヲ拝サバ此等ヲ悉ク尓ニ与ヘン」我ラモ常ニ此試ミヲ受ザルナシ、世ノ富貴栄耀ヲ見ル毎ニ之ヲ羨ヤミ此一念増長スルニ至テハ神ノ救ノ網ヲ脱シテモ其望ヲ得ントシ前ニ大淵ノ墓ノ我ガ為ニ備《ソナヘ》ラレ有ヲモ忘ル、ナリ　我明治十一年八月休業中避暑ノ為メ上総ノ鹿野山ニ行シガ其里ノ壮者或大樹ノ上ニ登リ盆栽ニナス草（名ヲ忘ル）ヲ得テ大金ヲ利セントシ誤テ縣崖ヨリ落チ貴重ナル命ヲ失ヘリ○雨森昨年薩摩ノ海ニテ覆没シテ死シタリ○或ハ名栄ヲ貧ントシ或ハ情欲ヲ遂ントシ或ハ利録ヲ得ントシテ反テ其欲スル所ノ物ヲ得ズ合セテ己ガ身ヲ失ヒ其霊ヲ亡ボシ剰サヘ其禍ヲ引テ人ニマデ及スニ至ル豈歎カハシキコトナラズヤ

1 斯《カヽ》ル時ニ臨ミテ誘惑ニ勝ツ決断スベキコトヲキリスト我ラニ身自ラ行ヒテ教ヲ遺《ノコ》シ玉ヘリ、曰クサタン退《シリゾ》ケ主タル尓ノ神ヲ拝シ唯タ之ニノミ事《ツカ》フベシト録サレタリ　語申命記六ノ十三マタイ四ノ十ニ見ユ　ト」是イエスノ悪魔ニ答ヘ玉ヒシ語《コトバ》ナリ、然ド之ニ従ガハザル者多シ、繁華ヲ競フ花園ノ中ニ徬徨《サマヨヒ》シ芬芳タル林間ニ帰ルヲ忘レ魂爽飛越《タマシヒヲトバ》シテ大淵ノ墓アルヲモ知ラザル人ゾ歎カシキ」

第二 第二ハ少シク物事ニ考ヲナス人ニ多シ、ツクヅク思ヒ回ラセバ我ガ身ハ長クモ百年ノ寿ヲ保ツコト難シ、世上ノ富貴栄華ハ永遠ニ我ヲ楽マシムルコト能ハズ況ンヤ人生蹉跎《クヒチガフコト》多シテ意ノ如クナラザルニ於テヲヤ、故ニ古人モ蹉跎ノ歎キヲ起サシメザランガ為ニ曲礼《キヨクライ》ニ戒テ云フ志ハ不レ可レ満楽ハ不レ可レ極ト斯ク戒アルニモ係ハラズ、思フ事一ツ叶ヘバ又一ツ思ヒ止《ヤマ》ザル浮世ナリケリ」ト云フ古歌ニタガハズ、故ニ陶淵明ハ「心ヲ以テ形ノ役ト為ス」ト歎ジ自ラ其非ヲ悔《クヤ》メリ、実ニ思ヘバ人ホド愚ナル者ハナシ、富ヲ欲シ、得ザレバ怏々トシテ楽シカラズ、得ルモ尚ホ失張楽ミ来ラズ、名誉ヲ欲シ、得ザレバ憤懣ニ堪ヘズ、得ルモ尚ホ矢張愉快ヲ覚ルコト能ハズ、殊ニ其富其名誉畢竟ハ一夢ニ異ナラズ、此故ニ弥ヨ思ヘバ弥ヨ悲ヲ覚エ唯ダ我ガ眼前ニ顕ハレテ我ヲ埋メントスル者ハ大淵ノ墓ナリ、此墓内ニ入ルコトハ知慧ヲ以テ免《マヌ》カル、能ハズ、富貴ヲ以テ免カル、能ハズ、権威ヲ以テ免カル、能ハズ、学力ヲ以テ免ル、能ハズ、均シク皆コノ墓内ニ入ラネ

2 バナラズ、荘氏云フ死生大ナレドモ変ズルコト能ハズ」ト、孔明云フ時年ト馳セ意歳ト去リ遂ニ枯落ヲ成ス」ト是ミナ悲シキ語ニ非ズヤ、故ニ往昔ノ学士ニシテ世ノ憂《ウキ》ニ任《タヘ》カネ自尽セシ者多シ、

セネカノ如キカトノ如キヲ始トシ支那日本ニモ或ハ憤懣ニ任ヘズ或ハ貧苦ニ迫マリ或ハ世ノ墓無《ハカナキ》ヲ歎ジ自ラ死ニ就ケル者挙テ数ヘ難シ、儒者ハ天命ヲ説キ仏者ハ虚無ヲ教テ漸クニ此害ヲ免レシモ其実ハ墓外ニ神恩ノ赫々耀キテ永生楽地ノ有ヲ知ラズ止《ヤム》ヲ得ザルニ出タル自慰ノ言タルニ過ギズ、世ニ悲ムベク憐ムベキハ大淵ノ墓ヲ見テ墓外ノ楽地ヲ知ラザルノ人ナリ」

第三　第三ハマリアノ如キ其人ナリ、彼ハ園中ノ花ニ迷ハズ芬芳ニ魂ヲ飛サズ、又敢テ墓ヲ恐レズ、唯ダキリストイエスヲ見ンコトヲ欲シタリ、故ニ悪魔モ其志ヲ妨グル能ハズ、花ヲ以テ惑サンカ、彼チリ果《ハ》ツベキ漸時ノ栄華ノ花ヲ愛セズ、墓ヲ見セテ懼シメンカ、彼キリストヲ愛スルガ為メニ敢テ墓ヲモ厭ハズ、悪魔コ、ニ至テ法策《ハカリコト》尽タルナルベシ、況ンヤ慈悲ノキリスト長《ナガ》ク己ヲ隠《カク》シ玉ハズ、永ク墓辺ニ哭カシメ玉ハズ、直《タチマ》チ天使ヲ顕ハシテ其栄ヲ見セシメ、且ツ何ゾ哭クヤノ語ヲ以テ彼ヲ慰メシメ、次デ己ヲ顕ハシ其天父ノ御元ニ外ル事ヲ示シテ彼ノ喜ヲ充《ミ》タシメ玉ヘリ、我ラ信徒ニモ同ジク墓ニ臨テ哭スルノ歎キアリ、或ハ言フ可ラザルノ困難ニ陥イリ、或ハ忍ビ難キ汚辱ヲ受ケ、或ハ如何《イカン》トモス可ラザル窮厄ニ罹リ、百法尽テ望ミ将《マサ》ニ絶ナントスルコト屡々ナルベシ、奸悪ノ世ニ在テ義ヲ全ウセントセバ弥ヨ此事多カラン、然バコソ使徒パウロ云　コリント前十五ノ卅一

1　人コノ惑ニ罹ルヤ一ナラズ志ノ下キ者ニハ飲食其他ノ情欲奢侈ヲ以テシ志ノ高キ者ニハ出世ノ欲ヲ盛ンニシ大事ヲ成シテ世益ヲ計ヲ名トシテ欺ヲウクルナリ其踏出ス途ハコトナルガ如クナレトモ其実ハ名利ノ外ニ出ズ

2　万世ニ名ヲ轟カセシ智勇ノ孔明ニシテ其果ナホ此ノ淋シキ語アリ

我レ日々ニ死ル」ト、又云　コリント后五ノ十　我ラ何処《イヅコ》ヘ往ニモ常ニイエスノ死ヲ身ニ負ヘリ」ト、斯ノ如キ墓ハ我ラノ前ニアリト雖モ不信者ノ見ル所ノ墓トハ大ニ異ナレリ、不信者ノ墓ハ墓内真黒ニシテ弥ヨ窺ヘバ弥ヨ懼レアレド、信者ノ墓ハ暗中ニ光アリ、其光ニヨリテ見レバ見ルホド言語ニ述ガタキ美麗清潔ナル楽地アリ、此ノ光ハキリスト我ラヲ照ス贖ノ光ナリ、マリアモキリストヲ慕フテ遂ニ墓ニ到リ墓ニ於テキリスト イエスニ遇ヒ其慈悲ノ光ヲ受テ喜ビミチ楽ミ溢レタリ、是ソノ光ニヨリテ永生ト楽地トヲ明ニ見ルコトヲ得タレバナリ、我ラモマリアノ如ク真ニイエスヲ愛シ常ニ之ヲ慕ハヾ園中ノ花ノ如ク散失《チリウセ》ベキ此世ノ富貴栄華ノ為ニ迷ヒ義ノ道ヲ踏ミ

結

ハヅスノ患ナク、又大淵ノ墓ニ臨ミテ徒《イタヅラ》ニ悲歎ニ迫マリ望ヲ失ヒテ弥ヨ大禍ニ陥ルノ恐ナシ」イエス云フ尋ネヨ然バ遇ン」ト、我イエスヲ捨ズバイエス必ズ我ヲ捨ズ、且ツ常ニ我ト共ニ在テ我ヲ守リ我ヲ導キ玉フベシ、イエス云フ我ハ世ノ末《ヲハリ》マデ常ニ尓ラト偕ニ在ルナリ」ト、人イエスト偕ニ在ル間ハ罪ニ陥ラズ汚ニ沈マズ名利ノ為ニ誤ラル、コトナクシテ日々ニ徳義ニ進ミ、天父ヨリ平安ノ賜物ヲ以テ恩賞セラル、ガ故ニ百般ノ困厄ムラガリ来ルトモ我心ヲ乱ラスル能ハズ我志ヲ動スコト能ハズ、終ニ堅固《カタウ》シテ動カズ天国ノ幔ノ内ニ入ルコトヲ得ルナリ、之ニ反シテ人モシキリストヲ尋《タヅ》ネズキリストト共ニ在ラズバ第一ノ人ノ如キ憐ムベキ者トナリ或ハ第二ノ人ノ如キ禍ニ陥ラン、願クハキリストト共ニ在テ常ニ其光ヲ見テ楽ミ悪魔ニ我ヲ亡ニ導ク機会ヲ得セシムル勿レ」　四月一日安息日神戸会堂

ヘブル六ノ十九

呼吸弱ハレバ
百病従テ生ズ

○祈リノ必要　題　テサロニケ前書五章十七　断エズ祈ルベシ　○祈リホド肝要ナル者ハナク祈リホド無益ニ属スル者ハナシ、故ニ或人ハ祈ニヨリテ大ナル恵ヲ得イヨ〳〵祈リノ肝要ニシテ且ツ大切ナルヲ悟リ、或人ハ祈リニヨリテ何ノ益ヲモ見ズ之ニヨリテ祈ノ弥ヨ〳〵無益ニ属スル感覚ヲ生ズルナリ、何故同ク祈ル祈ニシテ或ハ益シ或ハ無益トナルトナレバ信仰アル祈ト信仰ナキ祈トニ由テ殊ナルナリ」之ヲ物ニ比《タト》ヘバ祈ハ呼吸ニシテ信ハ肺ナリ神ノ恵ハ空気ノ如ク宇宙ニ充満セリ、人ノ肺モシ壊《ヤブ》レ害《ソコナ》ハレナバ呼吸スルコト能ハズ呼吸セザレバ空気ハ常ニ天地間ニ充ルト雖モ吸入スルコト能ハズ、仮令《タトヘ》全ク呼吸ヤマズ尚ホ身体動クト雖モ肺力既ニ衰エナバ充分ニ全体ヲ養ヒ活発ノ働ヲ作サシムルニ足ルベキホドニ空気ヲ吸入スルヲ得ズ　早晩《オツヽケ》生命モ絶ヘ果ツベシ、又呼吸ノ強弱ニヨリテ其人ノ心気ニ快不快ヲ生ジ且ツ事ニ当テ堪ルト堪ヘザルトノ違《チカヒ》アリ、祈祷モ亦又斯ノ如キノ理アルナリ信ノ強弱ニヨリテ祈モ殊ナリ祈ニヨリテ益ヲ得ルト得ザルトアリ、人モシ誠ノ篤信ヲ以テ熱心ノ祈ヲ常ニナサバ其益ヲ得ル少々ナラズ心常ニ楽ミ気常ニ和ギ事ニ当リテ能ク堪ヘ艱難ニ遇テ屈セズ誘惑ノ為ニ動サレズ、故ニヤコブ云　書五ノ十六　義キ人ノ篤キ祈ハ力アル者ナリ」ト、又信ナキ人ノ祈ヲ云　ヤコブ一ノ六　疑フ者ハ風ニ揺サレテ翻ヘル海浪ノ如シ斯ノ如キ人ハ主ヨリ何物ヲモ受ルト思フ勿レ」ト　○我ラ篤信ヲ以テ祈ヲナシ常ニ神ノ霊ヲ吸入セザレバ霊魂ヲ強壮ナラシメテ活発ナル善キ働ヲナスコト能ハザルナリ、或ハ聖書ヲ学ビ或ハ説教ヲ聴キ或ハ好事《ヨキコト》ノ作スベキヲ知リ悪事ノ避クベキヲ知ルト雖モ神ノ霊ヲ吸入シテ其霊魂ヲ強メザレバ実際ニ

不信者ハ霊ニ属スルコトハ信者ニ及バザレド善事ハ作スベキ悪事ノ避クベキ其他世ノ為メ人ノ為メ働クコトノ好キハ知レド矢張己ノ勝手ヲ主トナスニ至ル

我ガ主トナス所ノ者ニ役セラレルハ当然ノコトナリ

ペテロハ中々活発ナル勇者ナリシガ

行フコト能ハザルベシ、譬バ音楽ヲ好クスルヲ知リ、礼法ニ精シク、機械ヲ用ルニ巧ミナルモ肺弱ハリテ空気ヲ呼吸《コキュウ》シ得ザル時ハ身体衰耗《オトロエ》シテ其知リ得タル事ヲ実際ニ施ス能ハザルガ如シ」世ノ智者学士モ我ラノ知ルコトヲ知ル、然ド行フコト能ハザルナリ、今ヤ智識モ大ニ進歩シテ或ハ水火ヲ用ヰテ人ノ労ヲ助ケシメ、或ハ電気ヲ使ヒテ頃刻ニ万里ノ音ヲ通ジ、或ハ顕微鏡ノ如キハ人目見ル能ハザル微末ノ物ヲ燭シ、千里鏡ノ如キハ人目及ビ難キ極遠ノ星辰ヲ窺フ等実ニ人ノ万物ヲ服スルノ権ヲ漸ク回復シタルカト疑ハル、ト雖モ、倩々《ツラ〳〵》世ノ情況《アリサマ》ヲ視ルニ唯ダ外面ノ権ニシテ其内実ハ一毫《スコシ》ノ権ナシ、真誠ニ物ヲ役スル能ハズシテ物ニ役セラレ心ハ全ク形ノ役トナリテ僕ノ境界ヲ免レザルナリ、世ノ豪傑ハ大敵ヲ破レドモ己ノ私ヲ制スル能ハズ其私欲ノ為ニ苦メラレ、富貴ノ人ハ大金ヲ自由ニスルナレド金銭ノ為ニ一瞬《マバタクマ》ノ息《ヤス》ミナシ、是怪ムニ足ラズ彼ラハ神ニ依頼《タヨラ》ズ物ニ依頼《タヨル》ガ故ナリ、神ニタヨル人ハ物ヲ役シテ物ニ役セラレズ、物ニタヨル人ハ主タル霊弱クシテ物ニ役セラレザルナシ、篤信ニシテ常ニ祈リテ常ニ神ノ霊ヲ吸入スル人ハ其霊魂強クシテ物ニ動サル、ナシ、故ニ富貴モ其心ヲ動スコト能ハズ貧賤モ其志ヲ移スコト能ハズ威武モ其気ヲ掘《クジ》ク能ハズペテロ ステパノ ヤコブ ヨハネ皆ソノ人ナリ、然ドペテロモ神ノ霊ヲ受ズ己ノ力ヲ恃ミシトキニハ三度《サンド》主ヲ知ズト誓ヒシ偽リノ罪ヲ犯シタリ、パウロノ如キ者モ主ノ霊ヲ蒙ラザルトキハ私欲ノ奴隷タリシナリ、唯ダニペテロ パウロノミナラズ諸使徒諸門徒モ皆然ラザルナシ、イエス君悪人ノ手ニ就キ玉フトキイエス君ハ汗《アセ》血ノ滴ノ如ク地ニ落ルホドニ天父ニ祈リ玉ヒ

或ハ習慣交際
或ハ各人ノ癖
怒、讒リ、恨
ミ、悪キ世話、
残刻、怠惰

ケレバ天使下リテ其力ヲ助ケ、使徒ハ祈ニ倦ミテ其心乱レ其信衰ヘ終ニイエス君ヲ捨テ四方ニ散乱《サンラン》セシナラズヤ、然レドモ又ソノ後使徒門徒トモニヱルサレムニテ祈リ其ノ祈ニヨリテ聖霊ノ賜ヲ得各種ノ恵ヲ受タリ　○今ノ世ニ於テモ代ヲ別ニシ時タガヘドモ同ジク誘惑ハアラザルナシ、只《タ》ダ代ヲ別ニシ時ヲ異《コト》ニスルガ故ニ誘惑ノ有様同ジカラザルノミ、今人ニハ今人ノ心ニ適スル所ヲ以テ惑スナリ、或ハ曲学　コロサイ二ノ八　或ハ虚言　ヱペソ五ノ六　或ハ虚栄、或ハ利達、或ハ失敗、或ハ縦欲或ハ家族兄弟親戚等ノ愛責誹リ（親戚ニ於テハ愛ノ惑ハシ尤モ危ウシ、婦人ガ愛ノ縄メニ絆サレテ知ラズ〳〵男ノ奴トナリ居ルガ如シ）[1] 或ハ世ノ風潮等ナホ様々アリテ明カニ顕ハレテ誘フアリ隠《ヒソカ》ニカクレテ誘フアリ、我ラ若シ祈リニ由テ常ニ神ノ霊ヲ吸入シ其霊魂ヲ強クナシ置ズバ危ウカルベシ、此ラハ唯ダ各自一個ニ就テ云フナリ、各々必ズ愛スル所アルベシ父母兄弟夫婦朋友ノ如キ者アラザルナシ、祈リニ由ラザレバ救ニ導クコト難カルベシ、我ラ信者ハ唯ダニ親縁ノ者ヲ愛シ救ハント欲スルノミナラズ[2]キリストニ效テ衆人ヲ愛シ救ハント欲スルナルベシ、祈リニ由ラザレバ我ラノ弱キ力ニテ何《ドウ》シテ其志ヲ果スヲ得ンヤ」昔シヨリ弱キモ強ク、不智者モ智《カシ》コク、悪人モ潔キ者トナリテ己ヲ救ヒ人ヲ救ヒ非常ノ勢アル働ヲナシ、ハ悉ク祈リナリ、ハガ

人ヲ卑シメル
傲慢ノ心
モーセハ王ノ
家ヨリモ奴隷
タリシ者ト共
ニ在リ

1　英カンブリジ大学ノ生徒クラルクソン千七百八十五年ニ奴隷ノコトヲ論起セシヨリ英政府ハ終ニ二千万ポンドノ大金ヲ出シテ奴隷ノ身受セリ

2　偶像祭ノ悪弊行伝十四ノ十五云尓ラニ福音ヲ伝ルハ尓ラヲシテ此虚妄ヲ捨テ天ト地ト海ト其中ノ万物ヲ造リ玉ヘル神ニ帰ラシメンガ為ナリ

ル其小児ヲ救ヒ　創世廿一ノ十九　ヤコブ兄ノ難ヲ免レ　創世廿八ノ三　イエラエルノ民ガエジプトノ労役ヲ脱カレ　エジプト二ノ廿四民数廿ノ十六　ダビデ疫病ヲ止メ　歴代上廿一ノ廿六、サムエルノ祈リノアリテイスラエルハピリスヒナ人ノ侵伐《イクサノナン》ヲ脱レ　サムエル上七ノ九　シ等ミナ篤信ノ祈リニ依ラザルナシ求ヨ然バ予ヘラルト、然ド求ルニ法アリイエス君云　マタイ六ノ三十三　神ノ国ト其義トヲ求ヨ然バ此等ノ物ミナ尓ラニ加ヘラルベシ」ト是祈ヲナスノ仕方ナリ、神ノ第一ニ人ニ与ントシ玉フ所ノ者ナリ、此意ニ叶ヒテ求ルコトヲセバ何ノ求ナリトモ必ズ神ハ許シ玉フベシ、人ヤ、モスレバ神ノ国ヲ忘レテ地ノ幸福ヲ望ミ、義ヲ願ハズシテ私欲ヲ遂《トゲ》ンコトヲ願フガ故ニ祈ノ答ヘヲ得ザルコト多シ、神ノ旨ニ従テ祈ラバ必ズ聴カルベシ、イエス云　マタイ廿一ノ廿二　尓ラ信ジテ祈ラバ求《ネガ》フ所コト〴〵ク得ベシ」又我ラ祈ルトキニ心得ベキコトアリイエス君ノ誨ヘ玉ヒシコトナリ　マタイ六ノ十二　我ラニ罪ヲ犯ス者ヲ我ガ免ス如ク我ラノ罪ヲモ免シ玉ヘ」其心ニ人ヲ憎ミ、或ハ恨ミ、或ハ怒リ、ナガラ神ニ祈ルトモ神サル穢キ人ノ祈ヲ何《イカ》テ聴キ玉ハンヤ、神ニ祈ルニ当リテハ人ニ対シテ恨マズ怒ラズ憎マズ己ノ汚心ヲ去リ、次ニ又自ラノ罪ヲ考ヘ、第一ニ其罪ヲ訴ヘ其罪ノ免シヲ願ヒ、然ル後ニ神ノ旨ニ従テ何ナリトモ求ムベシ」又祈リニハ必ズイエス君ノ祈リ玉ヒシ御語ヲ忘ル可ラズ　ルカ廿二ノ四二　然ド我ガ心ニ非ズ唯ダ御心ノマ、ニ成シ玉ヘ」我ラ信者ハ神ノ御心ニ従テ何事ヲモ成サント心ヲ定メシ者ナレバ我欲ト世ノ凡ノ物トニ左右《コヅカヒニ》サル、コトナク御心ナラバ富貴ニモヲリ、御心ナラバ貧賤ニモヲリ、御心ナラバ患難ヲ脱レ、御

ユダヤ王ヘゼキヤ祈リテ神ヲ褒シテ罰セラントスル敵難ヲ免レタリ列王下十九ノ廿

モーセノ祈エジプト十七ノ十一

心ナラバ何《イカ》ナル十字架ヲモ負フベシ、キリストサヘ神ノ御心ナレバ此世ノ罪人モ受ザル苦辱ヲ受テ十字架ニ死シ玉ヘリ然ド神ハ仁愛フカキ者ナリ無益ニハ決シテ苦難ヲ与ヘ玉フコトナシ、我ラノ苦難ハ多クハ自ラ招ク所ノ者ナリ、自ラ招ク苦難ニテモ我ラノ篤信ノ祈ニ由テハ免レシメ玉フコト屡々ニシテ旧約新約ニ其例ハ挙テ算ヘ難シ、唯ダニ旧新約書中ニ其例アルノミニ非ズ各国各人ノ上ニ於テ今日ニ至ルマデ絶エザルナリ、モーゼ昔シイスラヱルガアマレックノ軍ト戦ヘルトキ神ニ祈リケレバ直ニイスラエル勝ヲ奏シタリ、其祈ノ手ヲ下《オロ》シケレバ直ニ負《マケ》タリ、之ニヨリテモーセ手ヲ挙テ下《オロ》サズアリシカバ手疲《ツカ》レタリ故ニアロントヒユルト左右ニ侍シテ其手ヲ扶ケ日暮ニ至リ漸クニアマレックノ軍ヲ敗《ヤブ》リシコトアリ」我ラモ之ニ同ク若シ祈ニ怠ラバ直《タチマチ》ニ魔軍ニ敗《ヤブ》ラルベシ終リノ日マデ祈ヲ止《ヤメ》ザルヤウスベシ、一人ノ祈ニテハ必ズ手疲レ心倦ミテ永ク続キ難シ、願クハアロントヒユルガマーゼノ手ヲ扶ケテ祈ヲ絶エザラシメシ如ク兄弟姉妹相互ノ熱心ノ助ケニ由テ常ニ祈ヲナシイスラエルノ軍即チ此公会ヲシテアマレック即チ世ノ敵ニ勝テ悉クキリストノ前ニ悔罪シテ服シ来ルヤウ致シ度キモノナリ」　四月十五日神戸会堂ニテ講ズ

恵ノ時○

コリント後書六章ノ二節　今ハ恵ノ時ナリ今ハ救ノ日ナリ　五月廿七日安息日説教○五月一日乗船東京大親睦会ニ趣キ同ク廿五日金曜日ニ帰港シ当日東京各地ノ主恩ニ潤ヒタル情況ヲ説教中ニ述ベ此地ノ恵ニ附テモ云リ○商義社楼上

キリストヲ愛スルハ百善ノ本○

ロマ書七ノ廿一以下　噫我困苦ノ人ナル哉云々　六月三日商義社楼上ニテ説教ス

真誠ノ楽◯（ボルジニヤハ米国ノ中部ノ東辺ニアリ英国ト聞キシハ或ハ誤カ）　題　ロマ書八ノ十七　六月十日商義社ノ楼上ニテ説教ス　◯説教中実事譚ヲ加フ　英ノボルジニア大学校ノ高級生徒鹿狩ニ出テ途ヲ失ヒ山ヲ越ヘ谷ヲ渡リ遙ニ霧中ニ人声ヲ聞キ其声ヲタヨリニ足ヲ進メ行キ遂ニ川岸ニ至ル斯テ耳ヲ欹テ、其声ヲキクニ如何ニモ其声美ハシク且ツ高々ト如何ニモ楽シゲニ謡ヘリ川ヲ渡リテ其如何ナル人ナルヲ見ントテ到リ見レバ此ハ如何ニ女ノ奴隷ニシテ殊ニ瞽者ナリ台ノ上ニ座シテ洗物ヲシナガラ謡ヘルナリ尓何カ楽シキヤト問ヘバ天ヲ指シテ見セタリ尓ニ夫アリヤト尋レバ七八年前ニ夫ニ離レタリト答フ実ニ人間苦中ノ苦界ニ居ル者ノ如クナレド其楽ノ状満面ニ顕レタリ茲ニ於テ彼ノ生徒大ニ悟ル所アリテ是マデノ高謾ヤ人栄ヤ己ノ力ヲ恃ミ之ニヨリテ返テ真楽ヲ得ザリシコトヲ知リ全ク身霊ヲ主ニマカセ道ヲ伝ル働キヲスルコトニ意ヲ決シタリ其女奴ノ謡ヘル哥ハ（楽シキ国アリ清キ友ハ）ノ歌ナリ

感謝祈祷◯　同　テサロニケ前書五ノ十七八　七月一日安息日商義社楼上ニテ講ズ仮草稿アリ

神ノ国ハ言ニ非ズ◯　同　コリント前書四ノ二十　神ノ国ハ言ニ在ニ非ズ能ニアリ　七月十五日神戸会堂ニテ講ズ仮草稿アリ

◯　同　ルカ廿二ノ十五ヨリ廿二至ル　七月廿二日安息日三田公会ニ於テ講ズ此日晩餐アリ　◯主ハ我ガ為ニ死ニ玉ヘルト云フコトヲ知ルベシ唯タ我ラハ其恩ニ感ジテ各応分ノ働ヲナス也故ニ会ノ大小強弱ニハ関セズ返テ主ノ恩ハ弱ニ庇ヘリ（神ナル岩ヤ）ノ讃美ノ起ヲ云

◯　同　コリント後書六章ノ二　◯同夜不信徒ノ為ニ講ズ聴衆五十人余ト云フ◯三田ハ尤モ早クヨリ神ノ恩ヲ得テ救道ハ今治岡山等ニモ先立テ入レリ然シ今ハ先ナル者ハ後ニナレリ神ハ決シテ偏頗アルニ非ズ此地ノ人ソノ恩ヲ悦バザリシナリ今コソ恵マルベキ時ナリ此時ヲ再ビ失フ勿レ

神ノ愛○

同　ヨハネ一書四ノ八　○七月廿三日夜西ノ宮ニ於テ講ズ　○神ハ天地万物ヲ以テ我ラニ其愛ヲ顕ハス然ド尚モ一層愛ヲ顕サントテキリストヲ世ニ贈レリ神ハ我ラノ親ナリ故ニ己ヲ我ラニ示サントス如何ナル頑固ナル者ニテモ神ノ言ヲ聴ザラント欲シテモ聞カザルヲ得ズ神ノ道ヲ語ル席ニ連ナリ耳ヲ掩ヒケレバ蝿ガ来リテ鼻ニ止リシコトノ話シ又郡山森村ト云フ人ノ妻ノ釜戸ノ前ノ祈ニテ奈良ノ頑固党ヲ引シ話

言ニ恩ヲ加ヘヨ○

コロサイ四ノ六　尓ラノ言《コトバ》常ニ恩《メグミ》ヲ用ヰ且ツ塩ヲ用ヰテ調和《アヂツク》ベシ　朗読ルカ七ノ十一ヨリ廿三マデ

○八月五日安息日神戸会堂ニテ講ズ　○キリスト教ノ奇跡ハ昔ノミナラズキリスト教ノ伝ル国ニハ其教ト共ニ行ハル、コトナルガ、我国ニテモ殊ニ当一月頃ヨリ以来著明ニ顕レタリ、癩病ハ清マリ、跛者ハ立、瞽者ハ見エ、死者ハ甦レリ（今治ニテハ復タ三十人余モ受洗ヲ乞フ者アリト云フ、郡山信徒森村ノ妻ノ祈ノコト、朝鮮閔泳翊ノ妻宮中ニ道ヲ伝ルコト、福島事件ノ巨魁鴻野広中獄中ニ天道遡原ト新約全書トニ由テ慰メラレシコト）斯ル恵ノ時ナレバ如何ナル頑陋ノ人ニテモ救ハレザルコトナカルベシ、然ド天父ハ其既ニ救ヒタル我ラ信徒ヲ助ケ信徒ニ由テ神ノ働ヲ為サシメ玉フナリ、然バ我ラ意ヲ用ヰテ神ノ旨ニ悖ラズ或ハ親或ハ兄弟或ハ親戚或ハ朋友ソノ他ノ者ニ道ヲ伝ルハ今ノ時ニアラント思フナリ、然ド其言恵ヲ用ヰザレバ益ナシ恵ヲ用ヰザル言ハ反テ人ヲ怒ラスルコトアリ、恵ヲ用ヰシ言ハ一時ソノ欲ニ合ザルニヨリ怒ヲ惹クコトアリト雖モ必ズ自反シテ悔モ起スモノナリ（キリストヲ信ゼザル人ハ愛ニ乏シキ故ニ往々妻ノ深切ヲ怒リ、兄弟ノ忠告ヲ憎ム等ノコトアルナリ、是ミナ其為ントスル欲ニ妨アレバナリ、人多クハ己ノ勝手ノ為ニ人ヲ善《ヨク》セント思ヘド真ニ人ヲ善クセント思フ者稀ナリ、真ニ人ヲ善クセント思フ者ハ真ノ善キ人ナリ）人一時己ガ欲ニ逆フヲ以テ怒ヲ起スアリト雖モ、未ダ全ク其霊死セズ

（浮田ノ客花房職之豊公小田原ヲ囲テ五ヶ月未ダ降ス能ハザル時ニ宴楽スル声ヲ聞テ大ニ罵ル豊公始ハ大ニ怒後浮田ニ命テ軍師トナサシム、山内一豊ノ妻ソノ夫ニ駿馬ヲ買ハシム、支那後漢楽羊子ノ妻）真誠ノ深切ハ敢テ人ノ怒ヲ恐レズ、婦人ト雖モ或ハ夫ノ急ヲ救テ廿四万ノ捧ヲ得セシメ、或ハ夫ヲ諫テ其学業ヲ成サシム、信徒キリストノ愛ヲ以テ人ノ急ヲ救テ大幸ヲ得セシメ人ノ罪悪ヲ諫テ徳義ノ大業ヲ成サシム易々ナルベシ、唯ダ恐ル、ハ我ニ欠アリテ我言ノ無功ニ帰センコトナリ、若シ我言恵ヲ用ヰ塩ヲ以テ調和スルヲ得バ今ノ時ニ当リテ恵ヲ受シムルコト能ザルコトアランヤ

家庭ノ働○　テモテ前書五章ノ八節　人モシ己ニ属スル者ヲ顧ミズ殊ニ己ノ家族《イヘノモノ》ヲ顧ザルナラバ信仰ノ道ニ背キ不信者ヨリモ劣レル者ナリ　八月十二日講義前安息日五日ノ説教ハ時ナクシテ半余ノ言残シタリ故ニ前説教ノ意ヲ嗣イテ講ゼリ山内一豊ノ妻楽羊子ノ妻ノコト等ハ当日ノ説教ニ用ユ　○物質上ノ事ハ其大ハ日月星辰其小ハ一滴水中ノ微虫マデモ見ヲ得ト雖モ、心霊ノ事ニ至テハ小モ大モ知リ能ハザルコト多シ、知リ能ハザルニ非ズ、知ルコトヲ好マザル也、好マザルハ其非ヲ改テ義ニ進ミ其過ヲ悔テ善ニ移ルコトヲ欲セザルガ故ナリ、故ニ罪ヲ免カル、能ハザルナリ（我ラ若シ自ラ己ヲ審キシナラバ罰ヲ蒙ルコト無リシナラン）又人ノ罪ハ己ガ悔改ヲ要セザルニ由テ之ヲ能ク見出スモノナリ、然ド自他ニ益ナシ、先ヅ各自己ノ罪ヲ知ルコソ切要ナレ（尓兄弟ノ目ニアル物屑ヲ見テ己ノ目ニアル梁木ヲ知ラザルハ何ゾヤ）我ラノ信仰未ダ全カラズ知識ノ未ダ備ハラザルヨリシテ自己ノ事ニ暗ク、之ニ因テ人ヲ救ニ導クコト能ハズ往々人ノ信仰ヲ妨ルコトアルベシ、然ド聖霊ノ感化ヲ蒙リキリストノ光我ガ心ヲ照サバ心目急《トミ》ニ開ケ心ノ暗直ニ去リ心裡光明ニ充サル、ガ故ニ小疵ト雖モ悉ク顕ハル、之ニ因テ

コリント前十一ノ三十一
○ルカ六ノ四十一

燈ヲ燃シテ外ノ下ニ置モノナシ台上ニ置テ入ル人ヲ照スベシ

真誠ノ謙遜出ヅ、謙遜ハ救ヲ得ルノ本、徳ニ進ムノ始ナリ、先ツ自ラ救ハレテ後チ人ヲ救ヲ得ベシ、先ツ自ラ徳ニ進ミテ後チ人ニキリストノ証ヲ作スヲ得ベシ、我ラノ救ハレシコト徳ニ進ミシコトヲ他ニ知ラル、人ハ家族ノ者ニ始マルベシ、家族ノ者トハ日夜共ニ居ルガ故ニ善悪トモニ知ラレ易シ、然バ言ノミナラズ行ヲ証人トシテキ

ペテロ前三ノ一二

リストノ栄ヲ顕スコトヲ得ルナリ、（モシ教ニ循ハザル夫アラバ教ニ由ズ妻ノ行ニ由テ服ハン、蓋尓ラノ懼ヲ以テ潔キ行ヲナスヲ見ルニ因テナリ）常ニ在ル家人ニ証ヲ示ス能ハズバ何デ偶々ニ逢フ他人ニ証ヲ示スヲ得ンヤ、仮令人ニ証ヲ作ストモ家ニ証ナクバ其ハ偽善ノミ虚証ノミ、キリスト信徒ハ見ズ知ズノ人ヲサヘ救ントス、況シテ家ノ者ヲヤ、仮令人ニ孜々道ヲ伝ルトモ家人ヲ救コトニ心ヲ用ヰズバ其ハ偽行ノミ虚信ノミ、故云（己ノ家ノ者ヲ顧ミズバ信仰ノ道ニ背キ不信者ヨリモ劣レル者ナリ）然ド我ニ証アレバ必ズシモ家人信ズルトハ言難シ、昔シキリストハユダヤ人ニ充分ナル証ヲ作シ給シナレド彼ヲ信ゼザリキ、我ラニ充分ノ証アルト雖モ家人信ゼサルコトアルベシ信ゼザルニ二様アリ一ハ我ガ愛ノ全カラヌト一ハ不信者ハ人ヲ責ルノ刻ナルトニ由ル是我罪ニアラズ

マタイ十ノ卅六

彼ノ罪ナリ、唯ニ信セザルノミナラズ我ニ害ヲ加フルコトアルナリ（人ノ仇ハソノ家ノ者ナルベシ）又父ハ子ニ子

ルカ十二ノ五三

ハ父ニ母ハ女ニ女ハ母ニ姑ハ嫁ニ嫁ハ姑ニ敵対スベシ）是止ヲ得ザルコトナリ、信者ハ固ヨリ敵対スルコトナケ

ヨハネ十六ノ十九

ドモ（尓ラ若シ世ノ属《モノ》ナラバ世ハ己ノ属ヲ愛スベシ、然ド尓ラハ世ノ属ナラズ我尓ラヲ世ヨリ選ビタリ之ニ因テ世尓ラヲ悪クム）ト有ガ如シ、我ラ唯ダ世ニ合シテノミ行ハヾ事ナカルベシ、然バ世ノ人ニシテ撰バレシ人ニアラズ、然ド斯ル時ニコソ真ノ証ハ顕ハル、ナレ、楠公モ世ニ合セテ足利ニ敵セズバ禍ハアルマジ、源ノ渡ノ妻袈裟ハ遠

ペテロ前三ノ十七

藤盛遠ノ意ニ随ガハヾ身ヲ失フコトハイルマジ、況シテキリストノ宝血ヲ以テ贖ハレシ信者ヲヤ（尓ラ善ヲ行ニ因

世人妻子ニ正キコトヲ学バセントスルアレトモ其ハ唯己ニ不実ヲ仕向ケラレザランガ為ノミ真ニ義ヲ慕ヒ善ヲ愛スルニ心出ニ非ズ其証ハ己循ハザルニテ明也

何事モ謙遜ヲ以テ身ヲ慎ムコトハ大切ナレド己ヲ卑シムルハ罪ナリ

テ苦ヲ受ルコト神ノ旨ナラバ悪ヲ行ニ因テ苦ヲ受ルニ愈レリ）今ヤ我国ノ文明進マザルニヨリ男子ニハ外貌ノ妨ハ少ナケレド、婦人ハ妨ゲラル、コト多カルベシ、然ド決シテ屈スルコトナカルベシ、信仰ニ由レル婦女ノ働ハ勇猛ノ男子ニ勝レルコト多シ、山内一豊、楽洋子等ノ妻ノコト、況ンヤキリストニ愛セラル、信徒ヲヤ、豈ソノ夫ヲ導カザランヤ、一家ヲ救ヒ得ザランヤ、男子ハ外コソ妨ナキガ如クナシ内実ハ反テ妨多シ、殊ニ婦人ニ妨ラル、コト甚シ、唯ダキリストニ由リ愛ヲ以テ救ヒ得ベシ、一家共ニ救ハレ一族共ニ神ヲ信ゼバ其歓楽如何バカリゾヤ、其幸福イカニ大ナラズヤ、神ノ栄ヲ顕スニモキリストノ働ヲナスニモ相共ニ楽ミ助ケテ作ヲ得ルナリ

人ノ愛○　ヨハネ一書四ノ二十一　神ヲ愛スル者ハ亦ソノ兄弟ヲ愛スベシ　八月十五日夜西宮ニ於テ説教ス　○愛ハ世ヲ和平ニ結ツケル鍵ノ如シ然レド世人ニ愛ハ絶タリ外見愛ニ似タルアレド分析スレバ皆算盤ヨリ起ル者ニテ真誠ノ愛ニ非ズ真誠ノ愛ハキリストヲ信ズル者ニアリキリストハ愛ノ泉源ナリ泰西ニテ真誠ノ世益ノ大業ヲ作セシ者ハ多クハ学者ニアラズ智者ニアラズ貴人ニアラズ冨者ニアラズキリストヲ信ズル者ノ愛ノ勢力ナリキリストヲ信ジ其愛ニ効フテ始テ真ノ愛ノ働ハ出ルナリ

熱心○　ヨハネ伝二ノ十七　弟子等尓ノ家ノ為ニ熱心我ヲ蝕《クラ》ハントト録サレタルヲ憶ヒ出セリ　（マコ三ノ廿一）其親属聞テ彼ハ狂気セリト言テ之ヲ拏ントテ来ル　（ヨハネ四ノ三四）　イエス彼ラニ曰ケルハ我ヲ遣ハシ、者ノ旨ニ遵ヒ其工ヲ成シ果ルハ是我ガ糧ナリ　（ルカ十九ノ四一）　既ニ近ケル時城中ヲ見テ之ガ為ニ哭キ云ケルハ云々　（ルカ廿二ノ四四）　イエス痛ク哀シミ切リニ祈レリ其汗ハ血ノ滴リノ如ク地ニ落タリ　（行伝四ノ十九）　ペテロ　ヨハネ彼等ニ答テ云ケルハ神ニ聴ヨリモ愈リテ尓ラニ聴バ神ノ前ニ在テ義タランカ尓ラ自ラ之ヲ判メヨ　（行伝十六ノ廿

五六）夜半ゴロパウロトシラス祈ヲナシ且神ヲ賛美ス囚者等耳ヲ傾テ之ヲ聞キ居タリシガ俄ニ大ナル地震アリテ礎工振ヒ動キ門悉ク直ニ啓ケ衆ノ囚者ノ械繋解ケタリ（行伝十七ノ十六）パウロアテンスニ在テシラステモテヲ待ルトキ其邑挙リテ偶像ニ事ルヲ見テ甚ク心ヲ傷メタリ（行伝廿ノ二二）今ハ心迫リテエルサレムニ往ク彼処ニテ遇フ所如何ンヲ知ズ（行伝廿六ノ二九）パウロアグリッパ王ニ云ケルハ容易ニモセヨ容易カラザルニモセヨ我ハ唯尓ノミナラズ今日我ニ聴ク所ノ者ミナ此縲絏ナクシテ我ガ如キ者トナランコトヲ神ニ願ヘリ（ロマ十二ノ十一）勤テ怠ラズ心ヲ熱クシテ主ニ事ヘ（コリント前十ノ三一）尓ラ食ニモ飲ニモ何事ヲ行ニモ凡テ神ノ栄ヲ顕スヤウニ行フベシ

救ノ喜○　題　コロサイ一ノ十三　彼ハ暗ノ権威ヨリ我ラヲ救ヒ出シ愛子ノ国ニ遷シ玉ヘリ　九月二日説教此日受洗人四名認信会一名晩餐アリ（コリント前十一ノ廿三ヨリ廿九ニ至ル）説教草稿別ニアリ

希望○　ペテロ前書一ノ三四　八月八日午後七時ヨリ大坂七教会臨時説教会大満公会々堂ニ於テ説教ス草稿別ニアリ

求真理○　マタイ十三ノ四十五六　真珠ヲ尋ル譬　八月九日神戸会堂ニテ説教ス草稿別ニアリ

信仰○

聖霊ヲ求ヨ　ルカ廿四ノ四五ヨリ終リ　行伝一ノ三ヨリ八　九月十六日神戸会堂ニテ説教ス草稿別ニアリ

○信ト望○　ヘブル三ノ六　九月廿三日安息日三田公会ニテ説教ス

受ルヨリ予ルハ福ナリ　題　マタイ六ノ三十四　○此等ノ教ハ信徒日々ノ勤ニ付テ常ニ忘ルマジキ教ナレバ今更説《イフ》モ無用ニ

○似タリ」　ヘブル書六章ノ一ニモ「キリストノ教ノ始ヲ離レ云々完全《マツタキ》ニ進ムベシ、トアレバ始ヨ

理屈ハイヘド己ガコトニ暗キモノナリ理屈イヒノ行《ワザ》キカズ

パウロ云神ノ国ハ言ニアラズ

小別スレバ数種アルベケレド大別スレバ唯ダ肉ノ欲ニ従フト神ノ義ニ従フトノ二ツナリ

リ知ラネバナラヌ事ヲ又クリ返シ学ビ居ルヤウナコトデハナラヌナレド、人ハ往々遠クニ目ヲ当テ近クヲ忘ル、モノナリ、六ヶ舗コトヲ考テ反テ易キ知ル筈ノコトヲ気附ヌモノナリ故ニ今日ハ既ニ信者タル者ノ知ラネバナラズ行ハネバナラヌ事ナル教ヲ改テ説クベシ○世ノ人ハ此ノ教ニツイテ誤解スルコト多シ信者ニテモ若キ信仰ノ人ハ時トスルト誤リ思フコトアルベシ」三十一　何ヲ食ヒ何ヲ飲ミ何ヲ衣ント思ヒ煩フ勿レ」　三十三　先ヅ神ノ国ト其義キトヲ求メヨ、然バ此等ノ物ハ皆尓ラニ加ヘラルベシ、トアル句ナドヨリ解シ誤リ来リテ茲《コヽ》ナル「明日ノ事ヲ思ヒ患フ勿レ、ト云ハ雲助流ノ今日ハ今日、明日ハ明日ト其日暮シニ飲メヤ食ラヘヤデ有レバ有リ丈デ日ヲ送リ一物ナキトキニハ裸体デ臥《ネ》コムガ如キ意ニ取リ、我ハ神ノ国ヲ求ル者ナリ、我ハ神ノ義ヲ求ル者ナリ、何ゾ世人ノ如ク衣食ノ為ニ心ヲ煩ハサンヤトテ自得ノ色ヲナシ、己ガ神ノ国ヨリ逐ヒ出サレ、人ニハ不義ヲカケ居ルモ之ヲ知ラズ、恰カモ盲者ガ水ヲ避《ノガ》レントテ水ニ向テ走ルガ如キ有様ニ陥ルコトアリ　○神ノ国ト其義トヲ求ヨ、ト主ノ教ヘ玉ヘルハ働ノ目的ヲ示シ玉ヘルモノナリ、人各世ニ在テ働クニ一トシテ目的ノ有ザルハナシ、或人ハ情欲ヲ縦マ、ニシテ驕リ高《タカブ》ランガ為ニシ、或人ハ神ノ旨ニ従ヒ義ヲ行ンガ為ニス、一ノ目的ハ肉ト共ニ亡ビ、一ノ目的ハ神ト共ニ存ズ、故ニ主ハ我ラニ教テ無益ナコトニ労シテ大切ナルコトヲ忘ル、ナ、霊魂ヲ忘レテ神ニ対シ務ムベキコトヲ忘ルナトノ意ヲ示シ玉ヘルナリ」然バ無益ナコトニ労スルハ愚ナルコトナレド有益ナルコトニハ労セネバナラズ、働ノ為ニ霊魂ヲ忘レテハナラネド霊魂ノ為ニ神ヲ悦ス働ヲセネバナラ

務ノ字意ヲ注グベシ世人多クハ務メズシテ利ヲ得ントス。尓ノ業ト云コトニ同ク注意スベシ

パウロガミレトスニテヱペソノ長老等ニ告別ノトキノ言ナリ

ズ故ニ明日ノ事ヲ思ヒ煩フ勿レ、トハアレド今日ノ事ヲ思フナトハ云ハズ、一日ノ苦労ハ一日ニテ足レリ、トハアレド一日苦労ヲスナトハ云ハズ、明日ハ明日ノ事ヲ思ヒ煩ヘトアレバ今日ハ今日ノ勤ムベキコトヲ怱リナク働ケト命ジ玉フニ非ズヤ、一日ノ苦労ハ一日ニテ足レリトアレバ我ラ必生ノ力ヲ尽シテモ其日々ノ義務ヲ尽スニ足ラズ、何デ明日ノ事マデ労スルコトヲ得ンヤト云フコトニ非ズヤ」況ンヤ十誡ニモ「六日ノ間務メテ尓ノ業ヲナセ、ト云ルナラズヤ、ロマ書十二ノ十一　勤テ怠ラズ、トアルニ非ズヤ、我ラ信徒ハ世ノ人ヨリモ愈《マサ》リテ働クコトヲ作サネバナラズ、其訳三アリ、一ハ人ニ不義ヲカケザル為メ、一ハ善ヲ行ハンガ為メ、一ハ自己ヲ養フガ為メナリ」　テサロニケ前四ノ十三「己ノ事ヲ行ヒ手ヅカラ工ヲナセ云々此ハ尓ラ外人ニ向テ正シク行ヒ亦自ラ乏シキコト無ラン為ナリ」　行伝二十ノ三五「我尓ラモ如此勤メテ柔弱者ヲ扶ケ、且ツ主イエスノ云玉ヘル受ルヨリモ与ルハ福ナリ、トノ言ヲ心ニ記《トム》ベキヲ凡ノ事ニ於テ示セル也

金儲ガ主意ニアラズ神ノ為ニ務メルガ主意ナリ

○信者モシ誠ニ主ノ恩ニ感ゼバ自《オノヅカ》ラ働キ労スルノ心出来ルベシ、蓋《ソハ》主ハ我ラニ御身ヲ与ヘ玉ヘリ、我ラ何ヲ以テ之ニ報ヰ奉ルベキ乎、我智ハ神ノ栄ヲ顕スニ足ラズ、我徳ハ神ノ栄ヲ顕スニ足ラズ、然バ唯ダ身ト魂トヲ神ニ任セ奉リ益《ヤク》ニ立ツベキ物ニハアラザレド神ノ聖旨ノ侭ニ用ヰ玉ハンコトヲ冀フナルベシ」若シ然ラバ神ノ物ヲ以テ人ニ不義ヲカケ神ノ名ヲ誹ラレテモ尚忍ブ可ンヤ、神ノ物ヲ以テ一善事ヲモ行フコト能ハズ、神ノ栄ヲ顕サズシテ心ニ屑《イサギ》ヨシトス可ンヤ、神ノ物ヲ以テ飢渇ニ迫ラシメ神ノ働ヲナスコト能ハズシテ可ナランヤ、必ズ神ノ物ナル我身我心ヲ以テ神ヲ

悦スノ働ヲナシ神ノ栄ヲ顕スコトヲ喜ブベシ信者モシ此等ノ事ヲ忘レタラバ所詮神ヲ悦セ奉ルコト能ハズ、故ニ亦心ニ安慰ナク愉快ナクシテ人ヲ怨ミ人ヲ怒リ不平ノミ満チ来ルナリ、其ワケハ神ノ為ニ人ニ施スノ精神ナク肉ノ為ニ人カラ施サル、ヲ義務ノ如ク思ヘバナリ、斯ル人ハ己ノ義務ヲ欠クコトヲ憂ヘズ、人ニ己ガ尽スベキ義務ヲマデ尽サセントスルガ故ニ人ノ我ニスルコトハ常ニ不足ノ心地シテ人ノ恩ハ気ズカズ反テ其恩ニ不平ヲ鳴ラシ恩人ヲ仇ニ見ルコトアリ又人ヲ怒テ神ノ働ヲ止ル者アリ是神ノ為ニ働ニ非ズ肉ノ為ニ働クノ証ナリ我働ハ凡テ神ニ関リアレド人ニ関リナキヤウシタシ、之ヨリシテ終ニ神ト我トノ関係ヲ忘レ、唯ダ肉ノ事ノミニ心ヲ痛メ、愈々勤ヲ忘レテ愈々窮ニ陥イリ、愛ノ友ノ中ニ在テモ愛ノ楽ヲ見ルコト能ハズ、人モシ神ノ為ニ勤労セザレバ神ヲ愛スルノ愛出ズ、人ノ為ニ善ヲ行ハザレバ人ヲ愛スルノ愛出ズ、神ヲ愛スルノ愛ナクバ神ト交テ楽ナク、人ヲ愛スルノ愛ナクバ人ト交テ楽ナシ、故ニ自ラ神ニモ人ニモ遠クナリテ孤立ノ姿トナルナリ　○然バ我ラ神ニ親シミ人ニ交リテ愛ノ楽ヲ得、平和ノ喜ヲ得ルニハ身モ魂モ神ニ献ゲ神ノ為ニ勤労シテ怠ラズ、日々其分ヲ尽シ人ニ対シテ不義ノ誹ヲ受ケズ反テ人ヲ益スルノ善行ヲナシ「受ルヨリモ与ルハ福ナリ、ノ主ノ言ヲ守ルニアリ」信者タル者ハ貧富貴賤ニ係ラズ皆コノ精神ヲモチ我ガ為ニ人ヨリ受ズ、神ノ為ニ人ニ与ヘナバ実ニ各自《メイ〳〵》ノ福ナルベシ、今ヤキリスト信徒ノ勤ルコトハ沢山ナリ、伝道ニ（我ラ自ラ救ハレテ人ノ亡ヲ傍観スベケンヤ）、学校ニ（諸校生徒ノ風儀ヲ見ヨ大切ナル子弟ヲシテ高慢ノ魔鬼トナラシムルナラズヤ）、病院ニ

（貧苦ニ迫リ医ヲ請待スルノ力ナク薬ヲ求ルノ金ナク生クベキ命ヲ之ガ為ニ失フ者モ多カラン）、
幼稚園ニ（愚父頑母ガ己ノ意ニ任セテ小児ヲ待《アツカ》フヲ見ヨ天下ニ用ヲナスベキ人材モアランニ教育
ヲ誤リ世ノ廃物トナス多カラン）此他盲唖等廃人ノ為メ、出獄人ヲ誘導受産ノ為メ、斯ル事業ハ
我ラノ任ナリ栄ノ働ハ算ルニ暇アラズ、神ハ我ラノ為ニキリストヲ賜ヘリ、我ラ何ヲ以テ之ニ報
フ可キゾ、パウロ云「神ノ恩ヲ徒ニ受ル勿レ、ト我ラ神ノ大恩ヲ徒ニ受テ可ナランヤ必ズ各人之
[1] ニ報ルノ心ヲモチ各々勤ムベキ務ヲ神ノ為ニスベシ、或ハ商法、或ハ官吏、或ハ学士、或ハ婦人
[2] 一家ヲ理ルニモ、或ハ僕婢ソノ主ニ仕ルニモ、均シク神ノ為ニナスヲ得ルナリ」ロマ十四ノ八「我
[3] ラ生ルモ主ノ為ニ生キ、死ルモ主ノ為ニ死ヌ、ト云リ、既ニ信者ハ生死ヲモ主ニ任セシ者ナリ、
或ハ世ノ楽ニ、或ハ安閑無事ニ、或ハ己ガ情欲ノ為ニ身ヲ縦ニシ大切ナル時間ヲ空過シテ可ナラ
ンヤ、況ンヤ身ソノ勤ニ怠テ人ヨリ受ルノ理アランヤ、日々ニ労苦シテ怠ラズ、信者ニハ必ズ与
ルノ義務アルコトヲ忘ル可ラズ、此義務アルヲ知バ勤労セザルヲ得ズ、然ド我ラガ身力ハ限アリ
我ラガ精神モ限アリ今日丈ノ勤労サヘ充分ニ尽シ能ハザルコト多シ、況ンヤ明日ノ事ヲヤ、故ニ
唯ダ日々〳〵其分ヲ尽シテ怠ラザルヤウニ致シ其働ハ事々神ノ栄ヲ顕スコトヲ希フベシ　九月三

東京或公会ノ老婆ノ真切ヲ牧師我ニ勝レル働アリト云

1 商法ハ我モノ也働クト働カザルハ我自由ナリト云バ信者ニ非ズ
2 一家ハ我モノ也今日ノ用事ヲ明日ニ送ルモ我勝手次第ナリト思ハヾ信者ニ非ズ
3 僕婢モシ之ハ主人ノ物ナリ此事ヲ務メズトモ神ニ係リナシト云ハヾ信者ニ非ズ

十日神戸公会説教

当日西郷従道ノ来港ニ付馳走ノ為メ湊川堤ニ於テ兵神ノ娼妓ヲ集メ踏舞ノ盛会アリト聞ケリ

「義人タルニ非ズ罪人タルニ由テ神ノ義ヲ求ルナリ既ニ義人タラバ義ヲ求ルコトアラザルベシ

義ヲ慕フ○ 題 マタイ五ノ六 ○飢渇ク如ク 飢者食ヲ思ヒ、渇者飲ヲ思フ、其真誠懇切之ニ過ルモノナシ、思テ得ザレバ愈々久シウシテ愈切ナリ、得ルマデハ止マズ、意ヲ百方ニ注ギテ食ト水トヲ求メザルナシ 義ヲ慕フ 我内ノ主（心）ハ必ズ義ヲ慕フナレド我外ノ人（肉）ハ義ニ逆フ所ノ罪汚ヲ喜ビ常ニ罪汚ヲ追ヒ求テ汲々タリ（娼妓ノ踊リ）我ラ既ニ此ノ如キ世風ノ中ニ生長セリ、故ニ罪ノ罪タルヲ知ズ、義ト云フコトハ口《クチ》ニ云フノミニシテ義ノ何物タルヲ其実ハ知ラザルナリ」○然ド真誠ニ神ノ恩光ニ照サレナバ始テ罪ノ何物タル、義ノ何物タルヲ知リ得ルナリ」此時ニ於テ已ハ唯ダ義ナク罪ノミ有ヲ知ル、又義ヲ行ハントスレド義ヲ行フコト能ハザルヲ知ル、故ニ神ノ恩佑ヲ得、キリストノ義ニ由テ清メラレンコトヲ懇切ニ求ム、斯ル人ハ福ナリ、往昔ヨリ善人ハ皆然リ、詩ノ四十二ノ一「神ヨ我心尓ヲ慕フコト鹿ノ渓水ヲ慕フガ如シ云々」求ルコト此ノ如シ故ニ必ズ之ヲ得タリアブラハン、ヤコブ、ヨセフ、モーセ、ダビデ、皆ソノ人ナリ 其人ハ飽クコトヲ得ベケレバ也 富貴利達一切肉ニ属スル所ノ物ニハ求テ得ザルコトアレドモ、仁義ハ求ントセバ得ザルコトナシ、其得ザルハ之ヲ求メザルニヨルナリ、昔シ孔子夷齊ヲ論ジテ云「仁ヲ求テ仁ヲ得タリ」ト、視ヨステパノハ愛ヲ求テ愛ヲ得、パウロハ信ヲ求テ信ヲ得、十一使徒ヲ始トシ今日ニ至ルマデノ信者ニ之ヲ求テ得ザル者ハアラジ、種々ノ事ニヨリテ躓クハ義ヲ求メザルニヨル、或ハ富貴、或ハ貧賤、或ハ喜楽、或ハ患難、悉ク義ヲ得ルノ機会トナラザルコトナシ、ヨセフ
1 ノ難、ダビデノ禍、ダニエルノ獅穴、ステパノノ死、一トシテ義ヲ求テ得ザルコトナシ、反テ皆義ヲ得ルノ機会トナリシナラズヤ」、故ニパウロ云（コリント后六ノ四ヨリ八ニ至ル）」○然ド孔子ノ曽テ歎ゼシ如ク、未ダ仁ヲ

好ム者ト不仁ヲ悪ム者トヲ見ザルナリ」芸妓ノ踊ニ金ヲ抛ツコトハ惜マザレド、仁義ノ為ニ金ヲ出ス者少シ、淫奔汚穢ノ場ニハ喜ビ進メド、仁義ノ場ニ出ル者少ナシ、万年青ニ千円ノ金ヲ惜マズ、茶器ニ数百ノ金ヲ惜マザルモ、神ノ為メニ数円ノ金ヲ惜ムコトアルベシ、以テ義ヲ慕ノ念ニ乏シキヲ見ルベシ、求ルノ心ナシ何デ義ヲ得ンヤ、

2 人各働ノ目的ハ何　人間生活ノ目的　仁義ヲ行ニアリ、商法ニモセヨ、学士ニモセヨ、官吏ニモセヨ、衣食ノ為カ、憐ムベシ世人皆然リ、人間ノ品位ヲ下セリ、主ニヨリテ回生セラレタル人間ハ衣食ノ為ニアラズ、義ノ為ナリ、然バ何ゾ世ノ患難困迫ノ為ニ義ヲ捨ルヤ、義ノ為ニ衣食ヲ捨ルモ敢テ惜ムベキニ非ザルベシ、唯ダ義ヲ求ムルニ汲々タルコトヲ要スベシ、　飢ノ如ク渇ノ如ク義ヲ求ルヲ真ニ義ヲ求ルト云ベシ此心アラザレバ常ニ恨ミ多シ、此心アラバ常ニ喜アリ、日々求ル所ノ義ハ得ラル可レバナリ」イエス云「尓我ニ求ン然バ我活水ヲ尓ニ予フベシ」（ヨハネ四ノ十）又云「我予ル水ヲ飲ム者ハ限ナク渇クコトナシ」又云我ハ天ヨリ降シ生ル（パン）ナリ、人モシ此パンヲ食ハヾ限ナク生クベシ」（同六ノ五一）我ラ世ニ在テ生ル間ハ義ヲ得ヲ目的トセザル可ラズ、然ザレバ其働キ益ナシ、ルカ十ノ四十以下ナルマルタノ労力ニ效フ可ラズ、「無テ叶フマジキ者ハ一ナリ、マリアハ既ニ善業ヲ撰ビタリトアルマリアニ效フベシ　○十月七日神戸会堂

分ヲ尽セ○　マタイ廿五ノ十四ヨリ三十ニ至ル　十月十四日神戸会堂ニテ講ズ草稿アリ

偽書異端免ズ○　マタイ十三ノ廿四ヨリ卅ニ至ル　十月廿八日仮草稿アリ

1 「我ラ凡ノ事ニ於テ己神ノ役人ノ如ク行テ己ノ義ヲ人ニ顕セリ云々
2 「人ノ躓クコト有ヲ見テ我モ好テ躓ニ入ントシ、世人ノ汚悪ヲ見テ制止スベカラズトテ自ラ之ニ效ントス

神ノ子トナル○

カラテヤ四ノ廿六七　尓曹ハ皆キリスト　イエスヲ信ズルニ由テ神ノ子トナレリ、蓋凡《ソハ》ソ（バプテスマ）ヲ受テキリストニ入レル尓曹ハキリストヲ衣タル者ナレバ也　○世人望ム所各種アリト雖モ其帰スル所ハ同クシテ栄誉ト尊貴トニ在ガ如シ、昔ヨリ世ノ名聞利達ヲ棄テ隠遁セシ人モ少ナカラネド此ハ其名聞利達真実ナラザルヲ悟ルガ故ナリ、若シ真実ニシテ朽ズ尽ザルノ栄誉尊貴アラバ誰カ之ヲ求メザル者アランヤ、今ヤ之アリ求レバ得ル　我ラノ為ニ天ニ蔵《ヲサ》メアル朽ズ汚ズ衰ヘザル嗣業ヲ得シメ給フ也　ペテロ前一ノ四」　尓ライエス　キリストノ顕レ給ハン時ニ誉ト尊ト栄光トヲ得ニ至ラン　同一ノ七」　○此等ノモノハ何ニ由テ得ルカ、キリスト　イエスヲ信ジテ神ノ子トセラル、ニ由テ得ルナリ、如此ノ尊貴如此ノ栄誉世ニ比ス可キモノ有ンヤ　我ラ称《トナ》ヘラレテ神ノ子タルヲ得《ウ》、是父ノ我ラニ賜フ何バカリノ愛ゾ　ヨハネ一書三ノ一」　其快楽《ヨロコビ》ハ言ヒ難ク且栄光アリ　ペテロ前一ノ八」　○我ラハ素カヽル幸福ヲ受ルニ足ラズ、大愛ノ天父キリストヲ世ニ賜ニヨル耳　尓ラ恩《メグミ》ニ由テ救ヲ得

列子云。身余ノ名誉豈枯骨ヲ潤サンヤ

是信仰ニ由テナリ、己ニ由ニ非ズ神ノ賜ナリ　エペソ二ノ八」　斯ル人ハ血脈《チスヂ》ニ由ニ非ズ情欲ニ由ニ非ズ人ノ意《コヽロ》ニ由ニ非ズ唯ダ神ニ由テ生レシ也　ヨハネ伝一ノ十三　○我ラ斯ル大幸ヲ得ハ信ノ力ナリ、然バ神ノ恵ヲ取出ス鍵ハ信ナルベシ　キリスト　イエスヲ信ズルニ由テ神ノ子トナレリ　題句　○信ズレハ必ズ洗ヲ受ク、真ニ洗ヲ受レバ必ズキリストヲ衣ザルナシ、キリスト神ト一ナルガ如ク我ラキリストト一ツニナラザル可ラズ　父ヨ尓我ニヲリ我亦尓ニ居ル如ク彼等モ我ラニ居テ一ニナラン為メ、且ツ世ヲシテ尓ノ我ヲ遣シ、事ヲ信ゼシメン為ナリ　ヨハネ伝十七ノ廿一」　我ラ今神ノ子タリ後イカン未ダ露《アラ》

血脈、尊キ血脈ニテモナク○情欲、自己ノ心志能力ニ由ニテモナク○人意、人ノ教訓説諭ニ由ニテモナシ

洗ハ信ノ表明ナリ故ニ洗ヲ受ルモ信ナクバ益ナシ

レズ（ママ）、其現ン時ハ必ズ神ニ似ンコトヲ知ル、蓋《ソハ》ソノ真状《マコトノサマ》ヲ見ル可レバ也　ヨハネ一書三ノ二」○此望ハ心アル者ノ有ツベキ望ナリ、人世ニ在テ目的ハ何ゾ知識ト徳義ノ全カランコトナリ、然バ神ヲ棄テ誰ニ由テ此全ヲ得ベキゾ、人ニ由ニアラズ物ニ由ニアラズ己ニ由ニアラズ、全知全能至仁至徳ノ神ニ似ンコトヲ求ム、実ニ尊貴栄光アル望ナラズヤ、然ド此望ハ己ヲキリストト共ニ十字架ニ釘シ然ル後ニ始テキリストヲ衣ルヲ得ルニ非ザレバ果スコト能ハズ　我ラ其死ニ合フ「バプテスマ」ニ因テ彼ト共ニ葬ラル、ハキリスト父ノ栄ニ由テ死ヨリ甦サレシ如ク我ラモ新シキ命ニ行《アユ》ムベキ為ナリ　ロマ書五ノ四」尓ラ夙《サキ》ニ効《ナラ》ヘル旧人《フルキヒト》即チ人ヲ惑ス欲ノ為ニ壊《ヤブ》ラル、モノヲ脱《ヌキ》、尓ラノ心ノ霊ヲ新ニシ、神ニ象《カタドリ》テ真《マコト》理ノ義ト潔トニテ造レル新キ人ヲ衣《キ》ルベシ　エペソ四ノ廿二三四　○若シ誠ニキリストヲ信ズル人ナラバ必ズキリストノ諸徳諸智恵ニ傚テ序々ニ品位ヲ進ムベシ、仮令キリストノ名ヲ呼ブモ「バプテスマ」ヲ受ルモ罪ノ旧人ヲ脱セズキリストヲ衣ザルナラバ此ハ決シテ真ノ信者ニハアラズ、神ノ子ニハアラザルナリ、我ラノ神ノ子トナルハイエスヲ信ズルガ故ニシテ、信仰セシ其証ハ「バプテスマ」モ預ル所ト雖モ、尤モ疑フ可ラザル確証ハキリストイエスヲ衣テ余生ヲ渡ル人ニアリ斯ル人ハ実ニ福ナル人ニシテ世ニ比スベキモノナキ也　凡ソ「バプテスマ」ヲ受テキリストイエスニ入レル尓ラハキリストヲ衣タル者ナレバ也　題句　○故ニ信者ナリ、故ニ神ノ子ナリ、故ニ真誠ノ尊貴ト栄誉ハ此人ニ有ナリ」○十一月四日第一安息日神戸会堂ニテ講ズ此日受洗人男女十二人試験入会者一名并ニ晩餐ヲ行フ

題　ヘブル書九ノ二七　一度ビ死ルコト、死テ審判《サバキ》ヲ受ルコト、ハ人ニ定マレルコト也　○白氏文死ヲ忘ル、勿レ○

朗読ルカ十七ノ廿ヨリ三十六ニ至ル

マクスステルネル論云我ハ善悪正邪ニ係ハラズ凡テ得ラル可モノハ悉ク之ヲ得ント欲スルナリ

1

伝道ト云バ一種ノ業ノ如ク思ハ誤ナリ今深淵ニ陥イラントスル人ヲ救フコトナリ

キリストヲ捨テ男子ノ為ニ全力全業ヲ尽スモアリ死ヲ忘レタルニ非ズヤ

集　古墳何ノ代ノ人、不レ知二姓与レ名、化シテ為二路傍ノ土一、年々春草生」　拾遺集道信　朝かほをなにはかなしと思けん人をも花はさこそ見るらめ」　ヤコブ四ノ十四　尓ラノ命ハ何ゾ暫ク現レテ遂ニ消ル霧ナリ　○古歌　世の中をうしとて山に入る人はなほうき時は何地ゆくらん」　行伝十七ノ十八　エペクリアン宗（未来ヲ無トシテ此世ノ楽ヲ主トス）　ペテロ前一ノ二四　人ハ既ニ草ノゴトク其栄ハ草ノ花ノ如シ草ハ枯ソノ花ハ落ツ　○究理学者オウイン（英人）ト信者アレキサンデル　カンベルトノ話　○ロマ二ノ五　剛愎《カタクナ》ニシテ悔ナキノ心ニ循ヒ己ノ為ニ神ノ怒ヲ積テ其欺鞫ノ顕レン怒ノ日ニ及ブナリ」　○寒山ノ頌　待二老来一始莫レ学レ道、古墳多ハ是少年人、レ　○ヨハネ三ノ十七　神ノ其子ヲ世ニ遣シ給ヘルハ世ノ罪ヲ定ントニ非ズ彼ニ由テ世ヲ救ンガ為ナリ」　ロマ三ノ二三二四　人ミナ既ニ罪ヲ犯セバ神ヨリ栄ヲ受ルニ足ラズ、唯ダキリスト　イエスノ贖ニ頼テ神ノ恩ヲ受ケ功ナクシテ義トセラル、也」　ヨハネ六ノ四七　我尓ラニ告ン我ヲ信ズル者ハ限ナキ命アリ」　ヨハネ十四ノ一節　尓ラ心ニ憂ルコト勿レ神ヲ信ジ亦我ヲ信ズベシ　○不信者ノ臨終　仏人ボルテール医ニ六ヶ月ノ延命ヲ乞シ時、医答テ六日ヲ保証シガタシト云ケレバ、「我神ト人トニ捨ラレタリ」ト云テ号呼セリ」英人ギッボンハ臨終ノ時「モ　ー廿年生ン」ト云ツ、死セリ」仏人ローサー臨終ノ苦ヲ強テ慰ンガ為ニ諸生ヲ集メ「我ヨリ勝レタル者アル乎、アラバ今コ、ニテ我ト云テ見ヨ」ナド云テ虚栄ヲ張レリ」　信者ノ死　スコツトランドノ或信者病篤シテ死ントス、其友之ニ問フ「子痊ズトスル乎」答テ云「然リ我死ントス、然ド死生ノ事、我ト係リナシ、余若シ此

東京ニテ或人ノ子供主ヲ信ジテ眠ニ就ク遺言シテ父ヲ主ニ帰セシム

世ニ在乎、上帝我ニ偕フ、余若シ此世ヲ去ル乎、亦必ズイエス我ニ偕フ」アンドリウ コレマン死スル日ノ前一日侍者ニ命ジ床ヲ擡ゲテ外ニ出デ、静観善楽涯ナシ紅輪全ク沈ニ至リ乃チ云「向来《コレマデ》我太陽ノ半顕半隠ヲ見ル耳、今ヨリ以往《ノチ》我ソノ光明無辺常ニ顕レテ隠レザルヲ見ルベシト」

黙示録十四ノ十三　主ニ在テ死ル死人ハ福ナリ彼ラハ其労苦《ハタラキ》ヲ止テ息《ヤス》マン　十二月二日神戸会堂ニテ講ズ

永生ノ糧○

朗読ルカ十二ノ廿二ヨリ四八ニ至ル

ヨハネ伝六ノ二七　尓ラ壊《クツ》ル糧ノ為ニ労《ハタラ》カズシテ永生ニ至ル糧即チ人ノ子ノ予ル糧ノ為ニ労クベシ○世人ミナ朽ル身ヲ以テ朽ル物ノ為ニ働ケリ、孜々トシテ得タル所ノ物モ或ハ失セ或ハ壊《ホロ》ビ、之ヲ得ントテ汲々シタル我モ朽チ果ルナリ」　万代集行尊哥　宿は里衣は苔となりぬれば命は露とおくにぞ有ける　○我ガ身又ワガ求ントスル所ノ物共ニ此ノ如バ人間ノ生涯ホド墓ナキ者ハアラジ、昔時ノ人ハ今何地ニヲルゾ、古人ノ佳家ハ或ハ草野トナリテ虫ノ音スタギ、或ハ深林トナリテ颪声颯々ノ声アルノミ、其墳ダニ存ゼズ多クハ農人ノ鍬ニカ、リテ跡ナキニ非ズヤ」人ハ禽獣ニアラズ、唯ダ飢レバ食ヲ思ヒ渇スレバ飲ヲ思ヒ飽ケバ臥シ起レバ馳走《カケマハリ》テ我情欲ヲ充サンコトヲ欲スル耳ニテ可ナランヤ、往ヲ見テ来ヲ察シ、彼ニ由テ此ヲ知リ、尋ヌベキ事ハ尋ネ、備フベキ事ハ

1　ラメツトリー云善悪ハ虚語ノミ道理ノ吾人ガ専要ノ目的トナス可ハ願欲ヲ縦ニスルニアリ我ラ自ラ危急ノ場ヲ免レタルヲ喜バ、、又人ノ危急ヲモ傍観スベキニ非ズ　○水中ニ溺レシ人ヲ救フニ高価ノ帯ヲ厭ハンヤ、死ントスルノ病者ニ高価ノ薬ヲ投ズルヲ惜マンヤ

1

備ヘスベキニ非ズヤ　〇我ラ若シ禽獣ト欲ヲ同シテ強テ人ノ感情ヲ壓ヘナバ悟ルコト有ザル可レド、少シク禽獣ノ欲ヲ去リ倩々我身ニ回顧セバ昔ヲ思ヒ今ヲ考ヘ既往将来ニ心ヲ注ギテ如何ナル感覚ヲ惹起スルゾヤ、之ゾ人間ノ本性ノ打出シナリ」　ロマ七ノ二四　ア、我困苦人《ナヤメル》ナル哉此死体ノ体ヨリ我ヲ救ハン者ハ誰ゾヤ」　ロマ六ノ二三　罪ノ價ハ死ナリ、神ノ賜ハ我ラノ主イエス　キリストニ於テ賜ハル永生ナリ　〇キリストナクバ我ラハ死ス、キリストナクバ望ナシ、キリストナクバ安慰ナシ、キリストナクバ悦ビナシ　鰥寡孤独困難疾病身ヲ修ント欲シテ能ハズ、罪悪ヲ除ント欲シテ去ル能ハズ〇此ラモ或時ハ斯ル患難ハ思ハザリシナルベシ我モ人ナリ人誰カ究セザラン、人誰カ絶望ナカラン、人誰カ罪悪ノ念ヲ抱カザラン、人誰カ死后ノ事神明ノ理ヲ聞ヲ好マザランヤ　〇今幸ニ神ノ恩ニヨリ永生ノ望ヲ得タルハ難有コト也尓ラ今キリストニ由テ永生ヲ得タルカ、死ヲ免レシカ、望ヲ堅固ニ懐キシカ、安慰ヲ得シカ、悦ヲ得シカ、此等ノ物ヲ既ニ有セバ福ナリ」然バ又未ダ得ザル人ニ予ヘヨ、之即チ人ノ子ノ予ル糧ノ働ナリ、之即チ永生ノ糧ノ働ナリ、早晩己ニ来ル禍ヲ知ラザル者多シ今患難ノ中ニ在テ失望落胆セル方ナキ者多カラン、此朽果ツベキ身ヲ以テ永生ヲ得ルノ働ヲナシ、悉ク失セ亡ブベキ万物ノ中ニ在テ永遠ノ福ヲ受ケ、此死ヌベキ霊ガ、天国ノ望ヲ懐イテ、憂ヲ変シテ喜ブコトヲ得ルハ誠ニ嬉シキコトナラズヤ、世ニ之ニ勝レル福ハアラジ　〇尓ラ此福ヲ得シカ、然バ又未ダ得ザル人ニモ斯ル福ヲ得ルノ働ヲ誨ヘヨ」尓自ラ此福ヲ未ダ得ザルカ、働テ得ヨ、働ケバ必ズ得ラルベシ、キリスト既ニ尓ヲ救ヘリ、キリストニ救ハレタル者ハ共ニ永生ノ糧ノ働ヲナスベ

此ラノ感情起ラバ我ラ此世ニハ既ニ望ナシ又来世ニ望アルヤ有ザルベシ

オウイントカンベルトノ話

此等ノ物ナクバ己レ先切ニ得ンコトヲ求ヨ

虚栄ノ為ニ財ヲ惜マズ身ヲ惜マザル者アリ、情欲ノ為ニ之ヲ惜マザルモアリ

不義ノ財ハ己ヲ責ン、好シヤ不義ニ由テ得シナラズトモ務ムベキ仁義ノ働ニ用ヰズバ同ジ

キナリ」各ソノ職業、ソノ財産ソノ学問、ソノ智、ソノ力ヲキリストノ為ニ用ヰヨ、人ヲ愛シ人ヲ救フ為ニ用ヰヨ、人ニ道ヲ伝ヘ人ニモ永生ノ糧ノ働ヲ作サシムル為ニ用ヰヨ、是皆永生ノ糧ノ働ナリ、斯ノ如ク働カバ働ト共ニ喜ト安ト楽ハ来ルナリ　○既ニ救ハレタル信者ハ未ダ救ハレザル世ノ人ノ働ニ效フ勿レ、彼等ノ心ニハキリストナク真神ナク、唯ダ虚栄ト私欲ト罪ト汚トアリ」ピリピ三ノ十九　彼ラノ終リハ亡ビナリ、己ガ腹ヲ其神トナシ己ガ恥ヲ其栄《ホマレ》トナス、彼ラハ唯ダ世ノ事ヲノミ念ヘリ」此壊《コレクツ》ル糧ノ働ナリ、尓財ヲ恃トスル勿レ、ヤコブ五ノ三　尓ラノ金銀ハ銹腐《サビクサ》レリ、此銹ビ証ヲナシテ尓ヲ攻メ且ツ火ノ如ク尓ノ肉ヲ蝕《クハ》ン」尓ラ世ノ栄ヲ恃ム勿レ、ペテロ前一ノ二四　人ハ草ノ如ク其栄ハ草ノ花ノ如シ、草ハ枯レ其花ハ落ツ」尓ラ権位ヲ恃ム勿レ、万軍ノ主之ヲ抑ヘ玉フベシ」尓ラ世ノ智ヲ恃ム勿レ、コリント前一ノ十九　我智者ノ智ヲ滅シ慧《サトキ》者ノ慧ヲ廃《ムナ》シクセン」世ニ属スル凡ノ物ハ悉ク亡ブベシ、我モ又亡ブベシ」然ド此亡ブベキ体ノ中ニ亡ビザル永生ヲ得《エ》、亡ブベキ万物ヲ使用シテ其働ヨリ亡ビザル福ヲ得ルコトガ出来ルナリ、是我力ニ由テ得ルニ非ズ、キリスト イエスヲ信ズルニ由テ得ラル、ナリ、キリスト イエスノ心ヲ心トシ、神ヲ愛シテ其栄ノ為ニ働キ、人ヲ愛シテ其救ハレン為ニ働キ、神ノ憂ヒ玉フ所ヲ我憂ト [2]

不信者ハ聞テ奇トスベシ然ド世間ヲ見ヨ

1　未ダ霜雪ノ来ラザルニ牖戸ヲ綢繆シ、盗人ノ来ラザルニ用心ヲ加フ豈愚ト云フ可ンヤ

2　今ヤ歎シミニ沈ミ居ル者多カラン　罪ニ酔ル者多カラン　或ハ信仰ノ為ニ義ノ為ニ身ヲ苦メ居ル者アリ　聖書云　○互ノ労ヲ負ヘ　○相愛セヨ　○共ニ苦ミ共ニ歎シメ

シ、其悦ブ所ヲ我悦トシ、人ノ禍ハ我禍トシ、人ノ苦ハ我苦トシ、此世ノ財ノ為ニ惑ハサレズ、凡テ此世ノ物ノ為ニ動サレズ、反テ此世ノ財ヲ以テ世ノ凡ノ物ヲ使用シテ神ノ悦ブ所キリストノ悦ブ所ノ働トスルコソ永生ノ糧ノ働トハナリヌレ　十二月九日神戸会堂ニテ講ズ

1

神ノ能○　題　コリント前二章四ノ五　○仏道儒道ノ如キ者ニモ理ニ合フ言ナキニ非ズ、然ド遂ニ世ニ益ヲ予ルコト能ハザルハ唯ダ人ノ智ニ由テ神ノ能ニ由ザルガ故ナリ、キリスト教ノ諸ノ宗教ニ異ナル所ハ神ノ霊ノ働ナリ、若シ霊ノ働キ加ラズバ人心ヲ改良シ罪ニ腐レタル世ヲシテ救ニ入ラシムルコト能ハザルベシ」然ド聖書ノ到ル処ニハ之ト共ニ神ノ霊モ添テ働ニヨリテ人ノ意想ノ外ナル働ガ或ハ一個人ノ上、或ハ一国ノ上ニ顕ハル、ナリ、昔ニ於テハ「ペンテコステ」　一日三千人其后日々教会ニ加ハル　アリ、夫ヨリ尓来欧米ニ於テシバ〳〵顕ハレタル「リバイベル」、又近クハハワイ国ノ如キ皆一種殊別ノ力アリテ人力ノ外ナル働キ顕ル、ナリ、又平時ニ於テモ必ズ此殊別ノ力ニ由ラザルナシ、銘々一個々々ノ信仰悔改モ皆此殊別ノ力ニ由ルモノ也、若シ此力ニ由ザル信仰ハ甚ダ危ク、此力ニ由ザル悔改ハ旧罪ニ陥リ易キモノ也」然バ此神ノ霊ハ聖書ノ命ト力ニシテ又我ラノ命ト力ナリ、聖書ヲ見ニモ説教ヲ聞ニモ又聖書ヲ講ズルニモ説教ヲ語ルニモ此神ノ霊ガ添ズバ益ナシ、楽器ヲ鳴ラスガ如ク音楽ヲ聞ガ如シ、声罷メバ空ニ帰スルナリ○然バ我ラ説教ヲ聞ニモ語ルニモ必ズ霊ノ賜ヲ求メザル可ラズ、仮令何ナル人ニ由テ教ヲ聞トモ其人ニ向フ可ラズ神ニ向フベシ」人ヤ、モスルト神ニ向ハズシテ人ニ向テ聞ガ故ニ或ハ我ヲ責ルガ如ク、或ハ我ヲ恥カ

行伝二章

ロマ権ト智ト武トヲ以テ敵シタレド遂ニナザレ人我勝テリ」ト云リ、此時聖書ハ奪シナラン又焦シナラン、然ド此力ニハ如何ントモスル能ハズ

シムルガ如ク思テ神ノ恵ヲ受ベキヲ、反テ霊ヲ養ハレズシテ霊ヲ飢エシムルコトアリ、或ハ其人ノ智言ヲ悦ビ、或ハ婉語ヲ楽ミ、或ハ其人ノ学識ニ感ズル等ノ事ノミニテハ幾回会堂ニ出ルトモ益スル所少ナシ」昔シイエス君ノ前驅ナルヨハネ ユダヤノ野ニテ教ヲナセシ時ユダヤ人ハヨハネト云人ヲ見テヨハネガ伝ル言ハ神ノ言ナルヲ知ザリシ、故ニ其言ヲ聞シカドモ己ガ救主ナルキリストヲ悟ラザリキ」

2

行伝十七ノ十六ヨリ

パウロガアテンスニ到リシトキアレオ山ニテ説教セシガ、唯ダ珍ラシキ談ヲ聞ントノミ思ヘル故遂ニ悔改救ニ入ルコト能ハズ、此嘐啁者《サヘヅルモノ》何ヲ言ントスル乎、彼ハ異ナル鬼神ヲ伝ル者ノ如シト云テ去行ケリ、唯ダ其中神ノ言ト信ゼシ者ハ其言ト共ニ霊ノ賜ヲ得テ救ハレタリ」仮令一度救ハレントセシ者ニテモ常ニ神ニ向テ神ノ言ヲ受ザレバ又地獄ニ陥ルコトアルベ

マタイ十一ノ二三

シ、イエス云、既ニ天ニマデ挙ラレシカぺナウンヲ又陰府《ヨミ》ニ落サルベシ　○肉体ハ常ニ滋養物ヲ食シテ養ヒ置ズバ、労動《ハタラキ》ニ任ヘ、事ニ当リテ凌グコト能ハズ」之ニ同ジク霊魂モ常ニ神ノ言ヲ以

ペテロ前二ノ二

テ養ヒ置ズバ主ノ用ニ任ヘ、誘惑ニ打勝ツコト能ハザルベシ」故ニペテロ云、今生レシ嬰児《オサナゴ》ノ乳ヲ慕フ如ク尓ラ心ヲ養フ真ノ乳ヲ慕フベシ、之ニ由テ長《ソダチ》テ救ニ至ラン」人誰カ誘惑ナカラン、信

ペテロ前四ノ一

徒ニシテ誰カ迫害ナカランヤ、又云キリスト既ニ我ラノ為ニ肉体ニ苦難《クルシミ》ヲ受玉ヒタレバ尓ラモ亦

ジヨンハッス義ヲ試ナリ

其心ヲ以テ自ラ鎧フベシ」兄弟ノ霊《タマシヒ》ヲ養ヒ、常ニ主ノ用ニ任ヘ、誘惑ニ遇テ動カズ、信徒ノ信徒

1　今ハ働ノ時ナリ此時ヲ失フ勿レ

2　イエス云尓ラ何ヲ見ントテ野ニ出シヤ風ニ動サルヽ芦ナルカ尓何ヲ見ントテ来リシヤ美シキ衣ナル乎云々ト

タル生活ヲナサシトナレバ、聖書ヲ見ルニモ己ノ智ニ由ラズ神ノ能《チカラ》ヲ祈リテ霊《タマシヒ》ヲ養ヒ、説教ヲ聞
1 ニモ人ニ向ハズ神ニ向テ聞キ、機《ヲリ》ニ触レ時ニ随ヒ神ノ霊ノ働ヲ受ケ其信仰ヲシテ人ノ智慧ニ由ズ
神ノ能ニ由ラシムベシ、我ラハ人ニ教ヲ伝ルノ権ナシ（罪人ナレバ）唯ダ上帝人ヲ救ノ器トナラン
コトヲ希フノミ、パウロノ宣ル所ヲ見ヨ（コリント前二ノ四ト五）十二月十六日神戸会堂ニテ講ズ

以上明治十六年一月ヨリ十二月ニ至ル凡ソ三十四講

新年ト共ニ心ヲ新タニスベシ◯

題　ヨハネ一書一章七節　イエス　キリストノ血凡ノ罪ヨリ我ラヲ潔ム　一月六日安息日神戸教会ニ於テ講ズ此日受洗者十二人アリ（内西宮ノ兄弟六人）晩餐ヲ行フ

聖霊ノ証◯

題　ロマ書八ノ十六　霊自ラ我儕ノ霊ト偕ニ我儕ガ神ノ子タルヲ証ス　◯兄弟姉妹ハ既ニ聖霊ヲ受ラレ
シヤ之ヲ受ズバ実ニ禍ナリ信者亦必ズ受ル筈ナリ、真ニ誠ニ尓ラニ告ン人ハ水ト霊ニ由テ生レザレバ神
国ニ入ルコト能ハズ（ヨハネ三ノ五）神ノ霊ニ導カル、者ハ是即チ神ノ子ナリ（ロマ書八ノ十四）
2 ペテロ彼等ニ云ケルハ尓ラ各々悔改テ罪ノ赦ヲ得ンガ為ニイエス　キリストノ名ニ託テ「パプテ
スマ」ヲ受ヨ然バ尓ラモ聖霊ノ賜ヲ受ベシ（行伝二ノ三十八）、我ラ信徒ハ此賜ヲ何ヨリモ切望スベキ筈
ナリ、神ハ亦我ラ求バ喜テ予ヘ給フナリ、我ヲ信ズル者ハ聖書ニ録シ、如ク其腹ヨリ活ル水川ノ如ク
流レ出ベシ、如此《カク》云ルハ彼ヲ信ズル者ノ受ントスル霊ヲ指ルナリ（ヨハネ七ノ三八）求ヨ然バ予
3 ヘラル云々、天ニ在ス尓ラノ父ハ求ル者ニ聖霊ヲ予ヘザランヤ（ルカ十一ノ九ト十三）、我慰ル

我ラ一度聖霊ノ化ヲ蒙ラバ我モ亦今人ヲモ救フベシ

者◦ヲ父ヨリ遣ラン即チ父ヨリ出ル真理《マコト》ノ霊ナリ（ヨハネ十五ノ二六）、聖霊モシ我ラニ降ラバ必ズ其証左アラハルベシ風ハ己ガ任ニ吹ク尓其声ヲ聞ドモ何処ヨリ何処へ往ヲ知ズ、凡テ霊ニ由テ生ル、者モ此ノ如シ（ヨハネ三ノ九）、心ノ証　我神ヲ愛シ、亦人ヲ愛シ、及ビ神ノ誡ヲ守ルヲ知ル、是他ヨリ知ルニアラズ己ヨリ知ナリ、」譬バ我ガ生ルヲ知ハ我ナリ、我ガ安然恙ナキヲ知ハ我ナルガ如シ、」此自覚ノ法ヲ用ヰバ、尓ノ霊ハ神前ニ生ルヤ否、尓ノ心真誠ニ罪ヲ悔ルヤ否ヤ、尓平和ノ楽ヲ得ルヤ否、尓神ヲ愛シ神ヲ楽ヤ否、尓人ヲ愛スル己ノ如クスルヤ否」外表　尓果シテ神ノ名ヲ呼ブ乎、尓安息日ヲ聖日トナス乎、己身聖クシテ責ベキナキ乎、或ハ飲或食果シテ節制アル乎、凡ノ作ス所ミナ栄ヲ神ニ帰スル乎、此等皆明著ニシテ即心霊ノ証ナリ」斯テ我真心ヨリ神ヲ信ジ神ニ頼ル小児ノ其親ヲ慕フガ如ク唯ダ神ヲ慕ヒ唯ダ神ニ頼リ、愛ヲ以テ世人ニ待シ、キリスト我ラニ代テ命ヲ捨テ給シニ效ンコトヲ思ハヾ、其心自ラ聖霊ニ化セラレシヲ覚エ、又必ズ神ニ悦ル、ヲ知ル、是我心神ノ子タルヲ証スルニ非ズヤ」聖霊ノ証　聖霊ノ事ヲ説ニ人間ノ言ヲ借リ用ルハ所詮其奥妙尽ク明ニ為シ難キ所ナリ、今タヾ略シテ之ヲ言ンノミ、神ノ霊我内心ニ感ジ

我真ニ神ヲ愛スルナラバ人ヲ愛スルナラバ誡ヲ守ルナラバ

力ノ足ラザルハ別ナリ真ニ其心タル乎

酒烟草

1　或馬ノ先生云、鞍下ニ馬ナシ鞍上ニ人ナシニテハ不可ナリ、中ノ鞍ヲ取ルベシト、如此ク人ハ入用ナレド神ト己トノ間ニ人ヲトルベシ

2　其人ノ性情ト時ノ有様トニヨリ著ジ（ママ）ク現ハル、モアリ竊ニシテ現ハレザルモアリ又其受シコトヲ悟ラザルモアラン仮令悟ラザルモ之ヲ受ナバ福ナリ

3　況ヤ今ハ恵ノ時ナリキリスト常ニ我ラニ来リ心ノ戸ヲ叩キ玉フナリ然ド或者ハ聖霊ヲ求ルコトヲ知ズ或者ハ私見ヲ以テ聖霊ノ化トナシ或者ハ聖霊ヲ拒ミ或者ハ聖霊ヲ疑フ

先ツ聖霊ノ化ナクバ神ニ属スルノ事起ラズ然バ我心何デ神ノ子タルヲ証スルヲ得ンヤ

テ我ガ心ノ霊ト共ニ神ノ子タルヲ証スルナリ、蓋ハ聖霊先ヅ我ニキリスト イエス我ヲ愛シ我ガ為ニ軀ヲ捨テ我ガ罪ヲ滌ヒ去リ我ト神ト復和セシメ給フコトヲ悟ラシムレバナリ、此聖霊ノ化アリテ後チ前件ノ心ノ霊ノ証ハ起ルナリ、然バ聖霊ノ証ハ心ノ霊ノ証ニ先ツモノナリ、人必ズ既ニ聖ヲ成シテ後チ自ラ之ヲ覚ユ、人必ズ既ニ神ヲ愛シテ後チ自ラ之ヲ覚エ、聖ヲ成スハ神ヲ愛スルニ根イス、神ヲ愛スルハ神ノ愛ヲ知ルニ由ル、神ノ愛ヲ知ルハ聖霊ノ化導ニ由ルナリ ヨハネ一書四章十九 我ラ神ヲ愛スルハ彼先ツ我ラヲ愛スルニ因ル、 ヨハネ十六ノ二六 聖霊其来ル時我ガ為ニ証ヲナスベシ」、然バ聖霊ノ証始ニ起リテ後ニ心ノ霊ノ証ハ出ルナリ、而シテ遂ニ二ノ者相合テ証ヲナシテ云「神誠ニ我ヲ愛ス、且ツ独生ノ子ヲ以テ我為ニ贖罪ノ祭ヲナセリ、神ノ子誠ニ我ヲ愛ス、且ツ己ノ血ヲ以テ我ノ罪ヲ滌ヘリ」神先此ノ如ク我ヲ愛ス、故ニ我亦神ヲ愛ス、神ヲ愛スルガ故ニ亦兄弟ヲ愛ス、此皆自覚ニ由テ知ル 心証 其自覚ニ由テ神ノ我ニ賜フ所ノ者ヲ知ル 霊働 、又其自覚ニ由テ我神ヲ愛シテ其命ヲ守ヲ知ル、既ニ神ヲ愛シ其命ヲ守ル、之ニ由テ我ハ神ニ属スル者ナルヲ知ル、此故ニ心ノ霊ノ証常ニ聖霊ノ証ト相合テ共ニ我ノ神ノ子タルヲ証スル也」聖霊ノ相感スル無シテ妄ニ其証ヲ得タリトナスハ危険ナリ、真実ニ神ノ救ヲ求ル者ハ慎テ之ヲ思ヒ自ラ欺ク勿レ、聖霊ノ有ト無トハ光ト暗トノ如ク明ニ知ル、ナリ、聖霊ナクシテ其化
1 ヲ受シト云ハ暗ヲ以テ光ト云ガ如シ、聖霊ナキ人 己ノ罪ヲ知ズ、故ニ又痛悔ノ心ナシ、偶マ罪 2
ヲ悟テモ他人ノ悪ヲ比《クラベ》テ自ラ寛恕シ、更ニ傷ムナシ、神ノ愛ニ感ゼズ、キリストノ恩ヲ思ハズ、

霊ニ感ゼシ人ト感ゼザル人トハ明ニ知ラル

妄ニ人ヲ評シテ人ヲ愛セズ、自ラ誇リテ人ヲ卑シメ、人ノ教ヲ承ルヲ願ハズ、己ノ意ニ逆テ神ノ
3 命ニ従フヲ好マズ、徐聴疾言、其口好言ヲ喜ビ、常ニ傲慢ノ気ヲ顕シ、悪ヲ去ヲ勤ズ、善ヲ行ヲ
励マズ、神ヲ楽マズ、世ヲ楽ムナリ、ロマ八ノ八 肉ニ居ル者ハ神ノ心ニ叶フコト能ハズ若シ神
ノ霊尓ラニ住《ス》マバ尓ラハ肉ニ在《ヲラ》デ霊ニ居ン カラテヤ五ノ二二 霊ノ結ブ所ノ果ハ仁愛喜楽平和
忍耐慈悲良善忠信温柔撙節、ヨハネ一書四ノ十三 彼既ニ其霊ヲ以テ我ラニ賜フ、之ニ由テ我ラノ
彼ニ居リ彼ノ我ラニ居ルコトヲ知ル」 聖霊アル人 神ヲ楽ム、キリストヲ愛ス、罪ヲ痛ム、謙卑
遜順、神ノ教ヲ悦ビ、自ノ卑シキ塵ノ如ク思フ、斯クテ神ノ声常ニ我霊ニ告テ云「尓罪赦サレタ
リ安然ナレ」ト而シテ主ニ在テ神ノ賜フ平安常ニ其中ニアルベシ、故ニ痛悔ノ中ニ平和アリ、謙
卑ノ中ニ喜楽アリ、弱キ中ニ強キアリ、不智ノ中ニ智アリ、汚穢ノ中ニ清キアリ、不正ノ中ニ義
アリ、自ラ励テ怠ラス、人ヲ愛シテ倦ズ、神ノ命ニ順ヒ光ノ中ヲ行ム、之ニ依テ内チ自ラ知リ、
外ト人ヲ知ル、斯ノ如クバ神亦愈々堅ク其霊ヲ我心ニ注テ神ノ子タルヲ証ス カラテヤ四ノ六 尓
ラ既ニ子タルコトヲ得シガ故ニ神其子ノ霊ヲ尓ラノ心ニ遣《オク》リアバ父ト呼シム」我ラ今神ノ愛ニヨ

1 ヨハネ一書四ノ一 ○凡ノ霊ヲ信ズル勿レ其霊神ヨリ出ルヤ否ヲ試ムベシ 同三ノ十 ○神ノ子ト悪魔ノ子トハ明ニ著ハル凡ソ義ヲ行ハズ其兄弟ヲ愛セザル者ハ皆神ヨリ出シニアラズ

2 疑テ懐カシムルハ魔鬼為ス所ナリ 疑テスルハ罪ナリ 信ジテ祈ラバ予ヘラレザルナシ 唯ダ信ゼヨ

3 是皆肉ノ行ナリ神ノ霊ヲ受シ者ハ肉ノ行ナシ神ノ霊ヲ受ヌ人ニ其証アルベキ様ナシ

リキリストノ恩ニヨリ聖霊ノ感化ニヨリ全能ノ神ヲ父ト呼ブコトヲ得、又ソノ子タリ、我ラノ尊栄何バカリゾヤ、世ノ王栄モ及ブベキニ非ズ、聖書云既ニ子タラバ又世嗣タルナリト、我ラノ冨貴何バカリゾヤ、世界ノ冨モ及ブベキニ非ズ、願クハ我ガ兄弟ヨ我ラ既ニ此ノ望ヲ得タリ、再ビ魔鬼ノ迷惑ニ罹ル勿レ、自ラ欺ク勿レ、聖霊ヲ憂シムル勿レ　エペソ四ノ卅　霊ヲ熄スコト勿レ　テサロニケ前五ノ十九　、聖霊ノ導ク任《マヽ》ニ従テ肉ト霊トノ汚ヲ潔メ、神ヲ敬ヒキリストヲ愛シ、其凡テ思フ所、言フ所、行フ所ヲシテ皆ナ霊ノ祭物トナシ神ト救主イエストニ供フベシ、是神ノ悦ビ給フ所ナリ、如此バ神ノ恵日々ニ加ラレ、愈深ク愈堅ク聖霊ノ証我ラノ心ノ霊ニ感ジ共ニ我ガ神ノ子タルヲ証スベシ　アーメン　一月廿日安息日神戸会堂ニテ講ズ

主ノ招キ〇

黙示三ノ廿　視ヨ我戸ノ外ニ立テ叩ク若シ我ガ声ヲ聞テ戸ヲ開ク者アラバ我其人ノ所《モト》ニ就《イタ》ラン

〇創世一章　神天地ヲ創造ス、地乃チ虚曠淵面晦冥、神ノ霊水面ニ覆育ス」今我日本モ此ノ如シ、上下トモ〱心ハ腐レ品行ハ乱レ実ニ黒暗世界ナレド神ノ霊ハ覆育シテ光明ノ世ニ変ゼントスルノ有様現レ来レリ、此処ニハ悔罪泣呼救ヲ求ルノ声聞コエ、彼処ニハ主ノ愛ヲ讃シテ教会立テリ

〇今ノ時ハ如何ナル時ゾヤ、我ガ浅キ信仰ノ目ヲ以テ視ルモ、「求ヨ然バ予ラルヽ」ト云フ聖約ニ一層恵ヲ増シ加ヘラレ主自ラ我ラノ心ノ外ニ立テ開ケヨ開ケヨト叩キ玉フナリ、神ノ霊ハ我ヲ覆ヒ居ルナリ、開ケバ直ニ聖霊ハ我内ニ入来ルナリ、開ケバ直ニ主イエスハ我内ニ入来リ玉フナリ、然バ今ハ我自ラ心ノ戸ヲ開クベキノ時ナリ、開ケヨ兄弟姉妹、開ケヨ主直ニ入来リ玉フベシ、

黙示三ノ十七　尓自ラ我ハ富ミ且ツ豊ニシテ乏シキ所ナシト云勿レ」聖霊尓ヲ呼テ云ハズヤ、実ハ悩メル者、憐ムベキ者、又貧シク、瞽ヒ、裸体《ハダカ》ナルゾ」ト、キリスト尓ノ心ノ戸外ニ立テ云ハズヤ、黙示三ノ十八　尓富ヲ為ンタメニ我ヨリ火ニ煆《ヤキ》タル金ヲ買ヘ、又己ガ裸体ノ恥ノ露レザラン為ニ白キ衣ヲ買テ纏ヘ」ト、又主慈悲ナル御言《ミコトバ》ヲ以テ我ヲ愛シ云ハズヤ、黙示三ノ十九　凡テ我ガ愛スル者ハ我之ヲ責《イマ》シメ之ヲ懲《コラ》ス、此故ニ尓励ミテ悔改メヨ」ト兄弟姉妹ヨ既ニ尓ラノ祈ハ聴レ

見ユベシ

タリ、既ニ尓ラノ求メハ受ラレタリ、我堅ク信ズ、聖霊尓ノ心ノ戸口マデ降レリト、主今尓ノ前ニ在ルト、開ケヨ然バ聖霊直ニ尓ノ内ニ入ルベシ、尓自ラ心ニ問ヘ、主ハ更ニ其愛ヲ尓ニ見セントテ、尓ノ罪ノ十字架ヲ負ヒ血シホノ流ル、御手ヲ以テ尓ノ心ノ戸口ニ立チ玉フベシ」又心ノ耳

聞ユベシ

ヲ開テ聞ケ」主ノ声尓ニキコユベシ、尓神ノ恩ヲ忘レ罪ヲ犯セドモ神ハ尓ヲ愛シ尓ヲ捨ズ既ニ我ヲ以テ其罪ノ贖ヲナセリ、尓モ又神ヲ愛シ我ヲ愛セヨト」又我ヲ慰テ云ン、ヨハネ十四ノ一　尓ラ心ニ憂ル勿レ、神ヲ信ジ亦我ヲ信ゼヨト」聖霊又必ズ尓ノ心ノ戸ノ前ニ在テ尓ニ勧テ云ン、真誠ニ罪ヲ悔改メヨ」罪ハ尓ノ霊魂ヲ永死ニ陥ルベシ」尓尚ホ此世ヲ愛セリ」此世ヲ愛セバ神ヲ愛スルノ愛失《ウセ》ルナリ、神ヲ愛セズバ尓ノ望ハ絶ン、尓絶望ノ人トナル勿レ」主ノ日今ニモ来ルベシ」尓ハ既ニ贖レタル者ナリ、食モ飲モ主ノ栄ノ為ニスベシ」世ニ在テ働ク所朽ル糧ノ為ニアラデ永生ノ糧ノ為ニスベシ」人ノ栄ヨリモ主ノ栄ヲ求ムベシ」兄弟ヲ憎ム勿レ、怒ル勿レ、之ヲ愛セヨ」今ハ恵ノ時ナリ各々分ニ応ジ神ノ働ヲナスベシ」或ハ聖霊ヲ憂ヒシムルコト無カ、又聖霊ノ

勧ヲ打熄スコトヲセザル乎、我ラ若シ世ノ事ニ心ヲ煩シ、情欲ノ為ニ制セラレナバ聖霊ノ声聞エザルベシ、然ド聖霊ハ必ズ尓ノ心ノ戸ノ前ニ降リ居ルナリ、己ノ心ニ問ヘ、心ハ必ズ聖霊ノ声ヲ常ニ聞クベシ、其声ヲ聞バ直ニ開ケ終ニ聖霊尓ノ内ニ充満スベシ、聖書ニ云ル如ク、尓ハ全ク聖霊ノ殿トナルベシ」今ヤ聖霊ノ恩化我ラ信徒ニ在ノミナラズ尓ノ一家ニモ入ントス、尓ハ其門ナリ故ニ尓開ケ直ニ一家ニモ満ツベシ」我日本全土ニ満テリ、尓ラ信徒ハ其門ナリ、尓ラ開ケ一国直ニ聖霊ニ充サルベシ」今ヤ時来レリ、神ノ霊我国ヲ覆ヘリ、尓ラ開ケヨ、ヘブル書三ノ十五今日其声ヲ聴バ怒ヲ惹シ時ノ如ク尓ラノ心ヲ頑固《カタクナ》ニスル勿レ」コリント后六ノ二 彼云フ、我恵ノ時ニ尓ニキ、、又救ノ日ニ尓ヲ助ケタリ、今ハ恵ノ時ナリ、今ハ救ノ日ナリ 二月三日神戸会堂ニテ講ズ

1

○寐ヨリ醒ヨ 黒暗ノ危険ヲ云フ夜中眠間禍ノ来ヲ知ズ

題 エペソ五ノ十四 寐タル者ヨ目ヲ醒シ死ヨリ起ヨ、キリスト尓ヲ照サン ○朗読ロマ十三ノ八ヨリ以下イザヤ六十章一及ビ十九 ○寐タル者ハ何人ゾ」人ノ本性黒暗即チ黒暗地ヲ蒙ヒ晦冥万民ヲ遮レリ、キリストノ光ナクバ人之ヲ悟ラズ、ヨハネ八ノ十二 我ハ世ノ光ナリ我ニ従フ者ハ暗キ中ヲ行カズ生ノ光ヲ得ルナリ」一ハ暗中ニ在テ其暗ヲ全ク暁ラザル者、一ハ其暗キヲ悟ラザルニ非ネドモ尚ホ暗ヲ喜ブ者、一ハ其実暗キニアレド外貌ヲ以テ人ニ誇リ自ラヲ欺テ義トスル者」共ニ寐タル者ナリ、パリサイ人似ニタリ ルカ十八ノ十一、白ク塗リタル墓ニ似タリ マタイ廿三ノ廿七、肉ノ事ヲ念ハ死ナリ霊ノ事ヲ念ハ生ナリ安ナリ ロマ八ノ六、性来《ウマレツキ》ノ任ナル人ハ神ノ霊ノ情《コト》ヲ受

神ノ恵今ヤ満テリキリスト我ラヲ呼起セリ　尓ラ其声ヲ聞ザル乎

ズ、是彼ニハ愚ナル者ト見ユレバ也　コリント前二ノ十四　○目ヲ醒シ死ヨリ起ヨ」罪ノ定ル故ハ光世ニ来リシニ人ソノ行ノ悪キニ由テ光ヲ愛セズ反テ暗ヲ愛スレバ也　ヨハネ三ノ十九、前ニ蒙昧《クラ》カリシ時ハ神之ヲ不問《ミスグシ》ニ為シ給シガ今ハ何処ノ人ニモ皆悔改ルコトヲ命ジ玉フナリ　行伝十七ノ卅、　2 神使徒等ヲ獄ヨリ出ス　同五ノ廿、　新シキ人ヲ衣ヨ　コリント后五ノ十七　コロサイ三ノ九

○醒ル者ニ対シ言フ所ノ約許」云フキリスト尓ヲ照サント、暗ハ明ニ変ズ、死ヨリ生ニ出ヅ、地獄ハ天国ニ代ル、憂ハ喜トナル、懼ハ安トナル、禍ハ幸トナル、キリストト共ニ居ヲ得ベシ」尓ラ我ニ居レ然バ我亦尓ラニ居ン、枝モシ葡萄樹ニ連ラザレバ自ラ実ヲ結ブコト能ハズ　ヨハネ十五、

常ニキリストノ光ニ照サル、トキハ暗ニ行ズ、光ノ中ニ居ヲ得バ是即チ神ノ子ナリ○エペソ五ノ八　○光ノ結ブ所ノ果ハ凡ノ善キコトト義キコトト誠実ノ中ニアリ　○同六ノ十四　○誠ヲ帯トシテ腰ニ結ビ、義ヲ胸当トシテ胸ニ当テ、和平ナル福音ヲ鞋トシテ足ニ穿キ云々　信仰ノ盾、救ノ冑、聖霊の剣　○二月十日神戸会堂ニテ講ズ

天使ペテロニ云フ往テ殿ニ立チ此ノ生命ノ言ヲ悉ク民ニ語レ　我ラヲ罪ノ獄ヨリ出スルハ此生命ヲ伝ヘシメン為也

○凡ハ主ノ物

ルカ十八章廿九ヨリ三十二至ル　○ヨハネ十四ノ一　尓ラ心ニ憂ルコト勿レ、神ヲ信ジ亦我ヲ信ズベシ」　コリント后七ノ十八　我尓ラノ父トナリ尓ラ我ガ子女《ムスコムスメ》トナルベシト云ル、是全能ノ主ノ言《コトバ》ナリ」　ペテロ前五ノ七　尓ラ其憂慮《オモヒワヅラ》フ所ヲ悉《ミナ》神ニ託《ユダ》ヌベシ、蓋《ソハ》彼尓ラヲ顧ミ給ヘバナリ」　ヨハネ

1 外貌ヲ重ズル勿レ烟草ノコト誇ル勿レ之ニ反動ヲ起ス勿レ　米国伝教師パアカー幼時ノ話
2 伝道ハ信者ノ重務ナリ　自モ又伝道士ヲ養ヘ

如何ナル事ニ際遇スルモ又如何ナル事ヲ行フニモ神ニ由テ有ン限ハ懼ルベキニアラズ

今世ニテモ難ニ入テ難ヲ免レ、宝ヲ捨テ宝ヲ得、身ヲ捨テ命ヲ得、大ニ福ヲ受ケ亦永生ノ救ヲ得シナリ

十四ノ十八　我尓ラヲ捨テ孤子トセズ」　マタイ二八ノ廿　夫我ハ世ノ末マデ常ニ尓ラト偕ニ在ルナリ」　ガラテア四ノ七　既ニ子タラバ亦キリストニ由テ神ノ世嗣タル也　○我ラ此等ノ事ヲ信ズル乎、真ニ信ズル乎、然バ我ラ何ノ懼ル、コト有ンヤ、視ヨイスラエルノ民ハ紅海ヲ陸ノ如ク通リ」　ペテロハ荒浪ノ上ヲ歩ミ　ダニエル三ノ廿一　シヤデラク　メシヤク　アベデネゴノ三人ハ実ニ神ヲ信ズ、故ニ甘ンジテ火炉ノ中ニ入ル、実ニ神ヲ信ズ、故ニ火傷ヲ免ル」　ダニエルハ獅穴ニ投セラシ」　ダビデハ僅ナル小石ヲ携テ強力ゴリヤニ向ヒタリ」　アブラハンハ其子イサクヲ献ジ」　モーゼハエジプトノ宝ヲ捨タリ」　彼輩ノ信仰ハ徒然ニシテ辱ヲ来ラセシヤ、唯ニ辱ヲ来ラセザル耳ナラズ、今世ニテ幾倍ヲ受ケ、亦来世ニテハ永生ヲ受シニ非ズヤ　○人動モスレバ紅海ヲ通ルベキニ之ヲ猶豫シテ進マズ、」　パロノ軍勢ニ鏖死セラル、ガ如キコトアリ」　ペテロノ如ク荒浪ヲ踏出セシコトハセシモノノ中道ニシテキリストヲ見ズ、四方ノ高波暴風ヲ見テ心怕レテ海中ニ沈ントスルアリ」　バビロンニ在シ三人ノイスラエル人ニ効ハズ、一方ニハ人ノ権威ヲ畏レ、一方ニハ火ノ猛力ヲ懼レ、神ノ敬スベキト神ノ力トヲ全ク忘ル、ニヨリテ反テ身ヲ焼亡スノ患ニ遇アリ」　ダビデノ如ク神ノ力ニ由ルコトヲセズシテ愈々人ニ制セラル、アリ」　アブラハムノ如ク神ノ為ニ如何ニ鍾愛ノ物ニテモ献グルノ心ナク反テ己ト其鍾愛ノ物ト共ニ滅ニ至ルアリ」　モーゼノ如クナラズシテキリストヨリモ不義ノ財ヲ愛スルアリ」　我ラ若シ信ズルト云テ如此バ其信仰益ナキ耳ナラズ、常ニ失望ニ陥イリ、禍身ニ迫ルベシ　マタイ十六ノ三五　生命ヲ保全《マットウ》セントスル者ハ之ヲ失

ヒ、我ガ為ニ其命ヲ失フ者ハ之ヲ得べケレバ也　ルカ十八ノ二四　イエス其甚《イタ》ク憂シヲ見テ云ケルハ、富ル者ノ神ノ国ニ入ハ如何ニ難イ哉」　同二九　神ノ国ノ為ニ家或ハ其他一切ノ物ヲ捨ル者ハ今世ニテ幾倍ヲ受ケ来世ニハ永生ヲ受ザル者ナシ」此事ノ難易ハ唯ダ我ガ身其他ノ一切ヲ主ノ物トスルト我ガ物トスルニ由テ生ズル耳ナリ、若シ主ノ物タランニハ何ノ難キコトカ有ン、コリント后五ノ十四十五　我ラ思ニ一人衆《スベテ》ノ人ニ代テ死タレバ衆ノ人既ニ死タル也、其衆ノ人ニ代テ死シハ生ル者ヲシテ以後《コノヽチ》己ガ為ナラデ己ニ代リ死テ甦リシ者ノ為ニ世ヲ過サシメントテ也」コリント前六ノ二十　尓ラハ價ヲ以テ買レタル者ナレバ尓ラハ神ノモノ也、身ニ於テモ霊魂ニ於テモ神ノ栄ヲ顕スベシ　○之ヨリ今ヤ神ノ栄ヲ顕スベキ好機ヲ神ハ我ラニ与ヘ給ヘリ、農夫ハ雨後地ノ潤ヒタル時ニ種ヲ下スナリ、我ラハ此恵ノ時ニ福音ノ働ヲ作スベキナリ、神ノ恵ノ時ハ少《イサヽ》カモ人事ニ妨ケラレズ、悪人ノ嫌ヒ妨ルニモ係ラズ、世ノ風景気ニモ係ラザルナリ、昔シロマハ必死ノ力ヲ極メテキリスト教ヲ禁壓セントシタレドモ紀元二百年ノ頃ニ至テハテルトリヤン氏ヲシテ「汝ラノ市街城塁自由都会ハ勿論汝ラノ陣営宮殿議院法庭ニサヘモ一トシテ信徒アラザルハナシ、只汝ラノ為ニ余スモノハ社寺アルノミ」ト云ハシメタリ、米国千八百五十八年ノ大リバイベル（信仰復興）ノ時ハ国中商売大不景気ノ時ナリシナリ、罪悪人絶エズ種々妨害ヲ試ルニモ拘ラズ紀元以来キリスト信徒ノ増加、五旬節三千人、第一世紀ノ末五十万人、コンスタンチン帝ノ御宇一千万人、第八世紀三千万人、ルウテルノ時一億万人、千八百八十三年（昨年）四億五十万人視ヨ世ヲ救ヒ人ヲ福ナラシムル神

事ニ順序アリ物ニ軽重アリ行ニ緩急アリ勤ニ前後アリ

二階堂氏近来住家ニ困リ居ラル、ト聞ケリ

多聞ニテモ教会々堂ノ建築アリト聞ク

ノ働ハ権威ニモ妨ラレス、金銭ニモ係ラズ智識ニモ由ザルヲ、神ハ恵ノ時ニ恵ミ玉ヘバ其恵ノ時ヲ失ハズ其恵ヲ徒ニ受ザルヤウスベシ唯ダ我ラ神ノ為メ人ノ為メ尽スノ心ダニアラバ有ハ有ガ如ク無ハ無ガ如ク神之ヲ助テ其志ヲ成シメ給フナリ、コリント后九ノ八　神ハ尓ラヲシテ常ニ凡ノ物ニ足ザルコトナク、凡ノ善事《ヨキワザ》ヲ多ク行ハシメン為ニ諸《スベ(ママ)》ノ恩《メグミ》ヲ多ク尓ラニ予ヘ得ルナリ」　同六ノ十　憂ルニ似タレトモ常ニ喜ビ、貧キニ似タレトモ多ノ人ヲ富セ、何モ有《モタ》ザルニ似タレトモ凡ノ物ヲモテリ　○此恩雨ノ時ニ働ヲ怠ル勿レ、各々神ノ賜ル所ノ分ニ従テ神ノ働ヲナスベシ、一家ニ於テモ、教会ニ於テモ、世間ニ於テモ、尓ラガ働キ所トシテ有ザルナシ、況ンヤ神我ラニ目下尽スベキノ数事件ヲ示シ玉ヘリ、伝道地ニハ西宮アリ、福音ヲ伝シメン為ニハ之ニ従事セント志ヲ決シ既ニキリストノ為ニ一切ヲ捨タル伝道志願者数名アリ、隔リタル地方ニ伝道ヲナシ天国ヲ偏《アマ》ネク来ラセンガ為ニ主ガ備ヘ玉ヘル伝道会社アリ、貧ニシテ病メル困苦ノ同胞ヲ助ケ主ノ愛ヲ世ニ顕サンガ為ニハ分恵病院アリ、我ラガ主ノ道ヲ探究スルニ付キ今日マデ欠タル旧約全書モ既ニ翻訳シテ全国ニ偏ネカラセンガ為ニ其備ニ取カヽレリ、又兵庫教会ノ如キハ無牧ニシテ且信徒ノ数モ僅ナリ、殊ニ彼地ハ切要ノ場所ナリ、然ルニ福音ヲ伝ル便宜ノ家サヘナシ、我ラ傍観スベケンヤ」此等ノ善事我ラノ前ニアリ、我ラ之ヲミテ心ヲ尽スノ念ナキカ、或ハ之ヲ見テ眉ヲ顰ムベキ乎、我ラ誠ニキリストヲ信ズル乎、然バ如此多ノ主ノ働ノアルハ喜ブベキコトナリ、聖書云ズヤ　カラテヤ四ノ十八　善事ノ為ニ常ニ熱心ナルハ宜シキ也」　同六ノ九　善ヲ行フニ臆スル勿レ、蓋《ソハ》倦コト

無バ我ラ時ニ至テ穫取ル可レバナリ」 イエス云ズヤ 行伝廿ノ三五 受ヨリモ予ルハ福ナリ」我
ラニ福ヲ得シメントテ神ハ我ラノ前ニ働ヲ備ヘ給フナリ、人モシ用ヰザレバ有ト思ヘルモノモ失
1 ヒ、神ノ為ニ用ヰバ無ト思ヘルモノモ多ク増シ加ヘラル、ナリ コリント后八ノ二 兄弟ヨ我マ
2 ケドニヤノ諸教会ニ賜リシ神ノ恩ヲ尓ラニ告グ、即チ大ナル難《ナヤミ》ノ中ニ試ヲ受ルトキ彼等ノ喜ビ甚
シク、亦大ナル其貧彼等ノ惜ナク施ス所ノ富ヲ彰セリ」主ノ名ニ由テ行《ナス》トコロノ施シ、又凡テ天
国ノ為ニ捨ル者ハ我ヲ損セザル耳ナラズ愈々我ラヲシテ善事ニ富シムルニ非ズヤ、キリストノ云
ル「凡ソ神ノ国ノ為ニ家或ハ父母或ハ兄弟或ハ妻或ハ児女ヲ捨ル者ハ、今世ニテ幾倍ヲ受ケ、来
世ニハ永生ヲ受ザル者ナシトハ誠ナラズヤ 二月二十四日神戸会堂ニテ講ズ当安息日説教時ナクシテ神ノ
栄ヲ顕ス可シ云々ニテ終ル今ヤ神ノ栄ヲ顕スベキ好機云々ヨリ次ニ回ス

我ラノ目的ハ主ノ栄ヲ顕ニアリ○

願クハ一切ヲ捨テ神栄ヲ顕スベシ 一己ハ何者ナル二我ヲ贖ヒシ者ノ我ニ向フ目的ハ何ン

題 コリント前書六章ノ二十 尓ラハ價ヲ以テ買レタル者ナレバ神ノ属《モノ》ナル尓ラ身ノ於テモ霊《タマシヒ》ニ於
3 テモ神ノ栄ヲ顕スベシ ○ペテロ前一ノ十八 尓ラ贖ハレテ先祖ヨリ伝ハリタル徒行《ムナシキオコナヒ》ヨリ離レシ
4 ハ銀ヤ金ノ如キ壊《クツ》ル物ニ由ニアラズ疵ナク汚《シミ》ナキ羔ノ如キキリストノ宝血ニ由ルナリ」 ペテロ前

1 マケドニヤ グリーキノ北鄙ニアリ諸会ハピリピ テサロニケ等ノ会ヲ云フ
2 福音新報二巻ノ九アメリカンボード設立ノ一年、九万九千九百五十二円 ○四十七年后、三千八百八十九万三千二百六十九円、此時リホルムドダツチプレスビテリヤン二派退ク ○五十年目、四千二百九十七万九百九十八円 ○昨年ハ、五千九百九十万九千五百六十七円 ○伝道地十五 ○宣教師三百九十二人派出米国ハ此出金ニ由テ衰シヤ否イヨ〳〵盛ン也
3 朗読ヨハネ十ノ七ヨリ十八ニ至ル
4 テモテ節二ノ四兵卒ヲ務ル者ハ世事ヲ以テ自己ヲ累ハセズ、是募レル者ノ心ヲ悦バセントスレバナリ

一ノ十四十五　尓ラ孝子ナルニ由テ前ノ暗キ時ノ慾ニ効フコトナク尓ラヲ召シ玉フ聖者ニ効テ凡ノ行ヲ潔クスベシ」　ロマ書十四ノ七　我ラノ中己ノ為ニ生《イキ》己ノ為ニ死ル者ナシ」　コリント前十ノ三十一　食フニモ飲ニモ何事ヲ行フニモ凡テ神ノ栄ヲ顕スヤウ行フベシ」　説教中前ノ今ヤ神ノ栄ヲ顕スベキ云々以下ノ言ヲ雑エ用ヰタリ　○三月二日此日晩餐アリ又山田藤井塚本みな三人ノ受洗并ニ川本とき入会アリ欠ニ帰レ○

題ルカ十五ノ十一ヨリ終ニ至ル　説明　○父ヨ我天ト尓ノ前ニ罪ヲ犯タレハ尓ノ子ト称ルニ足ザル者ナリ○廿ノ一　我ハ罪人ニシテ中々父ヨリ子ト称ヘラル、ニ足ザル者ト思タル悔罪ノ弟ハ、思ノ外ニ父ノ喜ヲ得、吾子死テ復生《マタ》キ失テ復得タルトテ之ニ美服ヲ着セ指輪ヲ予ヘ履ヲ穿《ハカ》セ又肥タル犢牛ヲ宰《ホフ》リテ楽ヲ始タリ」而シテ我多年尓ニ事ヘテ未ダ尓ノ命《イマシメ》ニ背カズ、ト自ラ誇レル兄ハ、父ノ楽ニ入コトヲ得ズ又弟ノ如ク其父ヲ喜バスコト無リキ　○其父ノ楽ニ入ルコトヲ得ザリシハ己レ父ノ命ニ充分従ヘリト誇ル譾心ト兄弟ヲ卑シメ軽ンズル高慢ナリ、其弟ヲ卑メルコトハ怒テ家ニ入ザルト、吾弟ト称ルヲ嫌ヒ妓ノ為ニ身代《シンダイ》ヲ耗《ツイ》ヤシ、此尓ガ子ト云ルニテ知《シラ》ル、也、是自ラ其命ニ従リト誇ルトモ豈《イカデ》命ニ背カザル者ナランヤ、父ハ兄弟ヲ愛ス、彼ハ之ヲ悪ム、父ハ其旧悪ヲ云《イハ》ズ其悔改ヲ喜ブ、彼ハ其旧悪ヲ列べテ之ヲ卑ム、悉ク父ノ意ニ悖ルニ非ズヤ」又我友ト楽ム為ニ羔ヲモ予ヘシコトナシト云テ父ヲ怨ミ憤レリ、是孝子ナランヤ、況ヤ父ニ無法アル乎、決シテ無シ、父云ズヤ、子ヨ尓ハ常ニ我ト共ニ在リ又我所有《モチモノ》ハ皆尓ガモノ也ト、然バ是父ト偕ニ居ルヲ喜ビ父ト同《トモ》ニ楽ヲ楽トセバ怨モナク憤モナク且ツ心ニ不満足ノ生ズベキ様ナシ、彼我友ト云ヘルヲ見レバ

我ラ或ハ卑キ兄弟ト列ヲ同シテ信者ト称フルヲ恥ゲ或ハ罪ヲ犯シ、人ヲ卑シメ其悔罪ヲ喜バス反テ之ヲ卑シメズヤ　1

父ト偕ニ居ヲ喜トセズ父ト同ニ楽ムヲ好マズ、別ニ私欲ヲ縦ニスル友ヲ得テ之ト偕ニ居リ之ト同ニ楽ンコトヲ望シコト明ナリ、父ヲ離テ私欲ノ友ヲ得ントシ、父ト楽ムコトヲ喜バズ、私欲ノ友ト楽ントス、不孝《フコウ》ノ罪人ナラズヤ、我常ニ尓ノ命ニ背カズト云ルハ全ク自ヲ欺ケルナリ、父ヲ喜バスコト能ハザルハ固ヨリノ事ニテ父ノ楽ニ入ルコト能ハザルモ当然ノコトナリ、父ト同ニ楽ムコトハ己ヨリ好マザレバ也　○其弟ハ一旦父ヲ厭テ己ガ任《マ、》ヲ作ント欲シ其許《モト》ヲ離レ遠クニ到リ私欲ヲ縦マ、ニシ折角父ヨリ受シ財産ヲ浪費シ尽シタリト雖モ、人窮スレバ本ニ返ルノ諺ノ如ク忽
[2]然悟リ、従前恃トセル所有ノ皆浮雲ノ如ク、従前楽トセル肉欲ノ烟霧ノ如ク、我ヲ全ク満足セシメザルコトヲ知リ、又父ノ他《ホカ》ニ依リ頼ミテ誠ノ助ケト為《ナル》ベキ者ナキヲ悟リ、一朝夢ノ覚メタル心地シテ悔改父ニ帰ラントス」然ド茲ニ到リ己ガ罪ノ洪大ナルヲ感ジ此侭傲然帰ルベキニ非ズ如何ニセントテ心備ヲシテ云、我父ノ許ニ往バ如此云ベシ、「我尓ノ前ニ罪ヲ犯シタレバ尓ノ子ト称ルニ足ラズ尓ノ雇人ノ一人ノ如ク我ヲ為シ玉ヘ」ト、如此ニ思ヒ定テ再ビ他人ニ事ルコトヲ求メズ又再ビ他福ヲ得ルコトヲ欲セズ唯一心父ニ帰ラントス、唯ニ心ニ定シノミナラズ身モ亦之ニ随

1　聖書ニ云既ニ子タレバ亦嗣子タリト天父ノ物ハ我ラ信徒ノ物ナリ然ルニ之ヲ喜バズシテ失張肉欲ノ友ト楽ムコトヲ欲シ其思ガマ、ニナラヌトテ常ニ天父ニ向テ不足ヲ陳ベ怒ラザル乎

2　我ラモ視ヨ父ヨリ予ヘラレシ材産ヲ父ノ旨ニ従テ使用スルヲ欲セズ反テ父ノ元ニ居ヲ究屈ニ思ヒ之ヲ離レシコトナキ乎斯ノ如クセバ遂ニハ一切ヲ費シ一物ノ余ルナキニ至ルトキ来ラン世ニハ名誉財産何一ツ真実我ヲ富ス者ナシ早ク父ニ帰ラズバ悔テ及バザル時来ラン

春雨ノ山野ヲ潤スガ如シ

ヘリ、自ハ其罪ノ大ナルニ感ジトテモ子ト称ラルベキニ非ズ雇人ノ一人トシテ受ラレント思シナ
レド父ハ彼ト別レノ後日トシテ子ノコトヲ念ハザルナシ、故ニ未ダ近ク来ラザルニ其形容我子ニ
相似タルヲ視立刻《タチマチ》憐ノ心ヲ起シ趨《スヽミ》リ前其頸ヲ抱テ接吻セリ、且ツ伴ヒ入テ共ニ楽メリ　○我ラ此
謙遜ニシテ罪ヲ認タル弟ノ如キ乎、将タ傲然トシテ常ニ父ノ誡ニ従ヘリトスル兄ノ如キ乎、若シ
此兄ノ如クバ所詮神ヲ喜バスコト能ハズ又神ノ楽ニ入ルコト叶ハズ、神ノ我ラニ求メ玉フ所ハ真
実ソノ罪ヲ認ルコトト、真実ニ之ヲ悔改ルコト也「詩五十一ノ十七　神ノ悦ビ玉フ献物ハ品物ニ
アラズシテ傷《イタ》メル心ナリ、心ヲ傷メ悔《クヤメ》ル者ヲバ神必ズ卑メ玉ハズ「ヨエル二ノ十二三　エホバノ
日大ニシテ綦《キハメ》テ厳《オゴソ》カナリ、誰カ能ク之ニ当ラン乎《ヤ》、エホバ故ニ云フ全心ヲ以テ断食ヲ以テ哭泣《ナゲキ》ヲ
以テ悲哀《カナシミ》ヲ以テ我ニ帰レ、且ツ衣ヲ裂ズ其心ヲ裂テ我ニ帰レ、尓ラノ神ハ鴻恩《メグミ》ト慈悲《アハレミ》トアリ」今
ヤ神ノ恵ト憐ミハ日本全土ニ満《ミテ》リ、神ノ国ハ既ニ来レリ、然ド之ニ入ル者アリ入ザル者アリ、如
1 何ナル人ガ之ニ入テ神ト共ニ楽ミキリストノ賜フ安キヲ得ベキカ、真実ニ罪ヲ認メ真実ニ罪ヲ悔
2 改ル人ナリ、人モシ罪ヲ認メズバキリストノ死ヲ何ノ為メト思フヤ、罪ヲ認ザル人ニハキリスト
ハ無用ナリ、罪ヲ認メザル人ニシテ何デキリストノ大愛ヲ甞《アチハ》フルコトヲ得ンヤ、天地ノ主宰ノ神
ガ天ノ位ヲ棄テ此穢《キタ》ナキ罪ノ世ニ現レ、尤モ卑シキ場所ニ生レ、尤モ貧シキ生涯ヲ送リ、マタ
イ八ノ廿　狐ハ穴アレドキリストハ住ムベキ家モナク鳥ハ巣アレドキリストハ枕スル所モナク、
人ニハ謗ラレ弄《ナブ》ラレ終ニ罪人ノ手ニ罹リ卑シキ者ニ或ハ打レ或ハ面ニ唾セラレ或ハ棘刺《イバラ》ノ冕《カンムリ》ヲ冠

要句　○廿一
認罪　○廿父
ノ愛　○廿二
父ノ恩衣

セラレテ其首ヨリ血滴タルニ至ル、其浅間鋪嘲弄ノ果ハ如何アリシヤ、十字架ノ上ニ掛ラレテ肉ヲサカレ鮮血淋漓ト流レ出ルノ辱カシキ酷《ムゴ》キ極刑ニ遭ヒ玉ヘリ、是誰ガ為ゾヤ又何ノ為ゾヤ、己ノ御身ハ今ヤ大難ニカヽラントスル時ニ臨ミテモ己ヲ難ヨリ免レシメントニ非ズ己カ身ヲ忘レ汗ハ血ノ滴ノ如クタク〳〵露《オツ》ルマデ祈祷ナシ玉ヒシハ誰ガ為ゾ又何ノ為ゾ、是ミナ我ラノ為ナラズヤ、我ラヲ救ントノ御愛心ニアラズヤ、十字架上鮮血ニ染ミナガラ尚ホ祈祷ナサレシハ誰ガ為ナリシヤ、キリスト神ノ子ヲ十字架ニ附《ツケ》シ我ラ罪人ノ為ニアラズヤ、其御祈ノ声ハ尓ラニ聞エザルカ[3]「ルカ廿三ノ三十四　彼等ヲ赦シ玉ヘ其為ス所ヲ知ラザルガ故ナリ」己ガ身ハ斯ル極刑ニ遇ナガラ其罪人ヲ神ニトリナシ玉フ愛ノ御声ヲ聞ザルカ、噫《アヽ》罪ヲ認ザル悪人ニハ恐クハ聞エザルベシ、我ラ若シ真実ニ罪ヲ認ズバキリストノ此等ノ凡ノ事ハ何ノ為ナルカ知ラザルベシ、此ニ至テ我ラノ罪ハ極ルベシ、最早救ハ我ラヨリ絶《タ》ルベシ、願クハ斯ル神ノ大愛ヨリ離ルヽコトナク、十字架ヲ視テ我罪ノ大ナルヲ悟リ、我罪ノ大ナルモキリストハ尚ホ我ヲ捨テ玉ハズ血ノ如キ汗ヲ流シテ

尚コノ恵ニ逆ラヒテ彼ノ兄ノ如ク傲然自ヲ善トシテ父ノ許ヲ離ルヽ乎誤ル勿レ恵ヲ空シクスル勿レ

1　キリスト云我ハ罪人ヲ救ン為ニ来レリ

2　甚シク感ズルト感ゼザルトアリ感不感ハ恃ムベカラズ○罪ニ深ク感セズトモキリスト深ク愛スル人アリ是レ罪ヲ知レルガ故ナリ　○甚シク罪ニ感ジタル如シト雖モ又罪ニ陥リ易キ人アリ是感ジテモ深ク罪ノ恐ルベキヲ知ザルナリ

3　父ニ帰レ、其侭帰レ父ハ其弟ノ之マデ犯セシ罪ヲ正サヾリキ、父ハ其弟ノ零落セシ穢ナキ姿ヲ嫌ハズ、反テ之ヲ憐ミ抱キカヽヘテ接吻セリ　○此世ノ財ヤ名誉ヤ楽ハ此弟ノ身代ニ均シ、何日カ尽果ルナリ、其時尓誰ニ往ントスル乎、我天ノ父ヨリ他ニ手寄トコロ無ルベシ、況ンヤ父ハ不孝ノ子ヲモ棄玉ハズ日々唯ダ其ノ帰リ来ルヲ待玉ヘリ、殊ニ今日ノ如キ恵ノ時ヲ我ラニ予ヘ愛ノ声ヲ出シテ不孝ノ我ラヲ招キ玉ヘリ　○廿三日ニハ鎌田氏感ズル所アリテ説教ス故ニ之ヲ四月十三日ニ講義ス

我ガ為ニ祈リ鮮血ノ流ル、十字架ノ上ニ在テスラ神ノ子ヲ刺セシ此罪人ヲ天父ニ祈リ取ナシ玉ヒシイエスノ声ヲキ、テ其大愛ヲ知ラシメ玉へ、己ノ罪ヲ悟リ、神ノ恩トイエスノ愛トヲ知リ、真誠ノ悔改ヲ起シ、今此処ニ在ル兄弟姉妹ソノ他尓ノ導ニヨリテ此恵ノ座ニ来リ居ル凡ノ人ヲ天ニ在ス父ナル神ニ帰サシメ玉へ、今聖霊ヲ降シテ我ガ此望ヲ助ケ成シ玉へ」

三月廿三日神戸会堂ニテ講ズ四五日前ヨリ西京同志社ニ聖霊ノ降臨アリタリ前金曜ノ夜藤田兄来リテ其景況ヲ語ル

イザヤ六十一章ニアリ○イザヤハ紀元前同書六一ノ三云シオンノ憂愁《ウレヒ》ヲ衣ル者ニ冕ヲ賜テ灰ニ代へ喜楽ノ膏ヲ賜テ憂愁ニ代へ讃美ノ衣ヲ賜テ憂ノ心ニ代フ

○題　ルカ四ノ廿一　イエス彼等ニ云ケルハ此録サレタル事ハ今日尓等ノ前ニ応《ナレ》リ　朗読十六ヨリ三二ニ至ル中十八十九題ニ関ス　○イザヤ数百年ノ前ニ於テ預言セシコトキリストノ時ニ成リ其預言ノ成シコトヲ千八百有余年ノ今日ニ於テ亦見ルコトヲ得ルナリ罪ノ重負ヲ荷ヒ心傷ル者ハ醫サレテ安ヲ得魔鬼ノ奴隷トナリテ自由ヲ失シ者ハ釈サレテ神ノ子トセラレ情欲ノ為ニ心ノ目盲シテ主ノ恵ノ光ヲ見ルコト能ハザリシ者ハ心目開ケテ恵ノ光ヲ見ルコトヲ得悪ノ為ニ制ヘラレテ十字架ノ元ニ進ムコト能ハザリシ者ハ取縦《トリハナ》サレテ救ノ座ニ到ルコトヲ得タリ今ヤ聞クコト視ルコト一トシテ喜バシカラザルハナシ一トシテ人ノ福ヒナラザルハナシ一トシテ神ノ大愛ノ顕ハレザルハナシ実ニ主ノ我ラニ賜フ禧年ナラズヤ此禧年ヲ凡ノ人ニ宣べ伝へ凡ノ人ニモ神ノ恵ヲ予へ平安ヲ予へ凡ノ人ヲ此禧年ニ会《アハ》セントテ神ハ既ニ恵ヲ受タル人ヲ撰テ数十人ヲ諸方ニ出シ給ヘリ

天国ノ長大

マタイ十三ノ卅一卅二　○草稿アリ四月十九日神戸公会十年紀念祝会ノ日ノ説教

○聖霊ノ果○

ロマ七ノ二十四　噫《アヽワレナヤメルヒト》我困苦人ナル哉此死ノ体ヨリ我ヲ救ハン者ハ誰ゾヤ、是我ラノ主イ

エス　キリストナルガ故ニ神ニ感謝ス　○ヨハネ三ノ一六、神ハ其生ミ給ヘル独子ヲ賜ノ程ニ世ノ[1]人ヲ愛シ給ヘリ此ハ凡テ彼ヲ信ジル者ニ亡ブルコト無シテ永生ヲ受シメン為ナリ　○マタイ十一ノ二十八、凡テ労《ツカ》レタル者又重キヲ負ル者ハ我ニ来レ我尓ラヲ息マセン　○ヨハネ六ノ三九　凡テハ父ノ我ニ賜《アタ》ヘシ者ヲ我一ヲモ失ハズ　○ヨハネ十四ノ十八、我尓ラヲ捨テ孤子トセズ　○ロマ八ノ一、イエス　キリストニ在ル者ハ罪セラル、事ナシ　○既ニ救ヲ得シト雖モ尚ホ人ニハ自由アリ「ヨハネ八ノ三六　、子モシ尓ラニ自由ヲ賜《アタヘ》ナバ尓ラ誠ニ自由ヲ得ベシ」　ロマ八ノ二、活ス霊[2]ノ法ハイエス　キリストニ由テ罪ト死ノ法ヨリ我ヲ釈《ユル》セバ也」　カラテヤ五ノ一、イエス　キリスト[3][4]我ラヲ釈《トキ》テ自由ヲ得サセタリ、是故ニ尓ラ堅ク立テ復ビ奴隷ノ軛ニ繋《ツナガ》ル、勿レ」　コリント前八ノ九、尓ラ慎テ其自由ヲ柔弱者《ヨハキモノ》ノ躓《ツマヅ》キトナス勿レ」　カラテヤ五ノ十三、其自由ヲ得《ウル》ヲ機《ヲリ》トシテ肉ニ循フ勿レ唯愛《タヾ》ヲ以テ互ニ事ルコトヲ為《セ》ヨ　○人モシ信ニ由テ主ト共ニナルヲ得バ再ビ主ヨリ離ル、勿[5]レ」　コロサイ二ノ六　、尓ラ既ニ主キリスト　イエスヲ承タレバ彼ニ在テ行ムベシ人ニ云ナリ」又[6]

偏シテ誤ル勿レ　パウロ信ヲ云ヒヤコブ行ヲ云フ

我尓ラヲ救テ自由ヲ奪フト云ズ

一度キリストノ救ニ入ラバ我身ニ非ズ然ド其恩ニ感シテ之ヲ神ニ献グルト献ザルトハ又我自由ナリ

1　我ラハ小供ノ如シ、然ド父ヲ悦サント思テ誤テ罪ニ陥ルハ、寐テ父ノ命ニ従ハザルニ愈レリ

2　天使モ自由ニヨリテ罪ヲ犯シ　アダムエバモ自由ニヨリテ罪ニ陥ル

3　神ノ霊ニハ誤ナシ我ニ身勝手アリ、神ノ恩ニ誤ナシ受ル我ニ曲《イガミ》アリ

4　ヤコブ一ノ十三○神我ヲ悪ニ誘フ云フ勿レ、神ハ悪ニ誘ハレズ亦人ヲモ悪ニ誘ヒ玉ハズ、人悪ニ誘ハル、ハ己ノ欲ニ引カレテ誘ハル、也　神ハ罪ヲ悪ム故ニキリストヲ下ス　子モシ其親ト共ニ在バ無事安固ナリ　智アル父ハ子ノ自由ヲ奪ハズ

5　人ハ弱キ者ナリ故ニキリストヲ賜フ

6　父ト共ニ居ト云ハヨケレド父ノ懐ニ在ト云ハイカヾ

聖書モ入用信仰モ必用

実ナキ喜ハ煙ノ如シ又果ヲ結ザル花ノ如シ

肉ノ行ハ顕ハナリ（カラテヤ五ノ十九）仇恨、分争、結党、異端〇マタ十八ノ十五　友ノ罪ヲ正スコトアリ

人ヲ悪テ神ノ言ニ及ボス

律ニ在テ強テ神ニ従ニ非ズ、キリストノ愛ニ勉サレ喜ビ勇ンデ教ニ服スルナリ

云　同七、尓ラ根ヲ彼ニ置キ彼ニ在テ徳ヲ建テ、又教ヲ受タル所ニ従テ信仰ヲ堅クシ此ヲ益々大ニシテ感謝セヨ　〇テモテ后二ノ二二、尓ラ幼《イトケ》ナキ時ノ欲ヲ避テ義ト信ト愛ヲ追求メ、又清キ心ニテ主ヲ籲ブ者ト和グ事ヲ追求ムベシ　〇ヨハネ七ノ三八、我ヲ信ズル者ハ其腹ヨリ活ル水川ノ如クニ流レ出ヅベシ聖霊ノ恩賜ヲ得テ人ヲモ益ス〇コリント后十三ノ五、尓ラ信仰ニ居ルヤ否ヤ自ラ省ミ自ラ試ムベシ　〇ガラテヤ五ノ二二、霊ノ結ブ所ノ果ハ仁愛喜楽平和忍耐慈悲良善忠信温柔撙節」我ラニ此等ノ者果シテ有乎、或ハ肉ニ属スル者ナキカ、人ヲ議スルコト　マタイ七ノ一　其人ニ過ヲ示スハヨシ、人ヲ賤シメルコトヤコブ二ノ六　愛ヲ以テ賤ルハヨシ、口ヲ慎マザルコトヤコブ三、己ヲ善トスルコトルカ十八ノ十一　同十ノ二九　己ノ者ニ違ヘバ妄ニ聖霊ノ化ナシト云、軽々シク怒ルコト高ブルヨリ　ヤコブ一ノ廿　ヱペソ四ノ廿七、恨ルコト告ル男ナクバ　ヨハネ一書三ノ十五、平和ヲ破ルコトコリント前十四ノ三十三　コロサイ三ノ十五、神ヲ瀆スコト己ノ過ヲ悉ク神ニ托ス、己ノ働ヲ顕サントスルコトカラテヤ五ノ二六、神ヲ愛シ人ヲ愛スルノ心ナキコトコリント前十二章　〇ガラテヤ五ノ二五、我ラ霊ニ由テ生ナバ亦霊ニ由テ行ムベシ」イエス我ラニ教テ云「ルカ六ノ三七、人ヲ議ルコト勿レ」同人ヲ怒セ」三一　己人ニ施レントスル事ハ亦人ニモ其如クセヨ」ヨハネ十三ノ三四、尓ラ相愛スベシ」聖霊又示シテ云「ロマ十二ノ十八、行得《ナシウ》ベキ所ハ力ヲ竭シテ人々ト睦親ムベシ」同十六、尊大志《タカキオモヒ》ヲナサズ反テ卑《ヒク》キニ附ヨ、又自ヲ智トスル勿レ」ヤコブ三ノ十四、尓ラ心中ニ苦嫉《ニガキネタミ》ト忿争《アラソヒ》ヲ懐カバ是真理ニ背クナリ」ペテロ前三ノ十、舌ヲ禁《オサ》ヘテ悪ヲ言ズ唇ヲ緘《トヂ》テ詭譎《イツハリ》ヲ云ザランコト

ヨハネ七ノ二四〇外貌ニヨリテ是非ヲ定ルコト勿レ義ヲ以テ定ヨ

救ノコト霊ノコト等ハ大切ナルコトナリ一言ノ誤リ人ノ永生ヲ亡スニ至ル之ヲ知ル人豈慎ザル可ンヤ

ヲセヨ」 同八 互ニ体恤《オモヒヤリ》、兄弟ヲ愛シ、憐ミ、謙遜《ヘリクダリ》、悪ヲ以テ悪ニ報ル勿レ、詬《ノヽシリ》ヲ以テ詬ニ報ル勿レ、反テ如此人ノ為ニ福ヲ求ムベシ」 同十五 尓ラノ衷《ウチ》ニアル望ノ縁由《ユエヨシ》ヲ問フ人アラバ柔和ト畏懼ヲ以テ答ヲナサンコトヲ恒ニ備ヘヨ○我ガ受シ恵ノ喜ビ若シ果シテ自ラ欺ケルニ非ズキリストノ賜物聖霊ノ恩化ナラバ次第ニ前条ノ菓ヲ結ブナリ、此菓ト其喜ビ相合シテ常ニ我ニ在ラバ是即チ天国ノ嗣子タルノ印証ナリ 「エペソ一ノ十四、神聖霊ヲ以テ印シ玉フハ其買受シ者ヲ救ヒ且己ノ栄ヲ顕サン為ナリ 四月二十七日神戸会堂ニテ講ズ

真誠ノ食○

源氏物語、桐壺帝
雲の上も涙にくるゝ秋の月いかですむらん浅茅生の宿
源氏君
うき世にはゆき消えなんと思ひつゝおもひの外に尚そほどふる

ヨハネ六ノ五十三 人ノ子ノ肉ヲ食ハズ其血ヲ飲ザレバ尓ラニ命《イノチ》ナシ○我ラノ罪悪遂ニ霊魂ニ危篤ノ病ヲ引起シ神ノ子ヲ殺シ其肉ヲ食ヒ其血ヲ飲ザレバ回生ノ望ヲ絶ツニ至レリ、世人肉体ノ病危篤ナルニ及テ百薬備ヘラル、ト雖モ功ヲ奏スル能ハズシテ生命ノ死ヲ免レザルガ如ク、霊魂ノ病ノ為ニモ古来《ムカシヨリ》数百千ノ教ヘ備ヘラレタレトモ一トシテ其功ヲ奏セシヲ見ズ、仮令一時其功顕ト思《オボ》シク見エルモアレド全ク其霊魂ヲ回生セシムル能ハズシテ死ト苦ニ陥《オトシ》イル、ナリ、故ニパウロ云ロマ七ノ二四 「噫我困苦人《ナヤメルヒト》ナル哉此死ノ体《カラダ》ヨリ我ヲ救ン者ハ誰ゾヤ○ヨハネ一書四ノ九 神ハ其生《ウミ》給ヘル独子ヲ世ニ遣《ツカ》ハシ我ラヲシテ彼ニ由テ生ヲ得シム、是ニ於テ神ノ愛我ラニ顕ハレタリ」マタイ廿ノ二八 「多ノ人ニ代リテ生命ヲ予ヘ其贖ト為《ナラ》ンタメ也」 我ラ之ニ由テ始テ永遠ノ生命ト無窮ノ幸福トヲ得ルナリ、古ヨリノ聖人賢士ハ多ク此救主ヲ渇望セリ、此ヲ望テ慰メ且喜べリ、ダビデ云 詩十九ノ十一 「尓必ズ尓ノ唯一《タヾヒトツ》ノ聖者ヲシテ壊《ヤブ》レシメズ、尓生命ノ道ヲ以テ我ニ教

フ、我尓ノ前ニ在テ充満ノ喜アリ、尓ノ右ニ在テ永遠ノ懽楽《タノシミ》アリ」　イザヤ五三ノ五　「彼我ラノ罪
1 ノ為ニ刺《サ》サレ、我ラノ愆ノ為ニ壊ラレ、我ラヲシテ平和ヲ得セシム、且ツ其鞭打《ムチウタ》ル、ニ由テ我ラ
瞖《イヤ》サル、ヲ得タリ○然ド世人多ハ皆イエスヲ厭ヒ嫌ハザルナシ、其実ハイエスヲ厭ヒ嫌ニアラズ
十字架ヲ厭ヒ嫌フナリ、故ニ昔シキリストガ其死ヲ示《シメ》サヾル時ハ人々悦ビ従ヘリ、其死ヲ言ヤ皆
逃ゲ去レリ、　ヨハネ六ノ六十　「弟子等ノ中多ノ人之ヲ聞テ云ケルハ此ハ甚シキ言《イヒゴト》ナリ誰カ能ク之
ヲ聴ンヤ」　ヨハネ六ノ六十六　「此後其弟子多ク返リ往テイエスト偕ニ行《アル》カザリキ」　パウロノ時ニ
モ亦然リ、云　コリン前一ノ二三　「我ラハ十字架ニ釘《ツケ》ラレシキリストヲ宣伝フ、即チ此ハユダヤ
人ニハ礙《ツマヅ》クモノギリシヤ人ニハ愚ナル者ナリ」　斯ク人ノ厭ヒ嫌ヒ憎ミ辱カシムル者ナルガ故ニキ
リストノ十字架ハ無上ノ尊貴ヲ持《モテ》ルナリ、若シ此十字架ヲシテ王ノ玉冠ノ如ク人ノ悦ビ崇メ慕フ
所ノ者タラシメバキリストノ死ハ尊ムニ足ラズ、其愛ハ驚ク程ノコトニ非ズ、人皆競テ之ヲ取ン
2 トシ人皆喜テ之ヲ為《ナス》ベケレバ也　○然ドキリストノ取《トレ》ル十字架ハ此罪悪ナル人間スラ尚ホ厭フ所
ニシテ実ニ人ノ辱トスル所実ニ人ノ憎ム所ナリ、人之ヲ聞テサヘ身慄《ミブルヒ》ヲ催ス程ナルニキリストハ
人ヲ愛スルノ極甘ンジテ之ヲ取リ、殊ニ下賤ノ者ノ嘲弄ヲ受ケ首《カシラ》ニハ棘《イバラ》ノ冠ヲ載《ノセ》ラレテ鮮血面ニ
滴リ剰サヘ唾セラレ平手《ヒラテ》ニテ顔《ホヽ》ヲ打ル、ニ至ル、ヨハネガ云ル此ニ於テ神ノ愛我ラニ顕ハレタリ
トハ宜《ウベ》ナラズヤ、キリストノ愛ハ凡ノ災害《ワザハヒ》苦《クルシミ》辱《ハヅカシミ》モ奪フコト能ハズ、世人ヲ愛スルガ為ニ世ニ
3 生レ、世人ヲ愛スルガ為ニ死《シニ》玉ヘリ、唯ニ愛ノミナラズ又義モ潔モ勇モ凡ノ徳ノ全ハ悉ク十字架

情況ハ今モ昔ニ異ナラズ人多クハキリストノ徳義ヲ喜ビ其教ニ服セド十字架ト復活トニ至レバ逃去ルナリ

ニ於テ成《ナレ》リ、ミル氏ガ全キ徳義ヲ行ントナラバ他ニ道ナシキリストニ称《ホメ》ラル、ヤウ勤ルニアリト
4 云ルモ此ニ見ル所アリテ云ルナルベシ　○又此十字架ハ生命ノ原ナリ、ロマ六ノ六　我ラノ旧キ人彼ト同《トモ》ニ十字架ニ釘《ツケ》ラル、ハ罪ノ身滅《スタ》リテ今ヨリ罪ニ役《ツカ》ヘザルガ為ナルヲ我ラハ知ル」　同八
5 「我ラ若シキリストト偕ニ死バ又彼ト偕ニ生ンコトヲ信ズ」　ヨハネ三ノ十四　「モーセ野ニ蛇ヲ挙シ如ク人ノ子モ挙ゲラルベシ、凡テ之ヲ信ズル者ニ亡ルコト無シテ永世ヲ受シメン為ナリ」　ロマ八ノ十　「若シキリスト尓ニ居ラバ体《カラダ》ハ罪ニ縁テ死《シニ》霊《タマシヒ》ハ義ニ縁テ生ン」、故ニキリストヲ信ズル者ハ死セル霊ハ全ク生《イカ》サレ其働ハ義ニ移サル、ナリ　○然バキリストノ十字架ハ神ノ恩ヲ顕ハシ、イエスノ愛ヲ顕シ、又義キヤ潔キ等ノ徳モ凡テ之ニ顕レ、尤モ人タル者ノ悉ク願望スル所ノ生《イノチ》ヲ出シ、又不朽ノ幸福ヲ生ズルナリ、故ニパウロ云　カラテヤ六ノ十四　「唯ダ我ラノ主イエス
6 キリストノ十字架ノ他ニ誇ル所ナカラン事ヲ願フ」ト、豈知ズヤ唯ニ人ノ好マザルノミナラズ大

罪ノ体腐レテ生ノ芽発スル也

罪ノ價ハ死ナリ

我罪ニ由テ死ニキリストノ義ニ由テ生ルナリ

1　如此マデニ神ハ我ラヲ愛シ玉ヘド我ラハ神ヲ愛サズ、唯ニ愛セザルノミナラズ反テ之ヲ嫌ヘリ、然ド尚神ハ其嫌フ我ラヲ愛シテ捨テ玉ハズ、之ニ由テ神ノ愛ノ愈ヨ深キヲ知ラル、ナリ、神ハ己ヲ嫌フ我ラノ為ニキリストヲ惜マズシテ降シ玉ヘリ

2　之ニ越タル愛アランヤ○イエス云　ヨハネ十五ノ一五　人其友ノ為ニ己ノ命ヲ損ルハ之ヨリ大ナル愛ハナシ

3　死ニ至ルモ尚変セズ真ノ義、死ニ至ルモ節ヲ破ラズ真ノ潔、死ニ至ルモ屈セズ真ノ勇

4　地ニ落シ種腐レテ中ヨリ青々タル萌芽ヲ発生スルガ如シ

5　ヘブル二ノ九○死ノ苦ミヲ受シニ因テ栄ト尊トヲ冠セラレタルイエスヲ見タリ、其死《シニ》タルハ神ノ恵ニヨリテ凡ノ人ニ代リ死ヲ甞ヘンガ為ナリ、是多ノ子ヲ栄ニ導ントテ云々

6　ロマ十一ノ三三　○ア、神ノ智ト識ノ富ハ深イ哉、其法度《サダメ》ハ測リ難ク其蹤跡《ミチ》ハ索《タヅ》ネ難シ

ニ憎ミ嫌フ所ノ十字架ノ教ハ人ノ禍ナル罪ヲ去《サリ》死ル霊ヲ甦ラセ人心ヲ全ク改良シテ亡ブベキ世ヲ
救ハントハ思ヒ掛ケナキコトナリ世教ノ知ラザル所ナリ、キリストノ肉ヲ食ヒ血ヲ飲ムト云ルハ己《オノレ》十字
1 架ニ釘ラレテ世ノ罪ヲ贖フ之ヲ信ズルコトヲ譬テ仰セラレシ也、我ラ若シ飲食ニ由テ肉体ノ命ヲ
得《ウル》ガ如ク、常ニキリストノ死ヲ味ヒ其贖ヲ信ジ且ツキリストノ言行品格ヲ心ニ考ヘナバ之ニ励マ
サレ之ニ助ケラレテ永生ノ道ニ歩ムコトヲ得ベキナレド、然ラザレバ死ストノ謂ナリ、我ラ人間
ノ最大幸福ハ最大苦辱ノ十字架ニアリ、我ラ人間ノ本統ノ生命ハ鮮血ヲ流セシキリストノ死ニア
リ、此死ヲ味ヘヨ永生尓ラニ出ヅベシ　五月四日神戸会堂ニテ講ズ此日晩餐アリ洗礼人廿八人

世ノ者ニ非ズ○

題ヨハネ十七ノ十六　仮草稿アリ　五月廿五日神戸会堂講義

○信徒ノ住所

同　ロマ十四ノ十七　神ノ国ハ飲食ニ非ズ唯《タヾ》義ト和ト聖霊ニ由レル歓楽《ヨロコビ》ニアリ　○朗読マタ六ノ廿四
以下内三ニ関係○信徒ハ（ヨハネ十五ノ十九）ニ云ル如ク世ノ者ニ非ズ云ク「尓ラハ世ノ者ナラズ我尓ラヲ世ヨ
リ選ビタリ○然バ我ラノ国ハ何処ニ在カ、我ラノ国ハ飲食ニ依テ生活ヲ営ム朽果ル此世ノ国ニアラズ（コリント
后五ノ一）「神ノ賜フ所ノ家天ニアリ手ニテ造ラザル限ナク有ツ所ノ家ナリ」昔ヨリ神ニ恵マレタル人々ハ共ニ之
ヲ望テ悦ベリ（ヘブル十一ノ十三）「遥ニ之ヲ望テ喜ビ地ニ在テハ自ラ旅人ナリ宿レル者ナリト云リ、如此言ハ故
郷ヲ尋ルコトヲ表ス也」（同十一ノ十）「蓋《ソハ》神ノ造リ営メル所ノ基アル都ヲ望バナリ　○此都ハ如何ナル景情カト
ナレバ（黙示廿一ノ廿二三）我城《マチ》ノ中ニ宮アルヲ見ズ、蓋主タル全能ノ神及ビ羔ソノ宮ナレバナリ、又城ニ日月
2 ノ照スコトヲ需メズ蓋神ノ栄光之ヲ照シ且羔城ノ燈火ナレバナリ」其中ニ住ム人ノ情状ハ如何ントナレバ、唯ダ

義ト和ト聖霊ニ由レル喜ビナリ　○此美ハシキ慕フベキ国ハ何日得ラルベキ者カ、此ハ決シテ遠キ所ニ在ニ非ズ、此世ニ在ル人間ノ得難ニモ非ズ（ルカ十七ノ廿一）「夫レ神ノ国ハ尓ラノ衷ニ在リ」又（マタ十一ノ十二）「励ミタル者ハ之ヲ取レリ」キリストハ此国ヲ弘メ人ヲシテ之ニ入レシメ自ラ其王トナラントテ此世ニ降リ玉ヘルナリ（ヨハネ十八ノ三七）「我ハ王ナリ、我之ガ為ニ生レ、之ガ為ニ世ニ来レリ　○然バキリストヲ主ト崇ムル我ラ信徒ハ此世ニ住ムベキ者ニ非ズ、身ハ此世ニ在テモ既ニ世ヨリ撰バレタル者ナレバ此世ニ属セザル彼ノ美ハシキ国ニ住ムベキ者ナリ、若シ此世ニ住ムナラバ其ハキリストノ徒ニ非ズ、故ニ（ヨハネ十八ノ三十六）「我ガ国ハ此ノ世ノ国ニ非ズ」トイエス云玉ヘリ（ヨハネ一書二ノ十五）「コノ世或ハ此世ニアル物ヲ愛スル勿レ、人モシ此世ヲ愛セバ父ヲ愛スルノ愛ソノ中ニ在ルナシ　○然バキリストノ信徒ハ堅ク神ノ国ニ立テ動クベカラズ、其務ハ神ノ国ヲ弘ルニ在ルベシ、キリストノ徒ト世ノ人ト異ナルガ如ク、キリストノ徒ノ住スル国ト世ノ人ノ住スル国ト亦異ナラザル可ラズ、故ニ亦互ニ己ノ属スル国ヲ弘メントス可レバ戦争ナカル可ラズ、神ノ国ノ勢力ヲ得ルニ随テ之ニ仇スル敵ハ必死ヲ極ムルナリ、此戦争ニ由テ弥々世ノ国ト神ノ国ト明ニセラル、ナリ　○世ノ国ハ弥々衰テ弥々暴ヲ出ス（マタイ十ノ卅五六）父子兄弟相憎ム、（ヨハネ十八ノ四十）奸賊ノバラバヲ許シテ正義ノイエスヲ殺ス（行伝七ノ五八）愛国者ステパノヲ石ニテ打殺ス、（ヨハネ七ノ七）道理ヲ重ズルニコデモヲ反テ嘲ヲ以テ其口ヲ

欺ル時ニ信徒ト称ル中ニモ「二心両方ニ佞スルアリ「勢ニ走リテ反復常ナキアリ「名利ノ為ニスルアリ「怯懦懼ヲ懐テ主ノ名ヲ憚アリ

1　ヨハネ六ノ四十　○子ヲ見テ之ヲ信ズル者ハ永生ヲ得　○同十一ノ二五　○我ハ甦ナリ命ナリ我ヲ信ズル者ハ死ヌルトモ生クベシ

2　マタ十二ノ廿八　○神ノ国ハ最早尓ラニ至レリ

禁ス、（行伝十九ノ廿四ヨリ）アルテミス神ノ銀龕造リデメテリオノ騒動、此他ロマニテキリスト信徒ニ対シテ行　ヱペソ
シ残暴ヨリシテ十年以来我国ニテ起リシ不信者ノ事件、下総大森、備中高梁、与州小松、近頃ノ西京ノ暴動枚挙
蜂谷半之烝ガ吉田ノ役（今川拠城）ノ戦死ニ效ヘ
ニ暇アラズ、然ド彼ラノ手段ハ皆空ニ帰シテ何ノ功ヲ遂ゲシヤ、之ヲ我国ハ智識学術威力欧米ニ及バズ故ニ其勢ニ
圧セラレテ如此成行ナド、思意スル者アリ、其神ノ力ナルヲ知ザルハ憐ムベキナリ、又無学ソノ事実ニ暗キハ気
ノ毒ノ至ナリ、（行伝四ノ廿五六）「何故ニ異邦人ハ騒ギ諸ノ民ハ徒キ事ヲ謀ルヤ、地ノ王等ハ起テ群伯ト共ニ集リ、
主及ビキリストニ逆フ（ヨハネ十二ノ十九）「パリサイ人互ニ云尓ラガ謀ル所ノ益ナキヲ知ズヤ、視ヨ世ハ皆彼ニ
従ヘリ　○斯ク世ヲシテ従ハシムル神ノ国ハ武力ヲ貴ブカ、智謀ヲ重ンズルカ、其徒ハ兵器ニ依ルカ、世ノ暴悪
ニ效フカ、決シテ然ラズ、唯ダ義ト和ト聖霊ニ由レル喜ニアリ、彼ラハ如何ニ残暴ヲ持チ来ルト雖モ我ハ之ニ義
ヲ以テ対スルノミ、彼ラハ如何ニ争乱ヲ起ストモ我ハ之ニ和ヲ以テ向フノミ、彼ラハ如何ニ苦辱ヲ予ルトモ我ハ
常ニ神ノ賜フ恵ナル聖霊ニ由テ歓楽ニ充サル、ナリ、我ラノ魁ナルイエスヲ視ヨユダヤ人ノ残暴ハ其義ヲ奪フ能
ハズ、祭司パリサイ人ハ乱レ騒ゲトモキリストハ失張平和ハ人ニ予ヘ玉ヘリ、十字架ノ上ニテモ世ノ和ト人ノ福
ヲ祈リ玉ヘリ、パウロハ獄ニ繋ガレ鉄鎖ニツナガレ乍ラモ尚喜楽ニ充テリ、彼云「憂ルニ似タレトモ常ニ喜ビ、
貧シキニ似タレトモ多ノ人ヲ富セリ」トステパノハ石ニテ打殺サル、ノ際モキリストノ栄光ヲ見テ喜ビ己ヲ殺ス
ユダヤ人ノ為ニ祈レリ、是キリスト信徒ノ信徒タル所、マタ其中ニ行ハル、神ノ国ノ有様ナリ、我ラ若シ如此シ
テ世ニ向ハヾ勝ヲ得ルヤ必セリ、キリスト云「我既ニ世ニ勝リ」トキリストノ世ニ勝チ玉ヘルハ此義ト和ト聖霊
ノ喜ビアル国ヲ以テ残害汚毒ノ世ニ勝チ玉ヘルナリ、我ラキリストノ意ヲ以テ意トシ神ノ国ヲ弘メバ、漸々進ミ
コリント后九ノ十

行テ終ニハ（黙示廿一ノ一）「新天新地ヲ見ルニ至ラン　◯六月一日神戸会堂ニテ講ズ

光ヲ輝カセ　題　マタイ五ノ十四　尓ラハ世ノ光ナリ　◯今ヤ神ノ恩光我日本全土ニ輝ケリ、此光ニ由テ各福ヲ得ベシ◯大陽ノ光ヲ受テ人皆大益ヲ得ルカ如シ、一家官衙学校会社病院　◯其神ノ光ヲシテ各所各人ニ受シムル者ハ誰ゾ我ラキリスト信徒ナリ、故ニ云「尓ラ世ノ光ナリ◯我ラハ光ナシ、然ド月ガ大陽ノ光ヲ受テ明カニナリ其光ヲ又地球ニ送ルガ如シ、故ニ云（エペソ五ノ八）尓ラ素ト暗カリシガ今主ニ在テ光レリ」（ピリピ二ノ十五）「尓ラ此時代ニ在テ光ノ如ク世ニ顕ハル◯然バ信徒ハ世ニ在テ貴重ナル者ナリ、白中ノ大陽夜ノ燈火ノ如シ、暫モ之ナカル可ラズ、又其光ナクバ之アルモ無用ナリ、暫時モキリストノ光ヲ離《ハナ》レテハナラズ、キリストノ光離レナバ是即チ信徒ニ非ズ神ヲ欺キ人ヲ欺ク者トナラズ確信ヲ懐ケル誠実ノ信徒トナルベシ◯我ラ内ニ在テハ父ヨリ賜フ智ト徳トヲ以テ一家ノ中ヲ輝カシ、愛ヲ以テ忍ヲ以テ義ヲ以テ勤ヲ以テ人ヲ怒ラセズ恨マシメザルベシ、外ニ向テハ世ノ平和ナキヲ憐ミ、暗キヲ嘆ゲキ、人ノ病苦ヲ助ケ、伝道者ヲ励マシ、（米人ガ国ニ死スル兵ヲ待ナシ愛スルガ如ク）◯別テモ勤メ度キハ我女兄弟ナリ、勉メ励メ、内外ニキリストノ光ヲ輝カセヨ、先ニ東京ニ女子神学校ノ設アリ、過般大坂ニ女子伝道会ノ設アリ、我神戸ノ女兄弟ニモ同ジ企アリテ略ボ緒ニ付ケリ、今回東京ノ貴女ソノ手作ノ物品ヲ売テ共立病院ヲ扶助スルノ挙アリト（之モキリストノ光ニ成レル者ナリ）、今ヤ東洋女子ノ弊風ヲ一洗シ真誠ノ女子ノ世ニ顕ル、気運已ニ来レリ、一国ノ本ハ一家、一家ノ本ハ婦人ナリト云フ、之ヲ実行スルハ人ヲ見ルニ偏頗ナキ天父ノ教ニ由ルノミ◯男女並立テキリストノ光ヲ受ケテ世ノ暗ヲ照シ、各ソノ本分ヲ尽サバ

◯過日大坂ニテ杞憂会ノ連中耶蘇教ヲ駁セントテ討論会ヲ開キ三四ノ無神論者ニ破ラル土瓢ノ中ノ水

草木モ光ニ由テ萌芽ヲ発シ枝葉ヲ茂ラスニ似タリ

「内、家政、教育、僕婢、勤労、交際」「外、伝道、救済、病院、主ノ学校、幼稚園、書籍会社（警醒社、福音社、聖書翻訳）

「祈ヲ以テ精神ヲ以テ金ヲ以テ労ヲ以テ神ノ傍ヲナス人ヲ助ク「物ヲ擔フニ丈モカモソロハザレバナラズ一家一国ノ事ヲ擔フニモ男女ノ間亦然ザルナシ

男剛邁ナレバ廿ハ詳密、男果敢ナレバ女謹慎、男理論アレバ女思望、各稟性殊ナレド能幹相当レリ、殊ニ忍愛等ハ女ノ長所タリ

日本ヲシテ四五年ヲ出ズシテキリストノ光ノ国トナラシムベシ、実ニ今ヤ働ノ時ナリ、使徒ノ時ト異ニシテ政府モ学士モ上等社会モ事理ヲ弁ヘシ者ハ仮令信セザルモ敵セザルナリ、唯ダ之ニ敵スル者ハ多クハ無学ノ頑民、私欲ノ奴隷者、娼嫉ニ充サレタル神官僧侶ノ輩ニ止マレバナリ○欺ル時運ニ際セシト雖モ信徒光ヲ輝《ナ》サヾレバ或ハ暗ニ勢ヲ得サスルコトアルベシ、我ラ恐レズ屈セズ憚ラズ、光ヲ放テ進マバ只ニ敵セザル者ヲ救フノミナラズ、敵スル者ヲ救ベシ、蓋シキリストハ信ズル者ヲ救ヒ玉フノミナラズ敵者ヲモ救フノ力アレバナリ、神ハ素ト私欲ニ任セテ偶像ヲ拝セシ異邦人ヲ救ヒ己ニ敵セシパウロヲモ救ヘリ」（ペテロ前二ノ十）尓ラハ素ト民ニ非ズ、然ド今神ノ民トナル、素ト憐ヲ受ズ然ド今憐ヲ受タリ」○欺ル気運ニ遇ヒナガラ尚亡ル人アランニハ或ハ我ラ信徒ニ其罪アルモ知ベカラズ、燈明台ノ譬　○八月十五日神戸会堂ニテ講ズ

更生ノ跡○ 題　ヨハネ伝三章八　○更生、慰ル者、神ヨリ出ル者、神ノ子為ル、力ヲ得ル、イエス云　三ノ二　人モシ新ニ生レズバ神国ヲ見ルコト能ハズ聖霊ニ由テ生ル、コト其理如何ン此理世人其契解難シ　皆一ニシテ其理明ニシガタシト雖モ其跡知ルベシ　○跡三アリ一ハ信一ハ望一ハ愛ナリ　○ヨハネ一ノ十二三

○信　彼ヲ受ケ其名ヲ信ゼシ者ニハ権ヲ賜テ此ヲ神ノ子トナセリ、斯ル人ハ血脈ニ由ニ非ズ情欲ニ由ニ非ズ人ノ意ニ由ニ非ズ、唯ダ神ニ由テ生レシ也」　ペテロ前一ノ二十一　尓ラノ信仰ト望ハ神ニ由レリ」　神アルヲ信ジイエスヲ救主トナシ新旧約ノ経理ヲ知ルノミニテハ真信ニアラズ（ヤコブ二ノ十九）悪鬼モ亦信ジテ戦慄《フルヒヲノヽ》ケリ」（ヨハネ一書三ノ九）凡ソ神ニ由テ生ル、者ハ罪ヲ犯サズ、蓋神ノ種其衷ニアルニ由ル、彼亦罪ヲ犯コト能ハズ、蓋神ニ由テ生ルレバナリ

望　○ペテロ前一ノ三　讃《ホム》ベキ哉神我ラノ主イエス　キリス

○愛

トノ父彼《カレ》大ナル憐ミヲ以テ我ラヲ再ビ生《ウミ》、我ラヲシテイエス キリストノ甦リ給シコトニ由テ活ル望ヲ得サセ、亦我ラノ為ニ天ニ蔵《ヲサメ》アル朽ズ汚レズ衰ザル嗣業《シンダイ》ヲ得シメ給フナリ」 ロマ五ノ二 1 我ラ彼ニ由リ信仰ニ由テ今居ル所ノ恩《メグミ》ニ入コトヲ得且ツ神ノ栄ヲ望テ喜ベリ」 神ニ由ザル望ハ空望ニシテ其自ヲ省バ一モ得ル所ナシ、其望ハ皆世ニ属シテ名ニ非ザレバ利々ニ非ザレバ世ノ楽ニシテ其望神ニ在テ楽マズ（ペテロ前三ノ三）凡ソ神ニ由レル此望ヲ懐ク者ハ其潔ガ如ク自ヲ潔クス ○テモテ後一ノ七 神ノ我ラニ賜ヘル霊ハ臆スル霊ニ非ズ能《チカラ》ト愛ト謹ノ霊ナリ ヨハネ一書三ノ一 我ラ称ラレテ神ノ子タ2 ルヲ得《ウ》是父ノ我ラニ賜フ何等《イカバカリ》ノ愛ゾ」 ロマ八ノ三五 キリストノ愛ヨリ我ラヲ離ラセン者ハ誰ゾ3 ヤ」 コリント后五ノ十四 キリストノ愛我ラヲ勉マセリ」 ヨハネ一書三ノ十 凡ソ義ヲ行ハズ其兄4 弟ヲ愛セザル者ハ皆神ヨリ出シニ非ズ」 同四ノ十二 我ラ若シ互ニ相愛セバ神我ラノ衷ニ居テ彼ヲ愛スル愛ヲ我ラノ衷ニ全ウス」 ○コリント前十四ノ十三 信望愛此三ノ者ハ常ニ在ナリ、此中尤5 モ大ナル者ハ愛ナリ」 同八 愛ハ永久《イツマデモ》堕ルコトナシ」 天国ニ到テモ愛ナクバ友ナシ、唯ニ天国ノミナラズ地ノ神ノ国ニ在テモ愛ナクバ四方友ナク常ニ不平、憤怒、怨恨、譏謗、絶ルコトナシ（ヨハネ一書三ノ十二）

1 （ヨハネ一書四ノ七）我ラ互ニ愛スベシ愛ハ神ヨリ出ヅ、凡ソ愛アル者ハ神ニ由テ生レ且ツ神ヲ識ルナリ」
2 斯ル大愛ヲ賜ハル豈ニ感激セザランヤ
3 斯ルキリストノ愛アリ亦必ズ兄弟ヲモ愛スベシ
4 神ヲ愛スル愛ト人ヲ愛スル愛ト一致ナリ
5 自ラノ癖ハ自ラ之ヲ許ス又自ラ之ニ慣テ罪ト思ハザル者ナリ

カインニ效フコト勿レ、彼ハ彼ノ悪キ者ヨリ出シ者ニテ、其弟ヲ殺セリ、何故之ヲ殺シ、カ、己ノ行ヒシ所ハ悪ク、
1 弟ノ行シ所ハ義シカリシニ由ル」 ○凡ノ霊ヲ信ズル勿レ、其霊神ヨリ出ルヤ否ヲ試ムベシ　ヨハネ一
2 書四ノ一」 神ノ子ト悪魔ノ子トハ明ニ著ハル　同三ノ十　○我ラ若シ自ラ己ヲ審シナラバ罰ヲ蒙
ルコト無リシナラン　コリント前十一ノ卅一」 ○カラテヤ五ノ七　自ラ欺ク勿レ神ハ慢ルベキ者ニ非
ズ、蓋人ノ種《マク》トコロノ者ハ亦ソノ穫ル所トナル也」 ヤコブ一ノ二六　若シ自ラ神ニ事ル者ト思テ
其舌ニ轡ヲツケズ自ラ其心ヲ欺カバ其事ルコト徒然《イタヅラ》ナリ」 コリント前十四ノ三三　或ハ人ヲ躓レルコ
トヲ言行ニテイタシ居ラズヤ　神ハ乱ノ神ニ非ズ和平《ヤスラギ》ノ神ナリ」 ロマ十ノ十五　和平《オダヤカ》ナル言ヲ宣《ノベ》又
イザヤ五十二ノ七 善事《ヨキコト》ヲ宣ル者ノ其足ハ美《ウツク》シキ哉　テサロニケ五ノ十四五　気餒者《キノウエタルモノ》ヲ慰メ、弱キ者ヲ扶ケ、衆《スベテ》ノ人ニ
3 向テ忍ブベシ、尓ラ慎テ悪ヲ以テ悪ニ報ルコトナク、常ニ互ニ善ヲ追ヒ、又衆《スベテ》ノ人ニモ善ヲ及ボ
スベシ」 アメリカノ子供氷スベリノ話シ　○エペソ四ノ二ト三　悉ク謙遜ト柔和ト寛容ナル心ヲ以テ行
4 ヒ、愛ヲ以テ互ニ忍ビ、平和ト云フ繋ノ中ニ務テ霊ノ賜フ所ノ一ナルヲ守ルベシ　六月廿二日神戸
会堂ニテ講ズ

世ニ勝ツ○ ヨハネ十六ノ三十三　我既ニ世ニ勝テリ　朗読同十六ノ廿ヨリ　○幕府倒レテ明治王政ノ起リシコト　○人事
ノ維新ハ人ヲ殺シ敵ヲ退ケ人ノ福ヲ奪ハザルヲ得ザレド、神ノ事ハ之ニ反シ人ヲ生シ敵ヲ愛シ人ノ禍ヲ去リ人ヲ
マタイ廿ノ廿八 高クスルナリ、キリストハ神子ニシテ尚自ヲ卑クセリ　「人ノ子ノ来ルモ人ヲ役《ツカ》フ為ニハ非ズ反テ人ニ役
ハレ又多ノ人ニ代テ命ヲ予ヘ其贖トナラン為ナリ　キリストハ世ニ和ヲ予ン為ニ己ハセメフレ、人ニ福

ヨハネ一ノ廿九

然ド又神ハ慢ル可キ者ニアラズ、丹波青戸村ノ某「桜木の花さくこともあらなくに散て行身をあはれとも見よ

ユダ　アナニヤ　サッピラ、また仏ノボルテール云、「我ハ神ト人トニ捨ラレタリ

ヲ予ン為ニ己ハ禍ヲ受ケ、人ニ喜ヲ予ン為ニ己ハ憂ヒ、人ヲ上ン為ニ己ハ卑クナリ、人ニ命ヲ予ン為ニ己ハ殺サレ玉ヘリ、　洗礼ノヨハネ云、「世ノ罪ヲ負フ神ノ羔ヲ観ヨ　人ノ力ニテ世ニ勝ハ又直ニ亡ブ、ナポレオンノ魯国ノ敗、項羽ノ烏江ノ死、其他英雄豪傑皆ソノ終斯ノ如クナラザルナシ、況ヤ其他ノ富貴利達ヲヤ、ペテロ前一ノ廿四ニ云「人ハ既ニ草ノ如ク其栄ハ草ノ花ノ如シ草ハ枯レ其花ハ落ツ然ド主ノ言《コトバ》ハ限ナク存《タモ》ツナリ　キリストノ時ヨリ今日ニ至ルマデ始之ヲ憎マザル者ナシ、迫害ヲ加ザルナシ、然ド終ニハ其敵スル人モ招カレテ救ヲ得、其害ヲ加ル人モキリストノ恩ヲ受テ福ヲ受ケ、一時ハ世ノ罪悪キリストノ光ヲ忌テ乱ヲ起ストモ終ニハ一国共ニキリストノ光ヲ受ルニ至ル、両三年間ノ日本ノ例ヲ見テモ明ナリ此処ニ居ル、兄弟モ多ハ始ハキリストノ敵ナリシナラン然ド招カレテ救ヲ得タリ先ニ敵タリシキハ如何ン己ニ慰ナク一家ニ平和ナク来世ニ望ナカリシナラズヤ凡テノ福ハ主ニ来リシ日ヨリ生ゼシナルベシ、遊女在原、舟枝公会ノ聘徒仲村与兵衛ノコト、男五十四郎ノコト　斯世ハ今罪ニ定ラル斯世ノ主《ヌシ》ハ今逐出サルベシ　ヨハネ十二ノ三十一」尓ラ光ノ子トナルベキ為ニ光ノアル間《ウチ》ニ光ヲ信ゼヨヨハネ十二ノ三六　七月六日此日受洗人廿六人并ニ晩餐アリ永見吉熙氏ハ疾病ニ付自宅ニ於テ受洗ス内四人ハ西宮

1 霊如何ソノ跡ニツイテ知ルベシ

2 今ヤ尤モ大切ナルトキナリキリストノ軍既ニ勝ヲ得タリ此功ヲ破ル者外ニアラズ反テ内ニアリ我知ラズ〳〵人ヲ躓セヲルヤ計ル可ラズ　理屈ハ無用

3 キリスト云外貌ニテ人ヲ審カズ義ヲ以テ審キセヨ　光ノ子ハ世ノ子ラヨリモ愚ナリ

4 願クハ共ニ聖霊ヲ以テ導カレ真誠ノ愛ヲ以テ相頼ミ相助テ天ニ到テモ尚此ノ愛ノ交ノ絶ザルヤウ致シ度モノナリ

預定○
朗読九ノ十五ヨリ二八ニ至ル
図書ハ符識ノ書ナリ
幼稚園ノ如シ

ロマ九ノ十六　願《ネガ》フ者ニモ趨《ハシ》ル者ニモ由ズ、唯ダ恵ム所ノ神ニ由レリ　○人ハ自由ヲ有スル者ナレバ各自ソノ自由ヲ以テ種々ノ企ヲ為スナレド必竟ズル所ハ神ノ預定ノ中ヲ出ルコトハナラヌ也、一身一家ノコトヨリシテ広クハ一国ノ成敗世界ノ盛衰モ皆一定ノ法アルガ如シ　秦始皇図書ニ亡《レス》秦者ハ胡也トアリシヲ以テ万里ノ長城ヲ築テ秦ノ患ヲ除カントセシガ豈計ンヤ胡ハ蕃夷ノ胡ニ非ズシテ己ガ子ノ胡亥ナリシヲ　○ナポレオン帝ハ不能ノ字ハ愚者ノ字典ニ有ノミトサヘ云シガ魯ノ一敗ニ大業破ル　然ド神ニ由テ勤ルコトハ事成ザルガ如ク見ユルモ将来大ニ功アリテ己ト人トニ益ヲ与フ　ステパノノ死　思ザル死
パウロノ艱難　願ハザル艱難　○ボンヤンハ数年獄中ノ囚人トナリテ　好ザル獄中ノ生活　反テ後世
1 ニ至ルマデ大益ヲ人ニ予ヘタリ（天路歴程ハ彼ガ作ナリ）我ハ斯ク為ント思テモ神ハ己ノ旨ニ従テ人ヲ用ユ、
又神ノ旨ニ従ヒ度ク志ス人ハ仮令己ガ始ノ望ト違フトモ悉ク始メノ労ハ空ニ帰セズ必ズ主ノ工ノ益トナル「米国
2 ノフヒニー氏始メ法律博士ニナラントテ法律ヲ研究ス、然ド「リバイベル」ノ恩化ノ際専ラ伝道
ニ熱心シテ諸会ニ聖霊ノ賜ヲ受ンコトヲ勧ム、後又オブリン大学設立ニ力ヲ尽シ其校長トナリテ
教育ニ従事セリ　○「英国ノヘンリイ　マルチン氏初メ算術ニ熟達シ又文学ニ練修セリ、而シテ 3
后ニハ其目的トセザリシ伝道ニ従事シ印土ニ到リ刻苦勉励主ノ道ニ働ケリ、然ド始ノ練修セシコ
4 トハ無用ニ帰セズシテ聖書翻訳ノ業ヲ命ゼラル、ニ至リ大ニ用ヲ成セリ、此人印土語ニ訳シ又ベ 5
6 ルシヤ語ニモ訳セリ　人ハ一端斯クセント心ニ定メシコトハ捨難キモノナリ、其捨テ難キヲモ主ノ為ニ顧ザル
ハ真ノ忠信ナリ　○我心ニ叶フコトノミヲ為シテ我ガ心ニ叶ヌハ主ノ命ヲモ顧ザルハ忠僕ニアラズ同徒ナリ　○

神ハ義ヲ以テ其言ヲ定メ之ヲ成シ竟ルベシ
一国ノ盛衰世界ノ存亡

ペテロ前五ノ七 或ハ親ミシ人ト相別レ、或ハ父母妻子ニ別レ、或ハ慣シ所ヲ離ル、等皆人情忍ビザル所ナリ我ラ信者主ノモノナ
7 レバ云々 ○男女宣教師ガ風俗ヲ殊ニシ言語ヲ異ニスル海外万里ノ地ニ来ルモ人情誰カ之ヲ喜ンヤ、唯ダ主ノ命
其ツラキ所ニマコトノ味ハアル也
ヲ重ンズルガ故ト人ヲ益センガ為ナリ ○主ヲ愛スル人ハ人情ナカランヤ不情不慈ノ世ノ人ト豈同ジカランヤ、
敵ヲサヘ愛スルニアラズヤマシテ我深愛セシ兄弟姉妹ニ別ル、ニ於ヲヤ不情ノ人ハ反テ斯ル時ニ歎《カナ》シムコトハ知
ラヌ者ナリ情愛ノ深キ程歎シミモ亦多シ相愛シ相思ヒ相助ルノ楽深キ所ハ不情ノ人ノ知ヲ得ザル者ナリ〈其カナ
8 シミノ多キハ亦楽ヲ多ク生ズ如何ニ隔リテモ愛ハハナレズ〉「我愛スル兄弟ヨ、尓ラ貞固《カタク》シテ揺《ウゴ》カズ恒ニ
励ミテ主ノ工ヲ務メヨ、蓋ハ尓ラ主ニ在テ其行《ナス》トコロノ労《ハタラキ》ノ空シカラザルヲ知バナリ コリント
前十五ノ五八 ○七月十三日此日ノ前金曜日ノ夜余ガ旧約翻訳ノコトニ付出セシ辞表ヲ許諾スルコトニ決セリ

---

1 カイサリヤ ピリポ 行伝廿一ノ十四 故ニ我ラ信徒ハ己ノ欲スル所ノ成ンコトヲ願フヨリハ主ノ意ノ成ンコトヲ冀フベシ

2 ピリピ四ノ六ト七、何事をも思い煩ふ勿れ、只事々に祈をし求《ネガヒ》をし且己が求る所を神に告よ、神より出て人の凡て思ふ所に過る平安は尓曹の心と思をキリスト イエスによりて守らん事ノ変ル時ハ多少穏ナラヌコトモ出来ランガ然ド忠奸終ニ別ラザルナシ

3 三変セシト尓モ皆時ニ叶フ働ヲナセリ始ノ勉強ハ凡ノ働ニ用ヲナセリ

4 「愛心深キ兄弟姉妹ハ余ガ如キ者ニテモ愛ノ溢ル、所口惜ミ玉フラン

5 ザアカイノコト不義ノ目的ノ金ハ慈善ノ用トナレリ

6 「又主ノコトヲ思フ人ハ主ノ為ニ心ヲ煩シ玉フベシ

7 アブラハン ソドム ゴモラノ為ニ祈リシコト大ニテモ義人ノ為ニ赦ス

8 行伝廿ノ十八廿四卅一三七 パウロ ミレトスニテヱペソノ兄弟ニ別ヲ告グ

和平○

題　コリント前十四ノ三十三　神ハ乱ノ神ニ非ズ和平《ヤハラギ》ノ神ナリ　朗読ヱペソ四ノ一ヨリ十六マデ　我ラ歎クベキハ折角キリストノ宝血ニ洗ハレ既ニ世ヨリ撰ビ出サレタル者ナルニ世ノ人ト同ク尚ホ法
1 律ノ下ニ在コトヲ好ミテ愛ノ中ニ住ムコトヲ喜バザルコトナリ云々、此故ニ又世ノ人ノ如ク怒恨
2 ミ驕慢《ゴウマン》誹リ妬ミ陰言《カゲゴト》等出デ来リ自モ煩ハサレ人ヲモ煩ハシ之ガ為ニ屡々乱ヲ惹起スコトアリ、
然ド之ハ怪ムベキニ非ズパウロモ曽テ云リ「彰ハニユダヤ人タル者悉ク真ノユダヤ人タルニ非ズ
3 」ト此ノ如ク彰《アラハ》ニ信者タル者悉ク真ノ信者タルニ非ズ、若シ誠ニ信者タラバ自モ煩ハサズ人ヲモ煩ハサズ、何トナレバ真ノ信者ハ愛ノ中ニ住テ法律ノ下ニ在ラズ、故ニ怒恨ミ妬ミ誹リ等アルベキヤウナケレバナリ、故ニ又乱モアルベキヤウナシ、乱ハ悪魔ニ属スルモノ、彼自ラ起スナリ、神ニ属ルモノニハ乱ナシ、蓋《ソハ》神ハ乱ノ神ニ非ズ平和《ヤハラギ》ノ神ナレバナリ、既ニ我ラノ信ズル神ハ和平ノ神ナリ、我ラノ信ズル救主ハ和平ノ君ナリ、然バ之ト偕ニ在ル我ラ信者片時モ和平ヲ失フベカラズ、又真ニ之ト偕ニアラバ和平ヲ失フコト能ハズ、ダニヱルハ獅穴ニ入テモ和平ナリ、シャデラク　メシヤク　アベデネゴノ三人ハ火炉ノ中ニ投ゼラレテモ和平ナリ、パウロハ百難身ニ迫レトモ和平ナリ、モーゼハ数万ノ民ト共ニ切断サレタル紅海ノ中ヲ歴《フレ》ドモ和平ナリ、ステパノハ
4 兇手《ワルモノ、テニモテル》ノ石死ヲ促セドモ和平ナリ、魔鬼百方手ヲ尽セドモ信者ノ和平ヲ奪フ能ハズ、遂ニハ乱ヲ使フ所ノ魔鬼奔ツテ神ノ賜フ所ノ和平ハ勝ヲ得ルナリ」、試ニ視ヨ一己ニ於テモ一家ニ於テモ一国ニ於テモ又神ノ聖会ニ於テモ神ノ和平ノ入ントスルヤ必ズ之ト戦テ其和平ヲ退ントス、然

ヱペソ四ノ十六　○愛ニ由テ徳ヲ建ルナリ

備中高梁　西京西陣ノ暴動ノ如キ是ナリ

或国王ニ囚ハレシ宣教師ノ話

ガラテヤ六ノ一

ド我ラ幾分カノ信アルカ我ラ幾分カノ愛アルカ神必ズ偕ニ在テ和平ノ楽ヲ味ヘサセ給テ再ビ乱ノ奴トナルヲ好ザラシム、キリスト教ノ国ト他教ノ国ト比較セバ了然タリ云々、」キリストノ世ニ来リ給シハ魔鬼ノ首ヲ踏砕キテ凡ノ民ニ和平ヲ予ヘンガ為ナリ、故ニイエス君ノベツレヘンニ降誕マシマセシトキ地ニハ和平《オダヤカ》人ニハ恵アレ」ト天使謳ヘリ、我ラ此和平ヲ予ヘラレタル兄弟ハ世ハ如何ニ動クトモ人ハ如何ニ乱ヲ起ストモ決シテ之ガ為ニ或ハ動サレ或ハ誘ハレ或ハ乱ラサル、コト勿ルベシ、常ニ和平ノ神ト偕ニ在テ之乱ニ勝ツベシ、若シ己《オノレ》ニ少々タリトモ怒リ恨ミ畏怖驕慢自負等ノ者出デ来ラバ直ニ天父ニ祈リテ之ヲ去ベシ、是皆和平ヲ壊ル魔鬼ノ弾丸ナリ、試ニ知レ之等ノ者我ニ一モ入来ラバ必ズ心不平ヲ起シ自ラ神ニ尽スノ本務ヲ欠キ又必ズ人ノ働ヲ妨ゲ己ト人ヲ躓カセルナリ、是実ニ人ヲ擄ニセントスル魔鬼ノ軍器ナラズヤ、我ラ此軍器ノ為ニ疵ツケラレズ、又此ノ軍器ヲ魔鬼ヨリ予ヘラレタル者ノ為ニ神ニ尽ス忠義ノ道ヲ妨ゲラル可ラズ、聖書ニ「自己《ミヅカラ》ヲモ顧ミヨ恐クハ尓誘ハル、コトアラン」又云「怒テ罪ヲ犯スコト勿レ、悪魔ニ処ヲ　二段

1　律ヲ以テ自ラ責ラレ又之ヲ以テ人ヲ責ム

2　アリソン云不知不学ハ敢テ恐ルベキニ非ズ無知無学ハ只人ヲシテ無力ノ動物トスル耳　唯恐ルベク悪ムベキハ生学問ナリ生学問ハ人ヲシテ妖魔タラシム

3　ガラテヤ五ノ一　〇再ビ法律ノ軛ニ繋ガル、勿レ

4　乱ヲ起スハ信者ニ非ズ魔鬼ノ奴ナル不信者ナリ彼乱ヲ起シテ信者ノ得タル平和ヲ失ハシメントスルナリ

5　怒リ恨ミ又不平ヲ持ツ人ニ限テ小言ハ云ナレド神ノ為ニ労セヌモノナリ人ノ所置ヤ己ガ見込ノ行ハレザルヲ口実トスル者ナレド神ニ尽スノ本分ハ人ノ為ニ決シテ妨ラルベキモノニ非ズ

エペソ四ノ二七

テモテ前一ノ五

国ノ規約ノ為ニ愛国ノ精神ハ飛去レリ

得サスル勿レ」○悪魔ニ神ノ賜フ和平ヲ奪ハレザラン為ニ注意スベキコト又一アリ、神ニ事ズシテ法律ニ事ル人ノ弁論ナリ、聖書ニ「誡《イマシメ》ノ主意ハ愛ナリ、即チ潔キ心ト善良《ヨキ》心ト偽ナキ信仰ヨリ
1 出ヅ、然ルニ或人之ヲ棄テ虚キ論ニ移リ律法ノ教師トナラントス云々」肉ヲ有《モテ》ル人間ニハ規則モナケレバナラズ議論モセネバナラヌナレド神ヲ愛スルト人ヲ愛スルトガ本ニシテ規則ヤ議論ハ唯
2 ダ其愛ノ働ヲ協心同力行フコトヲスル便ヲ計ルマデノ者ナリ、若シ誤テ主《カンジン》ナル愛ヲ離レ只律法ノ先生トナリテハ神ノ工ヲ拡張シ其旨ヲ成スベキ者ガ反テ乱ヲ醸シ人ヲ躓カシキリストノ心ヲ悩ス
3 ニ至ルナリ、只論ノミ貴ムコトハ人事ニ於テスラ之ニ依テ禍ヲ招シ例少カラズ、況ンヤ愛ヲ主トシ和平ヲ以テ繋《ツナギ》トスベキ神ノ民ノ働ク神ノ事業ニ於テヲヤ」、今世人ガ誤レル一二ヲ挙テ云ハヾ「昔シグリーキニテ始テ共和政ヲ立シトキ云々「趙ノ国ノ軍師趙活能ク兵法ヲ談ズ、然ド法ノ為ニ繋ラレテ或時ニ秦ト戦ヒ自ハ射殺サレ兵卒ハ四十万人坑殺《ウメコロ》サレタリ、故ニ、グリーキノ古キ一話アリ、暑ヲ駈馬ノ陰ニ避ントシテ其馬主ト借リ主ト之ヲ争テ果ニハ駈馬ヲ失ヒタリ、是皆ソノ
4 虚ヲ重ンジ実ヲ軽ンジタルガ故ナリ、我ラ信徒ハ斯ル愚ナル者ト自ラ為ルナク、又斯ル類ノ人ノ弁論ニ欺カル、コトナク、何ヨリモ彼ヨリモ主ヲ愛スルノ心ヲ熱クシ唯ダ主ノ後《アト》ニ従ヒ主ノ勤ヲ
5 成スヲ旨トシ満腔ノ忠義ヲ以テ屈セズ退カズ進ムコトヲナサバ規則モ自ラ宜ニ叶ヒ議論モ虚ニ帰セズ百難ノ中ニ立テモ主ノ和平ハ我ヲ去ラズ、遂ニハ乱ハ失セ困難ハ退キ和平ノ神ト共ニ在テ和平ヲ以テ世ニ勝ヲ得ベシ　テサロニケ后三ノ十六　「願クハ平安ノ主常ニ何事ニ拘ラズ尓ラニ平安ヲ

或政治書ニ見ユ

事己ニ頼バ破ル○
寤ムベキノ時○

賜ハランコトヲ　七月二十日神戸会堂ニテ講ズ

題

同　ロマ書十三ノ十一　我ラハ時ヲ知レリ、今ハ寐ヨリ寤ムベキノ時ナリ　○今ハ昔時鎖港ノ時ト
6同ジカラズ、然ルニ真ニ世ヲ思ヒ今日ノ日本ニ処スルノ道ヲ知ズ　「其思ヲ乱シ其愚ナル心暗クナレリ自ラ智ト称ヘテ愚ナル者トナリ朽果ザル神ノ栄光ヲ変テ朽果ルベキ人及ビ禽獣昆虫ノ像ニ似ス此故ニ神ハ彼等ヲ其心ノ欲ヲ縦ヒマ、ニスルニ任セテ互ニ其身ヲ辱カシムル汚ニ付《ワタ》セリ」　○未ダキリ
7ストノ光ヲ見ズ寐ニ居モノハ当然ト云ベシ既ニ寤タル我ラ信者ハ之ト同ジクテハナラヌナリ信徒ト称テ今ノ時ヲ知ズ尚ホ寐ニ居バ之ゾ禍ナル者ナリ　「我ラ他人《ホカノヒト》ノ寐ルガ如ク寐ルコトヲセズ醒テ慎ムベシ」　○彼ラニ言ヲ以テ教ルノミナラズ、行ヲ以テ導クコトヲセネバナラズ、然ルニ若シ言ヲ以テ人ニ教テ其行ハ之ニ反シ、或ハ言ヲ以テ教ザルノミナラズ其行ハ不信者ヨリモ甚ナキカ　イザヤ　ユダヤ人ニ云リ「神ノ名ハ尓ラニ

---

1 正邪ヲ分ツタメ是非ヲ定ル為メナリ而シテ自ラ邪ニ陥リ非ニ附バ何ノ益アランヤ
2 コロサイ二ノ十八○己ノ心ニ従ヒテ妄ニ誇リ首ラニ属クコトヲ為ザル也（首ハキリストヲ云）
3 主ニ忠ヲ尽スノ心ニハアラズ己ノ意ヲ立ントス斯ル人ニハ用心スベシ○俗ニ云議論倒レ
4 テモテ前一ノ四　○信仰ニ在ル神ノ道ヲ立ズシテ弁論ヲ生ズル談ニ心ヲ寄スル勿レ
5 カラテヤ四ノ十八　○善事ノ為ニ常ニ熱心ナルハ宜キナリ　○同六ノ九善ヲ行ニ臆スル勿レ　○主ニ事テ熱ク　○尓ラノ受ル霊ハ僕タル者ノ如ク恐ヲ懐ク霊ニ非ズ　○信仰ニ勇気ヲ得ベシ
6 ロマ一ノ二一ヨリ二四マデ　同五ノ廿○罪ノ増ス所ニハ恵モイヤ増セリ
7 斯ル暗キノ子供ヲモ神ハ之ヲ光ノ子供トナシ玉フベシ　テサロニケ前五ノ六

コリント前十ノ三一
マタイ五ノ十六
人ノ徳ヲ破リ平和ヲ乱スハ譏リ隠語ヨリ甚ハナシ 1
テモテ前一ノ十八
エペソ四ノ三
戦国策云蚌鷸晴雨ヲ争テ共ニ漁者ノ手ニ帰スルコトアリ
趙国ノ藺相如ト廉頗ノコト 2

由テ異邦人ニ汚サレン」○「何事モ行フニモ凡テ神ノ栄ヲ顕スヤウニ行フベシ」○「人々ノ前ニ尓ラノ光ヲ耀カセ、然バ人々尓ラノ善行ヲ見テ天ニ在ス尓ラノ父ヲ崇ムベシ」○一己、夫婦、兄弟、親子、僕婢、凡テ一家ノ風儀、世間ノ交際等ニ於テ一見ソノ信者タルヲ示スベシ ○愛 ガラテヤ五ノ六 「唯ダ愛ニ由テ行フ所ノ信仰ノミ益アリ」 ○平和 マタイ五ノ九 「和平《ヤワラギ》ヲ求ル者ハ福ナリ、其人ハ神ノ子ト称ヘラル可レバナリ」 ○人ノ徳ヲ立 ロマ十四ノ十九 「我ラ人ト和睦センコトト、相互ニ徳ヲ立ンコトトヲ追ヒ求ムベシ」 同廿一 何事ニ由ズ尓ノ兄弟ヲ倒シ、或ハ礙ヅカセ、或ハ弱クスルハ宜シカラズ」 ○唯ニ寐レル人ヲ醒スノミナラズ、之ヨリ魔鬼ノ働大ナルベケレバ常ニ之ガ備ヲナサヾル可ラズ、唯之ガ備ヲナス耳ナラズ進ンテ魔鬼ノ城塁ヲ打砕カザル可ラズ 「信仰ト善キ良心ヲモテ善キ戦ヲ戦フベシ」 ○此戦ニ勝ヲ得ルハ愛ト平和ニアリ、主ノ働ヲコボツ者ハ争ナリ 「愛ヲ以テ互ニ忍ビ平和ト云フ繋ノ中ニ務テ霊ノ賜フ所ノ一ナルヲ守ルベシ ○テモテ后二ノ二四 「主ノ僕ハ争フ可ラズ」 ピリピ二ノ三 「何事ヲ思ニモ党ヲ結ビ、或ハ虚栄ヲ求ル心ヲ懐ク可ラズ、各謙リタル心ヲモテ互ニ人ヲ己ニ愈レリトセヨ」 ピリピ二ノ十四 「凡ノ事怨言《ツブヤクコト》ナク又争フコト無シテ行フベシ」 ○我ラガ世ニ在テ働クハ己ノ為ニアラズ、キリストノ働ヲスルナリ、然バ己ノ意ヲ捨テキリストニ従ノ一事アルノミ 「尓ラキリストノ意ヲ以テ意トスベシ」 ピリピ二ノ五 「既ニ人ノ如キ形状《アリサマ》ニテ現ハレ己ヲ卑クシテ死ニ至ルマデ順ヒ十字架ノ死ヲサヘ受ルニ至レリ」 ピリピ二ノ八 ○キリスト世ニ在テ既ニ其民ヲ愛シ、又終リニ至ルマデ之ヲ愛シ、其死ニ釘ントスルヤ身自ラ水ヲ取テ使徒ノ足ヲ洗ヒ、且ツ命

若シ此ノ教ニ反シ教会ヲ乱シ弱キ者ノ躓トナラバ許ス可ラズ人ノ躓トナラズ公会ノ汚トナラザル迄ハ愛ヲ以テ導クベシ

願クハ我ラ今ノ時ヲ知リ先ヅ自ラ寤メ人ヲ眠ヨリ寤サスル様シタキモノ也

ジテ云、尓ラ互ニ如此ナセ、キリスト教ノ世ニ勝ヲ得ルハ是ナリ、世ノ人ノ如ク人ヲ下シテ己ヲ高クセントスルニ非ズ、己ヲ人ニ栄ラレントテ人ヲ譏ルニ非ズ、己ガ勢力ヲ得ンガ為ニ同類ヲ多クセントスルニ非ズ、己ヲ利セン為ニ宗教ヲ看板ニスルニアラズ、是等ハ世人モ賤シムル所ナレド能ハザル所ナリ、唯ダ之ヲ能クスル者ハ真誠ニ偽リナキ信仰ヲモテルキリストノ愛ニ励マサレタル人ノミ、其ナシ能フ訳ハ人ノ力ニアラズ神ノ力ニ由バナリ

○八月三日安息日神戸会堂講義

愛○題　ヨハネ伝十三ノ三十四五　○キリスト教ノ奥義ハ愛ナリ　ヨハネ一書四ノ八　神ハ愛ナリ」　○キ3リスト教ハ如何ナルコトヲ誨ルゾトナレバ愛ノ他ナシ、　ガラテヤ五ノ十四「己ノ如ク尓ノ隣ヲ愛スベシト云ル此一言凡ノ律法ヲ全ウスルナリ」　○学術智慧ハ如何ニ進ムトモ愛ナクバ益ナシ、花ノ匂ヒナキニ侔シ、何ニ巧ナル工人ノ作ニテモ造花ハ一ノ小草花ニ如ズ、キリスト云ソロモンノ栄華ノ極モ此花ノ一ツニモ及バズト、食ニ味ナキ如シ　○日本支那印度従来ノ教ニハ此愛ナシ、　夫婦、親子、主僕、朋友ソノ他一家一国ノ現状ヲ見ヨ　○愛ハ車軸ニ注グ油ノ如シ、　愛アリテ始テ一家キシル声ナク、一国上4

1　フィリップヘンリー毎ニ背後人ノ長短ヲ議スルヲ戒トシテ云、汝聾者ヲ譏ル勿レ
2　徳川大猷公ノ時ニ井伊直孝、酒井忠勝、松平信綱、板倉重宗、並政府ニ在リ、和シテ同セズ云々、近古史談十五丁
3　愛ハキリスト信者ノ恒ニ口ニスル所、又実ニ重ンズル所ナレバ恐クハ説教ゴトニ愛ノ加ハラザルハ有マジ、然ド愛ホド慕ハシキ者ハナク、愛ホド大ナル者ハナシ、故ニ世ノ有ン限リ愛ヲ説トモ尽ザルベシ、又兄弟モ真ニ愛ヲ好マルヽナラバ之バカリハ幾度聞ルヽモ飽ハ来ルマジ、昔シ使徒ヨハネ老年ニナリ壇上ヘ登ル毎ニ尓ラ相愛セヨノ他ニ言ハザリシト云フ
4　世人云、夫婦ハ他人ノ本、朋友ハ敵ノ本　又云、世ヲ渡ルニハ四方敵ト見バ禍ナシ

下和睦シテ事業成ル　真実ヲ語レバ夫ハ妻ヲ怒リ妻ハ夫ヲ軽ンジ友ハ逃ル○黄金不多交不深終是悠々江路客（ママ）　○
此貴重ナル愛ハ何処ヨリ来ルゾ、愛ナル神ヨリ来ル、何ニ由テ之ヲ賜フカ、キリストニ由テ賜フ
1 ナリ、　ヨハネ伝三ノ十六「神ハ其独子ヲ賜フ程ニ世ノ人ヲ愛シ給ヘリ」　故ニキリストヲ知ザル国ニ
2 ハ真ノ愛ハナキナリ　○真愛ノ顕ハレシヲ見ヨ、キリスト十字架上ノ祈リ此愛ニ勉マサレステパノ石
ニテ打殺サル、時ノ祈リ、パウラ己ヲ亡ストモ国人ヲ救ントセシコト、　ロマ五ノ七八「義人ノ為
ニ死ル者殆ンド少《マレ》ナリ、仁人ノ為ニハ死ルコトヲ厭ハザル者モヤ有ン、然ドキリストハ我ラノ尚
3 ホ罪人タル時我ラノ為ニ死給ヘリ、之ニ由テ其愛ヲ顕シ給フ」○我ラモ誠ニ贖ヲ得タル信者ナラ
バ、必ズキリストノ愛アルベキ也、　モシ之ナクバ如何ニ美ハシキ言ヲ語ルモ、巧ナル論ヲナスモ、聖書ヲ
愛ノコト（コリン前十三）
暗誦スルモ、決シテキリストノ徒ニアラズ　イエス云「尓ラ互ニ相愛スベシ、之ニ由テ人々尓ラガ我
弟子ナルヲ知ラン」○ヨハネ一書三ノ十八「我ラ愛スルニ言ト舌トヲ以テ相愛スルコトナク、行
4 ト実ヲ以テスベシ」　コリント前十六ノ十四「尓ラ行フ所ミナ愛ヲ以テ行フベシ」○愛ノ実、ペ
テロ前四ノ八「愛ハ多ノ罪ヲ掩フ」　箴言十ノ十二「憾《ニク》ムトキハ争端ヲ起シ、愛スルトキハ諸過ヲ
5 蔽フ」○愛ナクバ諸ノ禍イデ来リ、愛アラバ諸ノ禍ヲ除ク、愛ハ百善ノ本ニシテ自他ニ益アリ、
カラテヤ五ノ六　唯ダ愛ニ由テ行《ハタラ》ク所ノ信仰ノミ益アリ　愛サヘ教会ノ中ニアラバ自ラ成立ナリ之ヲ乱サ
ントスルモ愛ノ力ニ敵シ難シ（イエスノコト）　八月廿四日神戸会堂○哥、八十一、五十、二十七 6
信仰○　題　ヘブル十一ノ六　信仰ナクバ神ヲ悦バスコト能ハズ、蓋《ソハ》神ニ来ル者ハ神アルヲ信ジ、且神ハ必

他ニキリストノ弟子ナル事ヲ顕ス方ノナシ愛ノ故ナリ智ニ非ズ学ニ非ズ金ニ非ズ権ニ非ズ只愛ノミ

キリストノ交フカキハ愛ニ由ルナリ

ズ己ヲ求ル者ニ報賞《ムクヰ》ヲ賜フ者ナルヲ信ズ可レバナリ　○我ラ何ヲ以テ神ヲ悦シ奉ルベキカ、智カ学カ行カ施カ一切神ヲ悦スニ足ル者ナシ、又此等ノモノハ唯ニ神ヲ悦スコト能ハザル耳ナラズ神ニ近クコトダニ出来ズ、神ハ我ラ罪人ヲシテ己ニ就カシムル為ニ一ノ路ヲキリストヲ以テ開キ給ヘリ、贖ニヨリテ義トセラル、コトナリ、之ニ進ムハ何ゾ、唯ダ信仰アルノミ、我ラ今実ニ謙リタル心ヲ以テ何物モ己ニ益スルモノ無ヲ悟リ、己ノ無力ナルヲ知リ、又神ノ在スコトヲ固ク信ジ、其徳其智其能ノ頼ムベキヲ信ジ、又求ル所ハ神必ズ成シ玉フト云コトヲ信ジ、孝子ノ其親ニ依頼スルガ如ク何事モ神ニ依リ頼マバ、之ソノ悦ビ玉フ所ナリ　○若シサマリアノ婦ノ崇拝ノ如ク、アテンス人ノ信仰ノ如キハ、何ノ益モナシ、其神ノ何タルヲ知ズシテ妄ニ拝セシトテ益ニハタ、ズ、確

ヨハネ四ノ廿二

行伝十七ノ廿二

7

ク信ズル所ナクシテ妄ニ信仰セシトテ何ノ益ニモタ、ズ　○我ラ全キ信仰アッテ信ズルカ、実ニ幸ナリ、義トセラル、モ、救ヲ得ルモ、安ヲ得ルモ、徳ニ進ムモ、人ヲ愛スルモ、善ヲ行フモ、皆ナ信仰ニアリ、我ラ徒信ナラザル誠ノ信仰ヲ得バ此等ノ物ヲ得ルノミナラズ其上神ニ悦バル、コトヲ得ルトハ福ノコトナラズヤ　○之ニ反シテ

行伝十七ノ二十二

---

1 ロマノ殺戯、スパルタノ弱子ヲ殺ス、印土ノ妻ヲ火ス、日本ノ脱胎

2 キリスト教入テ囚人ノ取扱ヒ奴隷ノ解放ソノ恩禽獣ニ及テ獣畜保護ノ会社始ル　キリストノ愛ヲ思バ然モアルベシ真愛ハキリストヨリ出ヅ

3 此愛ナクバ教会ニ在テモキリストノ徒ニ非ズ　此愛ナクバ教会モキリストノ者ニ非ズ

4 マタイ五ノ四四○尓ラノ敵ヲ愛シ、尓ラヲ詛フ者ヲ祝シ、尓ラヲ憎ム者ニ善ヲ以テシ、虐遇《ナヤムル》モノノ為ニ祈レ

5 愛ナクバ神ニ親シムコト能ハズ、人ニ親シムコト能ハズ、故ニ終ニ神ニ離レ、又兄弟ニ離ル

6 無益ノ信仰ヲステ有益ノ信仰ヲ有スベシ

7 此頃毎夜男女連立少女ニ躍ラセ念仏ヲ唱テ銭ヲ乞

神ヲ信ズル真信ヲモテル者ニ君臣父子朋友ニ対シ信ナキモノナシ神ヲ信ゼザル者ニ之アルハ少ナリ1

マコ十一ノ二四

マコ十一ノ二三

為スマジキヲ為スノ罪アリ為スベキヲ為サヾルノ罪アリ

若シ信仰ナクバ唯ニ神ニ悦バレザルノミナラズ、種々ノ禍ハ之ヨリ生ズルナリ、前ノ数事ヲ得ザルノミナラズ、百事信ニヨラズハ成コトナシ、　臣範云、　君臣不レ信則国政不レ安、　父子不レ信則家道不レ睦、　兄弟不レ信則其ノ情不レ親、　朋友不レ信則其交リ易シレ絶ヘ　○左伝云、　信ハ国之宝也民之所レ庇フ也　此等ノ信ハ宗教ニ云フ信ニ比スレバ至テ軽キモノナリ、　然ルニ尚ソノ貴キコト此ノ如シ、　況ンヤ神ヲ信ズル誠ノ信アラバ世ニ所謂信ハ随テ生ズルヲヤ、　実ニ信ハ今世来世ニ渡テ大切ナル者ナリ　○ナポレオン帝ハ一種奇妙ナル信仰ヲ有セシ人ニテ其信ニヨリテ困難ヲ安キニ返シ、　成シ難キヲ成シ遂タリ、　彼云、　我ヲ妨ルアルプスアランヤ　○況ヤ上帝ニ依仗スル活ル信仰ニ於テヲヤ　イエス云、　凡ソ祈ノ時ソノ求フ所ノモノハ必ズ得ベシト信セバ必ズ得ベシ　○神ヲ信ゼヨ誰ニテモ其心ニ疑フコトナク其言フ所ノ言《コトバ》ハ必ズ成ベシト信ジ山ニ移テ海ニ入レト云バ其言ノ如ク成ベシ　○ペテロガ海ヲ歩シモ信、　アブラハンガ七十五ニシテ故里ヲ出シモ信、　モーセガ紅海ヲ渡シモ信、　ダビデガ強力ゴリヤヲ亡セシモ信ナリ　○彼等ノ信ニ意ヲ注グベキ一事アリ、　己ガ欲スル所ヲ成ントスルニ非ズ、　神ノ聖旨ヲ成ントスル事ナリ、　我ラ若シ己ガ意ヲ成サント欲セバ之ハ信者ニアラズ」　故ニ一事ヲ企ル毎ニ先ヅ神ノ聖旨カ否ヲ考ルコト大切ナリ、　既ニ神ノ心ニ合フ事ト知バ懼レズ屈セズ唯ダ専心神ニ依仗シテ進ムベキナリ、　神ノ聖旨ト知テ退クハ是亦信者ニアラザルナリ」○人ハ誤リ多キ者ナレバ聖旨ト思テモ之ニ叶ハザルコトモ有ベシ、　然ド斯ルコト有ンカト疑テ手ヲ懐ニシテ在ンヨリハ果断ヲ以テ一ニ決シ進ムハ神ノ悦ビ玉フ所ナリ、　真実我レ自ラ神ニ随ヒ其心ヲ成シ度精神ヨリ出シモノナラバ我ハ誤テモ神ハ之ヲ働カセテ益トナシ玉フナリ、　故ニ悠々不断事ニ就カザルハ亦信者ニアラザルナリ」　詩三十二ノ八　我尓ガ行フベキ

直接我心ニ感ジテ之ヲ成スベキヲ知ルアリ
自カラ我之ヲ成サネバナラヌ様ナリテ成スコトアリ
衆人ノ心ミナ傾テ我ガ之ヲ成スベキヲ迫ル 1

箴言三ノ五 意訳 2

テモテ后二ノ六 3

路ヲ以テ尓ヲ導キ、我尓ガ為ニ謀リ、我ガ目ハ常ニ尓ヲ顧ルベシ」 イザヤ四十三ノ十六 我瞽者ヲシテ其未ダ識ザルノ路ヲ行カシム」又云、我暗ヲシテ其前ニ変シテ光トナラシム」又云、我曲レル者ヲシテ直カラシム」 パウロ神ノ命ニ随テ目啓ケ栄光ノ働ヲナシ、マグダラノマリアハ主ニヨリ暗ハ変シテ光トナリ主ノ甦ヲ始メテ十一使徒ニ告シハ彼ニ非ズヤ、モーセ口訥ナリシト雖モ神命ヲ重ジ遂ニイスラエルノ大衆ヲシテ奴タル苦役ヲ免レシメタルニ非ズヤ、エレミヤ曽テ幼少ナルヲ以テ神命ヲ辞セシガ神云「我尓ヲ左右シ尓ヲ使フト ○斯ク為サネバナラヌ事ガ差当リ起リ居ルニ尚ホ人ニ譲テセザルハ謙遜ニアラズ神ノ働ヲ重ゼザルナリ、我ハ智ナシ力ナシト知レド為サヾルニ勝ルコトアリ然ルニ尚ホ為ザルハ神ヲ頼ムノ信ナク己ヲ頼ムナリ

○信者ハ各ソノ尽スベキ本分アリ、人ノ勧ルヲ待ズ自ラ進ンデ時ニ合フ働ヲナスベシ、固ヨリ己ノ力ニヨルニ非ズ神ノ助ニヨル也 心ヲ尽シテヱホバヲ頼メ、己ノ智慧ニ依ルコトナカレ、何事モ其行フ所彼ニスガレ、彼尓ヲ導キ玉ハン」 己ト人トヲ頼ムベカラズ、況ンヤ神ノ役事ヲナスニ於テヲヤ、信者互ニ彼モ神ニ尽スベキ人、我モ神ニ尽スベキ人ナレバ助ケ合フテ手トナリ足トナリ身体ノ心ノ命ニ随フ如ク共ニ一神ノ命ニ随テ其栄光ヲ顕スハヨシ、然ド足ナキ時ハ手ヲ代用スルコトアリ 勤労《ホネヲリ》タル百姓マヅ実《ミ》ヲ得ベキ也」 人ニ対シ公会ニ対シ神ノ為ニスルコトハ決シテ辞スベキニ非ズ、主ノ名ノ為ニ我ヨリ進ンデ勤労ヲ厭ハザル人ハ幸ナリ、

1 我ラ誰一人我コソ此業ニ当ルト思フ者ハアラジ唯ダ神ニ依リテ之ヲ成スヲ得ント信ズルノミ
2 互ニ人ノ働ヲ妨ルハ宜シカラズ
3 耳ナキトキハ手ヲ代用ス、之ヲ為ザル可ラズ、為サヾルハ用ヲ弁ズルヲ好マザルナリ

互ニ勤労ヲ厭ハズ進デ主ノ為ニスルノ風行ハレナバ一人一会ノ益ノミナラズ、遂ニハ各会々外ニマデ其風ヲ及ボシ益ヲ予ルニ至ル　○我ラ何事モ主ノ為ニセントナラバ主必ズ我能ハザル所ハ助ケ玉フト云コトヲ信ジ、信仰ニ由テ万事ヲ処サバ事成ザルナク、又信仰ニ基キテ為スコトハ主ノ尤モ悦ビ玉フ所ナリ　○若シ信仰ニ由ザレバ一時人眼ニ事成リタル如ク見ユルトモ、仮令ソノ名ハ神ノ事業ナリトモ悉ク己ト人トニ益ナキナリ、神ノ名ヲ以テ信仰シテ其実ニ由サルハ大ナル罪ナリ、又禍ナリ　心ニ於テ主ヲ遠《トホサ》ケ、人ヲ頼ミ、人ヲ守衛《マモリ》トスル者ハ禍ヲ受ルナリ」　凡ノ事ヲ益アル働トナシ我ト人トニ福ヲ予ルモノハ唯ダ信仰ニ由テ成ス所ノ事ナリ　尓ラ目ヲ醒シ堅ク信仰ニ立テ丈夫《ヲトコ》ノ如ク剛《ツヨ》カレ　八月三十一日神戸会堂　○如何ニ好キ人ノ助ガアルトモ信ナクバ亡ブ、仮令共ニ働ク人ヲ失フトモ信アラバ神ハ常ニ偕ナリ、果シテ亦入ルベキ人ナラバ神必ズ予ヘ給フベシ、人ノ力ニ由ズ神ノ力ニ由ン、然バ神ニ依ル確信ノ人ヲ得ベシ　○ダビデハ信ズベキ神ヲ信ジ、之ヲ岩トシ城トセリ、故ニ失敗ノトキニモ動カズ、遂ニ困難ニ勝テユダヤノ国ヲ得タリ、唯ダ彼ハ始終信仰ニ由シノミ

ナポレオンヲ見ヨ

エレミヤ十七ノ五

コリント前十六ノ十三

一人譲レバ百人ユズル遂事機ヲ誤ル

○洗礼ト聖霊

題　ヨハネ三ノ五　イエス答ケルハ誠ニ実ニ尓ニ告ン、人ハ水ト霊《ミタマ》トニ由テ生レザレバ神ノ国ニ
1 入ルコト能ハザル也　○或云、我ハ洗礼ハ受ザレドモキリストヲ信ズルナリト○マタイ十ノ卅二卅三　人ノ前ニ我ヲ識ルト言ン者ヲ、我モ亦天ニ在ス吾父ノ前ニ之ヲ識ルト言ン、人ノ前ニ我ヲ識ズト言ン者ヲ、我モ亦天ニ在ス吾父ノ前ニ之ヲ識ズト言ベシ」　或云、我ハ洗礼ヲ受ズトモ正シキ者ナリ、今別段受洗スルニ及バズト、或ハ我ハ人ニ勝レタル者ナリ、婦女輩ト同ク洗礼ヲ受ルハ恥ツベシト　「神ハ高ブル
2 者ヲ拒ギ謙ル者ニ恩ヲ予フ」　ヤコブ四ノ十　「自己《ミツカラ》ヲ主ノ前ニ卑クセヨ、然バ主尓ラヲ高クセン」

ヤコブ四ノ六

「関ニ付テ人心ノ常ナキヲ云フ
「古今ノ哥、色見えでうつろふものは世の中の人の心の花にぞありける」小町

洗礼ハ神ヲ信ズル証跡ニシテ霊ヲ化スベキ者ニ非ズ

ヨハネ伝ナルニコデモ異邦人ノ如ク洗礼ヲ受ベキ者ニ非ズト思ヒ人ハヤ老ヌレバノ言ヲ出セリ　○洗礼ハ受ルトモ聖霊ノ感化ナクバ救ハレ難シ　○ヨハネ三ノ六○ロマ八ノ十四　「肉ニ由テ生ル、者ハ肉ナリ、霊ニ由テ生ル、者ハ霊ナリ」「神ノ霊ニ導カル、者ハ是即チ神ノ子ナリ」「肉ニ従フ者ハ肉ノ事ヲ思ヒ、霊ニ従フ者ハ霊ノ事ヲ思フ」ロマ八ノ五　○故ニ人謙遜ナル心ヲ以テ罪ヲ悔キ、誠実ナル心ヲ以テキリストニ従ヒ、其志ヲ洗礼ヲ以テ神ト人トニ公ニ顕シ、又其心ニ聖霊ノ感化ヲ蒙リ、品行モ性情モ改ルニ非ザレバ神国ノ子輩ト為ル能ハザル[3]　行伝二ノ三十八「ペテロ云ケルハ、尓ラ各々悔改テ罪ノ赦ヲ得ンガ為ニイエス キリストノ名ニ託《ヨリ》テ「バプテスマ」ヲ受ヨ、然バ尓ラモ聖霊ノ賜ヲ受クベシ」　聞シ神ノ教モ、立シ志モ、聖霊ニ由ザレバ之ヲ守リ之ヲ全スルコト能ハズ、パウロ テモテニ云后書一ノ十四「尓ニ託シタル善モノヲ我ラノ中ニ居ル聖霊ヲ以テ守ルベシ」　○若シ兄弟神ヲ慢ルコトナク、我ラノ為ニ身ヲ捨テ玉ヒシキリストノ立ナサレシ重キ礼ヲ汚スコトナク、能ク己ヲ慎ミ自ラヲ顧ミ、神ノ恩ヲ思ヒキリストノ愛ニ感ジ、真実ノ信仰ヲモテ謙遜ナル心ヨリ此礼ニ干ラバ尓ラノ益ハ大ナリ、キリストノ謙遜ヲ視ヨ、神ノ子ナルモ尚「バプテスマ」ヲ受ラレタリ、ヨハネハ之ヲ辞セリ、然ド彼云「暫ク許セ斯ク凡ノ義キ事ハ我ラ尽ス可ナリ」斯テ水ヨリ上レル時聖霊彼ニ降レリ、

1　マタイ廿八ノ十九　○尓ラ往テ万国ノ民ニ「バプテスマ」ヲ施シ之ヲ父ト子ト聖霊ノ名ニ入テ弟子トシ且我ガ凡テ尓ラニ命ゼシ言ヲ守レト彼ラニ教ヘヨ

2　ルカ廿二ノ十九　○此ハ尓ラノ為ニ予ル我ガ体ナリ我ヲ記エン為ニ之ヲ行ヘ

3　実ニ信ズレバ必ズ「バプテスマ」ヲ受ク、若シ信ジテ「バプテスマ」ヲ受バ神之ニ聖霊ヲ賜ハザルナシ、故ニ云、信ジテ「バプテスマ」ヲ受ルモノハ救ハルベシ（マコ十六）

我ラモイエスノ謙遜ニ習テ凡ノ義ヲ尽スベキ　行伝廿二　十六「今尓何《イカ》デ緩《タメラ》フ可ンヤ、起《タチ》テ主ノ名ヲ呼ビ「バプテスマ」ヲ受テ其罪ヲ滌《ソヽギ》去《サ》ルベシ」　尓ラ既ニキリストノ大愛ヲ知バ、其命ニ就クニ猶豫スル勿レ、然バ神ノ恩ハ尓ラニ増シ加ラン、聖霊常ニ助ン　「聖霊ノ結ブ所ノ果ハ仁愛喜楽平和忍耐慈悲良善忠信温柔撙節」

カラテヤ五ノ廿二

若シ果シテ兄弟ノ受シ洗礼信仰ノ道ニ叶ヒシナラバ必ズ聖霊ノ恵ヲ蒙ラレ、此諸ノ善結果ヲ日々ニ加ラレン、而シテ一箇ソノ福ヲ得ルノミナラズ全会亦同ク福ヲ受ケ、肉ニツケル怒争憎恨等ハ悉ク去テ、地ノ天国ハ天ニ在ル天国ノ如クニナリ、其子輩ハ印セラレタル神国ニ入ル可キ者也　「人ハ水ト霊ニ由ザレバ神ノ国ニ入ルコト能ハズ」　今水ト霊ニ由レル尓ラハ之ニ入ルコトヲ得ルナリ　○九月七日第一安息日晩餐式アリ受洗者アリ前田泰一ノ帰会アリ　○晩餐式　マタイ廿六ノ二四ヨリ廿九マデ　○ルカ廿二ノ十九　「此ハ尓ラノ為ニ予ル我ガ体ナリ我ヲ記《オホエ》ン為ニ之ヲ行《ナ》セ」　マタイ廿六ノ二四　「人ノ子ハ己ニ就テ録サレタル如ク逝ン、然ド人ノ子ヲ売者《ワタスモノ》ハ禍ヒナル哉」　コリント前十一ノ廿九　「宜シキニ合《カナ》ハズシテ食飲スル者ハ其食飲ニ由テ自ラ罰ヲ招クナリ」　同二八　「人自ラ省テ后ソノ「パン」ヲ食シ其杯ヲ飲ムベシ」

我ラハ兎角恩ヲ忘レ義ニ背キ易キモノナリ

ユダモキリストノ晩餐ニ倍セリ

1

○　題　マタイ廿八ノ二十　夫レ我ハ世ノ末《ヲハリ》マデ常ニ尓ラト偕ニ在ルナリ　亜孟　朗読十五ノ一ヨリ十六ニ至ル　○身ニ病ナク禍ナク物事思ノ侭ニ行キ命モ長キヲ欲スルハ人ノ情ナレド、之ニ反シテ齟齬ノミアルモ世ノ常也　紅葉を風にまかせて見るよりも墓なき物は命なりけり」　仏道デ此世ヲ塵世ト、ナヘ汚土ト称ヘ世捨人トナリ、支那ナゾデモ道人隠者ガ世ヲ厭テ山ニ逃ル、モ無理ナラヌナリ、然ド此ハ人ハ何ノ為ニ世ニ生レ

古今集哀傷
大江千里

コリント前十ノ三一

又何処へ往カ又神ト我トノ関係ヲ知ヌ故ナリ　何事ヲ行フニモ凡テ神ノ栄ヲ顕スヤウニ行フベシ」恒ニ

コリント前十五ノ五八

励ミテ主ノ工ヲ勤メヨ蓋尓ラ主ニ在テ其行《ナス》トコロノ労《ハタラキ》ノ空シカラザルヲ知バナリ」勤労《ホネオリ》タル百性

テモテ后二ノ六

マヅ実ヲ得ベキナリ」　然バ此世ハ厭フベキモノニ非ズ、此世ハ即チ永遠ノ幸福ヲ生ミ出ス所ナリ、イエス故

マタイ六ノ廿

ニ此世ノ我ラニ云リ　蠹《シミ》クヒ銹《サビ》クサリ盗《ヌスビト》穿チテ竊《ヌスマ》ザル天ニ財ヲ貯フベシ」　我ラ此世ニ在テ働ク働ハニ途アルノミ、一ハ天国、一ハ地獄、地ニノミ財ヲツミ神ヲ懼レザル人ハ禍也　剛愎《カタクナ》ニシテ悔ナキノ心ニ循ヒ

ロマ二ノ五

己ノ為ニ神ノ怒ヲ積テ其　義鞫《タヽシキサバキ》ノ顕レン怒ノ日ニ及ブナリ」　神ハ此日ヲ我ラニ来ラセザル為ニ常

或一人ノ兄弟ノコト（水谷碗）

ニ忍ビ玉フナリ、前田泰一ノコト、我ラ既ニ悔改バ又懼ナシ、神我ヲ受テ其子輩トナシ玉フ也　我尓ラヲ捨テ

ヨハネ四ノ十

あす知らぬ我身と思どくれぬまのけふぞ人にも悲しかりけれ

孤子トセズ」　我ラ世ニ在ル間ハ病死災等何日ヨセ来ルヤ図ラレズ遠州灘ヲ舟ニテ過ルガ如シ、ダビデハ神ハ我城ナリト云ヒ、イザヤハ神ハ永遠ノ盤石ナリト云ヘリ、過日ノ暴風ニ草木ノ葉悉ク枯果シト雖モ根土ニ在バ絶ズ潤ヲ得テ枯葉ノ下ニ新緑ヲ含メリ　イエス云、我ハ葡萄ノ樹尓ラハ其枝ナリ」又云、人モシ我ニ居リ我亦彼ニ居バ多ノ実ヲ結ブベシ」　我ヨリ神ヲ離レズバ神我ヲ離ル、コトナシ　イエス云、我世ノ末マ

ヨハネ十五ノ五

ヨハネ十四ノ三

デ常ニ尓ラト偕ニ在ルナリ」又云、モシ往テ我尓ラノ為ニ所ヲ備ヘバ又来リテ尓ラヲ我ニ受クベシ」　今世ニ在テハ神ト倶ナリ、此世ヲ去トキハ主キリスト我ヲ迎ヘ納ク、然バ我ラ又何ヲカ憂ヘン　○九月十四日当別ノ説教

1　一己ノ罪　二キリストノ贖　三悔改ンヤ否　四キリストヲ愛スルカ　五兄弟ヲ愛スルカ　六人ヲ憎コトナキカ

○以上明治十七年一月ヨリ九月神戸ヲ去ルニ至ル凡ソ廿三講

明治十三年五月ヨリ同十七年九月ニ至ルマデ説教ノ此本ニ録セシ所総計百二十四

明治十七年九月十五日神戸ヲ去リ同廿四日東京ニ着ス尓来東京諸会ニテ講スル所ノ説教ヲ左ニ録ス

○愛　ヨハネ十三ノ卅四五　○九月二十八日麻布会堂

○痦ムベキノ時　ロマ十三ノ十一　○十月十九日虎ノ門会堂

○尓ラハ基督ノ書　コリント后三ノ三　○十月廿一日大説教会感謝ノ集　厚生館ニテ

○寝ル勿レ　テサロニケ前五ノ六　○十月廿六日麻布会堂

○此時ヲ忽セニスナ　エペソ五ノ十四　○十一月九日下谷会《(ママ)》

○信仰　ヘブル十一ノ六　○十一月十六日麻布会堂

○時熟セリ　ヨハネ伝四ノ三五　○麹町会堂十一月廿三日

○真誠ノ食　ヨハネ六ノ五三　○十二月七日新栄教会ノ為メ明治会堂ニテ　此日晩餐式アリタリ

○信者ハ世ノ属ニ非ズ　ヨハネ十七ノ十六　○十二月十四日麻布会堂

○同　同　○十二月二十一日高輪台町会堂

○同　同　○十二月二十八日年末ノ安息日下谷会堂

○聖書之友ノ年会演説　テモテ后三ノ十六　○十二月十二日厚生館

○信仰ノ善戦　テモテ前六ノ十二　○明治十八年一月四日ホイツトニイ氏宅　草稿アリ

○祈祷　ピリピ四ノ六　○一月十八日麻布会堂　草稿アリ

主ノ来ルヲ待○　イザヤ二五ノ九　其日斯ノ如ク言ン、視ヨ是我ラノ神ナリ、我ラ始ヨリ之ヲ待チ居タリ、彼必ズ我ラヲ救ハン、是エホバナリ、我ラ之ヲ待チ居タリ、我ラ其救ヲ喜ビ楽マン○

テサロニケ前五ノ一ヨリ十一

○完全ニ進メ　ヘブル六ノ一二　○一月廿五日神田尊生舎ニテ講ズ

○人ハ神ノ像ニ肖ンコトヲ求ムベシ　コリント后三ノ十八　○青山英和学校ニテ一月一日講ズ

○同　同　○二月十五日安息日朝下谷教会々堂ニテ講ズ

○同　同　○二月廿二日麻布公会々堂ニテ講ズ

○愛ハキリストヨリ出ヅ　ヨハネ十三ノ卅五　○三月一日ホイトニー氏宅

○財ヲ天ニ積メ　マタイ六ノ十九ヨリ廿一　○三月八日麻布公会々堂ニ講ズ草稿アリ

○神ノ力当ル可ラズ　マタイ十三ノ卅一二　○三月十五日麻布会堂此日西京グリーン氏説教セラル　○三月廿九日此題ヲ講ズ

○同心協力　ヨハネ伝十七ノ十一　○四月十九日麻布会堂

○善悪一念ヨリ別ル　マコ十四ノ十一　○五月三日麻布会堂晩餐アリ
○光　マタイ六ノ廿二三　○五月三日夜ホイトニー氏宅ノ説教
○光ノ時ヲ失フ勿レ　エペソ五ノ十四　○五月十日入舟町監督教会々堂ニテ講義ス
○聖霊　ヨハネ十六ノ七八九十十一　○五月十七日麻布会堂
○分ヲ尽スベシ　マタイ廿五ノ十四ヨリ三十　○六月七日麻布会堂
○恵ヲ徒受スル勿レ　コリント后六ノ一　○六月十四日両替町十三番地会堂
○誇ル勿レ失望スル勿レ　テサロニケ前五ノ十七八　○六月二十八日麻布公会
○小善ヲ棄ル勿レ　マタイ廿五ノ廿一　○七月五日夜ホイトニー氏宅
○基督教ノ主意目的　コリント后書三ノ十八　○七月廿一日夜連合説教会日本橋教会々堂ニテ演ス
○福音ハ世界ヲ救フ　ロマ一ノ十六　○七月廿九日夜連合説教会両国教会会堂ニテ演ス
○信徒ハ信徒ノ格ヲ失フ可ラズ　ヨハネ十五ノ十九　○八月二日朝下谷教会々堂ニテ講ズ此日晩餐アリ
○基督教ノ主意目的　コリント后三ノ十八　○八月四日麻布公会々堂連夜説教会ニ講ス
○神ノ子トセラル、福　ヨハネ一書三ノ一　○八月六日同前
○キリストノ愛人ヲ活ス　コリント后五ノ十四　○八月九日日吉町新橋会堂ニ於テ講ズ仮草稿アリ
○知識ノ本ハ神ヲ畏ル、ニ在リ　箴言一ノ七　○八月十三日麻布会堂連夜説教会ニ講ズ
○信徒ノ格ヲ失フ可ラズ　ヨハネ十五ノ十九　○八月十六日麻布会堂ニテ講ズ

○主ノ愛ニ励マサルベシ　コリント后五ノ十四　○八月廿三日両国教会々堂ニテ講ズ
○人間ノ品位　ヨハネ一書三ノ一二　○九月一日夜台町公会説教会説教
○尓ラ神ヲ愛スル乎　ヨハネ一書四ノ十九　○九月六日麻布会堂晩餐アリ受洗者三名アリ
○油断スベカラズ　同夜ホイットニー氏宅ノ講義　題マタイ廿五ノ一ヨリ十三
○福音ハ人ト世トニ福ヲ与フ　ロマ一ノ十六　九月七日夜露月町会堂連説教会説教仮草稿アリ
恩ヲ忘ルナ　ルカ十七ノ十一ヨリ十九　○九月廿七日麻布会堂
○愛ヲ根トシテ行フベシ　コリント前十六ノ十四　○十月三日愛隣会ノ集リホイトニー宅
○愛ノ切要　ヨハネ一書四ノ九　○十月四日夜ホールス氏病院説教
○天父ニ帰レ　ルカ十五ノ十一ヨリ終リニ至ル十月十一日夜ホイトニー氏宅
○神ニ任セヨ　ペテロ前五ノ七　○十一月一日夜ホイトニー宅ニテ講ズ　渡リ鳥ノ論
○救ヲ全ウセヨ　ピリピ二ノ十二　○十一月八日麻布公会々堂説教
○勇ヲ養ヘ　コリント前十六ノ十三　○十二月廿日麻布会堂説教仮草稿アリ
○十字架ノ救　マタイ廿六ノ廿八　○十二月廿日夜イーストレーキ宅説教仮草稿アリ
○愛ニ勉マサレテ働ケ　コリント後五ノ十四　○明治十八年十二月廿七日終リノ日曜説教数寄屋橋会堂ニテ
○明治十九年十二月廿九日島田氏ノ老母埋葬ノ時谷中ニ於テ説教題ペテロ前一ノ廿四五○是ヨリ前田口卯吉氏ノ妻死去ノ時出棺ニ臨ミ同氏宅ニテ説教ス題

○明治十九年極月二日午後四時下谷会堂ニテ木村熊二氏ノ妻君葬式慰藉ノ話題ヘブル十一ノ四彼死ヌレドモ信仰ニ由テ今ナホ言《モノ》イヘリ

○明治十八年十二月廿三日横浜山手百七十八番フェリス女学校卒業式ノ演説○今日茲ニ数名ノ貴嬢ガ多年ノ蛍雪ノ労成テ卒業セラル、ヲ見テ欣喜ニ任ザルナリ、唯ニ貴嬢等ノ為ニ悦ブノミナラズ我ガ日本ノ為ニ悦バシク思フナリ、日本ノ為ニナド言《イヘ》バ好ンデ言《コト》ヲ大ニスルニ似タレトモ決シテ然ラズ、若シ我ラヲシテ此悦ナカラシメバ貴嬢等ガ得ラレシ学芸モ三味線手躍《テオドリ》ノ如キ一玩物ニ過ギザルノミ、如レ此学問モ世ニハ珍ラシカラズ、昔ニ在テハ其名モ高キ紫式部 清少納言 赤染衛門 和泉式部ノ流皆是ナリ、今モ尚ホ此流ノ女博士ヤ多カラン、斯ル女流ガ如何ニ多ク輩出スレバトテ敢テ日本ノ為ニ祝スベキニモ非ズ悦ブベキニモ非ズ、亦此類ノ学問ハ虚栄ノ学問ニシテ徒ラニ人ニ誇ルノ具トナルカ、身ヲ売ノ飾トナルニ過ズ、慨然ノ至ナリ」真誠ノ学問ノ価ハ人世ノ実用ニ適応スルニ由テ出デ、人ヲ益シ世ヲ利スルニ由テ其光栄モ亦加ルナリ」此校ハキリスト教ノ主義ニ基キテ立ラレタルモノナレバ学術ノ智識ノ他ニキリストノ徳ノ光ヲモ添ハレルヤ必セリ、然バ貴嬢等ハ学術ノ光栄ト徳教ノ光輝トヲ相暎照セシメテ其光ヲ世ニ発《ハナ》タザル可ラズ、主曰ク「多ク予ヘラル、者ハ多ク求メラルベシ」ト貴嬢等ハ多ク予ヘラレタル者ニシテ其負フ所ノ義務モ亦重シト云ベシ、義務ノ重キハ貴嬢等憂フベキニ非ズ喜ブベキコトナリ、婦女ノ権理ハ義務ノ軽重ニヨリテ定レリ、今貴嬢等ガ義務ノ重キニ感ゼラル、ヤ其権理モ共ニ広マルナリ、且ツ其任

箴卅一ノ一、艶《ツヤ》ヽカハ偽ナリ美ハシキハ息《イキ》ノ如シ然ドヱホバヲ畏ル、女ハ讃ラレン〉
ペテロ前三ノ三ト四、尓ラノ飾ハ外ニアラズ内ニアル柔和恬静ナル霊ナリ

箴言卅一ノ十一、廿六、廿七、ニ云ル如キ婦ハ何クニカアルヤ

ノ加ルニ随ヒテ其品位モ高クナルナリ」古ヨリ婦女ノ権理ナク品位ノ下劣ナリシハ職トシテ世ニ負フ所ノ義務ナリ其任スル所僅カニ一小家内ノ事ニアリシガ故ニ由ル、其家内ノ事スラモ妻ノ妻タル分ヲ尽シテ家政ヲ調ヘ母ノ母タル職ヲ尽シテ子女ヲ薫陶スル者幾人カアル、多クハ夫婦ノ倫修ラズ、家政調ハズ、家庭ノ教育立ズ、一家ニ団欒ノ慶アラザルベシ、一家立《タヽ》ズ何デ国立ンヤ家庭ニ教育ナシ何デ俊傑ノ出ルアランヤ」貴嬢等モシキリストノ愛ニ養ハレタランニハ此情体ヲ見テ歎《カナシ》マズシテ有ヲ得ンヤ、多年練磨シタル智識ヲ以テ之ヲ救ヒ、我ガ日本ニ美風ヲ来タラスルノ術ナカランヤ、今ヤ轍魚一掬ノ水ヲ要スルガ如キ心地セラル、ハキリストノ世ヲ思ヒ給ヘル如キ切ナル愛心ト実用ニ適応スル智識ニテゾアル、此要求ニ当ルハ貴嬢等ナラン乎」願クハ貴嬢等世ニ対シテ我ニ義務ノ負フベキ有ヲ忘レ給フ勿レ、自ラ進ンデ重荷ヲ取リ給ヘ、愛ヨリ出デ負ントスル重荷ハ主モ亦必ズ喜テ助ケ給フベシ」既ニ貴嬢等ハ多年労苦シテ多クノ学力ヲ養立タリ、故ニ其力ヲ空クセズシテ相応ノ地ニ用ヰンガ為メ自ラ進ンデ任ヲ負フハ応《マサ》ニナスベキノ事ナリ、又常ニ身ニ重負ヲ取テ本分ヲ尽サントナラバ学問モ怠ラズシテ断ズ智識ヲ磨クコト肝要ナリ、卒業ヲ以テ学問ノ大成ト思フコトアラバ是甚シキ誤ナリ○学校ノ卒業ハ学問ヲ成スノ土台ヲスヱシマデノモノニテ学問ノ大廈高楼ヲ構ルハ之ヨリ始マルナリ、折角土台ヲ置ナガラ家屋ヲ立ザルハ笑フベキノ至ナリ、亦惜ムベキコトナリ」但シ此大廈高楼ハ学ブ学問ト勉ムル実務トノ二ツニテ相持テ成ルナリ、偖テ世ヲ歎キ、改良ヲ謀リ、人ノ幸福ヲ増シ加ントナラバ、此大事ヲナスニ注意

箴卅一ノ廿○彼手ヲ貧シキ者ニノベ手ヲ悩メル者ニノブ」

学問ヲ実用セザルハ採掘セザル金ノ如シ世ニ益アルナシ

諸礼ノ如キハ殺風景ヲ去リ進退坐作ヲ閑雅ニナスニ止ルベシ卑屈ノ形ハ習フベカラズ

スベキハ風俗慣習ノ虜《トリコ》トセラレンコトナリ　是ハ卒業ニ至ルマデノ教育上ニモ大切ナリ校中ヨリ世ノ風俗慣習ヲ支配スル気象ヲ養ハザル可ラズ人自ラ其縛《ナハメ》ニカ、リテハ決シテ人ノ縛ヲ解クコト能ハズ、容貌　真誠ノ謙遜ハ形ニアラズ心ニアリ、交際　殊更ニ男女ノ隔テヲナスハ汚心ノ顕レナリ我ニ汚心ナクバ何ゾ隔ヲナサンヤ仗国ノコト、志　婦女ハ厨下ノ事ノミト思可ラズ男子ヲ助ケ共ニ世ノ益ヲ謀ルニ心ヲ用ユベシ、義務　負フ荷アラズバカイデス

先ヅ志立ザレバ学モ亦成ラズ志高ケレバ学モ亦高シ

〈演説〉

談論之利害　横浜青年会演説草稿別ニアリ

女子教育論　草稿別ニアリ

酒害ヲ論ズ　横浜禁酒会演舌ノチ禁酒会広告并ニ趣旨ニ出ヅ

神代ノ説　明治十四年六月十一日大阪大説教会演説草稿別ニアリ

因果論　因果ト云バ珠数デモ捜《カナグ》リ乍ラ南無阿弥陀仏デ説出サネバナラヌ様ナレド我イフ因果ハ浮屠氏ノ云フ前世ノ白狗ガ寺ニ蓄レテ毎日聞シ経文ノ功徳ニ因リ人間ニ生レタノ何某ノ班馬ハ前世ハ人ナリシガ牛馬ヲ惨刻ニ扱ヒタル報ニ因リテ今世ハ馬ニ成テ苦役セラル、ダノト云類ノ因果ニハ非ザルナリ　○全体因果ト云コトハ理ノ当然ニシテ事々物々ミナ此因果ノ非ザルハナシ然ドモ智者識者ハ皆カノ仏氏等ガ説ク所ノ妄誕ニコリハテ当然必有ノ真因果ヲモ併セテ嫌フヤウニナレルナリ然シ此ハ余リ智トハ申サレズ彼ノ羹ニコリテ韮ヲ吹ノ類ト云ベシ　○因果ノ道理ハ先ヅ近ク例バ放蕩ノ果ハ貧困トナリ懶惰ノ果ハ無智トナリ虚言ノ果ハ羞恥トナリ忿怒ノ果ハ喧嘩トナリ又酒ヲ多ク嗜メバ大抵中瘋吐血病ニテ世ヲ終リ色ヲ妄ニ好メバ必ズ精力ヲ耗シテ早世シ悪キ行ヲナセバ恐懼ヲ来ラスル等ノ如シ之ト同ク勉強ノ果ハ富饒トナリ学問ノ果ハ智識トナリ温柔ノ果ハ和楽トナリ善行ノ果ハ愉快トナリ撙節ノ果ハ健剛トナルナリ如此悪因悪果善因善果是ミナ人ノ見易キ所ニシテ万人ノ均ク知ル所ナリ而シテ世間ニハ善因善果ヲ結ズ反テ悪因悪果ヲ結ベル者ノ多キハ是全ク其理ヲ知ザルニ非ズシテ克己ノ力ニ乏シキニヨル既ニ眼前ノ小因果ヲ知ル亦何ゾ永遠ノ大因果ヲ知ザルノ理アランヤ此理ヲ知バコソ智愚トモニ死ヲ恐レ未来ノ談贖罪ノ説救世ノ諸仏モ出現セシナレ然ド愚者ハ唯ダ拝仏点香ノ外礼ニノミ流テ善因善果ノ実行ナク恰モ忘レタルガ如ク智者ハ前条ニ述シ如ク嚢ニコリテ非ヲ吹キ因果ノ事ハ虚誕ノ如ク知ザルガ如クスレド共ニ忘レタルニ非ズ知ザルニ非ズ私欲ノ為ニ妨ゲラル、ノミ　○然ド因果ノ理ヲ明ニシ悪果ノ因ヲ除キ善果ノ因ヲ立ルハ尤モ大切ナルコトナリ小ニシテハ此ノ身心ノ為ニ善因果ヲ来ラセテ安寧ヲ得大ニシテハ霊魂ノ為ニ善因果ニヨリテ永遠ノ幸福ヲ得ザル可ラズ目前ノ小因果ニヨリテ生ズル不幸スラ尚ホ忍難シ況ヤ永遠ノ大因果ニヨリテ成ル禍害ヲヤ豈恐ザル可ンヤ　○視ヨヤ人影ノ近クシテ小遠クシテ大ナルヲ視ヨヤ鞭撻ノ離ル、弥遠クシテ弥痛楚ヲ増ヲ茲ニ一事ヲ挙テ其理ヲ暁サン今ヲ去ル十四年前即チ慶応三年ノ八月十五日我日本ノ海水俄ニ進退シ平均ヨリ増セシコト六七尺人畜家屋ノ水害ヲ蒙レル実ニ夥シキコトナリキ当時ノ人ソノ何ノ故タルヲ知ザリシナレド此果ヲ来ラセシ其因ハ同月十三日南アメリカ　ペイリユーノ海港ナルアーレカアノ辺ヨリ震リ出セシ大地震アリテ其響キ水ニ揺リ及ボシ二日ヲ歴テ我日本海ニ達シタル者ナリ十七日ニハ早ヤアウスタラリヤニマデ及ビ海波甚ダシカリシト云フペリユーハ我日本ヲ隔ツル幾数千里ノ外ニアリ而シテ其影響ヲ及ボス如此大ナリ若シ近隣ノ国ナランニハ其影響モ亦少ナカルベシ因果ノ理ハ是ト侔クシテ現世ニ於ルハ小ニシテ未来ニ係ルハ尤モ大ナリ且又因果ノ速ナルモ此ノ津波ノ如シ津波ノ来レルヤ幾数千里ヲ二日ヲ歴ズシテ来ル因ニヨリテ果ノ来ルモ実ニ其速ナル瞬間ヲ待ザルコト有ベシ然バ因果ノ理ハ常ニ明ニセネバナラヌナリ因果ハ恐レズシテ居コトハナラヌナリ因果ハ慎マネバナラヌナリ近クハ此世遠クハ来世トモニ好因善果ヲ結バンコトコソ切要ナレ

本朝古典ノ説　明治十四年七月五日豫州松山ニ於テ耶蘇信徒大説教会演舌

愛国論　同前夜ノ演舌　○其家ニ生テハ必ズ家ノ為ヲ思ヒ其国ニ生テハ必ズ国ヲ愛シ思ハ人情ノ常ニシテ今殊更ニ喋々愛国ナド言モ無用ニ似タリ　○然ドモ己自ラ其家ヲ敗リ祖先ノ功労父母ノ恩恵ヲモ空クスル輩ラモ世ニ珍シカラズ如斯己ガ国ヲ己害ヒ国益ナド云コトハ夢ニモ知ズ国ノ禍ノミヲ作モノ亦多シ是等ノ徒ハ人外トシテ今ハ論ゼズ尤モ憂フベキハ国益ヲ図ルトカ民権ヲ起ストカ唱ル有志者ト云フ者ニシテ間々口ト反対ノ行為ヲナス者アリ或ハ嫉妬或ハ猜疑或ハ虚栄或ハ自負或ハ私欲等ノ為ニ其志ヲ果ス能ハズ忠義ノ心ナキニハ非ザレド前条諸類ノ勢力強クシテ遂ニ義心敗ヲトル是ナリ　○昔シユダヤ人ノイエス君ニ就テ言ルヲ聞ケ（ヨハネ伝十一ノ四八五十）此語ヲ玩味セヨ彼等ハ国ヲ愛セザルニハ非ズ然ド諸害物ノ為ニ心目ノ明ヲ失ヒ正邪善悪ヲ顛倒シ国ヲ興サントシテ却テ国ヲ亡セルナリ故ニ真誠ニ国ヲ愛シ真誠ニ国ヲ益セントナラバ諸害物ヲ悉ク取除カネバナラズ之ヲ取除クニハ理学カ芸術カ智識カ否ナ宗教ニ非ザレバ人心ヲ改良スル能ハズ然バ仏カ神道カ或ハ儒カ否之等ハ皆多年ノ経験ニ由テ其無功ヲ明ニ知ル、ナリ然バ何カ唯ダ上帝ノ仁愛世ヲ憐テ人間ニ下賜シタマフイエスノ救道アルノミ

本朝諸教論　同七月廿六日摂州三田ニ於テ大説教会ノ演説草稿別ニアリ

事業ノ基礎　同十二月五日夜赤心社懇親会ノ演舌　○此ノ微少者ガ有識諸君ノ中ニ立テ演舌ナド、ハ嗚呼ガマシキニ似タレドモ、余モ社員ノ数ニ加ヘラレテ有バ当社ノ隆盛ヲ望ムノ心ハ諸君ト殊ナルナシ、又諸君ト共ニ日本国ノ穀ヲ食ム者ナレバ百事開進ノ今日ニ当リ微忠ヲ尽ントスルノ衷情モ諸君ト同ジカル可レバ思ダケノ事ハ包テ述ヌヨリハ述ル方ガ道理ニ叶フコトト信ズルニヨリ、少カ意旨ヲ吐露セントス、其演題ハ事業ノ基礎ト云フナリ　○家ヲ築ントセバ先ヅ堅石ノ基礎ヲ置カザル可ラズ、事業ヲ起サンニモ亦必ズ堅固ナル基礎ヲ要スルナリ、

マサチューセッツ
プレモス

近来我国ノ有志者志気ヲ励マシ都鄙ノ論ナク此コ彼コニ起リテ農ニ工ニ商ニ刻苦勉励大ニ事ヲ興サントス、是誠ニ国家ノ為ニ祝スベキコトニシテ且ツ其志ハ好スベキナリ、然ド往々目ニ触レ耳ニ聞ク毎ニ大息シテ杞憂置ク能ハザルノ一事アリ、何ゾヤ、事業ノ基礎ナキ之ナリ、視ヨヤ世間ノ事業者昨日起リテ今日倒レ、朝ニ顕レテ夕ニ消ユ、神顕鬼没ノ常ナキ軍事ニ於テハ妙手ナルモ事業ニ於テハ拙策ニシテ国家ノ為ニハ大不祥ト云ハザルヲ得ズ、各自ノ上ニ於テモ会社ニ於テモ之ノ成蹟ヲ見ル屢々ナリ、是他ナシ、事業ニ基礎ヲ置ザルノ致ス所ナリ　○事業ノ基礎トハ何ゾヤ、金力カ否、智識カ否、然ラバ心術修ラズ品行正シカラズ道徳ノ欠アルガ故カ否、一事一業ヲ成スニハ此三者ミナ肝要ニシテ一モ欠ク可ラズト雖モ神顕鬼没ノ事業者ヲ見ルニ数万ノ金ヲ懐テ始ルモアリ、満腹ノ智慧ヲ有シテ為スモアリ、或ハ正直ニシテ品行ノ方正ナル者モアルベシ、然シテ尚ホ能ハザルハ之ヲ以テ真正ノ基礎トナシ難キ所以ナリ、我ガ言フ所ノ事業ノ基礎ナルモノハ恒久心即チ忍耐力是ナリ、此恒久心サヘアラバ金力モ来ルベシ智慧モ成ルベシ徳義モ増スベシ　○諸君視ズヤ、吾人ノ感嘆スベキ大事業ヲ開キタル美州ノ新世界、コノ新世界ノ結果ハ何ニヨリテ来リシヤ、只是ピューリタン」ノ恒久心ヨリ出シニ非ズヤ、人ミナ美国ノ結果ノ美《ウル》ハシキヲ見テ感嘆スレドモ其好結果ヲ来ラセシ所以ノ者ヲ考ルナシ、今諸君ヨ彼ノ国ナルマセチュースノ東ニアルピリムト邑ノ有名ナル石ノ由来ヲ探求セラレヨ、此石ハ往昔上帝道ヲ信ズル僅少ノ人等ガ雪中ニ始テ足ヲ彼土ニ入レシトキ上帝ヲ拝跪セル石ニシテ今尚ホ之ヲ米国開化ノ根元ト称揚スルナリ、此時ニ当リテ住居スベキ家ナク耕スベキ田ナク白雪山野ヲ掩ヒタル渺々タル銀世界ノ中ニ在テ餓寒ノ苦ミ土人ノ迫メヲ凌ギ百折撓マズ遂ニ今日ノ美国ヲ造リ出セルナリ、実ニ恒久心ノ大事業ヲ成ス感嘆スベキニ非ズヤ、諸君聞ズヤ、泰山ノ滴ク石ヲ穿チ万丈ノ松一握種ヨリ生ズト、是恒久心ノ能ク事ヲ成スヲ云ルナリ、少成ニ誇リ少敗ニ落胆シ一利ヲ見レバ立刻奢侈ヲ生ジ一損ニ遇バ俄ニ志想ヲ変ズルガ如キ軽々薄々者ハ何デカ国家ノ益ヲナサン何デカ身ヲ立ン、故ニ我ガ切ニ有志者ニ望ム所ハ只コノ恒久心ナリ、実ニ恒久心ハ事業ノ基礎ニ非ズヤ　○我レ今言ヲ終ラントスルニ際シ天徳寺了伯ノ事ヲ語テ結ヲ成サントス、佐野ノ城主天徳寺了伯嘗テ瞽師琵琶ヲ善クスル者ヲ招テ平語ヲ演セシム、瞽師二曲ヲ唱フ一ハ佐々木高綱ノコト一ハ那須宗高ノコトニ係ル云々

女子ノ親タル者ニ告グ　明治十四年十二月十七日境町商義社楼上ニ於テ臨時清晤会演説

○人ノ親タル者ニシテ誰カ其子ヲ愛セザル者アランヤ、国ノ民タル者ニシテ誰カ其国ヲ愛セザル者アランヤ、均ク皆之アリ」、親ノ其子女ヲ愛護スルノ事業ハ素ト造物主ノ深旨ヨリ出テ其管理ノ責ヲ父母ニ任ズルヲ以テ父母ハ自ラ中心ヨリ子女ヲ愛育スルノ性情ヲ賦有セラレタリ、人ノ其国ヲ愛顧スルノ誠衷モ亦上帝ノ深慮ニ出シ者ニテ各々之ヲ護リ之ヲ念ヒ国運ヲ弥々文明ノ域ニ進テ公同ノ福利ヲ得シメンコトヲ要シ給フナリ、故ニ野蛮未開ノ国ト雖モ其子ヲ愛シ其国ヲ念ノ情ハ文明開化ノ国ノ人ト異ナル所ナシ、唯ダ異ナル所ハ其道ヲ尽スト尽サヾルトニ由ル耳、野蛮未開ノ国ハ其子ヲ愛シ其国ヲ念ト雖モ其愛スルノ道ヲ知ラズ、其道ヲ尽サヾルガ故ニ子孫増々愚ニ陥リ国運弥々汚下シテ野蛮ヲ脱スル能ハズ、終ニ他国ノ餌トナルニ至ル、誠ニ憐ムベク悲シム可ノ至リ也」幸ニ我国文明ノ端緒ヲ開キ文物日ニ盛ンニ智識月ニ進ノ勢ヲ現ハセリ、然トモ眼ヲ注テ目下ノ現状ヲ見ニ男女ノ間正シカラズ、夫婦ノ倫乱レ、女子ハ只ダ男子ノ玩弄物ニシテ他ニ用ナキ者ノ如シ、女子ハ之ヲ甘ンジテ恥ル色ナク男子ハ其醜行ヲ誇リテ其為ス所ノ醜行タルヲ知ズ、口ニ愛国ヲ唱ヘ民権ヲ主張シナガラ男女ノ道ノ何者タルヲ知ラズ、或ハ妾ヲ畜

醜ハ汚ニ作ルベシ

ヒ或ハ花柳ノ地ニ眠リ、身ヲ枢要ノ地ニ置キ自ラ許シテ紳士ト称スル者ニシテ尚ホ此類ヲ為セル多シ、是実ニ歎ズベキ事ニハアレド本題ノ趣意ヨリ枝道ニ入ル可レバ之ハ偖置キ斯ル風俗ノ国ニ生レ出タル婦女コソ気ノ毒ナレ、同ク人ニシテ人タルノ本分ヲ尽ス能ハズ、人ノ妻トナリテ妻タルノ本色ヲ有ツ能ハズ、人ノ母トナリテ母タルノ義務ヲ全ウスル能ハズ、恰モ一ノ動物ノ如ク然リ、斯ル風土ノ地ニ在ル女子ハ狗犬猫児ニ異ナラズト言モ敢テ誣言ニアラザル可シ、我言甚シキニ似タレトモ是ハ女子ヲ卑シムル為ニアラズ女子ノ不幸ヲ憐ガ故ナリ、唯ニ女子ノ不幸ヲ憐ムノミニ非ズ国ノ不幸ヲモ悲ムナリ」夫婦女ノ責任タルヤ重ク且ツ大ナリ、其権ヲ論ズレバ男子ト異ナル所ハアレド軽重ナシ、其務ヲ論ズレバ男子ト同ジカラズト雖モ尊卑ノ区別ナシ、英雄ハ何レヨリ出来レルヤ、婦女ノ生ム所ナラザルハナシ、明哲者何レヨリ出来レルヤ、婦女ノ腹ヨリ出ザルナシ、碩学士何ヨリ出来レルヤ、婦女ノ手ニ由ラザルハナシ」往昔ヨリ俊傑ト呼レ賢哲ト称ヘラレシ人ハ多ハ皆其母ノ薫陶教育ニ依レリ、ドクトルカスリー云モセスト雖モ賢母ノ教育ナカリセバ彼ガ如キ賢者ニハ非ザリシナルベシ」又ナポレオン常ニ云ル言アリ、小児ノ幸福ヲ得セシムルハ母ノ職分ナリ」ト此希世ノ強傑ニシテ其立身ノ功ヲ母ニ帰シ以テ其恩ヲ謝セルコト史伝ニ散見セリ、国ノ盛衰ト安危トハ其国人ノ奈何ンニ在リ、国人ノ智愚善悪ハ母ノ智愚善悪ニヨリテ成ルナリ、此ノ如バ稚児ノ命運ハ社会ノ命運ニシテ社会ノ命運ハ専ラ慈母愛育ノ権内ニ存スルコト固疑ヲ容レルベカラズ」此大権ヲ有スル母トナル可キ者ハ乃チ女子ニアラズヤ、女子ノ社会ニ於ル其責ヲ任スルコトノ尊貴ニシテ且ツ重大ナルモ亦知ルベシ」然ルニ之ヲ無用視シテ女子ノ権利ヲ剥奪シ、徒ニ男子淫欲ノ一器具トナスニ至リテハ無情トヤ云ン残忍トヤ云ン、理ニ悖ルノ尤モ甚キ者ナリ」之ガ玩弄ニ供ヘラレテ恥ル色ナキ女子モ奇怪ナルニ似タレトモ此ハ教育ヲ受ザルノ致ス所ナレバ如何ハセン、独ダ異シム之ガ親タル者国家ノ大用ヲナスベキ尊貴ノ愛女子ヲシテ其教育ヲ怠リ、斯ル卑汚ノ地ニ陥レテ女子ノ女子タル本分ヲ尽サシメズ、人ノ妻トナリテ妻タルノ権利ヲ全ウスル能ハズ、人ノ母トナリテ母タルノ義務ヲ行ス能ハズ、生涯男子ノ愛ヲ乞テ其機嫌ヲトリ録々世ヲ送ラシメテ之ヲ憐ムノ心ナキガ如シ、復タ怪ム、世ノ父母タル者之ヲ憐ミ之ヲ悲シムノ心ナキ耳ナラズ之ニ教ルニ淫奔醜行ノ事跡ヲ演シタル歌舞ヲ以テシ増々淫欲ノ器具ニ適スルノ仕込ミヲナシ其衣裳髪粧ハ俳優ノ状ヲ摸シ、言辞動作ハ妓輩ノ風ヲ学バセ以テ之ヲ買ンヤ之ヲ買ンヤト色男子ノ求ヲ頻ニ待モノ、如シ、父母タル者ノ憂ル所ヲ常ニ聞ニ其女子ノ智慧才徳ノ全カラズ自治ノ精神ノ備ラザルヲ憂トセズシテ早婚ノ成ラザルヲ憂トス、是何タルノ心ゾヤ、若シ教育全カラズシテ其才徳備ラズ自治ノ精神ニ乏クバ名ハ人ノ妻タルモ其実ハ自ラ男子ノ奴隷タルヲ免レズ、愛女子ヲシテ憂キ目ニ遇ハシムルハ必然ナリ」之ニ反シテ充分ノ教育ヲ受ケ才徳備リ自治ノ精神ニ富マバ人ノ妻トナリテ男子ニ権ヲ削ガル、ノ憂ナク各ソノ権ヲ保チ其ノ義務ヲ全シ助ケ助ケ合ヒテ一家和楽シ、子ヲ生ミテハ愛育薫陶母タルノ責ニ欠ナク真男子真女子ヲ作リ出シ、社会ノ大益ヲ為サシムルニ至ラバ其栄其尊何バカリゾヤ」仮令縁遅クシテ独居スルモ斯ル女子タランニハ又何ゾ世ノ誹ヲ招キ人ニ卑視セラレンヤ、必ズ女子ノ本分ヲ尽シテ家国ニ裨益スルノ働アルヤ必セリ」冀ハ女子ノ親タル者愛育ノ道ヲ誤リ、尊貴ノ愛女子ヲシテ世ニ卑視セラレ男子ノ玩弄物トセラル、ガ如キ一種ノ動物トナラシムル勿レ、智慧才徳ヲ有シ自治ノ精神ヲ備タル真個ノ女子ヲ養成スベシ、一ハ女子ノ為メ一ハ家国ノ為ニ世ノ慈親タル者ニ向テ切望スル所ハ是ナリ

人種ノ改良　明治十五年一月四日明石ニ於テ大説教会ヲナセシ時ノ演舌

宗教ノ要旨　商義社楼上ニテ清晤会演説ニ述ブ
心得違ノ説
日本古代ノ神道　明治十五年四月廿七日備中高梁ニテ大説教会ニ演スイザナキ　イザナミ命并ニ天照大神ミナ
上帝ヲ奉ズ
論ヨリ証拠　同夜ノ説教題ニマタイ伝七ノ十六ヲ取リキリスト教ノ勢力及ビ其人心ヲ改良スルコト并ニ其教ノ
国ノ現状ヲ述ブ
日本神道ノ本旨　明治十五年十月廿一日大坂青年会宗教大演説会越後町高蔦座ニ於テ演ス
真誠ノ自由ハ真誠ノ宗教ヨリ出ヅ
日本古代ノ風俗　明治十五年十一月十八日夜元町有志者演説会商義社ノ楼上ニテ演ス仮草稿アリ
日本上代ノ神道　明治十五年四月十二日夜西ノ宮劇場ニテ演ズ
○基督教宣布ニ就テ特別ニ困難ナル者　（仏法ノ勢力　○支那文学ノ勢力　○今代懐疑説及ヒ唯物説并ニ理学ノ勢力　○人民ノ風俗人情等ノ如キ何レニ帰スル乎）明治十五年四月十七日夜大坂ニ於テ日本在留外国宣教師大集会ノ席ニ演ス但シ宣教師ヨリノ依頼ニシテ演題ハ宣教師ヨリ贈送セシナリ　○我主キリストノ曽テ仰セラレシ如ク「古キ酒ヲ飲テ直チニ新キ酒ヲ欲《ノゾ》ム者ハアラジ是旧キハ尤モ好シト云ヘバ也　ルカ五ノ三九、天啓ノ教ニモセヨ人生必需ノ救道ニモセヨ、千六百年来ノ旧酒ナル儒道　応神天皇十五年百済国ヨリ阿直伎ヲ遣ス、此阿直伎ヨク経典ニ通ズルヲ以テ太子菟道ノ稚郎子ノ師トナル（紀）、其後同帝ノ時和仁

和迩吉師　吉師ヲ貢シ論語十巻千字文一巻ヲ献ス（記）、是我国儒学ノ始ナリ　、千三百年来ノ旧酒ナル仏道　欽明天

釈迦ノ像　皇十三年百済国ヨリ金銅ノ仏像一躯、幡蓋若干巻、経論若干巻ヲ献リ別ニ表文ヲ呈シテ其功徳ヲ讃ス、此時物部大連尾輿、中臣ノ連鎌子同ク奏シテ礼拝ノ非ヲ云フ、依テ天皇情願人蘇我ノ稲目ニ付シテ試ニ礼拝セシム、稲目小

因仍　墾田ノ家ニ安置シテ懃ニ出世ノ業ヲ修ス、是我国仏法ノ始ナリ　之ニ加ルニ古来ヨリ因襲ノ尤モ旧酒ナル

神道　今ノ神道ナル者ハ古ト大ニ異ニシテ多クハ仏臭ヲ帯ビ唯ダ古伝ノ神名ヲ呼ブノミニテ其神ノ何タルヲサヘ知ザル者多ケレバ本義ハ既ニ絶エ、諸人ノ信仰モ衰エ、仏ノ如ク勢力ナキニ似タレド国ノ本教本神ノ如キ思想日本人一般ノ脳中ニ知ズ〳〵存在致シヲルナリ　等ヲ常ニ飲味ヒ来レル我日本人ナレバ容易ニ入ガタクシテ新酒ヲ欲セズ旧酒ヲ欲スルハ当然ノコトト思ハル、ナリ」然ルニ今ソノ欲セザル新酒ヲ予ヘテ一切旧酒ヲ捨テサセント思フ折カラ那《ド》ノ旧酒ガ日本人民ノ口ニ尤モ適シテ離レ難ク新酒ヲ予ルニ困難ヲ来スカト尋ルニ、其困難ハ常ニ難シトシテ憂慮スル点ニハ有ズシテ還《カヘツ》テ意外ノ所ニ埋伏スルナリ」我ラガ常ニ指シテ困難トスル者モ困難ニ非ザルニハ有ズ、意トスルニ及バズト云ニハアラネド皆ナ夫《ソレ》ハ普通ノ困難ニシテ、我ラ信徒ガ之ニ当ルハ快ト呼ビ勇進スルノ楽アリ、我ラガ常ニ指ス所ノ普通ノ困難トハ何ゾ旧来ノ習慣　祭礼、葬式、婚礼、仏事、親戚門人ノ交際、等ニヨリ人自ラ改ルニ究尻シ、自ラ改レバ人之ヲ悪ミ誹ル　儒道　唯ダ孝悌忠信ノ平生ノ道ヲ教ルニ止リシ者ナレバ古ヨリ人之ニ安ンズルコト能ハズ、然ド深ク此道ニ入シ者ハ頗ル頑陋ノ者ナレド、又深ク考ル人ハ其学シ所キリスト教ニ入ノ助ヲナスコトアリ、孔子云「獲二罪ヲ於天一無レ所レ祷也、又云「未レ知レ生焉ゾ知レ死、子貢云、「夫子之言三性与二

天道㆒不㆑可㆓得而聞㆒也、カクテ詩経ナドニハ昭々トシテ上帝ヲ云ルヲヤ　、仏道　之マデハ人智開ケズ僧侶モ俗人モ唯ダ末流ニ在テ仏理ヲ知ラザリシニ由却テ幸ナリシガ、今トナリテハ僧侶学識開ケテ先ツ旧来ノ信ヲ捨ツ、従テ門徒懐疑ヲ生ゼザランヤ、仏ノ本義ハ「心外無別法」ト説キ又「弥陀ハ即ノ心理」トキテ一種ノ理学ナリ、エジプトノプレテヌス近代ニ至リテハドイツノ哲学者カント、ヒーフテ、セルリング等ノ類ナリ、然バ或人ヲシテ懐疑ヲ生ゼシムルコトハ有ル可レド若シ其真面目ヲアラハサバ決シテ大方ニ向テ信仰ヲ堅固ナラシムルコト能ハズ、日本仏道ノ中ニテ禅ハ真面目ニ近シ、故ニ真宗ノ如ク盛ンナラズ、禅モトテモ俗人ニ向ケ難キニヨリ僧ノ学ブ所ト俗人ノ信ズル所ト丸ト相反スルナリ　、神道　近来宗旨ノ如クナリ種々ノ派ヲ立テ人ヲ教導スレド本コレハ宗旨ニ非ズ、古ノ王家ニテ祖先ヲ祭リ来レル者ナリ、後ニハ有功ノ人怪異ノ者ヲ崇尊シテ祭レルモアリ、故ニ一時ノ流行ニテ人之ニ入レド次第ニ消滅ニ属スベシ、然ド一番六ヶ舗モノハ神道ナリ自ラ人民ノ心ニ日本人ハ必ズ捨ツ可ラザル者ト思ヘバナリ、故ニ仏道ハ皆ナ神道ヲ混合シテ用ヰシナリ、彼ノ両部ト云ヒ、又真宗ヲ除クノ外ハ悉ク寺ニモ神檀ヲ置キタリ、真宗モ人ニ向テ説クニハ神ヲ捨ルニ非ズ、南無阿弥陀仏ノ六字ニ諸神ハコモリ有ナリト云テ漸クニ人ヲ其宗ニ入シモノナリ　等《ナド》是ナリ」此ラハ皆ソノ道ノ本義ヲ弁マヘテ信ズルニ非ズ、唯ダ数年来ノ風俗ト化《ナ》リ人情ト変《ナ》リテ急更ニ難ク因襲相従フ耳《ノミ》ナリ、人ミナ是非ノ心アリ撰決ノ良アリテ全ク其明ヲ失ヒ尽セシニ非ザレバ、信徒ノ熱心勉強ニヨリ、天父ノ愛護救助ニヨリ、或ハ言ヲ以テ真理ヲ教ヘ或ハ行ヲ以テ正義ヲ示サバキリストノ国ヲ広ムル難ニアラズ、今日マデノ経験ニテモ知ラル、コトト思ハル」然バ先《サキ》ニ述シ意外ノ所ニ埋伏スル困難トハ何ゾ、一ハ

挙動

真理

外ニアリ一ハ内ニアリ「外ニ在モノハ之ヲ仮ニ名ケテ世俗家ト称スベキカ、一定ノ主義ナクシテ唯ダ流俗ニ従ヒ世ノ風潮ヲ伺ヒテ巧ミニ説ヲナス者是ナリ、素ヨリ宗教ノ念慮アルニ非ズ、其目的トスル所ハ世ノ財ト世ノ楽トニアリ、公然我ガ宗教ヲ駁スルニモ非ザレド又誹謗セザルニモ非ズ、其談論ヲ聴ケバ智慧アル人ノ如ク、其動作ヲ見レバ有為ノ士ニ似タリ、以テ闇然世ニ媚ビ人ノ悦ヲ取ル、斯ル人ハ捨テ関セザル可キカ、世人ヲ誤ラスコト尠カラズ、道理ヲ以テ服セシメンカ、置テ論ゼズ、実ニ困難ニアラズヤ」内ニ在モノハ言フニ忍ビザル所ニシテ困難中ノ尤モ困難ナル者ナリ、我ラノ信未ダ全カラズ、我ラノ智未ダ全カラザルヨリシテ起ル所ノ者ナリ、或ハ神ノ栄《ホマレ》ヨリモ人ノ栄ヲ尚ビ自ラノ功《テガラ》ヲ人ニ示サントシ、或ハ己ノ好悪ノ為ニ神旨ノ在ル所ヲ見ル能ハズ、或ハ自ヲ智トシ徳トシテ人ヲ軽視シ人ノ説ヲ退ゾケ、或ハ時勢ヲ視ノ識ニ乏シクシテ世ニ処スルノ道ヲ誤リ、或ハ人ヲ用ヰルニ其宜ヲ得ズシテ主ノ工人ヲ失フ、等ノ事ヨリシテ「道ヲ汚スコトモアリ「識者ノ誹ヲ招モアリ「世ノ軽蔑《アナドリ》ヲ来スモアリ「人ヲ躓スモアリ「伝道ヲ縮少スルモアリ「平和ヲ破ルモアリテ宣教ノ妨害ヲナシ知ズ〳〵神ノ働キヲ充分広張シ能ハザルベシ、誠ニ困難中ノ尤モ困難ニアラズヤ、若シ我ラヨリ此困難取リ除カレ真誠ニ主ノ僕タルノ名ニ恥ザル者ト為《ナリ》タランニハ、各人ソノ賜ヲ殊ニシ、学ノ浅深、智ノ大小、意見ノ同ジカラザル所アルニモセヨ、受ル所ノ霊ハ一ナレバ自《オノヅ》カラ一致協和シ各々楽ミテ働キ勇《イサ》ンデ進ム可レバ、敵軍ノ隙ヲ伺ヒ乗ズル患ナク、儒仏神ヤ他ノ習慣等ノ尋常困難ハ其勢ニヨリテ漸々消エ失セ、終ニハ外ノ殊別困難トスベキ彼ノ世俗家ノ如キモ恐ル、ニ足ザルベシ、然バ最第一ニ願ハシキハ主ノ慈恵ニヨリ内ノ困難トスル所ノ物ヲ悉ク除キ玉ハンコト也

○拯救ヲ論ズ　○行伝四ノ十二ヲ題トス　○ロマ七ノ二四ヨハネ三ノ十七ガラテヤ三ノ廿六同四ノ七ヨハネ書三ノ一

○宗教ト国体トノ関係　○仮草稿アリ明治十七年四月廿五日神戸大黒座ニ於テ演セントセシガ警察署ニテ忌ミタルニヨリ之ヲ止メ更ニ想像ノ世ト云フ題ニテ演ス

○想像之世

○人間万事一夢ノ中　題（ヤコブ四ノ十四）尓らの命ハ何ぞ暫く現れて逐に消る霧なり　○我ラガ人生ヲ倩々考レバ実ニ聖書ニ云ル如ク暫クモ止ラズ悉ク皆ナ霧ノ如ク消エ失セルナリ学者モ不学者モ智者モ不智者モ貴モ卑モ此定数ハ免レザルナリ有情ノ人ニシテ一念茲ニ至ラバ何デカ歎カザルヲ得ン故ニ和漢洋ヲ論ゼズ世ノ古今ヲ問ズ此洪歎或ハ文章ニ詞賦ニ歌詠ニ著ハレテ人目ニ触ル、モノ多シ文選長哥行云百川東到海何時復西皈夫木集定家しづむ身はかへらぬ老の浪なれば水ゆく川の果ぞかなしき彼ノ有名ナルシャクスピーヤノ詞ニモ世の人の死して返らぬ旅の空何れの国かしらねども之ぞ心のなやみなる人生既ニ斯ノ如クバ其孳々トシテ働ラキ汲々トシテ勤ルコトハ亦何ノ用ヲカナス秦始皇ノ覇業歴山王ノ雄図ミナ消テ跡ナキニ非ズヤ我国豊臣氏ハ死ニ臨ンデ一首ノ歌ヲ遺シタリト云フ露とおき露と消ぬる我身かな浪華のことは夢の世の中

○耶蘇教ハ如何ナル者ゾ　明治十七年十月十八日東京新宿座ニ於テ演ス草稿別ニアリ

○愛ノ勢力　明治十七年十月廿一日午后六時ヨリ横浜湊座ニテ演説草稿別ニアリ

○今ハ如何ナル時ゾヤ　題ルカ十二ノ五六　仮草稿アリ　明治十七年十月三十日品川伊皿子町演説会

○小児教育　明治十八年一月五日高輪豊町公会ノ小学校開校式演説

頌栄女学校開式ノ祝辞　明治十八年九月廿二日午后二時ヨリ　校主岡見清致氏

連城ノ壁モ琢磨セザレバ琰々タル美光ヲ発《ハナ》ツ能ハズ万物ノ上ニアリテフ人モ教育ヲ受ザレバ霊妙ノ能力ヲ呈《アラ》ハスヲ得ズ然バ男ニモアレ女ニモアレ人タラン者ノ均シク教育ヲ要スルハ言新《コトアタ》ラシク云ハデモ有ヌベシ斯テ教育ヲ要スルガ上ニモ要スルハ女子ナリケリ

人ノ教育ハ菓木ノ培養ニサモ似タリ

人ノ教育ハ恰モ菓木ノ培養ノ如シ菓木培養ヲ経ザレバ美大ナル果実ヲ結ブ能ハズ人教育ヲ受ザレバ霊妙ナル能力ヲ見ハスヲ得ズ然バ男女ノ別チナク教育ノナカル可ラザルハ殊更ニ弁ヲ俟ザルナリ而シテ教育ノ枢要ハ女子ニ在ト言ンモ敢テ誣言ニハアラザルベシ抑モ人生ノ憂楽社会ノ安寧禍害悉ク女子ニ含有セザルナシ試ニ往古来今功名俊傑ノ士ヲ視ヨ其栄ヲ世上ニ輝カシ其芳ヲ千歳ニ流《ツタ》ヘタル多クハ皆ナ襁褓ノ中ニ萌芽セシ者ニシテ其生母ノ力ニ依ラザルハ殆ンド稀ナリワシントンガ其母ノ教導ニヨリテ大勲ヲ著ハシ孟軻ガ其母ノ訓戒ニヨリテ亜聖ノ称ヲ得シガ如キ枚挙ニ暇アラズ今日ノ女子ハ乃チ将来ノ母親タラントスル者ニシアレバ豈女子ノ教育緩センス可ンヤ若シ女子ニシテ教育ヲ受ズ他日人ノ母トナランニハ指南針ナクシテ渺々タル大洋ニ漂流スル舩舶ノ如

ク其貨物タル愛児ヲ保護スル能ハズシテ遂ニ波間ニ溺スヤ必セリ彼ノ獄窓ニ痩瘁シ幽暗ノ中ニ群集スル幾多ノ罪囚ヲ視ヨ其曽テ母親ノ膝下ニ在シ時ハ均シク是愛スベキ可憐児ナリシナラン然ルニ末途苦辱ニ身ヲ誤ル此ノ如キニ至ルハ是亦職トシテ其罪生母ニ在ト云ンノミ噫稚児ノ命運ハ社会ノ命運ニシテ其稚児ノ命運ハ母親ノ賢愚ニヨリテ定リ母親ノ賢愚ハ其教育ノ有無ニ根基《モトキ》セザルナシ豈教育ノ枢要ハ女子ニ在ト言ハザルヲ得ンヤ輓近人ミナ女子ノ教育ナカル可ラザルヲ悟リ婦人ノ置位ヲ高ウセンコトヲ欲シ其意見新聞紙上ニ顕《アラ》ハル、アリ其論議演説壇上ニ発スルアリ女子改進ノ期運既ニ到レリトヤ云ン随テ女子ノ学校モ亦多クシテ都鄙ニ公私ノ設アリ然ドモ其主義其教科偏重偏愛全キモノ甚ダ鮮ナシ唯ニ智識ノミヲ愛シテ徳義ヲ卑ムルアリ徳育ハ重ンズレド智育ハ軽ンズルアリ或ハ漢ニ癖シ或ハ洋ニ流レテ斟酌適宜ノモノ無キハ識者ノ慊トシテ憂ルトコロナリ幸ニ我ガ友岡見君夙《ハヤク》ヨリ教育ノ事ヲ自ラ任ジ前ニハ頌栄小学校ヲ設ケテ遠近ノ児童ヲ奨励シ今亦女子ニ恰好ノ教育法備ハラザルヲ歎ジ更ニ女子高等ノ学校ヲ起シテ広ク女流ヲ益センコトヲ願ヒ既ニ其事成テ茲ニ開校ノ式ヲ行ハル、ニ至ル女子ノ為メ亦邦家ノ為ニモ祝スベキナリ殊ニ校主ハ篤ク上帝ヲ信ジ基督ノ愛ニ励マサレ其悦ブ所ハ世ノ虚栄ニアラズシテ上帝ノ栄ヲ彰スニアリ斯ルガ故ニ其努ル所ハ浮ヲ除テ実ヲ取ルニアリ学ノ要モ亦茲ニアレバ此校ヤ他日必ズ華氏ノ母ヤ出ツベク孟子ノ母ヤ出ヌベシ独リ之ノミナラズ東洋ノメレイラヲン顕レテ女子ヲ奨励シ共治ヲ高シ其智ヲ進メ大ニ東洋婦女ノ性情ヲ一変スルコトヤアラン又アジアノアンナモール現レテ

○基督之勇　明治十九年二月六日横浜住吉町湊座ニ於テ演説会ノ演説
完全ニ進化スベシ　コリント后三ノ十八　○愛隣会第二ホイトニー宅
キリストノ愛ニ励マサレヨ　コリント后五ノ十四　○愛隣会第三　四月三日ホイトニー宅
十字架ヲ負テ主ニ来レ　マタイ十六ノ廿四　○四月四日麻布会堂
明治女学校試験ノ演説　大任アルコト　尊貴ナルコト　四月七日
二　時ハセマレリ怠ル勿レ　四月十一日午前フワィソン氏会堂ニテ朗読コリント前七ノ二九ヨリ三五題ペテロ前一ノ廿四五
朗読ロマ六ノ一ヨリ十三マデ
同前　四月十一日午後二時イーストレーキ氏宅朗読題トモニ同前
同前　四月四日夜ホイットニー氏宅ニテモ講セリ　同前
愛　四月十八日中六番町講義所説教朗読前コリント十三章　題ヨハネ一書四ノ九
一切ヲ棄テ主ニ従ヘ　マタイ十九ノ廿一　○四月廿五日麻布会堂　仮草稿アリ
三　十字架ヲ誇ル　カラテヤ六ノ十四　○四月廿五日中六番丁講義所
商人真珠ヲ求ル譬　マタイ十三ノ四十五　○五月二日　ホイトニー氏宅講義
十字架ヲ誇ル　カラテヤ六ノ十四　○五月九日フワイソン氏ノ会堂講義
時ハ迫レリ怠ル勿レ　前ペテロ一ノ廿四五　○五月三十日麻布会堂
尓ラハ世ノ光ナリ　マタイ五ノ十四　○五月三十日イキストレーキ氏宅

四　同　同　○六月十三日入船フワイソン監督教会朝九時半説教

地ノ塩世ノ光　マタイ五ノ十四　○六月廿日ホイットニー宅

福音ハ万邦ニ通ズ　六月廿七日夜ホイトニー宅　ロマ一ノ十六題

聖霊ノ力　七月四日島田三郎宅（イーストレーキ集リ）　朗読行伝二ノ一ヨリ廿一題ヨハネ七ノ卅七八九

神ヲ知ラバ祈レ　七月四日夜ホイトニー宅題ルカ十一ノ九

神の存在　宇宙ノ万物ニ付テ征ス　○題ロマ一ノ廿　○七月十一日ホイットニー宅草稿アリ

聖霊ノ力　七月十八日露月町会堂行伝二ノ一ヨリ廿一マデ朗読題ヨハネ七ノ卅八

神子キリスト　ヨハネ一ノ十四　○七月十八日夜ホイトニー宅

神ノ子トナルヲ望メ　カラテヤ三ノ二六　○八月一日ホイトニー宅

罪ノ赦シ　八月八日ホイトニー宅　題マタイ廿六ノ二八

神ヲ信ジ之ニ任セヨ　題イザヤ四十ノ卅一　○八月十六日霊南坂会堂

傲慢ヲ捨テ謙遜ヲ衣ヨ　題ヤコブ三ノ六　○八月廿二日霊南坂会堂

信仰ニ由テ義トナル　ロマ一ノ十七　○八月廿二日ホイトニー

愛ノ力　題コリント前十三ノ四　○八月廿九日　ホイトニー宅

信ニ由テ生ク　ロマ一ノ十七　○九月五日壱番町十八番地説教所（イーストレーキ集リ）

信者ノ楽　ヨハネ一書三ノ一ト二　○九月五日夜ホイトニー宅

五

神ヲ悦スハ信ニ在リ　ヘブル十一ノ六　〇十月十七日入舟町監督公会会堂ニテ

罪ヲ知ハ福ト安楽ノ原　ロマ七ノ二四五　〇十月廿四日夜ホイトニー

罪ヲ知ルハ福ト安ノ原　ロマ七ノ二四五　〇十月廿四日夜壱番丁十八番地　午前九時

金富教ノ不幸　ヨハネ六ノ三五　〇十月廿九日壱番丁十八番地説教会

同　同　十月卅一日麻布講義所午後二時ヨリ

真正ノ需ムベキ物ハ一ツ　ルカ十ノ四二　〇十一月七日夜ホイトニー宅

信仰ニ由テ生ク　ロマ一ノ十七　〇十一月十四日入舟町会堂午后二時半ヨリ

△信仰ハ百善の本　コリント前十六ノ十三　〇十一月十九日午后七時横はま住吉町会堂説教会草稿アリ

説教演説等七一雑報ニ出セシモノ、題名ヲ記ス

福音　ロマ書一ノ二三四　〇明治十五年一月六日登録

悔改　マコ伝一ノ十五　〇明治十五年十二月

女子ヲ有《モテ》ル親等ニ告グ　明治十五年一月十三日登録

日本古代ノ風俗

△聖霊ヲ求メヨ　ルカ十一ノ十三　〇十一月廿八日メソデスト会堂（本多齊氏ノ牧スル）

恵ノ時ニ救ヲ得ヨ　コリント后六ノ二　〇十一月廿八日ホイトニー

人ノ国ト神ノ国　十二月四日午后一時ヨリ厚生館説教会草稿別ニアリ

聖霊ヲ求ルニ衷自ラ顧ミヨ　ルカ十一ノ十三　〇十二月四日霊南坂会堂ニテ講ズ
信仰ハ神ニ到ル鏈リ　ロマ一ノ十七　〇十二月十二日湯島講義所ノ説教
安キヲ得ルニ主ニ来レ　マタイ十一ノ終リ　十二月十二日ホイトニー
〇主ノ降生　題ルカ二ノ十四　〇十二月廿五日一番丁御馬屋谷講義所説教　［122オ］
明治十八年五月十八日月曜午后七時ヨリ聖霊ト祈祷ニ付講ズ
聖霊〇　題　ヨハネ三ノ五ヨリ八　聖霊ナクバ天国ヲ見ル能ハズ　〇コリント前二ノ十四　肉ニ属スル人ハ聖霊ヲ受ズ　〇ロマ八ノ九　并ニ　十四　主ノ霊ナクバ主ニ属セズ霊ヲ受テ神ノ子　〇行伝十ノ四四　并ニ　四七　道ヲキク時聖霊ヲ受ク　〇行伝八ノ十五ヨリ十七　道ヲキ、テ后ニ聖霊ヲ受ク　〇ガラテヤ四ノ六　聖霊神ヲ父ト呼ブ
詩五十一ノ十一　神ヨ汝ノ前ヨリ我ヲ放遂《オヒイタ》シ玉フ勿レ汝ノ聖霊ヲ離レシメ玉フ勿レ　ペテロ后一ノ二十一　預言ハ素ヨリ人意ニ由テ出シニ非ズ神ニ属スル聖キ人聖霊ニ感ジテ語リシナリ　約耳二ノ廿八廿九　後ニ至テ我ワガ霊ヲスベテノ人ニ灑《ソヽ》ガン　ヨハネ七ノ三十七　人モシ渇カバ我ニ来テ飲メ我ヲ信ズル者ハ聖書ニ記シ、如ク其腹ヨリ活ル水川ノ如ク流レ出ヅベシ
祈祷〇　題　マコ十一ノ廿四ヨリ廿六　信ジテ祈ル祈ルニ先ヅ人ヲ恕ス　〇マタイ六ノ十二　兄弟ノ罪ヲユルス　〇ヤコブ一ノ六　疑ノ祈リ　并ニ五ノ十六　篤キ祈　〇ルカ廿二ノ四二　神ノ旨ヲ成ス　〇ヨハネ一書五ノ十四　ヤコブ四ノ二ト三　神旨ニ従テ祈レバキカル　〇エペソ六ノ十八　聖霊ニ由テ祈ル　〇ロ

マ八ノ廿六　聖霊祈ヲヲシフ　○ヨハネ十　同十六ノ廿三四ノ十三　主名ニヨリテ祈ル　○テモテ前二ノ一　人ノ為ニ祈ル　○ピリピ四ノ六　祈テ神ニ委ヌ　○テサロニケ前五ノ十七八　祈ノ感謝ハ神喜ブ

聖霊○

題　コリント前十二ノ八ヨリ十一　聖霊ノ働キ悉殊ナリ　○ヨハネ十六ノ十三　真理ヲシラス　○カラテヤ五ノ廿二　霊ノ果　○テサロニケ前五ノ十九　霊ヲケス　○エペソ四ノ三十　霊ヲ憂シム　○ヨハネ七ノ三八　泉ノ如シ　○コリント前三ノ十六　宮

祈祷

題　ピリピ四ノ六ト七　思煩ハデ万事神ニ祈レ　○エペソ六ノ十七　百事ニ祈ヲシ聖徒ノ為ニ求ム　○ヨハネ十六ノ廿四　主名ニヨリテ祈ル喜アリ

○主ノ降生　ルカ二ノ十四　○十二月廿五日ホイトニー講義

信仰　マコ十一ノ廿二　○廿年一月八日愛隣会講義　内田氏宅

御国ヲ来ラセ給ヘ　マタ六ノ十　○一月九日聖保羅会堂朝十時ヨリ

同　同　同　ホイトニー宅夜七時ヨリ

新シキ力　イザヤ十ノ卅一　○一月十六日日本橋教会々堂ニテ午後二時ヨリ説教

△同　題ペテロ前五ノ七　一月廿三日夜ホイトニー宅

婦人相益会演説

明治十九年七月十日　山王清風亭　題　目的ト性質

同　八月九日　ヒヾヤ天神宮ノ社務所　題　快楽

明治十九年十二月廿二日横浜フィリス学校卒業式演説　自治ノコト

△み国ヲ来ラセ給へ　マタイ六ノ十　○一月三十日中六番丁会堂午前九時ヨリ

同　同　海岸メソデスト会堂午後七時ヨリ

同題ニテ同夜
ホイトニー宅

信仰ニ由テイエスヲ知ルベシ　マタイ十六ノ十六七　○二月六日湯島講義所午後二時ヨリ

断ず祈ルベシ　前テサロニケ五ノ十七　○横浜住吉町会堂朝十時ヨリ二月十三日

同　々　○二月廿日　聖保羅教会ニテ朝九時半ヨリ

肉ノ為ニ労フ可ラズ　ルカ十二ノ廿二　○二ノ廿日　○ホイトニー宅

奉堂式ニ用ユル句詩ハ十四ノ二同十

解　題

本書には、松山高吉の自筆稿のうち、『無題』（原本に書名記載なし）、『聖書講義並演説』を全冊翻刻して収録した。いずれも松山自身による説教・講演等の手録ともいうべき著作物である。それぞれの成立事情や注目すべき内容の考察については後述するが、時期としては一八七六（明治九）年から一八八七（明治二十）年初頃までの松山高吉個人の活動記録である。この時期、松山は聖書の日本語翻訳事業に携わるなどして、次第に明治初期の日本キリスト教界で重きをなす存在になりつつあった。よって本書収録の二篇は、松山高吉の個人史資料としての価値を超えて、近代日本がキリスト教という新しい宗教思想に対面し、それを受容したときの様相の一端を知り得る歴史的資料としても貴重であるといえる。

時代背景

まず、明治期半ばまでの松山高吉の足跡[1]を記述し、所収二篇の読解に必要な背景となる事項を確認しておく。

松山高吉は、一八四六（弘化三）年、越後の糸魚川に生まれた。松山家は代々同地の町年寄（最重要の町役人）をつとめる名家であり、一族には文学（漢詩文、和歌や和文）や絵画をよくする者も多く、彼の父も俳句や易学に通じ、茶人でもあった。当然、高吉もまた幼少の頃より漢学や和歌を学んだという。

やや長じて、松山は平田篤胤系統の国学を学ぶ。国学とは、近世中期以降に生まれた皇国主義的思想（古神道観）にもとづき、儒教や仏教という外来思想・宗教に毒される以前の日本人の精神を窺い知り、取り戻そうとする学問的な営為である。国学の大成者とされる本居宣長がそうであったように、国学者たちは『古事記』や『源氏物語』などの古典文学を読み、自らもまた和歌（短歌）に親しみながら、日本語に関する知見を深め、日本的な精神に対する感覚を研ぎ澄まそうとした。

しかし、松山高吉のそれは単なる座学の閾を超えたもののようであった。一八六九（明治二）年、松山は故郷を発って京へ向かうが、この頃の動静を自ら記した『旅日記』[2]には、

七月中旬ヨリ白川家学館ニ転寓ス　国事ニ奔走ノ余暇神山四郎ノ塾ニ通テ漢学ヲ修ム　十月廿六日白川千代麿君ト共ニ西京ヲ発シ〈略〉東京ニ着シ神田橋通白川神祇大副殿ノ邸ニ寄寓ス

とある。白川家は代々世襲の神祇官をつとめた家柄で、その一派は伯家神道の名で呼ばれる名門である。その学舎に住んで、松山は「国事に奔走」したという。この表現が政治活動への関与を指すものであることはまちがいないが、その詳細については明らかでない。ただ、その後の部分に白川千代麿と共に東京に出たという記述があることから、いくらかの推測は可能である。というのも、白川千代麿は、この年の七月に神祇大副（長官に次ぐ次官）に就任した白川資訓の実弟で、赤報隊[3]に関する史料にも名前がみえる人物なのであ

明治2（1869）年　松山23歳頃

る。その人物と行動を共にしていたということは、松山高吉も白川家の一員として政治活動の最前線で活動していたと理解してよいであろう。動乱はようやく収束しつつあったから、松山を勤王の志士と呼ぶことは正しくないが、若かりし日の彼に武闘派の国学者という履歴があったことは注目されてよい。温厚篤実な人柄で知られる松山であるが、青年期に見せた一面における激しさ、一途さは、やがて堅固なキリスト教信仰と信徒間での労を厭わぬ献身的な仕事ぶりに転化され、発揮されたものといえる。

関連して付け加えれば、松山のキリスト教入信もまた、国学と無縁ではない。一見両極端にあるかのごとき国学とキリスト教が、松山高吉の深部においてどのように接続され得たのかについては別稿の機会を俟ちたいが、表面的な履歴に照らしても、国学こそは奇しき縁で彼とキリスト教との出合いを用意してくれたものなのである。

松山は、一八七四（明治七）年、アメリカン・ボードの宣教師グリーンによって洗礼を授けられクリスチャンとなるが、そのきっかけについて次のように述べている。引用は後年に教え子田中豊次郎が執筆した回顧録的な文章から[4]、時期としては一八七二（明治五）年二月から翌年の六月にかけてのこと。当時松山は神戸の英語学校でグリーンに聖書の講読を通してキリスト教の教義を学んでいた。

余は元来儒教と平田派の国学で敲き込まれて居つたから、どうも奇蹟や十字架や復活や其他わからぬ事が多い。然し嘗て思惟せしやうな邪悪な点は見出さない。それ斗でなく感服すべき善き点が少なくない。斯くて段々と研究の進むに随ひ自然興味も加はり、頭も大分変つたやうではあるが、信仰はまだ仲々起りさうもなかつた。勿論信仰したくて、耶蘇教を学びに来たのではない。憂国の心に駆られて耶蘇教の内容を探求せんとて来たのである。

この後、松山は一旦東京に戻るが、やがて「基督教を学ぶ心」を固めて再び神戸に赴き、グリーンのもとで受洗して信者となる。

上記引用によれば、松山高吉の入信は、彼が憂国の思いに駆られてキリスト教を内偵するためにグリーンのもとを訪れたことがきっかけであったという。管見の未翻刻資料でも、松山自身が次のように書いている。[5]

（グリーンの神戸の居宅を：稿者補）訪ひしは明治五年の二月十九日なりき〈略〉之れに親交を求めしは異教の国家を害毒せんことを憂ひて其教義を知り其内情を探らんが為なりき　然るに交を重ね親を増すに随ひて博士の清き品性正しき言行は余をして心機一転せしむるに至れり

松山高吉がグリーンに近づいた最初の動機が、キリスト教に対する警戒心ないしは敵愾心によるものであることは、上記ふたつの文章によって確かなことと考えてよい。彼が偽名（関貫三）を用いてグリーンに接近していることもその証左であろう。しかし二十七歳のまだ公職にも就かない一介の青年が、なぜ明治新政府の密偵めいた働きをする必要があるのか、またなぜそのような働きが可能であったのか。

この疑問を解く鍵こそ、松山と国学の関わりにある。すなわち、松山は熱烈な国学の徒であったが故にグリーンの懐に飛び込んでいったのであり、平田流の国学（復古神道）を通して新しい国家の建設を純粋に夢見る青年であったが故に、グリーンの感化を受けてクリスチャンになったのだといえる。つまり、彼は天皇を崇拝し、天皇を神と仰ぐ国家の建設に関与しようとしたが故に、むしろその対極にあるキリスト教に近づくこととなったというわけである。

もうすこし説明を加えたい。

松山高吉が故郷を発って京都や東京で活動を始める一八六九（明治二）年は、明治政府によって天皇を頂点とする新しい国家のかたちが定められ、それを具体化するための組織の在り方が模索されていた時期であった。一八六八（慶応四）年に太政官が設置されるが、これは立法、行政、司法を統括する国家の最高機関であり、大和朝廷が律令制国家の建設をめざしていた八世紀の機関名を模したものである。さらにその翌年には、国家の祭祀を司る神祇官がおかれる。この神祇官もまた古代の機関の復活であり、かつてと同様に太政官の上位に独立しておかれることとなる。そして一八七〇（明治三）年正月には、宣布大教詔が出され、ここではっきりと天皇に神格を与え、神道を国教と定めることにより、新しい日本を祭政一致の国家とする方針が明示されることになるのである（この方針は後に大きく転換されて、いわゆる「国家神道」がうまれる）。

ところで、神祇官の復活に際して、古代の律令制国家建設のときにはなかった新たな職掌が付け加えられた。そのひとつを宣教といい、神道思想の普及をめざすことが目標であった。そして、その具体的な活動にはキリスト教を監視し、国民への浸透を防御することがふくまれていた。つまりかんたんにいえば、キリスト教をターゲットとする諜報活動部門が付設されたというわけである。

おそらく松山高吉は、一八七一（明治四）年六月以降、翌年二月以前のある時期に誰かの指示によって、グリーンのもとに内偵の意図をもって潜入したものといえよう。ただしそれが上にいう宣教の公務であったか、私的な指示によるものであったかは不明である。いずれにせよ指示の出所は宣教周辺であろうと思われる。キリスト教禁教令の解禁は目前に迫っていたが、いまだキリスト教は邪教であり、敵視の対象であった。神道の立場からの内情偵察こそが松山高吉に与えられた任務であったと考えられるのである。

では、なぜ、松山はわざわざ遠く離れた神戸のグリーンのもとを訪れたのか。おそらくそれは市川栄之助にまつわる事件が関係してのことであろう。市川栄之助はグリーンが東京築地に居住していた時以来の日本語教師であるが、一八七一（明治四）年六月三十日に禁教をやぶった廉で捕まってしまう。やがて栄之助は牢内で病死（一説には処刑ともいう）。これに対してグリーンから報告を受けた米国領事が兵庫県知事に抗議するなど、外交問題にもなりかねない状勢であった。もちろん、神祇官の宣教使周辺がこの事件を知らないわけがない。松山高吉はこの一件との関連で、グリーンとその周辺を偵察するように指示を受け、神戸に赴いたのではないか。

やがて神祇官は神祇省を経て、一八七二（明治五）年に廃止され、教部省となる。そして、神戸から東京へ戻った松山高吉は、この教部省との関わりをもつことになる。先にも引用した田中豊次郎は、同書にて「先生は…教部省の内議に与られた」と記述している。一部にはこれを松山高吉が教部省に役職を得たと解するむきもあるようだが、ここでの「内議」とは辞書通りの意味で内々の相談に与った、つまり非公式に意見を求められ面談したと解釈してよいと考える。[6] 公私の別は不明ながら松山にグリーンを内偵するよう命じた神祇官はいまや改組されてなくなっており、キリスト教そのものも解禁されている（一八七三年二月）。しかしながら、人々の意識が一朝一夕に変わるわけではない。神道教育推進の任を担う教部省の役人にとっても、キリスト教は依然として警戒すべき相手であり、その動静は気になっていたにちがいない。だからこそ教部省の役人は、神戸から戻った松山を呼び出し、事情を聴取したのではないか。

しかし、青年松山高吉が予想、期待したのとはうらはらに、教部省の役人（といっても宗教家である）たちの態度はあまりにも「不純」であった。ここでも田中豊次郎の筆録を引用する。

時の為政者等は是を陰に政治的に利用せんと謀るが如き不純なるものあるに於て、先生は宗教を政治の手段に潜用せんと意図する者等と議合はず「思想の懸隔餘りに甚しく、到底共に語るべきに非ず、共に事を成すべきに非ずと断念し」、慨然、東京を去つて再び神戸へ往かれたのである。

考えてみれば、教部省が天皇崇拝の国民教化を目的とする官庁である以上、そこ官職を得た者が政治的であることは当然である。しかし松山高吉にはそれが「不純」なことと映った。彼は一途に、宗教は政治と切り離されてあるべきものであり、宗教家が信仰を政治の道具に供することは堕落であると考えた。だからこそ松山は、教部省に、というよりは明治の神道に背を向け、キリスト教のほうへ、というよりはグリーンにむかって走り出したのである。すでに引用したように、松山自身、キリスト教入信の理由を「（グリーン）博士の清き品性正しき言行は余をして心機一転せしむるに至れり」と書いている。政治的すぎる神道家への幻滅は、その反動として清潔な宣教師グリーンへの信頼と敬愛の念を生み出し、彼による洗礼にまで松山を導くこととなるのである。

ともあれ、松山高吉を考えるにあたって、青年期に平田篤胤の流れを汲む国学の門をくぐったという事実は重要である。上に述べたように国学を反転の踏み台としてキリスト教に近づいたという点もさることながら、もうひとつのこととして、国学の習練が松山高吉の内部に大きな知的財産として蓄積されたことを彼にとっての大きな僥倖として挙げることができる。すなわち、松山高吉が国学を通して学んだ言葉は、彼がキリスト教信仰を自らのうちに根付かせるための言葉の源泉となった。のみならず、それはキリスト教を日本に根付かせるための言葉にもなった。松山高吉の新旧約聖書の日本語訳や讃美歌の作詞、讃美歌集の編纂といった仕事は、国学や漢学などの言葉の熟達によってはじめて可能であったといってよい。

溝口靖夫によれば、グリーンの娘（コロンビア大学教授エヴァート）の著した伝記には、次のような記載があるという。[7]

（松山は：引用者補）古い時代の礼儀正しい教養ある紳士の見事な典型とも言うべきものであり、彼は殆ど又は全然英語を知らなかったが、稀に見る漢学の学者であり、漢訳聖書と漢文のキリスト教文書によりキリスト教の知識を得たのであるが、それがかくも短い時日の間の研究でなされたことを思うとき、誠に驚嘆に値するものであった。彼は古い古典文化に精通している点で日本人のクリスチャンの中で異彩を放っていた。グリーンは曽て書いているが、「〈略〉漢学と国学に通じていることにおいて彼の右に出ずるものが存するか否か疑わしい」〈略〉。

若き日に国学と漢学に親炙した松山高吉は、その「教養」をもってグリーンに認められ、周囲にも認められて、ついには新約、旧約聖書の日本語訳（明治元訳）の作業メンバーに抜擢される。ここにおいて松山は、日本の古い言葉とキリスト教という新しい価値を接続する重要な役割を与えられたのだといってよい。

岡田勇督は松山高吉の生涯をその居住地に即していくつかの期間に分類しているが[8]、松山高吉がその重要な役割を見事に果たした時期は、第一次横浜期、第二次横浜期として区分されている。すなわち、第一次とは、一八七四（明治七）年から一八八〇（明治十三）年までで、グリーンやヘボンたち宣教師の日本人協力者として奥野昌綱、高橋五郎とともに新約聖書翻訳に従事した期間をさす。第二次とは、一八八四（明治十七）年から一八八七（明治二十）年までで、植村正久などとともに旧約聖書の翻訳作業にあたった時期である[9]。

いま、これを踏まえて本書収録の二篇をみるなら、『(無題)』には一八七六（明治九）年から七八（明治十一）年までの記事があって、その期間は第一次横浜期に含まれる。また、『聖書講義並演説』には、一八八〇（明治十三）年から八七（明治二十）年の説教と講演の記録が記載されており、その半分は第二次横浜期と重なり合う。おそらくここには、明治初期から中期の日本がキリスト教をどのように受け入れていたか、その一端が如実に示されていることであろう。冒頭にも述べたように、収録二篇が松山高吉の個人的な活動記録を超えた史料価値をもつものと評価する所以である。

（嶋田彩司）

付記　本稿は、韓国中央大学校主催国際シンポジウム"International Conference of Reconciliation and existence in Contact Zones"（二〇一八年十一月）における発表原稿の一部をもとにしている。

注

1　溝口靖夫『松山高吉』（松山高吉記念刊行会　一九六九年）、林正樹『聖歌・讃美歌の宣教思想—松山高吉におけるエキュメニズムの萌芽』（かんよう出版　二〇一三年）、岡田勇督「松山高吉—その生涯と資料調査の現状—」（『アジア・キリスト教・多元性』第一五号　二〇一七年）等を参照した。とくに溝口の書は、松山高吉を全体的かつ詳細に論じた唯一の著作ともいい得るもので、注を付さなかった箇所においても多くの示唆を得ていることをあらかじめ記しておく。

2　注1『松山高吉』に付録されている。原本未見。なお、松山家にも『旅日記』と題された日記が存するが、内容は異なる。

3　民兵組織。明治以降は東山道で明治政府のために活動したが、のちに偽官軍の汚名をきせられて多くが処刑される。

4　『松山高吉先生と聖書和訳』。本書は未刊で、自家用原稿用紙にペン書き、総枚数は八八。文末に昭和十三年の擱筆日付がある。

5　「故グリーン博士を追懐す」と題された原稿より抄出。大正二年九月十五日の日付が記載されている。グリーンの「葬式」

を「番町教会」でおこなったときのスピーチ原稿である。松山家保管未翻刻資料に含まれる。

6　かりに「内議に与り」との表現が、公的に設置された役職「教導職」就任と同意であるとしても、同職は無給、半官半民の職位であり、十全な意味で官吏とはいえない。一部に松山と教部省との関わりをもってエリート候補だったとする解釈があるが言い過ぎであろう。

7　注1『松山高吉』に紹介がある（二二三頁）。

8　注1の岡田論文。

9　旧約聖書翻訳をめぐる日本人委員について、稿者は松山高吉の明治二十年の日記をもとに論じた。嶋田彩司「明治二十年九月二十八日「新島氏来ラズ」（上）―松山高吉の日記を読む―」（『キリスト教文化』二〇一八春号　かんよう出版）。

『無題』

一　書誌

底本　松山家所蔵自筆稿本

書型　小本一冊（天地約一六cm×左右約一二cm）　袋綴じ

表紙　納戸色

題簽　なし　外題なし　表紙見返しに「第壱集[1]　松山」とあり
序跋　なし
行数　毎半葉七行
書き込み等　本文脇および上下余白に多数の書入がある。墨筆と朱筆の二種があるが、いずれも松山高吉自筆である。句読点、フリガナにも墨・朱の二種がある。漢文の返り点は朱筆で付されている。朱筆の加えられた時期については、下記「成立」中で言及した。

二　概要と成立

本篇は、冒頭の目次に従えば、二十九項の主題（松山高吉は「課目」と記載）別に編集された説教集である。実際の説教用に準備されたものであることは、第一〇項（「更生」）の半ば、上欄に朱筆で「若シ長講ニナラバ此デ止」と書入があることなどからも明らかである。ただし一点だけは雑誌への投稿原稿であり（第二十六項）、また二十七番の後に欠番の項目があり、最後（二十九項の後）にまた欠番の項日があるので、計三十一の項目[2]（三十の説教草稿と一つの雑誌原稿）からなるといえる。

全体および各項の成稿年については正確に知ることがむずかしい。ただし、一部項目の欄外に説教をおこなった年月日の記述があり、また記述はないが本文等から推測可能な項目もある。いまそれらを項目番号順に示せば次の通りである。

番号	記載された年月日［記載はないが、記事から判断可能な年月日］
2	一八七七（明治十）年十二月十一日
6	［一八七六（明治九）年一月二日］「昨日昨晨已ニ二千五百三十六年即チ明治九年トナレル也」
12前半	一八七七（明治十）年九月九日（夜）
12後半	一八七七（明治十）年十月十七日
15	一八七七（明治十）年十月十四日
16	一八七七（明治十）年九月九日（朝）
17	一八七七（明治十）年十二月十六日
18	［一八七七（明治十）年十二月十七日］「是レ前夜…モ言シ如ク」
19	［一八七六（明治九）年十二月三日］「相生町会堂開キ明治九年十一月廿六日ニアリキ其次ノ安息日ニ此題ヲ講ズ」
22	［一八七六（明治九）年十二月三十一日］「明治九年ノ歳モ今日ニヲワリ…鶏ノ一鳴スルヤ早明治十年トゾ改マル」
23	［一八七七（明治十）年一月七日］「明治十年ノ始の安息日ナリ」
24	一八七七（明治十）年一月十四日
末尾欠番	一八七八（明治十一）年一月二十日

一見して明らかなように、本篇の各項目は説教のおこなわれた時間的な前後関係とは無関係に並べられている。このことから本篇の成立事情を推測すると、ふたつの可能性が考えられる。

ひとつは、元々松山の手許には各回の説教の原稿が保管されており、ある時期に松山自身がそれらの原稿を自らの編集意識に即して並べ直し、つなぎ合わせて、浄書して一冊にまとめたというものである。元の原稿はそれぞれの説教のために準備されたものであろうから、欄外等に記載の年月日に近い日に成稿したものといえる。そしてこの場合には、朱筆の書入（句点や返り点も含む）は、すべての浄書が完了した後に（または各項目の浄書が終了した後に）なされたものと考えられる。

　では、松山がその作業をおこなった時期はいつか。それについてはある程度の見当がつけられる。

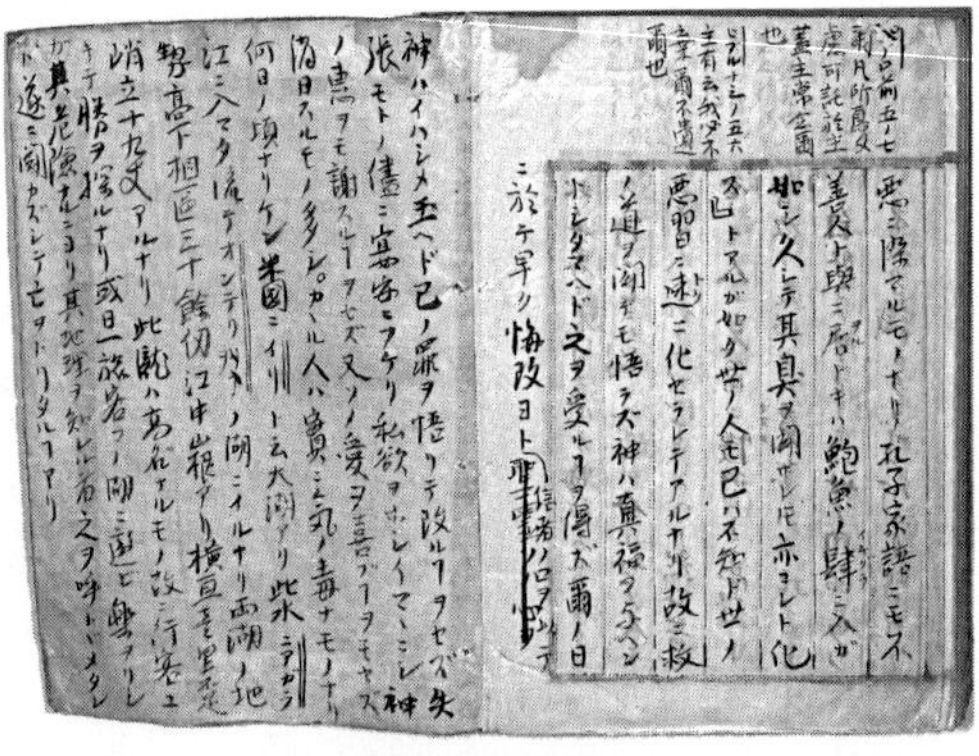
最終葉と裏表紙裏

　本篇最終項（欠番）は、「明十一ノ一ノ廿ノ夜」と朱筆での書入が下欄にあって、それ以外はこの項に朱筆書入が一切ない。また、最終葉で文章が完結せず、裏表紙裏にまで記載が及んでいる（写真参照）。これらを考えあわせれば、明治十一年一月二十日にほど近い時期に、松山高吉は説教用の原稿を主題（「課目」）にそって再配列し、それを浄書した。つぎに、その浄書原稿を再度読み直して、朱筆でフリガナや句点、返り点を施し、さらに欄外には補足の説明文等を挿入した。そして、浄書作業の終了後に、数葉の白紙を足して袋綴じの冊子をこしらえた。白紙数葉には最新の説教用原稿（欠番最終項）が書かれたが、その書きぶりはやや粗雑で、前項までの浄書様とはあきらかに違っている。手許に元の原稿がありそれを浄書したものと、その場で書き下ろしたものとの差異であろうかと思われる。

ただし、この推測では、上記のように第一〇項（「更生」）の半ば箇所の上欄に朱筆で「若シ長講ニナラバ此デ止」とあることの説明がややむずかしい。この朱筆書入はあきらかに説教の準備段階で書かれたものと思われるからである。

もうひとつの可能性としては、次のようなことがいえる。松山高吉はあらかじめ作成した袋綴じ冊子に、自己の構想（「課目」の並び）にしたがってまず目次を書き、ついで第一項から順に原稿を書きすすめ、第二十九項まで書き継いでいった。そのようにして完成した説教稿本とでもいうべき一冊をもとに（あるいは完成途次にある原稿をもとに）、適宜「課目」を選んでその時々の説教をおこなったというものである。そうであれば項目に付された年月日の記載がアトランダムである事情も説明できる。この場合、本篇の執筆が完了した時期は特定できない（もちろん明治十一年一月二十日以前であることはいうまでもない）。そして、朱筆による書入は、松山が各項目をもとに説教をおこなう直前に、原稿を確認し、下読みする際に書き入れられたものではないかと考えられる。たとえるなら、教師が自ら作成した教科書に、実際の講義に臨んでメモを書き加えるようなものといってよいだろう。

ただ、この推測にも難はある。当初の構想で「課目」を二十九までと定め、その執筆が完了したにもかかわらず、さらに一項目を追加して書いた理由はなにか。たんに余白頁を埋めただけか。その項目は明治十一年一月二十日の説教に使用したと松山自身が記載しているが、それにもかかわらず一切朱筆の書入がなく、しかも他項目とは明らかに違った乱雑な書きぶりであるのはなぜか。

すべてのことがらを合理的に説明し尽くすことはむずかしい。朱筆書入に複数の時期（本文執筆と同時の書入を含めて）を設定すれば解を得られるのかもしれないが、その究明は本書に本篇を翻刻し公開する目的に照らせば、やや些末な問題であろう。いずれにしても、本篇の本文及び書入等は、松山高吉の自筆によるものであること、一八七七（明治十）年を中心とするごく限られた時期に執筆されたものであることは動かない。

三　考察

松山高吉は日本語訳聖書の明治元訳の新約聖書、旧約聖書の翻訳に日本人委員（輔佐）として参加し、大正改訳新約聖書の改訳にも参加した。また、大正改訳の新約聖書の改訳に当たり、松山が立案し、提案した「改訳方針」は、改訳委員会では満場一致のもとに承諾された。歴史的にみて、聖書翻訳の担い手が宣教師から徐々に当地のキリスト者へと移行したことを考えるとき、日本人キリスト者として主体的に聖書翻訳の方針を立案する端緒を開いた事例として、評価に値するといえよう。

松山高吉へのアプローチは、様々な視点からおこなうことができるが、稿者は松山高吉をなによりもまず聖書翻訳者として評価したいと考えている。そしてその意味で、第一次横浜期[3]に執筆、編集された本篇には、豊かな史料価値が潜在しているものとみなしている。本篇は、聖書翻訳（明治元訳）の実践と重なり合う時期に書かれた。と同時に、この翻訳作業は大正改訳の新約聖書の「改訳方針」を生み出す背景ともなった。周知のように、明治期は日本語の近代化が模索された時期であった。漢字とかな、ローマ字といった表記に関わる提言が林立し、文語文と口語文のせめぎ合いが繰り広げられたさなかにあって、松山高吉は聖書の日本語翻訳に臨んだのである。彼が本篇編纂の過程でなにをどのように取捨選択したのかを子細に点検することは、明治期日本のキリスト教がどのような言葉をもって日本に移入されようとしたかを考えることにほかならず、きわめて重要であろう。稿者にはいまそれを十全に論ずることはできないが、聖書の日本語翻訳について今後期待される研究の一端なりとも提示できればと考え、以下に本篇中の聖書箇所についてかんたんな解説を記しておく。

本篇の聖書箇所は、およそ一八〇箇所ある。それらは大別して、漢文と日本語に分けられる。

［漢文表現］　漢文の形で現れている聖書箇所は、ほとんどが漢文訳聖書からの引用であるが、漢文訳聖書と異なるものも含まれている。漢文訳聖書からの引用は七四箇所ほどであり、その中では、ブリッジマン・カールパトソン訳（以下BC訳と略す）からの引用が最も多く、六一箇所である。その次には委办訳聖書からの引用が多く一一箇所あり、官話訳聖書からの引用が二箇所である。また、BC訳からの引用文のなかに、官話訳聖書をも参考にした箇所と、串珠聖書をも参照した箇所が一つずつある。また、ほとんどの引用が新約聖書からの引用であり、五三箇所ぐらいあり、旧約聖書からの引用は二一箇所にとどまる。

新約聖書は、マタイによる福音書、マルコによる福音書、ルカによる福音書、ヨハネによる福音書、使徒言行録、ローマの信徒への手紙、コリントの信徒への手紙一、コリントの信徒への手紙二、ガラテヤの信徒への手紙、エフェソの信徒への手紙、フィリピの信徒への手紙、テサロケケの信徒への手紙二、テモテへの手紙一、ヘブライ人への手紙、ヤコブの手紙、ペトロの手紙一、ヨハネの手紙一、ヨハネの黙示録から引用されている。

一方、旧約聖書は、創世記、レビ記、ヨシュア記、詩篇、箴言、コヘレトの言葉、イザヤ、哀歌からのものである。周知のように、旧約聖書は当時、ほとんどがまだ翻訳されていなかったため、漢文訳聖書から引用されている。新約聖書に関しては、明治七（一八七四）年の六月から聖書翻訳委員会の翻訳作業が始まり、明治十三（一八八〇）年には新約聖書全書の翻訳が完成された。したがって、ここで取り上げている聖書箇所には、すでに委員会訳が完成されたものもあれば、まだ完成されていないものもある。

本文をより子細に点検すれば、それほど多くはないが、ＢＣ訳と委办訳聖書の表現を混用したものがあることがわかる。

ヘブライ人への手紙４：14

ＢＣ訳　故我儕既有大祭司長①已昇於天者②、卽神之子耶穌③

委办訳　既有大祭司長④、上帝子耶穌⑤、直造乎天之極⑥

本篇　我等既有大祭司長①=④卽神之子耶穌③=⑤已昇於天者②=⑥

元訳　然《され》バ我儕《われら》に雲霄《そら》を通《とほ》りて昇《のぼ》りし大《おほい》なる祭司《さいし》の長《をさ》すなハち神《かみ》の子《こ》イエスあり

ここでは、基本的な表現をＢＣ訳からそのまま引用したが、順番については委办訳聖書と同じである。すなわち、ＢＣ訳と委办訳を並べると、①＝④、②＝⑥、③＝⑤とすることができるが、松山の文章では順番が①③②となっており、それは委办訳の④⑤⑥という順番と一致するのである。ここでは、順番と言語表現の混用であるが、このように異なる漢文訳聖書の表現を混用して新しい表現を作るという特徴的な事例は、後に述べるように日本語による聖書箇所にも現れている。

また、漢文訳聖書をほとんどそのまま引用しながら、単語だけを変更した箇所もみられる。

マタイによる福音書12：19―20

ＢＣ訳　其不競不喧、不聞其聲於衢。已傷之葦、其不折之、燃餘之炷、其不熄之。

本篇　彼不競不喧不聞其聲於衢已傷之葦其不折之燃餘之麻其不熄之

元訳　彼《かれ》ハ競《きそふ》ことなく喧《さけぶ》ことなし人街《ひとちまた》に於《おい》て其聲《そのこえ》を聞《きく》ことなし（真道《みち》をして勝《かち》とげしむるまでは）傷《いため》る葦《あし》を折《おる》ことなく煙《けぶ》れる麻《あさ》を熄《けす》ことなし。

総じて、聖書引用箇所の漢文表現をみると、引用箇所はＢＣ訳が多いが、他の漢文訳聖書をも同時に参照したことがわかる。

［日本語表現］　日本語による聖書箇所に関しては、およそ一〇〇箇所みられるが、そのなかで、元訳の表現と基本的に一致するのが六〇箇所、ＢＣ訳を日本語読みで表記したものが二八箇所ほど、委办訳を日本語読

みで表記したものが二箇所、元訳、ＢＣ訳と委办訳とも一致しないものが一〇箇所ほどある。

元訳と基本的に一致する箇所（漢字とひらがらの部分までの一致ではなく、日本語で読んで同じ表現になる箇所、あるいは、単語の差異はあるが、日本語で読んで全体的に大きなズレがない箇所）は、マタイによる福音書、ルカによる福音書、ヨハネによる福音書、ローマの信徒への手紙、ヘブライ人への手紙とヨハネの手紙一に限定されており、これらの書は、早い段階で翻訳されたため、それを参照したのではないかと思われる。

また、漢文訳聖書をそのまま日本語で読んでいる箇所であるが、例えば次のようなものがある。

ペトロの手紙一２：25

ＢＣ訳　蓋爾素如迷羊、今歸於爾靈之司牧監督矣。

本篇　なんぢらは素《モト》まよへる羊《ヒツジ》のごとし今《イマ》なんぢらの霊《タマシヒ》の司牧監督にかへれり

元訳　それ爾曹《なんぢら》ハもと羊《ひつじ》の如《ごと》く迷《まよひ》たりしが今《いま》なんぢらの靈魂《たましひ》の司牧監督《ぼくしゃかんとく》に歸《かへ》れり

マタイ11：28

委办訳　凡勞苦負重者就我、我賜爾安。

本篇　凡そ勞苦と重を負るもの我にきたれ我なんぢに安をあたへん

元訳　凡《すべ》て勞《つかれ》たる者《もの》また重《おもき》を負《おへ》る者《もの》ハ我《われ》に来《きた》れ我《われ》なんぢらを息《やす》ません

また、コリントの信徒への手紙一６：９も委办訳を日本語読みにしたものであるが、そこでは、聖書を中国語に翻訳するなかで生じたGodの訳語論争およびspiritの訳語に対する松山高吉の見解をうかがい知ることができる。この箇所に現れる「神の霊」（元訳）を委办訳は「上帝之神」にし、ＢＣ訳は「神之霊」にしているが、松山は「真神ノ聖霊」にしている。Godの訳語は、「上帝」と「神」のそれぞれに訳すべきとする主張があり、論争になったが、それと連動して、spiritの訳語に関しても主張が別れたのである。すなわち、Godの訳語として「上帝」を主張する方は、spiritの訳語として「神」を主張し、Godの訳語として「神」を主張する方は、spiritの訳語として「霊」を主張したのである。「上帝之神」と「神之霊」とは、まさにその典型例であるが、松山はここでGodを「真神」に、spiritを「聖霊」にしている。[4]

このほかに、一つの漢文訳聖書にこだわらず、複数の漢文訳聖書の表現を混用した表現がみられる。一例として、コリントの信徒への手紙一15：58を挙げておく。

ＢＣ訳　是以我所愛之兄弟乎、爾宜貞固不搖。恒多行於主之工、以爾知爾之勞必不徒然於主也。

委办訳　我良朋、當貞固不搖、常務主事、蓋知宗主、無徒勞也。

本篇　我愛《ワガアイ》するところの兄弟よ、なんぢ貞固《タヾシクカタウ》して揺《ウゴ》かざるべし、恒《ツネ》に主《シュ》の工《コト》を務《ツトメ》よ、主につかふることは徒労《イタヅラノイタヅキ》ならざるを知《シレ》り

元訳　是故《そのゆえ》に我《わ》が愛《あい》する兄弟《きょうだい》よ爾曹《なんぢら》貞固《かたく》して搖《うごか》ず恒《つね》に勵《はげみ》て主《しゅ》の工《わざ》を務《つとめ》よ蓋《そは》なんぢら主《しゅ》に在《あり》て其行《そのなす》ところの勞《はたらき》の徒然《むなし》からざるを知《しれ》ばなり

ここでは、前半がＢＣ訳であり、後半が委办訳であるが、この他にも、ＢＣ訳、委办訳と官話訳の表現を

混ぜて日本語にしたものもみられる。

あるいは、ＢＣ訳、委办訳とも異なり、また元訳とも異なる箇所として、例えばマタイ５：44などを挙げることができる。

ＢＣ訳　惟我語爾、敵爾者愛之、詛爾者祝之、憾爾者善視之

本篇　われなんぢらに告《ツゲ》んなんぢら仇敵《アダビト》をいつくしみ、また爾らを詛《ノラフ》の、為《タメ》に福《サイハヒ》をねがへなんぢらを怨《ウラムル》ものによきことをなせ

元訳　然《されど》も我《われ》なんぢらに告《つげ》ん爾曹《なんぢら》の敵《あだ》を愛《いつくし》み、爾曹《なんぢら》を詛《のろ》ふ者《もの》を祝《しゅく》し爾曹《なんぢら》を憎《にく》む者《もの》を善視《よく》し

この箇所は明治十（一八七七）年十二月十六日の説教に利用されたとの記述があり、委員会訳のマタイによる福音書が出版された後である。

以上のように、本篇の聖書引用箇所の表現を通して、明治元訳の翻訳作業の只中にいた松山が様々な表現法を試みていた姿を垣間見ることができる。英訳聖書や他の参照聖書からの影響については明確でないが、漢文訳聖書との関わりが大きかったといってよいだろう。これは青年期までに漢文を修学した松山ならではのことといえる。松山は、複数の漢文訳聖書の表現を組み合わせてみたり、単語を変えてみたり、さらには、他の参照聖書からの引用なのかそれとも松山の独創による表現なのかは確定できないが、漢文訳聖書とは異なる表現も用いている。明治元訳に提出した原稿が翻訳者たちのなかでの決定版のようなものだとすれば、本篇に現れた表現の諸相は、その前段階で決定版を生み出すためになされた試行錯誤の痕跡とでもいうべき

ものではないかと思われる。

（金香花）

付記　本稿の一部には、拙稿「松山高吉と聖書翻訳原則―受容者としての聖書翻訳者―」（『アジア・キリスト教・多元性』第一五号　現代キリスト教思想研究会　二〇一七年三月）を用い、これに新たな考察を加えた。

注

1　一旦「第二集」と書いて、「二」を取り消し、「壱」と訂正している。

2　厳密にいえば、第十二項（「敬愛」）は、目次に「第一八自由　八二葉ヨリ　第二八敬愛　八八葉ヨリ」と書かれているように、二つの「課目」を連続させたものであり、説教に使用された年月日も一覧に示したように異なっている。

3　岡田勇督「松山高吉―その生涯と資料調査の現状―」（『アジア・キリスト教・多元性』第一五号　二〇一七年）の区分による。明治元訳聖書の新約聖書部分が翻訳された時期（明治七年六月から明治十三年四月）にあたる。

4　松山高吉は、Godの訳語として「上帝」も「神」も使用している。Godの訳語論争の視点から、より詳細な分析を加えることも必要であろう。

『聖書講義並演説』

一　書誌

底本　松山家所蔵自筆稿本

書型　中本一冊（天地約一八cm×左右約一二cm）　袋綴じ

表紙　黄土色

題簽　左肩。無辺。「聖書講義並演説」[1]。なし　表紙に墨筆で「第三集[2]　松山」とあり、題簽剥離後に朱筆で「坤」とある。いずれも自筆。

序跋　なし

行数　毎半葉十一行

書き込み等　本文脇および上下欄余白に多数の書入がある。墨筆と朱筆の二種があるが、いずれも松山高吉自筆である。句読点、フリガナ等にも墨・朱の二種がある。漢文の返り点は朱筆で付されている。朱筆の加えられた時期については、以下「成立」中で言及した。

二　概要と成立

本篇は、一八八〇（明治十三）年から一八八六（明治二十）年までの松山高吉の説教および講演の記録と一部草稿の写しを収めた稿本である。その概要は次の通り。

説教数　234

西暦・年号	説教数	会場	備考
一八八〇・明治十三	14	神戸会堂（14）	
一八八一・明治十四	25	神戸会堂（22）　大坂教会（1）　兵庫会堂（1）　岸和田（1）	
一八八二・明治十五	28	神戸会堂（22）　大坂島之内新会堂（2）　三田会堂（1）　岡山教会（1）　不明（2）	
一八八三・明治十六	34	神戸会堂（27）　三田会堂（2）　西宮（2）　商義社楼上（1）　天満公会堂（1）　不明（1）	
一八八四・明治十七（前）	23	神戸会堂（21）　不明（2）	在神戸
一八八四・明治十七（後）	12	麻布会堂（4）　厚生館（2）　下谷会堂（2）　虎ノ門会堂（1）　麹町会堂（1）　明治会堂（1）　高輪台町会堂（1）	在横浜
一八八五・明治十八	45	麻布会堂（18）　ホイットニー宅（8）*　下谷会堂（3）**　高輪台町会堂（1）　露月町会堂（1）　入舟町監督教会（1）　神田	*：一〇月三日は「愛隣会」

		尊生館（1） 両替町十三番地会堂（1） 日本橋教会会堂（1） 数寄屋橋会堂（1） 両国教会会堂（1） 新橋会堂（1） イーストレーキ宅（1） 病院（1） 谷中葬儀場（1） 不明（4）	の記載あり ＊＊：一二月二日は木村熊二妻の葬儀
一八八六・明治十九	45	ホイットニー宅（21） 入舟町監督教会（5）＊ 麻布会堂（4） 中六番町講義所（2） 壱番町十八番地説教所（2） 霊南坂会堂（3） イーストレーキ宅（2） 厚生館（1） 露月町会堂（1） 横浜住吉会堂（1） 湯島講義所（1） 一番丁御馬屋谷講義所（1） メソデスト会堂（1）	＊：ファイソンとも記載
一八八七・明治二十	8	ホイットニー宅（3） 聖保羅会堂（2） 内田宅（1）＊ 中六番町会堂（1） 日本橋教会会堂（1）	＊：一月八日、「愛隣会」の記載あり

講演・演説数 33

西暦・年号	演題	会場
一八八一・明治十四年六月十一日	神代ノ説	大坂大説教会
七月四日	愛国論	松山大説教会
七月五日	本朝古典ノ説	松山大説教会
七月二十六日	本朝諸教論	三田大説教会
十二月五日	事業ノ基礎	赤心社懇話会
十二月十七日	女子ノ親タル者ニ告グ	商義社楼上 清晤会
同年 月日不明	因果論	不明

一八八二・明治十五年一月四日	人種ノ改良	明石大説教会
四月十二日	日本上代ノ神道	西宮劇場
四月二十七日	日本古代ノ神道	高梁
同上	論ヨリ証拠	同上
十月二十一日	日本神道ノ本旨	大坂青年会大演説会越後谷高嶌座
十一月十八日	日本古代ノ風俗	商義社楼上
同年　月日不明	宗教ノ要旨	商義社楼上　清晤会
同年　月日不明	心得違ノ説	不明
同年　月日不明	基督教宣布ニ就テ特別ニ困難ナル者	不明
同年　月日不明	拯救ヲ論ズ	不明
一八八四・明治十七年四月二十五日	宗教ト国体トノ関係	神戸大黒屋
十月十八日	耶蘇教ハ如何ナル者ゾ	新宿座
十月二十一日	愛ノ勢力	横浜湊座
十月三十日	今ハ如何ナル時ゾヤ	品川伊皿子町
同年　月日不明	想像ノ世	不明
同年　月日不明	人間万事一夢ノ中	不明
一八八五・明治十八年一月一日	不明	青山英和学校
九月二十二日	開式祝辞	頌栄女学校
十二月二十三日	卒業式祝辞	フェリス女学校

一八八六・明治十九年二月六日	基督之勇	横浜湊座
二月二十二日	卒業式祝辞「自治ノコト」	フェリス女学校
七月十日	目的ト性質	山王清風亭
八月九日	快楽	日比谷天神社務所
不明	論談之利害	不明
不明	女子教育論	不明
不明	酒害ヲ論ズ	不明

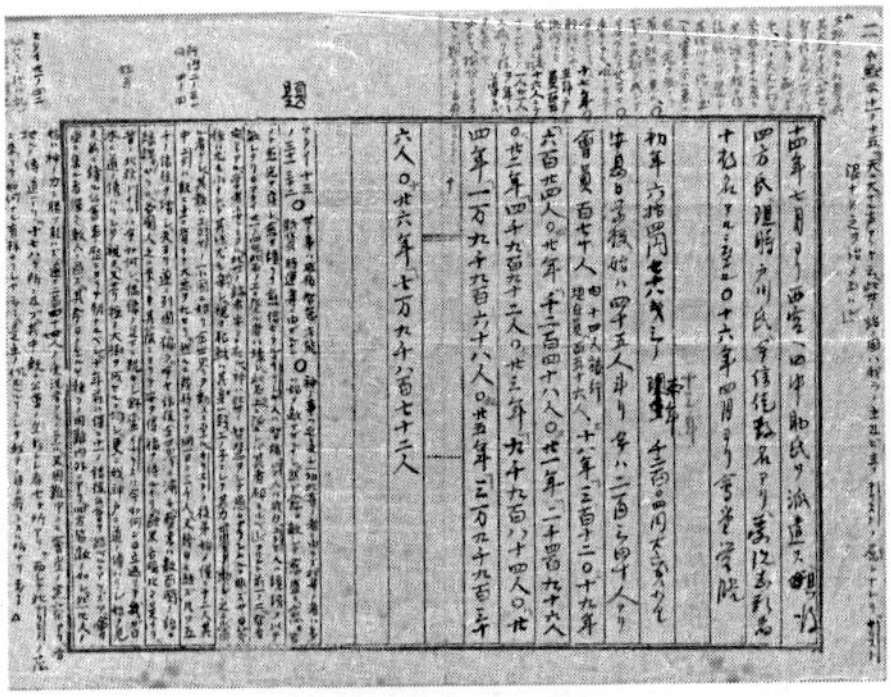
説教用原稿　二葉目

本篇収録記事の一覧は上記の通りであるが、完全原稿は一部で、テーマと聖書引用の箇所、場所と時間のみを記した記録も多い。また、そのなかには「草稿別ニアリ」と書かれているものが多数ある。現在それら「草稿」はほぼ散逸したものと思われるが、松山家に「管家提要」[3]と題した表紙の下に保管された原稿二葉があり、これが本篇明治十七（一八八四）年四月十九日の記事、「天国ノ長大〇マタイ十三ノ卅一卅二　〇草稿アリ四月十九日神戸公会十年紀念祝会ノ日ノ説教」にいう「草稿」であろうと思われる（一葉目は口絵写真参照）。

この原稿が残存する理由は、自らが設立に深く関わり、日本人リーダーとして率いてきた神戸公会一〇周年記念の説教という重要性から、松山自身が保管したゆえにちがいない。ということは、本篇に採録されず、別綴して残されることもなかったその他の「草稿」は、本篇編纂に際して松山にはさほど重要性を感じられないものであったともいえる。採録するもの、しないものの取捨選択が本篇編纂時におこなわれ、松山にとって重要な説教原稿が筆録された。その意味で、本篇は明治十年代半ばから末にかけての松山高吉の神学思想のエッセンスが記録された貴重な史料といえる（下記「考察」参照）。

さて、草稿類の選別と浄書がおこなわれた時期については、明治十七（一八八四）年九月とみてよい。本篇には、本文欄に朱筆で「以上　明治十三年五月ヨリ十二月ニ至ル凡テ十四講」等と、年ごとの説教数が書きこまれている。そして明治十七年には「以上明治十七年一月ヨリ九月神戸ヲ去ルニ至ル凡ソ二十三講」と書かれた後、「明治十三年五月ヨリ同十七年九月ニ至ルマデ説教ノ此本ニ録セシ所総計百二十四」と総括されている。おそらく松山は、横浜へ赴くに際して、神戸教会を中心とするそれまでの自己の説教「草稿」を整理し、採るべきものを選別して、新たに浄書して本篇をまとめたものと思われる。人生の大きな節目を迎えての身辺整理の一環であったといってよいだろう。

本文上下欄の朱筆による書入もこのときにおこなわれたものと考えるのが自然であるが、「草稿」をもとに説教がおこなわれた時という可能性もある。というのは、上掲の神戸公会一〇周年記念の説教原稿（写真）にはすでに朱筆による書入があり、説教の前夜や当日に下読みをしたときの作業かと思われるのである。そうなると「草稿」を浄書する以前に朱筆書入はあり、松山は浄書時にそれをも引き写したということになる。あるいは複数の時期の書入が混在している可能性も考えられるが、現時点では不明とせざるを得ない。ただし、いずれにせよ松山自身の書入であることは疑いなく、時期としてもせいぜい数年のうちにおさまるものであるから、朱筆部分も本文の一部とみなしてよいであろう。

松山が横浜に移ってからの記事は、それ以前に比して粗略なものになる。「明治十七年九月十五日神戸ヲ去リ同廿四日東京ニ着ス爾来東京諸会ニテ講スル所ノ説教ヲ左ニ録ス」と書いたあと、説教の題と聖書箇所、日付と場所のみを書いて説教の履歴を列挙する例が多数をしめる（講演についてはいくつかの原稿が引き写されている）。そして、明治十九（一八八六）年の記事になると、書きぶりはさらに一変して、走り書きに近くなる。日付も間隔が開いて、時々に思い出したようにメモをしたようなものとなり、[4] 明治二十（一八八七）年二月の記事「二月廿日ホイトニー宅」をもって終了する。

三　考察

本篇は、松山高吉が神戸教会を担当していた明治十三（一八八〇）年から同十七（一八八四）年までの主日説教、また同年の秋から明治二十（一八八七）年までの第二次横浜期[5]に各地で行われた説教と講演を記録したものである。

採用された聖書に関しては、次のように六回の説教に旧約聖書が選ばれるのみである。

「偶像ニ事レバ其禍子孫ニ及」（聖誡第二条　明治十四年五月二十九日　神戸会堂）
「知識ノ本」（箴言一ノ七　明治十四年八月二十八日　神戸会堂）
「光陰ハ過ギ易シ」（ジョブ九章二六　明治十四年十二月二十五日　神戸会堂）
「罪ノ赦シ」（詩篇百三ノ一三四　明治十五年十月八日　神戸会堂）
「知識ノ本ハ神ヲ畏ル、ニ在リ」（箴言一ノ七　明治十八年八月十三日　麻布会堂）
「卒業式ノ演説」（箴言三十一章　明治十八年十二月二十三日　フェリス女学校）

松山は、明治十七（一八八四）年からは横浜で旧約聖書を翻訳していた。そのためすでに翻訳が整っていた新約聖書（特に福音書とパウロ書簡）を中心に説教をおこなったものといえよう。またそれとの関連で、この時期の彼の神学思想は、主に新約聖書に基づいて「キリスト論と贖罪愛」、また伝道活動との関係で「聖霊の働きと三位一体論」に集中したのではないかと考えられる。

以下、本篇からうかがい得る松山高吉の神学思想の特長と思われる二点について言及しておく。

伝統的なキリスト教神学　松山はグリーンをはじめとする欧米のキリスト者が伝えた伝統的なキリスト教神学に従った。そして、その結果として、イエス・キリストの十字架上での死と復活、罪人である人間への贖罪愛（キリスト論）を強調した。

松山の神戸教会での主日説教からは、グリーンなどアメリカン・ボードの宣教師からの神学的な影響を確認することができる。それは、「預定」と題された説教（明治十七年七月十三日）に、「米国ノフヒニー氏始メ法律博士ニナラントテ法律ヲ研究ス、然ド「リバイベル」ノ恩化ノ際専ラ伝道ニ熱心シテ諸会ニ聖霊ノ賜ヲ受ンコトヲ勧ム、後又オブリン大学設立ニ力ヲ尽シ其学長トナリテ教育ニ従事セリ」とあるように、米国宣教師の復興運動や教育熱心な姿に対する肯定的な評価にまで及んでいる。また東京における説教・講演の場所を見ても（前掲一覧参照）、彼が欧米の宣教師等と親しい信頼関係を結んだことが確認できる。

松山の伝統的なキリスト論と贖罪愛（十字架）にかかわる言説を、本篇所収の説教・講演から抄出すれば以下の通りである。

タイトル	年月日	内容
贖罪	明治十六年一月七日	其造リ主ナル神ヲ忘レ、其身神ノ創造シ給ル万ノ中ニ在テ…イエス人間ニ在リテ真愛ヲ顕シ、人心ヲシテ相合ハシメ、又身贖罪ノ功ヲ成シテ神ト人トノ間ヲ和セシメタリ
行フコトヲ主ニ問へ	明治十六年一月十四日	其身ヲ十字架ニサヘ挙ゲ玉ヘリ、イエスヲ刺シタル鎗ハ何ゾヤ、我ラノ罪ニ非ズヤ、若シ我ラニ罪ナクバ神ノ子ガ何デ罪ナク潔ク正シキ御身ヲ十字架上ニ釘センヤ、十字架ヨリ流ル、血ヲ視ヨ主ノ愛ノ流レ出ルナラズヤ、神モシ世人ヲ愛シ玉ハズバ何ンゾイエスヲ十字架上ニ挙テ血ヲ流サシメ玉ハンヤ…主ハ己ヲ十字架ニ釘ル者ノ為ニ祈リ玉フ程ナリ、故ニ尚忍テ我ラガ真ノ悔ヰ改ヲ待タマフベシ
祈リノ必用	明治十六年四月十五日	御心ナラバ貧賤ニモヲリ御心ナラバ艱難ヲ脱シ、御心ナラバ何ナル十字架ヲモ負フベシ、キリストサヘ神ノ御心ナレバ此世ノ罪人モ受ザル苦辱ヲ受テ十字架ニ死シ玉ヘリ然ド神ハ仁愛フカキ者ナリ無益ニハ決シテ苦難ヲ与ヘ玉フコトナシ我ラノ苦難ハ多クハ自ラ招ク所ノ者ナリ…此公会ヲシテアマレック

		即チ世ノ敵ニ勝テ悉クキリストノ前ニ悔罪シテ服シ来ルヤウ致シ度キモノナリ
死ヲ忘ル、勿	明治十六年十二月二日	神ノ其子ヲ世ニ遣シ給ヘルハ世ノ罪ヲ定ントニ非ズ彼ニ由テ世ヲ救ンガ為ナリ（ロマ三ノ二三二四）人ミナ既ニ罪ヲ犯セバ神ヨリ栄ヲ受ルニ足ラズ、唯ダキリストイエスノ贖ニ頼テ神ノ恩ヲ受ケ功ナクシテ義トセラル、也
聖霊ノ證	明治十七年一月二十日	霊自ラ我儕ノ霊ト偕ニ我儕ガ神ノ子タルヲ証ス…「神誠ニ我ヲ愛ス、且ツ独生ノ子ヲ以テ我為ニ贖罪ノ祭ヲナセリ、神ノ子誠ニ我ヲ愛ス、且ツ己ノ血ヲ以テ我ノ罪ヲ滌ヘリ」神先此ノ如ク我ヲ愛ス、故ニ我亦神ヲ愛ス、神ヲ愛スルガ故ニ亦兄弟ヲ愛ス
欠ニ帰レ	明治十七年三月二十三日	父ヨ我天ト尓ノ前ニ罪ヲ犯タレハ尓ノ子ト称ルニ足ザル者ナリ…御愛心ニアラズヤ十字架上鮮血ニ染ミナガラ尚ホ祈祷ナサレシハ誰ガ為ナリシヤキリスト神ノ子ヲ十字架ニ附シ我ラ罪人ノ為ニアラズヤ…鮮血ノ流ルル十字架ノ上ニ在テスラ神ノ子ヲ刺セシ此罪人ヲ天父ニ祈リ取ナシ玉ヒシイエスノ声ヲキ、テ其大愛ヲ知ラシメ玉へ
聖霊ノ果	明治十七年四月二十七日	噫我困苦人ナル哉此死ノ体ヨリ我ヲ救ハン者ハ誰ゾヤ、是我ラノ主イエスキリストナルガ故ニ神ニ感謝ス○（ヨハネ三ノ一六）神ハ其生ミ給ヘル独子ヲ賜ノ程ニ世ノ人ヲ愛シ給ヘリ此ハ凡テ神ヲ信ジル者ニ亡ブルコト無シテ永生ヲ受シメン為ナリ
真誠ノ食	明治十七年五月三日	人ノ子ノ肉ヲ食ハズ其血ヲ飲ザレバ尓ラニ命ナシ…キリストノ十字架ハ無上ノ尊貴ヲ持ルナリ、若シ此十字架ヲシテ王ノ玉冠ノ如ク人ノ悦ビ崇メ慕フ所ノ者タラシメバキリストノ死ハ尊ムニ足ラズ、其愛ハ驚ク程ノコトニ非ズ…此十字架ハ生命ノ原ナリ（ロマ六ノ六）我ラノ旧キ人彼ト同ニ十字架ニ釘ラル、ハ罪ノ身滅リテ今ヨリ罪ニ役ヘザルガ為ナルヲ我ラハ知ル…キリストノ十字架ハ神ノ恩ヲ顕ハシ、イエスノ愛ヲ顕シ

また、松山は聖霊の働きを強調し、「三位一体論」を忠実に受け入れる立場にある。これも当該例を抄出する。

タイトル	年月日	内容
善ヲ行フニ勇メ	明治十三年十二月五日	善ヲ行フニ臆スル勿レ（…）イエスヲ信ジイエスノ愛ニ激マサレ聖霊ノ助ニヨルニ如ズ、若シ人イエスヲ信ゼズ聖霊ノ感動ヲ蒙ラズ且イエスノ愛ニ激マサレズバ、所詮真誠ノ善ハ為シ得ザルベシ
聖書	明治十五年十月三十日	若シ聖霊ニ感ゼラレシ人ナラバ必ズ之ヲ見ルコトヲ好ミ、之ヲ見テ楽ムナルベシ、詩篇ニ云（一ノ二）吾心神ノ律法ヲ悦ビ、日夜之ヲ思ヒ、之ヲ維フ」今我ラハ幸ニシテ旧約ノ他ニ又新約ノ福音ヲ予ヘラレタリ
難ヲ避ル勿レ勝ベシ	明治十五年五月七日	我既ニ世ニ勝テリ…未ダ聖霊ノ化ヲ蒙ラズシテ罪ヲ好ノ悪性ヲ脱セザルニ由カ、又ハ自ノ智ヲ恃ミ能ニ依ルガ故カ、何レニモセヨ主ヲ離レ之ニ依仗セズ之ヲ愛敬シ之ニ従フノ心ナキニ由ザルナシ
實行ヲ勧ヨ	明治十六年一月二十八日	前安息日竹村氏聖霊ノ降臨ト其果ニ付テ説教セリ
		過日竹村氏聖霊ノ降臨ノコト其結果ニ付テ語リ、又キリスト我ニ在リ我キリストニ在ルヤウ成リテ真ノ信者ナルコトヲ述ラレシガ、彼ノ説教ハ大ニ信者ニ裨益ヲ予ヘタルナルベシ…聖霊ハ多ハ皆主キリストヲ信シ其教ニ従ンコトヲ欲スル人ニ降レリ、稀ニ不信ノ徒図ラズモ聖霊ノ賜ヲ得テ非常ノ結果ヲ現スコト有モ必ズ熱心ノ信者アリテ後ニ然ルナリ、又高尚ナル思ヲ以テ世ノ汚慾ヲ卑睨シテ之ニ惑サレズ、喜ブ所ノ望ヲ終ニ果シ、キリストト我ト一体タラシムルコトモ悉グ偶然ニ成ルモノトハ思ハレヌナリ
祈リノ必用	明治十六年四月十五日	其ノ祈ニヨリテ聖霊ノ賜ヲ得各種ノ恵ヲ受タリ

家庭ノ働	明治十六年八月十二日	然ド**聖霊ノ感化ヲ蒙リキリストノ光我ガ心ヲ照サバ**心目急ニ開ケ心ノ暗直ニ去リ
聖霊ヲ求ヨ	明治十六年九月十六日	ルカ廿四ノ四五ヨリ終リ　行伝一ノ三ヨリ八
聖霊ノ証	明治十七年一月二十日	霊自ラ我儕ノ霊ト偕ニ我儕ガ神ノ子タルヲ証ス…神ノ霊ニ導カル、者ハ是即チ神ノ子ナリ…然ド或者ハ聖霊ヲ求ルコトヲ知ズ或者ハ私見ヲ以テ聖霊ノ化トナシ或者ハ聖霊ヲ拒ミ或者ハ聖霊ヲ疑フ我真ニ神ヲ愛スルナラバ人ヲ愛スルナラバ誠ヲ守ルナラバ守ルヲ知ル是他ヨリ知ルニアラズ己ヨリ知ナリ…此聖霊ノ化アリテ後チ前件ノ心ノ霊ノ証ハ起ルナリ、然バ聖霊ノ証ハ心ノ霊ノ証ニ先ツモノナリ、人必ズ既ニ聖ヲ成シテ後チ自ラ之ヲ覚ユ、人必ズ既ニ神ヲ愛シテ後チ自ラ之ヲ覚エ、聖ヲ成スハ神ヲ愛スルニ根イス、神ヲ愛スルハ神ノ愛ヲ知ルニ由ル、神ノ愛ヲ知ルハ聖霊ノ化導ニ由ルナリ（ヨハネ一書四章十九）… 聖霊ノ有ト無トハ光ト暗トノ如ク明ニ知ル、ナリ、聖霊ナクシテ其化ヲ受シト云ハ暗ヲ以テ光ト云ガ如シ…聖霊ノ導ク任ニ従テ肉ト霊トノ汚ヲ潔メ、神ヲ敬ヒキリストヲ愛シ、其凡テ思フ所、言フ所、行フ所ヲシテ皆ナ霊ノ祭物トナシ神ト救主イエストニ供フベシ、是神ノ悦ビ給フ所ナリ…直ニ聖霊ハ我内ニ入来ルナリ開ケバ直ニ主イエスハ我内ニ入来リ玉フナリ ［上欄書入］ 先ツ聖霊ノ化ナクバ神ニ属スルノ事起ラズ然バ我心何デ神ノ子タルヲ証スルヲ得ンヤ
聖霊ノ果	明治十七年四月二十七日	噫我困苦人ナル哉此**死ノ体ヨリ我ヲ救ハン者**ハ誰ゾヤ、是我ラノ**主イエスキリストナルガ故ニ神ニ感謝**ス
信徒ノ住所	明治十七年六月一日	神ノ国ハ飲食ニ非ズ唯義ト和ト**聖霊ニ由レル歓楽ニアリ**…キリスト云「我既ニ世ニ勝リ」トキリストノ世ニ勝チ玉ハルハ此義ト和ト**聖霊ノ喜ビアル国ヲ**以テ残害汚毒ノ世ニ勝チ玉ヘルナリ…決シテ然ラズ唯ダ義ト和ト聖霊ニ由レ

		ル喜ニアリ…彼ラハ如何ニ苦辱ヲ予ルトモ我ハ常ニ神ノ賜フ恵ナル聖霊ニ由テ歓楽ニ充サル、ナリ
更生ノ跡	明治十七年六月二十二日	[版心書入] 願クハ共ニ聖霊ヲ以テ導カレ真誠ノ愛ヲ以テ相観ミ
聖霊	明治十八年五月十八日	○題ヨハネ三ノ五ヨリ八（聖霊ナクバ天国ヲ見ル能ハズ）○コリント前二ノ十四（肉ニ属スル人ハ聖霊ヲ受ズ）○ロマ八ノ九并ニ十四（主ノ霊ナクバ主ニ属セズ霊ヲ受テ神ノ子）○行伝十ノ四四并ニ四七（道ヲキタ時聖霊ヲ受ク）○行伝八ノ十五ヨリ十七（道ヲキ、テ后ニ聖霊ヲ受ク）○ガラテヤ四ノ六（聖霊神ヲ父ト呼ブ） 詩五十一ノ十一　神ヨ汝ノ前ヨリ我ヲ放逐シ玉フ勿レ汝ノ聖霊ヲ離レシメ玉フ勿レ　ペテロ后一ノ二十一　預言ハ素ヨリ人意ニ由テ出シニ非ズ神ニ属スル聖キ人聖霊ニ感ジテ語リシナリ
聖霊ノ力	明治十八年七月四日、十八日	行伝二ノ一ヨリ廿一　ヨハネ七ノ卅七八九
聖霊ヲ求ルニ衷自ラ顧ミヨ	明治十八年十二月四日	ルカ十一ノ十三

このような神の受肉とイエス・キリストの十字架上の苦難、そして聖霊の働きの強調等をみれば、松山の神学は伝統的なキリスト教の観点に立つものといってよい。[6]

そして、そのような松山の立場は、植村正久の次のような論説と類似することを確認しておきたい。

ナザレのキリストを誰とかなす。人にして人にあらず。彼は肉体に現われたる神の言なり。我これに就きて生命を得たるを知る。我これに接してその活気の旺なるを感ずるを得たり。イエスキリストは吾人の救者にあらずや。これらの数点はキリスト教の根底要理なり。[7]

植村は海老名弾正などの新神学について、「敬虔の心厚からざる理性によりて、会釈もなく霊魂の真理及びその事実を論ぜんと試みる」[8]と批判したが、松山も植村同様に新神学に疑問を抱き、「聖霊の働き」による真理への到達を強調した。「知識の本」という説教の中で、「真神ヲ敬畏スルハ知識ノ本ナリ」（明治十四年）と述べ、[9]また別に「知識ノ本ハ神ヲ畏ル、ニアリ」と題する説教もある。[10]人間の理性のみでは真の知恵に至らず、神への敬虔により真理に到達できると考えたのである。

一九〇一（明治三十四）年から二年間、植村と海老名の間でおこなわれた神学論争はよく知られているが、松山高吉は植村の立場を支持することになった。その要因として松山のオーソドックスな神学があったことをここではあらためて指摘しておきたい。松山が植村らの長老教会との一致合同を目指したのもこの時期以降である。[11]前掲の説教・講演一覧をみても、組合教会以外の長老派教会やメソジスト教会などとも幅広く交流したことが確認できるが、とりわけ植村とのつながりは神学思想にまで及ぶ深さをもったものであったといえる。

洗礼と聖餐の強調　本篇の説教からは、「バプテスマ」と「サクラメント」の二つの儀礼について特別な関心をもち、説教の中でもその重要さを述べ、実際の儀式にも厳粛に臨んだ松山の姿がみてとれる。

タイトル	年月日	内容
神ノ子トナル	明治十六年十一月四日	此望ハ己ヲキリストト共ニ十字架ニ釘シ然ル後ニ始テキリストヲ衣ルヲ得ルニ非ザレバ果スコト能ハズ）我ラ其死ニ合フ「バプテスマ」ニ因テ彼ト共ニ葬ラル、ハキリスト父ノ栄ニ由テ死ヨリ甦サレシ如ク我ラモ新シキ命ニ行ムベキ為ナリ
洗礼ト聖霊	明治十七年九月七日	[上欄書入] マタイ二十八ノ十九〇尓ラ往テ万国ノ民ニ「バプテスマ」ヲ施シ之ヲ父ト子ト聖霊ノ名ニ入テ弟子トシ且我ガ凡テ尓ラニ命ゼシ言ヲ守レト彼ラニ教ヘヨ 故ニ人謙遜ナル心ヲ以テ罪ヲ悔キ、誠実ナル心ヲ以テキリストニ従ヒ、其志ヲ洗礼ヲ以テ神ト人トニ公ニ顕シ 〇（洗礼ハ受ルトモ聖霊ノ感化ナクバ救ハレ難シ〇ヨハネ三ノ六〇ロマ八ノ十四）「肉ニ由テ生ル、者ハ肉ナリ、霊ニ由テ生ル、者ハ霊ナリ」「神ノ霊ニ導カル、者ハ是即チ神ノ子ナリ」「肉ニ従フ者ハ肉ノ事ヲ思ヒ、霊ニ従フ者ハ霊ノ事ヲ思フ」…聖霊ノ感化ヲ蒙リ品行モ性情モ改ルニ非ザレバ神国ノ子輩ト為ル能ハザル　ペテロ云ケルハ、尓ラ各々悔改テ罪ノ赦ヲ得ンガ為ニイエスキリストノ名ニ託テ「バプテスマ」ヲ受ヨ然バ尓ラモ聖霊ノ賜ヲ受クベシ（聞シ神ノ教モ立シ志モ聖霊ニ由ザレバ之ヲ守リ之ヲ全スルコト能ハズ、パウロテモテニ云后書二ノ十四…聖霊ノ結ブ所ノ果ハ仁愛喜楽平和忍耐慈悲良善忠信温柔撙節　若シ果シテ兄弟ノ受シ洗礼信仰ノ道ニ叶ヒシナラバ必ズ聖霊ノ恵ヲ蒙ラレ、此諸ノ善結果ヲ日々ニ加ラレン、而シテ一箇ソノ福ヲ得ルノミナラズ全会亦同ク福ヲ受ケ、肉ニツケル怒争憎恨等ハ悉ク去テ、地ノ天国ハ天ニ在ル天国ノ如クニナリ、其子輩ハ印セラレタル神国ニ入ル可キ者也 [上欄書入] 実ニ信ズレバ必ズ「バプテスマ」ヲ受ク、若シ信ジテ「バプテスマ」ヲ受バ神之ニ聖霊ヲ賜ハザルナシ、故ニ云、信ジテ「バプテスマ」ヲ受ルモノハ救ハルルベシ（マコ十六）

さきにも引用したが、溝口靖夫が紹介するグリーンの娘コロンビア大学教授エヴァートの伝記には、松山について次のように書かれている。[12]

松山は宗教は本質的に精神的な事柄であるから、最初の中は礼典などの価値について疑いをもっており、それらは蒙昧な教養のない人間にとっての不必要な譲歩にほかならないように思えたのである。しかるに、彼のこの見解は変化し、彼が洗礼を受けたとき彼はあちこちに漢文や日本文学等からの引用を交えてこの儀式について弁護するのであった。彼の最初の態度を知るものにとっては、後日彼が聖公会の正餐式に与るに至ったことは興味あることである。

引用にあるように、松山の見解に「変化」があったとしても、それは彼が国学の修学を通して和漢の古典の儀礼を学んでいたこと（有職故実の学問は国学の重要な一部を成している）が背景にあってのことであり、それがグリーンらの影響のもと伝統的な神学に結びついて、松山高吉のキリスト教思想を形作っていったといえよう。溝口靖夫は、「松山は終始宣教師の宣教精神のよき理解者として、新島の生前にはその協力者であった。〈略〉しかし、宣教師の理解者というのは決して世に言う文明開化の謳歌を意味するものではない。彼には古い日本人の伝統精神が隠然として生きていた。ここに松山独自の面目が見られる」と書いている。[13]日本の伝統精神とキリスト教の伝統思想が松山高吉という個人のなかで響き合ったということであろうか。

いずれにせよ、熊本バンドを中心とする組合教会が、宣教師と対立し新神学を受容しつつこれらの神聖な儀式をさほど重要視しないことについて、松山高吉には彼の本質的な指向性にもとづき受け入れがたい思いがあったことはたしかかと思う。一八九七（明治三〇）年、松山は組合教会を去り、聖公会に転会する。そこにもやはり、聖公会が宣教師（司祭）中心的な儀礼を大切にしていることが影響しているものと思われるのである。[14]

これまで松山の聖書理解（解釈）については、『七一雑報』に掲載された五篇の論説程度が史料として知られるのみであった。しかるに本篇『聖書講義並演説』を検討するとき、そこにあらわれる彼の初期の神学思想は、後々の松山の信仰のあり方と日本のキリスト教界における足跡につながるものがすでに萌芽していることが確認できる。今次の本篇の翻刻、公開をきっかけとして、より精緻な分析がもとめられるところである。

（洪伊杓）

付記　本稿の一部は、稿者の発表原稿「松山高吉の説教から見た神学思想―『聖書講義並演説』（一八八〇―一八八六）を中心に―」（明治学院大学キリスト教研究所、二〇一八年三月六日）をもとに加筆したものである。

注

1　原姿最終文字の半ば以下、題簽が破損している。「説」は推測による。またこれに他の文字が続く可能性もあるが、本書ではこれを書名とした。

2　「第一集」の記載は本書所収『無題』にあり、「第二集」については『講義序次録』の表紙見返しに記載がある。三篇の関連については、『講義序次録』の解題において言及する。

3 表紙黒色。題名と「松山」の署名は自筆。

4 記載されていない説教がいくつもあることは、松山の日記（明治二十年）を閲すれば明らかである。ちなみに最終記事（二月二十日ホイトニー宅）は、日記でも同日の項に「晴　朝九時半聖保羅教会ニ到テ説教ス　夜七時半ホイトニー氏宅ニ到テ説教ス」と書かれていて符合する。なお、本篇裏表紙裏には「奉堂式ニ用ユル句詩八十四ノ二同十」と書き込みがあるが、二月以降の日記記事から該当するものをさがせば、三月十日の項に「朝九時湯浅氏ノ宅ニ到り新島氏ニ面会余ガ進退ノコトニ付相談セリ○十一時四十五分気車ニテ横浜海岸教会十五年期祝ニ出ヅ　祝詞ヲ陳ベ晩食ノ饗応アリ　夜熊野氏ノ宅ニ植村海老名田村森本諸氏共ニ宿ル」とあるものではないかと思われる。

5 岡田勇督「松山高吉―その生涯と資料調査の現状―」（『アジア・キリスト教・多元性』第一五号　二〇一七年）の区分による。明治元訳聖書の旧約聖書部分が翻訳された時期にあたる。

6 拙稿「松山高吉と植村正久の関係形成過程とその意味」（『キリスト教史学』第六九集、二〇一五年七月）において、植村が黒川真頼の仮寓（神道塾）に通学しながら、当時黒川の助教であった松山とはじめて出会ったと述べたが、当時松山と交流した人物は原胤昭の誤りであったので訂正する（溝口靖夫『松山高吉』、一二頁参照）。

7 植村正久「神學上の波瀾」一八九〇年五月二十三日、『植村正久著作集』第四巻　二六五頁。土肥昭夫『日本プロテスタントキリスト教史』新教出版社　一八二頁。

8 植村正久「神學は神聖なる科學なり」一八九二年十二月二日、『植村正久著作集』第四巻　二一八頁。

9 八月二十八日、神戸会堂、箴言一ノ七。

10 明治十八（一八八五）年、八月十三日、麻布会堂、箴言一ノ七。

11 明治二十（一八八七）年の日記に、三月七日「午後四時ヨリ湯浅氏宅ニ集リ、新島氏海老名小崎湯浅三氏ト共ニ一致連合ノコトニ付旧創立者ヨリ先方へ掛合フコトニ定ム」とあるように、この動きは明治二十年前半に活発となる。

12 溝口靖夫『松山高吉』二三～二四頁。

13 同上、一〇三頁。

14 溝口は「恩師グリーンの信仰内容の中にこうした聖公会に対する親近感が準備されていた」と書いている。同上、一九頁。

本書所収二篇の翻刻は以下の者が担当し、編集責任者の嶋田彩司が補訂した。
『無題』 岡村淑美、岡田勇督、坂井悠佳、金香花（五十音順）
『聖書講義並演説』 岡村淑美、岡田勇督、神山美奈子、坂井悠佳、金香花、洪伊杓、松山健作（同上）

松山高吉史料選集　第一巻

二〇一九年十一月一日　第一刷発行

編　者　松山高吉史料選集編集委員会

発行者　松山　献

発行所　合同会社　かんよう出版
〒五五〇-〇〇〇二
大阪市西区江戸堀二丁目一番一号
江戸堀センタービル九階
電　話　〇六-六五五六-七六五一
ＦＡＸ　〇六-七六三二-三〇三九
http://kanyoushuppan.com
info@kanyoushuppan.com

装　幀　堀木一男

印刷・製本　有限会社　オフィス泰

ISBN978-4-906902-99-6 C0016　Printed in Japan